山スキールートガイド105

酒井正裕

本の泉社

北アルプス薬師岳鳶谷

阿弥陀山不動川本谷（青島靖）

矢代・容雅山北桑沢

妙高・火打山の登り（後藤正弘）

容雅山、背後は不動山（後藤正弘）

矢代・大毛無山大毛無沢（後藤正弘）

天狗原山大倉沢

立山連峰・鷹山鷹谷上部

立山カルデラで（青島靖）

毛勝山東又谷の徒渉（青島靖）

サンナビキ谷の天場で（青島靖）

駒ヶ岳笠谷（青島靖）

称名川廊下の滑降（青島靖）

立山・国見谷（青島靖）

北薬師岳スゴーノ谷源頭

立山国見谷の滝（青島靖）

白馬北部・栂池から風吹へ

浅間山東斜面

山スキールートガイド105

酒井正裕
Masahiro SAKAI

本の泉社

作図：木椋隆夫

はじめに

拙書は『山スキールートガイド99』（二〇〇六年一一月）の改訂版であり、今まで私がしたためてきた山行記録を、その後の知見を交えて綴ったものである。

これまで実施してきた私の山行は、難易を問わず新規ルートの開拓が主眼であったことから、拙書に掲載したルートは一般的なルートガイドという性格を持つ一方、純粋な記録としての性格も持ち合わせるものである。

したがって、いわゆる有名ルートをビジュアルに解説する一般的なガイドブックと趣がやや異なり、だれでも気軽に楽しめるルートはもちろん、これまで記録のなかった、あるいはほとんど顧みられなかった素晴らしいルート、本邦屈指の困難なルートも敢えて収録し、その山域で山行を実施するに当たっての必要な事項も併せて体系的に取りまとめた。

それは常日頃、私は山スキーで一番大切なものは創造性であり、地図を基本とした自由な発想が不可欠であると考えることから、このことを拙書を通じて読者の皆様に知っていただきたいと思ったからである。

また、拙書は山スキーヤーが知らなければいけない雪崩についても解説した。

もちろん、私は雪氷学者ではないが、実際に雪崩に遭い九死に一生を得た者として、また一人の登山者の観点から、ポイントをなるべく平易に解説した。優れた記録を残す登山家が必ずしも雪崩について明るい訳ではないことも理由の一つと考えられるが、雪崩についての技術的な解説を比較的丁寧に述べた山スキーのガイドブックは珍しいと思う。

読者の皆様には、拙書を通じて山スキーの面白さ、奥深さを知り、安全な山行を実施していただくことを願うものである。

なお、拙書の利用方法についてはユーザーに委ねるしかないが、山の状況は千変万化するため、あくまでも山行記録の一例として利用されることを望む次第である。

二〇一三年一〇月

酒井正裕

本書の利用に当たって

本書の利用に当たっては、次のことに留意してください。
また、ルート図中の記号は概ね国土地理院の地形図に準じますが、本書で独自に使用しているものは、下図のとおりです。

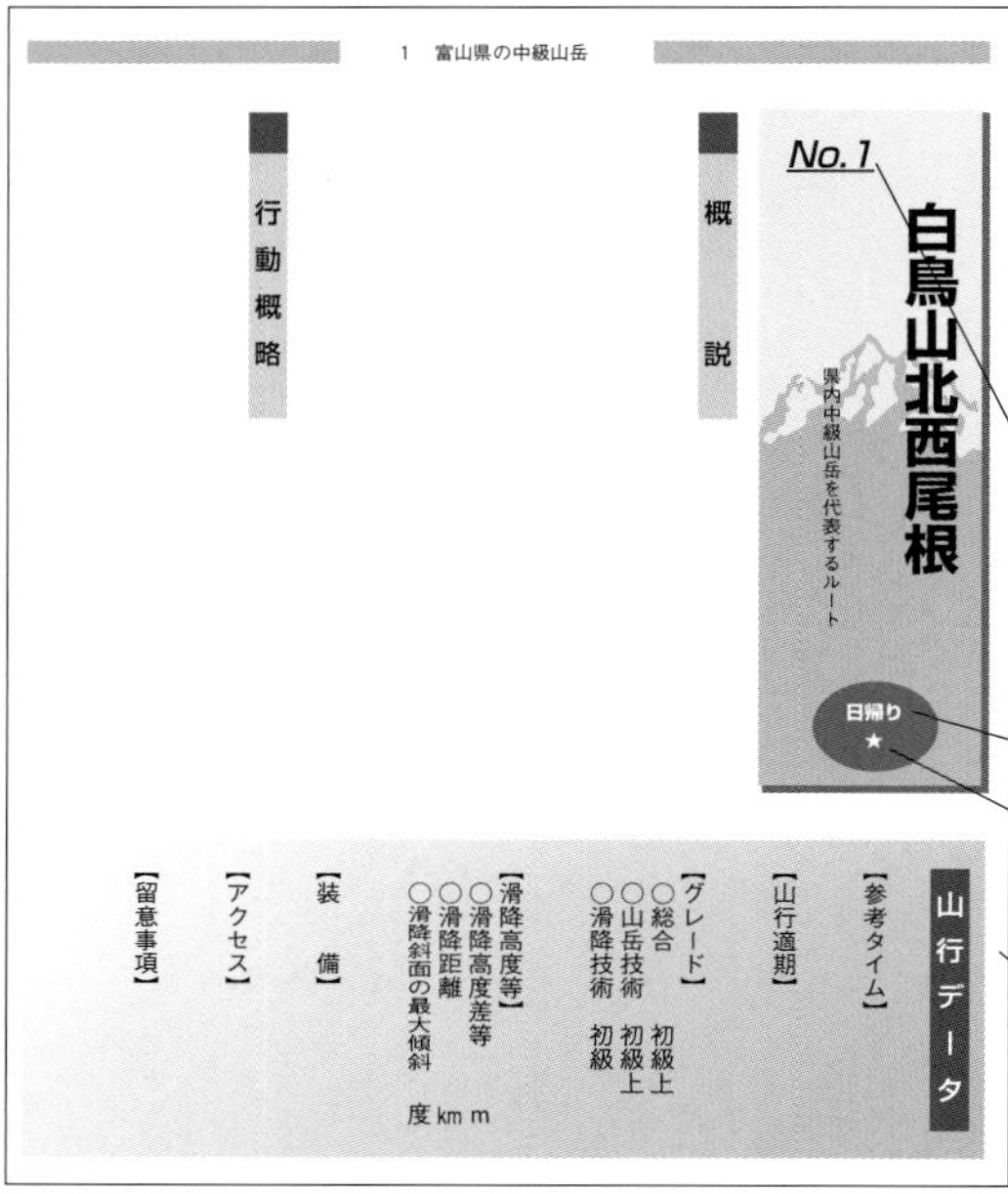

■山域別の解説の概念図に記載されている番号を示します。

■山行に必要な日数を表します。予備日は含みません。

■☆印は推薦ルートです。山行内容が特に充実しているもの、比較的手軽で快適な滑降が楽しめるルート等を選びました。難しく一般的でないルートは「参考記録」としました。

■「山行データ」は実査に基づき、山行に当たって必要と考えられる事項を記載しました。

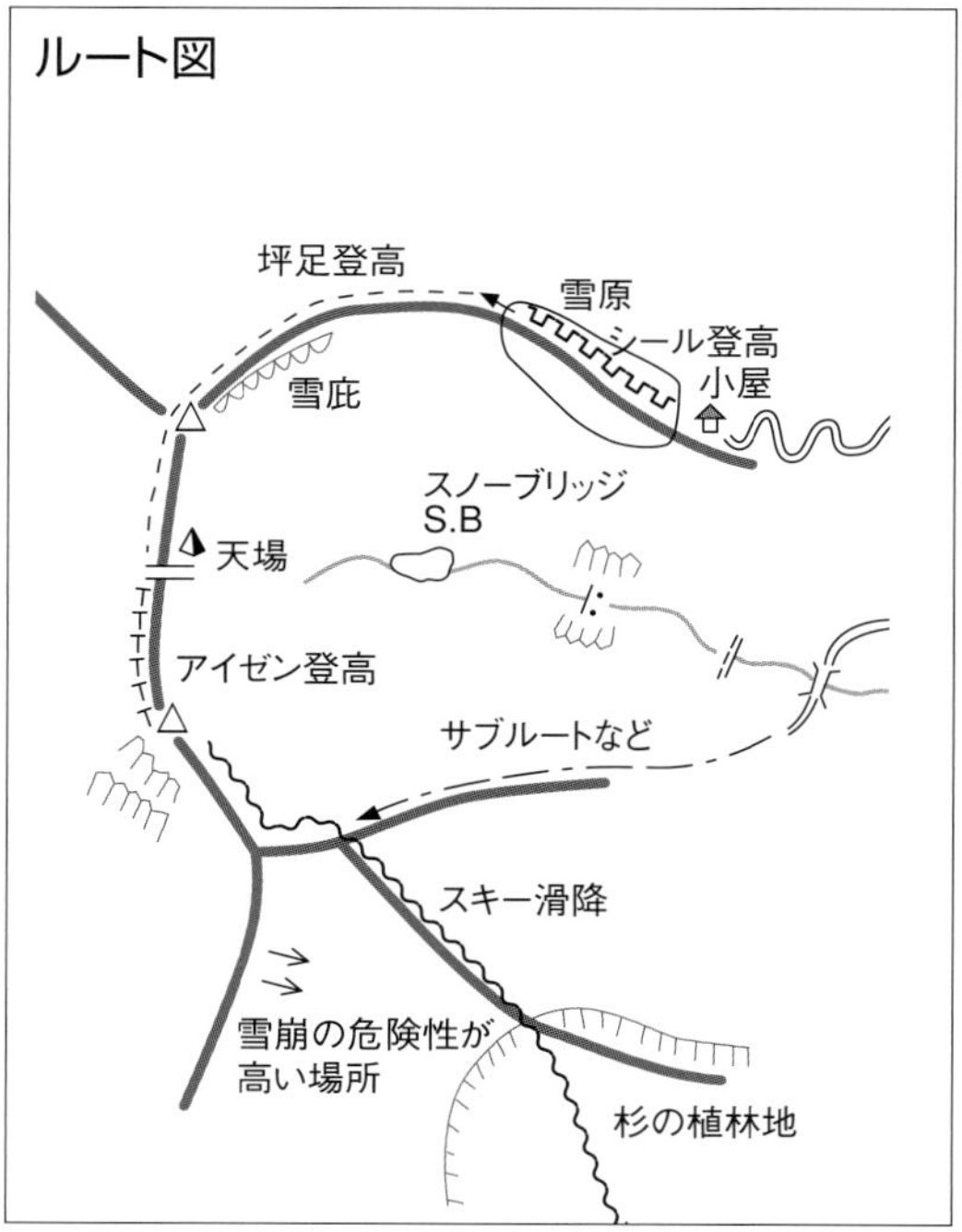

「山行データ」の記載事項

【山行適期】 例年の積雪状況等を勘案。

【グレード】

○**総合**：山岳技術と滑降技術を総合的に勘案。

○**山岳技術**：適期に山行を実施したときのルートファインディングの難易、登攀技術、山行日数等を勘案。

○**滑降技術**：転倒すると滑落事故の危険性が高いルートを「上級」、一般的な里山での滑降技術を「初級」、その中間を「中級」。

【装備】「基本装備」は、ロープ、アイゼン、ピッケル等を除き、ビーコン、シャベル等を含む。

【滑降高度差等】

○**「滑降斜面の最大傾斜」**は高度差200ｍで区切り地図から計測。

本書で使用している語句について

【右岸、左岸】 川の上流からみて判断します。

【デブリ】 雪崩で押し出された雪のかたまりのこと。

【デポ】（車や荷物などを）残置すること。

【シートラーゲン】 スキーを脱ぐこと。

【徒渉】 水に浸かって川を渡ること。

【懸垂（下降）】 樹木やハーケンなどを支点にロープを利用して下降すること。

【ルートファインディング】 登山者が採るべきルートを捜すこと。

山スキールートガイド105

目　次

目　次

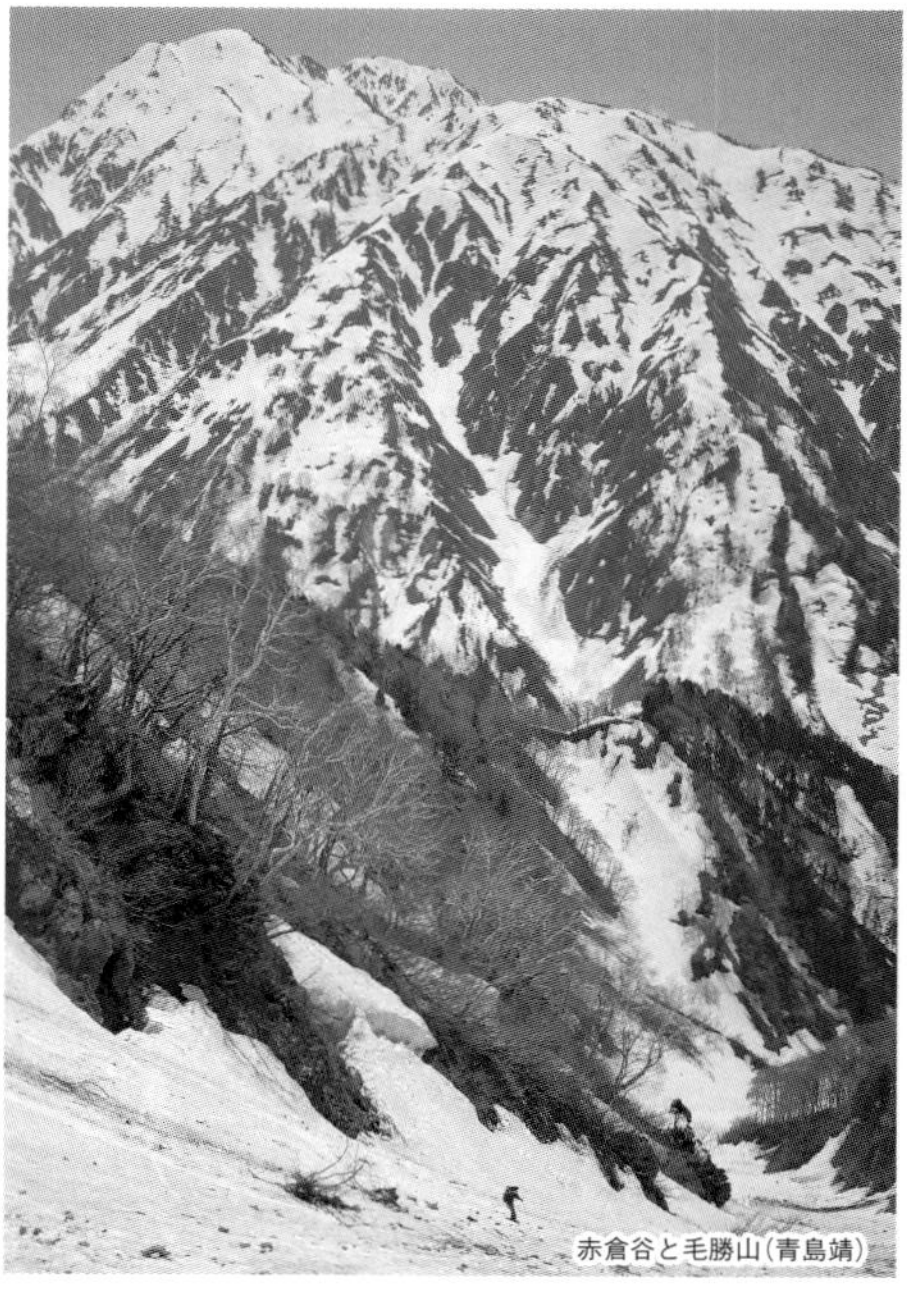
赤倉谷と毛勝山（青島靖）

1 富山県の中級山岳 山域概要

◆厳冬期の山行や入門ルートとして積極的に活用したい山域◆

自然条件など

この山域の積雪量は地域により偏りがあるだけでなく、山スキーを楽しむには必ずしも十分ではないため、積雪の最も多い時期でも快適な滑降を望めない山々は多い。

山行適期は概ね二月下旬から三月中旬であるが、特に近年、この山域を登って感じることは、以前より比較的標高の低い山々の融雪が早く、山行適期が短くなる傾向にあると思われることである。また、積雪量の少なさゆえにその年々の積雪量の変動はルートに大きな影響を及ぼすことも十分考慮しなければならない。

これらの理由から、ルートは新潟県境・境川周辺や五箇山の県境に位置する山々などを除けば、往々にして林道や植林のための伐採地をたどるのが一般的であり、計画立案時もこれらに十分配慮する必要がある。

なお、植林地は植樹した杉の背丈が低く雪で埋もれるうちは快適なフィールドとなるが、杉の伸長は早く、たかだか一〇年から二〇年程度で状況が一変することに注意したい。例えば、県東部・境川流域の焼山、神通川流域のキラズ山など、以前は県内屈指の滑降内容を誇っていた山々が、現在では向かなくなっている。

しかし、裏を返せば植林のため新しく伐採される山もあり、これにより適したルートになることも考えられる。このようなルートについては、山行を実施した際に周囲の山々の植林地の状況を地図で確認する等、観察を怠らないようにしたい。

このように、この山域で快適で比較的大きなスケールの滑降を求めようとすればルートは限られているが、反面、アクセスの良い山も多く、ルートを選べば厳冬期も比較的気軽に実施できるという利点がある。

入門ルートとして、また、シーズン始めの道具のチェックを兼ねて楽しむには最適な山域である。

ルート概要

県東部の山域

○境川流域

豊富な積雪量に恵まれ、県内中級山岳では最も快適な山行が期待できる山域である。このうち、特によく滑られているのは白鳥山であろう。この山は幾つかのルートを有しており、アクセスの良さも考えると県内では代表的な山スキーの山である。

また、この奥に位置する初雪山は県内屈指の滑降内容を持つ山であり、北アルプス主脈の山々に勝るとも劣らない滑降が期待できる。この他には黒菱山などがある。

○片貝川・早月川流域

鋲ケ岳から下立、嘉例沢、大熊山からコット谷、骨原から高峰山などがあり、特にコット谷は地元では知られたクラシックルートである。

なお、昔から多くの山スキーヤーに親しまれた大杉山は植林の杉が伸びてスキーに向かなくなっているので注意したい。

○常願寺川・神通川流域

少年自然の家から大辻山往復、大辻山北斜面、大品山から粟巣野スキー場、鉢伏山、猿倉から小佐波御前山などがある。神通川流域は、県内でも積雪量の少ない山域であり、山行に当たってはこのことに十分留意する必要がある。

なお、鍬崎山は大品山からの尾根をルートに採る限り山スキーには向かない地形となっている。鍬崎山に快適なルートを求めようとした場合、可能性があるとすれば谷にルートを採らざるを得ないと考えられる。

県西部の山域

○神通川流域

牛岳、高峰、白木峰、仁王山、金剛堂山等がある。このうち、牛岳はスケールの大きい滑りは期待できないものの、いくつかのルートが考えられる。高峰も頂上まで林道が通じており、これをたどることにより初心者向きの山行が可能である。

また、金剛堂山は山麓のスノーバレー利賀スキー場（廃業）を起点に頂上を往復するのもよいだろう。この他にも、利賀側の栃谷登山口へ滑るもの、岐阜県・楢峠方面へ抜けるもの、西ノ瀬戸谷などの大長谷側に適した斜面がある。

白木峰もクラシックルートとして知られているが、小白木峰への主稜線は比較的快適に滑れるものの、大長谷側の尾根はあまりスキーに向いておらず、この点では隣の仁王山の方が快適と考えられる。

○庄川・小矢部川流域

高清水山、高落場山周辺が滑られており、林道を利用してこれら東山のツアーも可能であろう。大寺山も廃業したオムサンタの森スキー場から手軽に楽しむことができる。

また、人形山周辺は田向尾根から頂上を往復するもの、頂上から大滝山へつなぐもの、大滝山へ往復するものが滑られている。更に、猿ケ山は快適な南斜面を持つ他、大獅子山への稜線縦走も楽しいだろう。猿ケ山から大門山周辺にかけては、比較的積雪量も多く、この他にも谷に目を向ければ新しいルートが見つかるかもしれない。

なお、大門山等の県境の山々については「白山及び白山北方主脈周辺」の章で述べる。

白鳥山の滑降

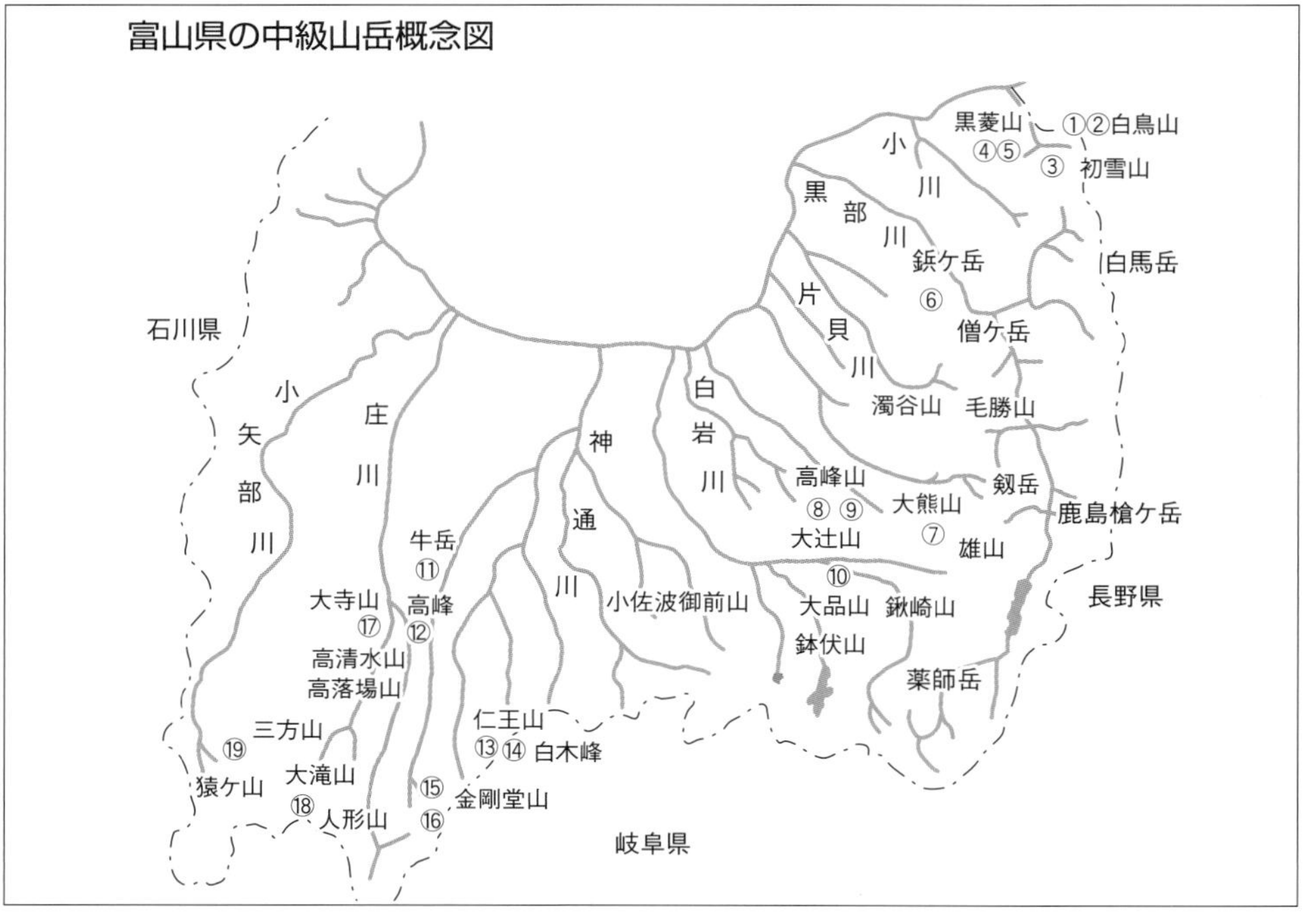

No.1 白鳥山北西尾根

県内中級山岳を代表するルート

日帰り
★

概説

白鳥山は富山県の最も北に位置する山である。標高は一三〇〇mにわずかにおよばない低山ではあるが、地理的に頸城や白馬に近く、季節風の影響を直接受けるためか、この山の積雪量は他の県内中級山岳とは比べものにならない。

加えてその山体の大きさ、眼下に日本海をみてのスキーは素晴らしいものがある。県内でも最も山スキーに適した山の一つといえるだろう。

行動概略

上路〜北西尾根〜頂上（往復）

富山・新潟県境から、境川に沿って車で大平へ向かう。大平から左折し、上路の手前で車を止める。

車を止めた地点から、上路方面に向かうと、小脇谷を渡る地点に着く。白鳥山へ取り付く方法としては、このあたりから取り付くか、あるいはこの先の神社のある小脇谷とシナ谷に挟まれたところあたりからとなる。なお、地図では、上路川標高一五〇m付近から尾根に上がる林道があるので、雪の少ないときなどはこの林道をたどった方が確実だろう。

本山行では積雪量が多かったことから、上路の集落からスノーブリッジを利用して小脇谷を渡り取り付いた。尾根の取り付きは、杉の植林地であり、しばらくで三角形に伐採（現在では杉の植林地の可能性が高い）された斜面に出る。ここを斜登高するが、少し苦しい登りかもしれない。

登り切ったところは標高四〇〇mぐらいのところで、これよりしばらくは痩せ気味の尾根となるが、すぐに広い尾根となる。後は忠実に尾根をたどれば危険な箇所もなく頂上に着くが、七一一mと八八一mの標高点あたりは視界不良時は迷いやすいので、下山時を考え目印を付けることを勧める。

頂上は晴れていれば日本海や北アルプス北部の展望に優れている。立派な避難小屋もあるので、小屋でのんびりするのもよいだろう。小屋は積雪期でも通常ならば使用可能である。

帰りは尾根が広いこともあり往路を戻ることを勧める。また、残雪が少なく滑降する尾根の下部の滑降が快適でないと判断される場合は、林道に滑り込むルートを採った方が確実かつ快適な滑降が楽しめるだろう。

また、八八一mの標高点から右の尾根に向け、六二一mの標高点に延びる尾根に滑り込むのも、途中に広く大きな斜面があるので面白いのではないかと思う。

いずれのルートを採っても快適な滑降を楽しめると考えられ、県内を代表するルートであることが実感できるだろう。

山行データ

【同行者】長谷川幹夫　他四名
【日時・天候】
一九八五年三月二〇日（晴れ）
【参考タイム】
上路（六時二〇分）頂上（一〇時四〇分／一一時三〇分）上路（一四時四〇分）
【山行適期】三月上旬〜下旬
【グレード】
○総合　初級上
○山岳技術　初級上
○滑降技術　初級
【装備】基本装備、赤布
【アクセス】
車利用。国道八号線から境川、上路川に沿って上路へ。上路手前の道路脇に駐車。
【滑降高度差等】
○滑降高度差　一〇八〇m
○滑降距離　四・三km
○滑降斜面の最大傾斜　二五度
【二万五千図】親不知
【留意事項】
○取付きである本文中の三角形に伐採された斜面は現在、恐らく杉の植林地と思われることから、かなり杉の背丈が伸びたと考えられる。
なお、サブルートとしては、山姥の洞を経由して滑るもの、坂田峠へ向けて滑るものが考えられる。また、県境尾根は藪が濃く、山スキーに適さないと聞いている。
○頂上から坂田峠に向けて滑るものについては、「白鳥山北斜面」及び「白馬岳北延主脈」を参照されたい。

ルート図　白鳥山北西尾根、白鳥山北斜面

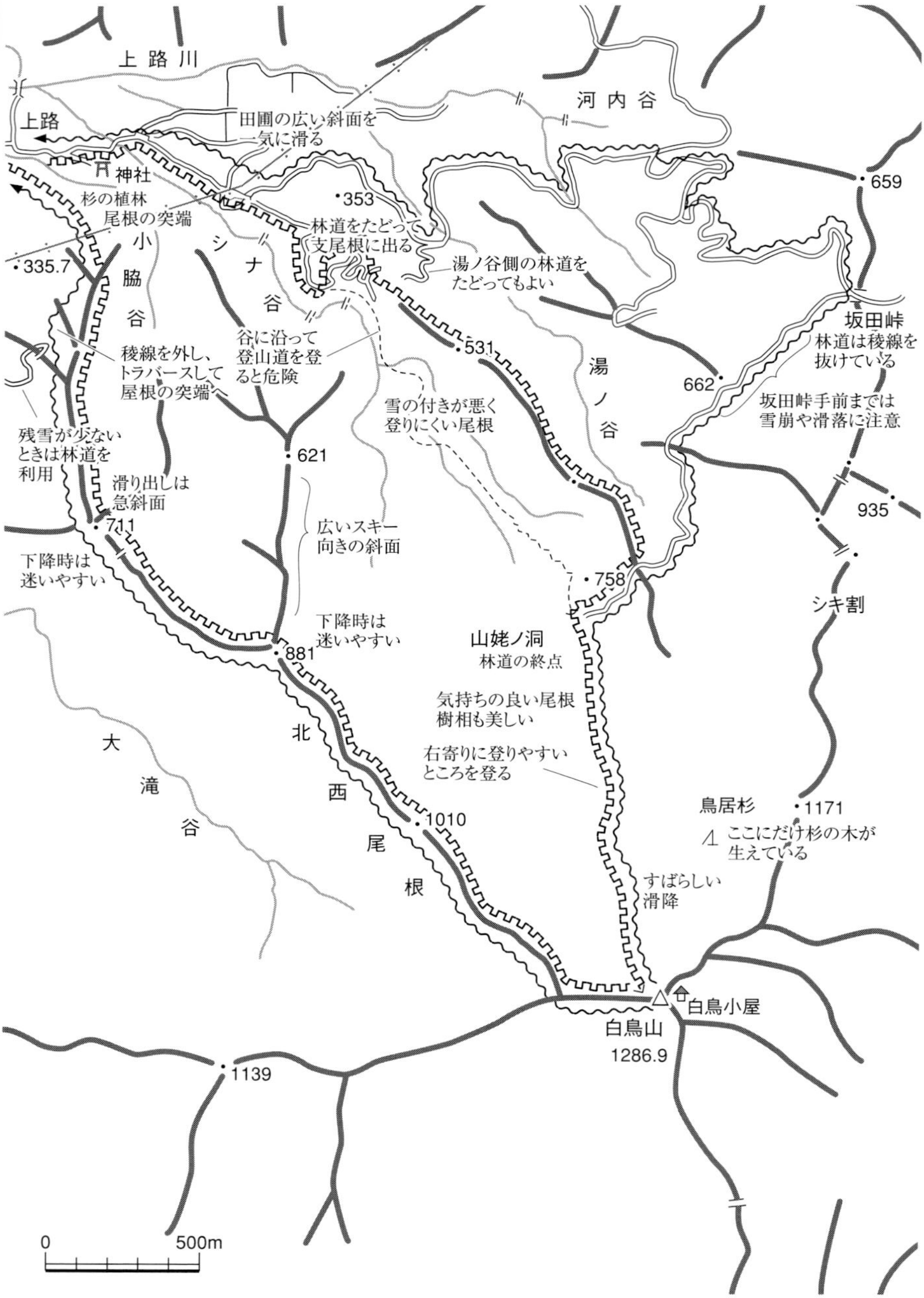

No.2

白鳥山北斜面

上部は広大な斜面!!

日帰り
★

概説

白鳥山は富山県中級山岳屈指の山スキー向きの山であり、快適な斜面を多数有している。

上路から北西尾根をたどるものが一般的と考えられるが、頂上直下から展開する北斜面は広大で天国的な様相を呈している。

下部をどのようにクリアするかという難点はあるが、これを補って余りある快適な滑降が期待できる。

行動概略

上路～山姥ノ洞～頂上～
北斜面滑降～坂田峠～上路

上路の一番奥の民家の先から林道をたどる。わずかでシナ谷を渡ると、すぐに杉林の中に右へ延びている道があるので、これをたどる。この道はシナ谷に沿ってほぼまっすぐに延びており、山姥ノ洞への登山道となっている。標高三五〇m付近で杉林を抜ける。道は四五〇m付近で正面の尾根に取り付くものと、山姥ノ洞に向かうものと分岐しているので、尾根へ向かう道を行く。やがて尾根に出るとこの道もなくなり、忠実に尾根筋をたどる。標高四五〇m付近は湯谷から稜線直下まで林道が延びてきているので、林道が湯谷を渡る地点からここへ取り付いてもよい。雪が少なければこの方が快適だろう。

前方に林道が延びてきているのが分かるので、これを目指して登る。林道に出たらこれを右に進み、山姥の洞に出る。ここは林道の終点となっている。

ここからは、適度な傾斜で続く広い斜面を快適に登る。頂上までは美しい斜面であり、本当に気持ちのよいところだ。地形に特徴がないだけに頂上へのルート採りは難しいが、やや右方向へ登りやすそうな斜面をたどると直接、頂上に出ることができる。

頂上は白馬岳北延主脈などの展望に優れ避難小屋もある。

頂上から山姥ノ洞までの高度差五〇〇mの滑降は素晴らしく、これだけ快適で美しい斜面のスキーは他の山ではなかなか望めないだろう。

山姥ノ洞からは往路を戻ってもよいが、積雪量が少なく藪に苦労しそうであれば、林道を忠実にたどってもよい。この林道は地図に出てはいないが、坂田峠へ延びており、上路方面からの林道にも続いている。ただし、山姥ノ洞から坂田峠手前までは雪崩に注意が必要である。また、スキーを履いたままで歩くところも多いが、雪が締まっていればかなり滑ることができるだろう。

坂田峠から先も林道をほぼ忠実にたどるが、最後は田圃の大斜面を一気に滑り降りてこの山行を終了する（地図前頁）。

山行データ

【同行者】武田　豊　他一名
【日時・天候】
二〇〇三年三月二日（晴れ）
【参考タイム】
上路（八時一〇分）頂上（一二時四五分／一三時三〇分）山姥ノ洞（一四時）坂田峠（一四時三〇分）上路（一五時二五分）
【山行適期】　三月上旬～下旬
【グレード】
○総合　初級上
○山岳技術　初級上
○滑降技術　初級
【装備】　基本装備、赤布
【アクセス】
車利用。国道八号線から境川、上路川に沿って上路へ。上路奥の除雪終了地点に駐車。
【滑降高度差等】
○滑降高度差　一〇〇〇m
○滑降距離　八・〇km
○滑降斜面の最大傾斜　一八度
【二万五千図】　親不知
【留意事項】
○山姥ノ洞から更にそのまま北斜面を滑り降りて、北西尾根に登り返すのも、快適な滑降を楽しめる一つの方法である。
○山姥ノ洞へ向かう登山道（夏道）は危険な箇所があるので、これをルートに採らないようにしたい。
○白鳥山山麓は至るところ林道が延びており、地図にでていないものも多くあるので、たどる時は十分注意したい。
○山姥ノ洞から頂上までの斜面は地形が不明瞭なので、帰りは忠実にトレースをたどりたい。

No.3

初雪山北尾根

県内中級山岳最高の滑降内容

日帰り
★

概説

初雪山は新潟県境の境川源流に位置することからプローチが悪く山懐も深いため滑る人は少ないと考えられる。しかし、その山名からも分かるとおり積雪量は大変多く、雪倉岳を彷彿させるたおやかな山容は、誰がみても山スキー向きの山と思うだろう。

事実、頂上から一気に広い尾根を高度差一三〇〇m滑降できることから、滑降の内容は山スキーで有名な他の山岳と比べても遜色なく、県内中級山岳では最高だろう。

行動概略

大平~寝入谷出合~頂上（往復）

富山・新潟県境から境川に沿って大平の先に続く林道をたどり、除雪終了点から歩く。はじめは谷も広くのんびりした歩きであるが、谷が狭まってくると滝淵の発電所前となり、九十九折りになって林道は続いている。ここからは、谷の様相が一変して険しくなる。早いシーズンだと早朝時のクラスト気味の硬い雪に加え、デブリで遮断された林道の通過は神経を使うだけでなく時間もかかる。寝入谷出合から先は特に険しくなるので、雪崩と滑落には注意したい。

林道から頂上に直接延びる尾根に取り付くには、雪が多ければ寝入谷出合からでもよいが、雪が少なければ川黒谷手前から延びる林道に取り付く方がよいだろう。

この山行では、寝入谷と川黒谷の中間点の枝沢の出合いから取り付いた。登り始めは植林地の急斜面を登る。きつい登りだが、植林地を抜けて標高六〇〇mあたりまで登ると尾根は広く緩やかになり、頂上まで快適なシール登高ができる。特に、標高一一〇〇mを過ぎるあたりからは雑木も疎らになり、真っ白な頂上近くの稜線を望みながら登る。稜線には雪庇が出ているので、頂上へは稜線を忠実にたどるものの他、標高一四五〇m付近から尾根を外れ、斜登高で一五九五・七mピーク東に抜けてから頂上に出るものが考えられる。

頂上から往路を戻るが、標高一六〇〇mから一五〇〇mの尾根筋は風が強いためか灌木が出ており、頂上からは後者のルートを滑り降りた方が快適で滑落の心配も少なく楽しめると思う。また、標高一三五〇mから一一五〇mにかけては斜面が特に広く、県内中級山岳とは思えないくらい快適な滑降が楽しめる。標高一一五〇mから下も先程のスケールはないものの、雑木の疎林の広い尾根は快適な滑降を約束してくれるが、谷筋が急峻なため、尾根末端は登ってきたところを忠実に滑りたい。

山行データ

【同行者】　鈴木鉄也

【日時・天候】
一九九四年三月一九日
（曇り一時晴れのち雨）

【参考タイム】　大平一km奥（五時四五分）尾根取付（七時三〇分）標高一五九五m（一三時一〇分）尾根末端（一五時四〇分）滝淵（一六時二〇分）大平手前（一七時二〇分／一八時）市振駅（一九時一〇分）

【山行適期】　三月中旬~四月中旬

【グレード】　○総合　中級　○山岳技術　中級　○滑降技術　初級上

【装備】　基本装備、アイゼン、赤布

【アクセス】　日帰りで行う場合は前日に取り付きまで入りたい。林道の除雪の状況は年により異なるが、大平先の発電所までと考えた方がよい。JRを利用し、徒歩となる場合、市振駅から大平まで一時間、さらに滝淵まで一時間かかるので、日帰りは無理と考えられる。

【滑降高度差等】
○滑降高度差　一三七〇m
○滑降距離　六・〇km
○滑降斜面の最大傾斜　二八度

【二万五千図】　小川温泉、親不知

【留意事項】
○視界不良時は尾根が広いためルートファインディングが難しいことが予想されるが、幸いこの尾根はほぼ北にまっすぐ延びているので、磁石を駆使すれば滑降可能だろう。
○初雪山は白鳥山と犬ケ岳を合せて「白鳥三山」というが、国土地理院の地図には記載がなく標高は一六一〇m程と考えられる。また、市販の地図によっては一五九五・七mの標高点を頂上としているものもある。
○幕営地は滝淵までのトンネルやスノーシェード内、滝淵周辺、頂上に取り付く尾根を少し登った辺りが適している。

ルート図　初雪山北尾根

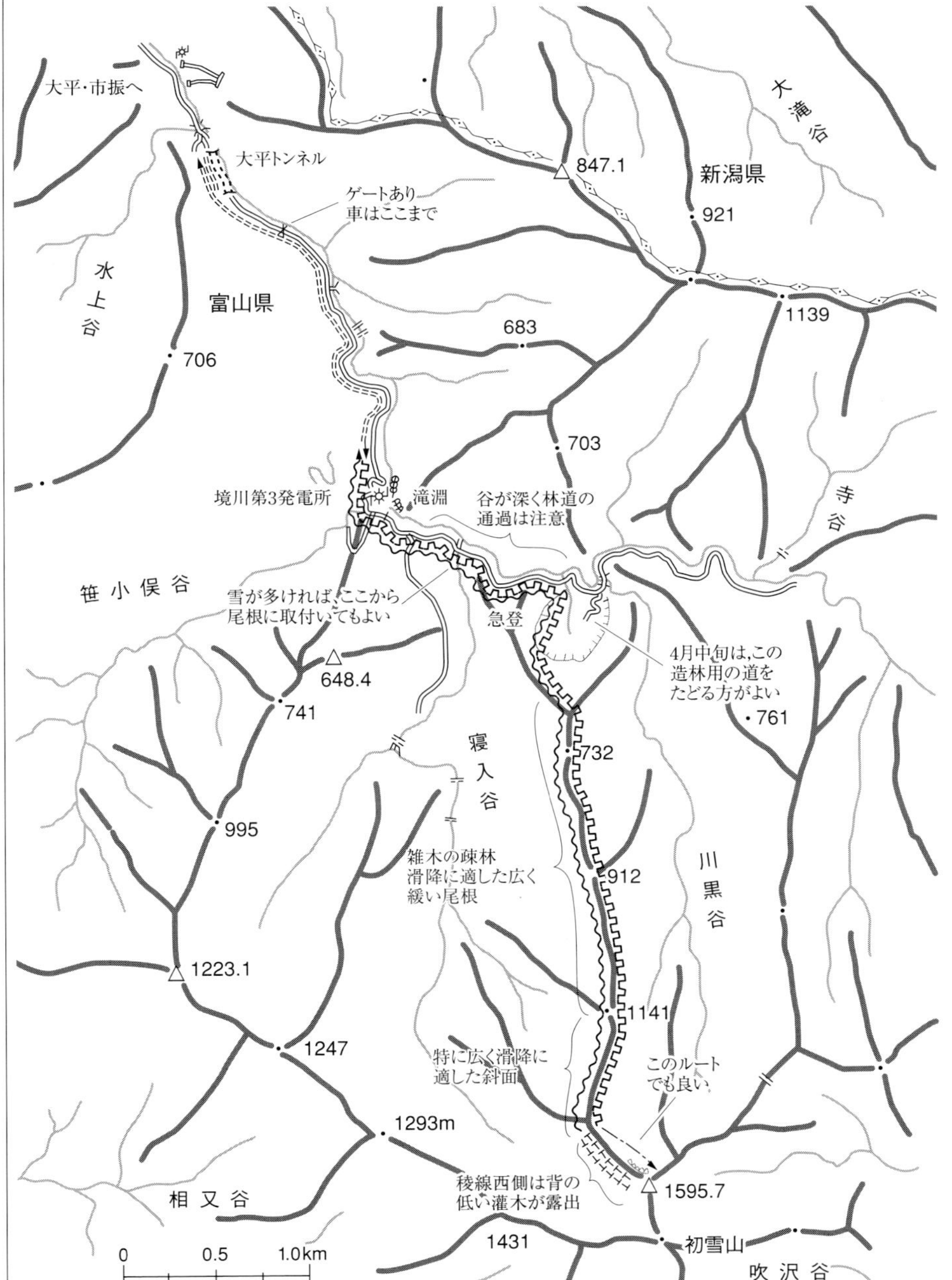

大平・市振へ
大平トンネル
ゲートあり
車はここまで
大滝谷
847.1
新潟県
921
1139
水上谷
富山県
683
706
703
境川第3発電所
滝淵
谷が深く林道の
通過は注意
寺谷
笹小俣谷
雪が多ければ、ここから
尾根に取付いてもよい
急登
4月中旬は、この
造林用の道を
たどる方がよい
648.4
741
761
寝入谷
732
995
雑木の疎林
滑降に適した広く
緩い尾根
912
川黒谷
1223.1
1141
1247
特に広く滑降に
適した斜面
このルート
でも良い
1293m
稜線西側は背の
低い灌木が露出
1595.7
相又谷
1431
初雪山
吹沢谷
0
0.5
1.0km

No.4

黒菱山東尾根

遅い時期まで楽しめる
県内中級山岳の標準的ルート

日帰り

概説

黒菱山は積雪量が多く、富山県の他の中級山岳と比べて山スキーに適した山といえるだろう。

ここで紹介するルートは、大平川の林道をたどり東尾根に取り付くもので、他の県内中級山岳より長い期間楽しめる。大きな斜面があるわけではないので、滑りの内容に派手さはないが、雁蔵から取り付くものと違い、徒渉する必要がない。県内中級山岳の中では技術的にも内容的にも標準的なルートといえるだろう。

行動概略

大平～滝淵～頂上（往復）

発電所に車を止め、大平川に沿って付けられている林道をたどる。通過に支障を来すような危険な箇所はないが、大平トンネル出口やその他何カ所かは雪崩に注意したい。また、途中の大平トンネルは暗く、通過にはヘッドランプが必要である。やがて林道の傾斜が増し、大平川の両岸が狭まってくると滝淵に着く。林道は鉄塔を巻くように付けられており、それを過ぎると笹小俣谷出合の橋に出る。

黒菱山東尾根の取り付きは、その手前であり、東尾根に向けて林道が分岐しているので、これをたどる。このあたりから標高五五〇m付近までは、地図にあるとおり杉の植林地となっている。林道を忠実にたどるのもそれ程長い時間ではなく、すぐに適当にショートカットして登ることとなる。尾根は標高五〇〇m付近でいったん傾斜を落とすが、植林地を抜けると傾斜を増す。標高八〇〇mあたりで採石場からの尾根と合流すると、薮は一段と薄くなり、快適な登高となる。九四六mの標高点を過ぎると、わずかに下り、標高一〇〇〇mの小ピークへの登りとなる。ここは尾根の南側に雪庇が出ているため北斜面を絡んで登るが、ブッシュのない真っ白な斜面であり、雪の状態が悪いと雪崩の恐れもあるので注意したい。私たちの山行では天候が悪くここで引き返したが、ここから頂上へは小さなアップダウンの連続であり、一時間程度で往復できるだろう。

この尾根の滑降は、採石場に延びる尾根との分岐までは快適な滑りが楽しめる。分岐から先は傾斜が比較的あるのと、尾根が比較的不明瞭であることから、一気に滑り降りることはできないが、植林地の一部を除き、概ね快適な滑降が楽しめる。ただし、トレースが残っていず、視界不良の場合はルートファインディングに苦労するものと思われる。

滝淵からは林道を戻る。雪が比較的締まっており、林道の雪が途切れることがなければ、幾つかのデブリを乗り越す以外は、思いの外スキーで滑れるのではないかと思う。

山行データ

【同行者】　武田　豊　他一名
【日時・天候】　二〇〇三年三月一日（雨）
【参考タイム】
発電所（七時）滝淵（八時三〇分）一〇〇〇mピーク（一一時／一一五分）滝淵（一二時）発電所（一三時一五分）
【山行適期】　三月上旬～四月上旬
【グレード】
○総合　初級
○山岳技術　初級
○滑降技術　初級上
【装備】　基本装備、赤布
【アクセス】
車利用。この山行では、林道の除雪は発電所までで、車を置くスペースは十分確保できた。
【滑降高度差等】
○滑降高度差　九五〇m
○滑降距離　五・五km
○滑降斜面の最大傾斜　二五度
【二万五千図】　親不知
【留意事項】
○林道の途中にある大平トンネルもスノーシェードも、道は舗装されており路面が乾いていることから、幕営に適している。
○一〇〇〇mの小ピークから頂上まではアップダウンが続くので、帰りは笹小俣谷上部を滑降して登り返すのも一つの方法である。
○頂上付近の稜線は雪が多いだけに視界不良時は目印になるものは少ない。尾根が広いこともあり注意したい。

ルート図　黒菱山東尾根

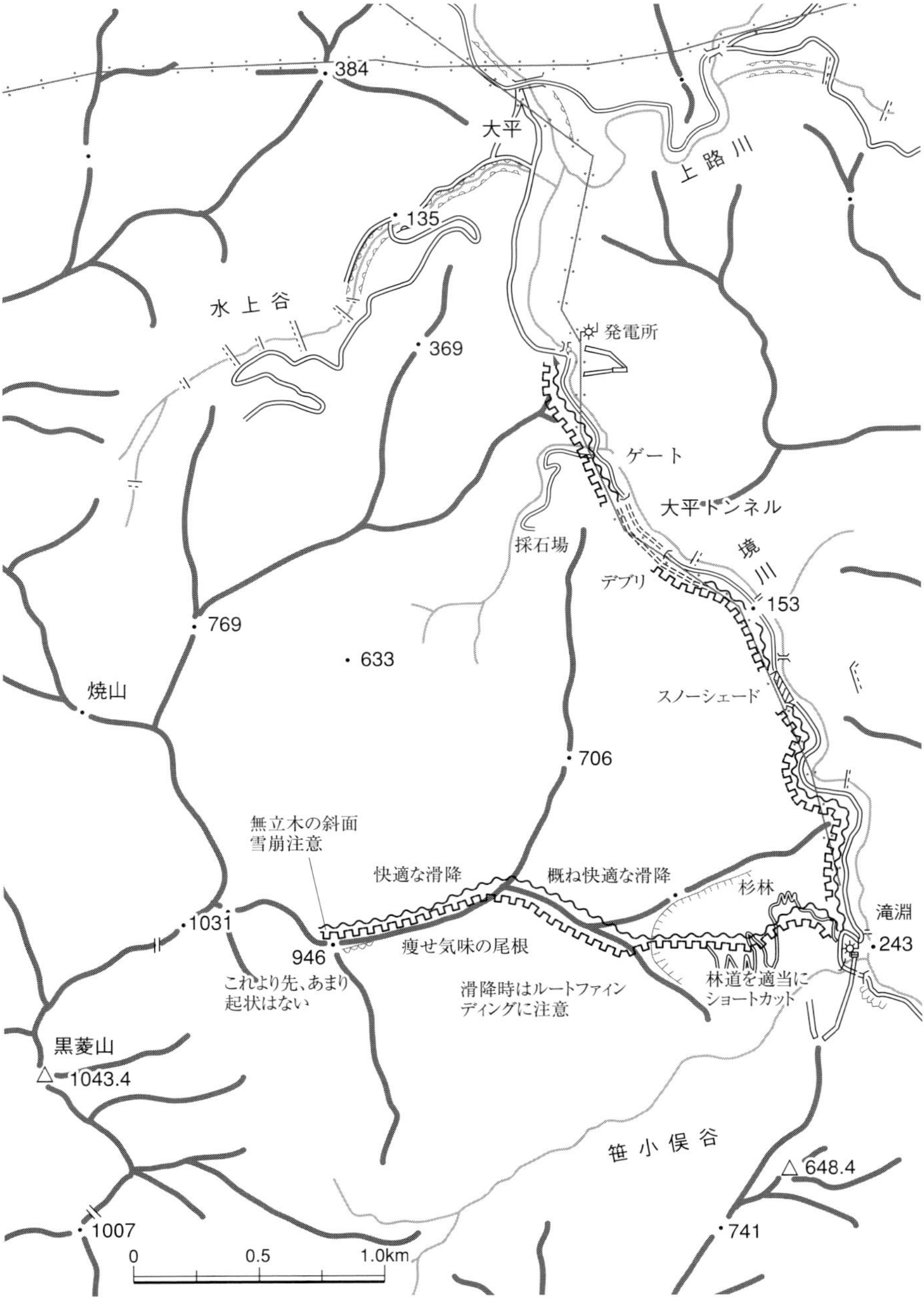
384
大平
上路川
135
水上谷
発電所
369
ゲート
大平トンネル
採石場
境川
デプリ
153
769
633
焼山
スノーシェード
706
無立木の斜面
雪崩注意
快適な滑降
概ね快適な滑降
杉林
滝淵
1031
946
痩せ気味の尾根
243
これより先、あまり
起伏はない
滑降時はルートファイン
ディングに注意
林道を適当に
ショートカット
黒菱山
1043.4
笹小俣谷
648.4
1007
741
0
0.5
1.0km

No.5

黒菱山北西尾根

県内中級山岳のクラシックルート

日帰り

概説

黒菱山は入善町の笹川源流に位置し、一〇〇〇mほどの山である。この山は、白鳥山や初雪山などと同様に季節風の影響を直接受けるためか、積雪量の多い山である。標高が低いことからスケールの大きい滑りは期待できないが、標高七〇〇mから上は雑木の疎林の広い尾根が続き、県内では昔から山スキーで知られた山であるのも納得できるのではないかと思う。

行動概略

雁蔵～北西尾根～頂上（往復）

国道八号線から笹川に沿って雁蔵へ向かう。笹川沿いの村々は過疎化が進み、ところどころ廃屋が見られるのは寂しい限りである。

本山行では、この笹川沿いの林道は雁蔵から先も除雪されており、観音岩のある逆谷出合まで車で入ることができた。

逆谷出合から雪の残る林道を行く。やがて大鷲谷を過ぎ、標高二五〇m付近の九十九折りを過ぎると谷が深くなる。ここは林道のあちこちにデブリがでていることもあり、慎重に通過したい。

ここを過ぎ、谷が開けてくると笹川本流の二俣である標高三二三m地点に着く。眼下には堰堤があり、ここから徒渉して対岸の尾根末端やや東から取り付かねばならないが、なかなか徒渉点は見つからないかもしれない。

この山行では眼下左俣やや上流から飛び石伝いに徒渉したが、場合によっては靴を脱がねばならないだろう。

尾根の取り付きから稜線までは、杉などの木も多く斜面も急なことからきつい登りとなる。稜線に出てからもしばらくスキーに向く尾根とはいい難いが、植林地を過ぎた標高七〇〇mあたりから雑木の疎林の広い尾根となる。

ここから頂上まで、晴れていれば眼下に日本海を見ながらの快適な登高になる。ただ、標高一〇二〇m付近でいったん五、六mほど下り南に方向を変えるため、雑木の疎らな斜面であることもあり、視界不良時はルートファインディングが難しいので注意したい。

頂上から往路を戻る。尾根上部は快適な滑降が楽しめるが、下部はある程度のスキー技術がないと苦しい。植林地を過ぎて少し下った先からは、雪の状態にもよるが、稜線を北に外して滑り、尾根末端の稜線に出た方が快適な滑りを楽しめる。

山行データ

【同行者】大角　隆、鈴木鉄也

【日時・天候】一九九四年三月一八日（曇り一時霧）

【参考タイム】
逆谷出合（六時五〇分）三二三m徒渉点（七時四五分）頂上（一二時一〇分）三二三m徒渉点（一三時三五分／一四時一五分）逆谷出合（一五時四五分）

【山行適期】三月上旬～下旬

【グレード】
○総合　初級上
○山岳技術　初級上
○滑降技術　中級

【装備】基本装備、赤布

【アクセス】
車利用。林道脇に車を止める。

【滑降高度差等】
○滑降高度差　八五〇m
○滑降距離　四・二km
○滑降斜面の最大傾斜　二八度

【二万五千図】泊、親不知

【留意事項】
○沢の徒渉があるので、大雨の後などの山行は控えたい。

ルート図　黒菱山北西尾根

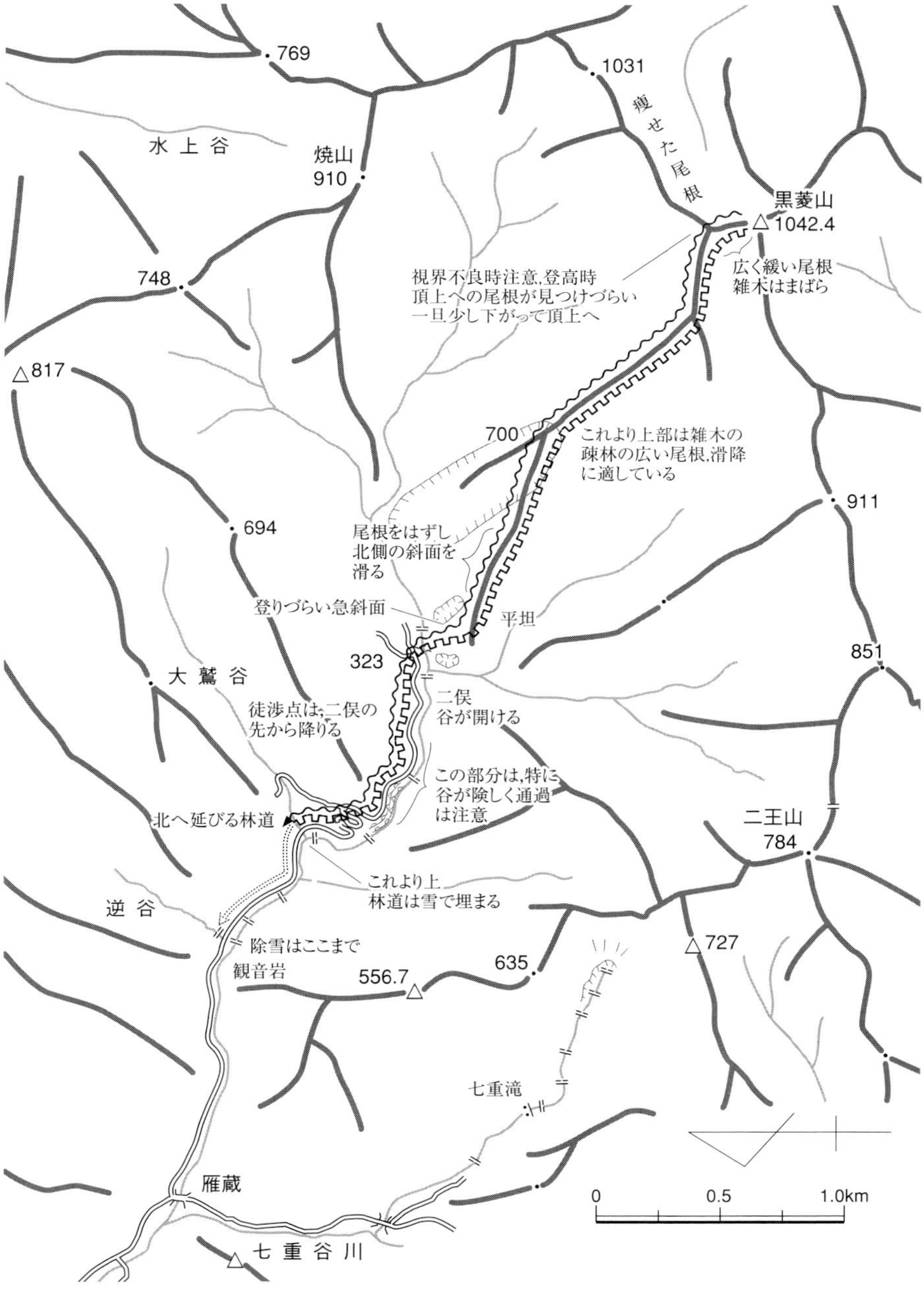

No.6 鋲ヶ岳

後立山連峰の展望がよい入門ルート

日帰り

概説

鋲ヶ岳は立山連峰の末端に位置し、頂上付近まで林道が延びている。頂上直下には森林総合センターがあり、キャンプ場などもある。

このルートは特に大きな斜面があるという訳ではなく、林道をほぼ忠実にたどるだけであるが、それだけに初心者でも気軽に楽しめる。頂上からの後立山連峰の眺めもなかなか素晴らしい。

行動概略

喜例沢～森林総合センター～頂上（往復）

喜例沢の集落まで車で入り、そこから取り付く。林道を忠実にたどってもよいが、ショートカットして四五七mの標高点付近を経由して林道に出た方が時間がかからない。林道に出たら、これを忠実にたどり森林総合センターに着く。ここからは林道をはずれ登山道沿いに進み、尾根に出る手前から頂上に向けて急斜面を登る。標高八五〇mを過ぎると杉林から雑木林となり、なおも登ると反射板に出る。この周囲は小さな雪原となっているが、ここから尾根は狭くなって頂上に続いている。雪庇に注意しながら進むことわずかで頂上に着く。

頂上横には四阿があるが、風を凌ぐことはできないので、早々に滑降に移る。頂上南西側の斜面は藪が濃く滑降に向かないので、来たところを戻るが、頂上からの出だしの斜面は急で藪が比較的濃いことから慎重に滑る。初心者には辛い斜面である。ここを過ぎれば、後は適当に林道をショートカットして滑る。林道は傾斜がないので、雪の締まったときに滑るのが良いだろう。

ルート図　鋲ヶ岳

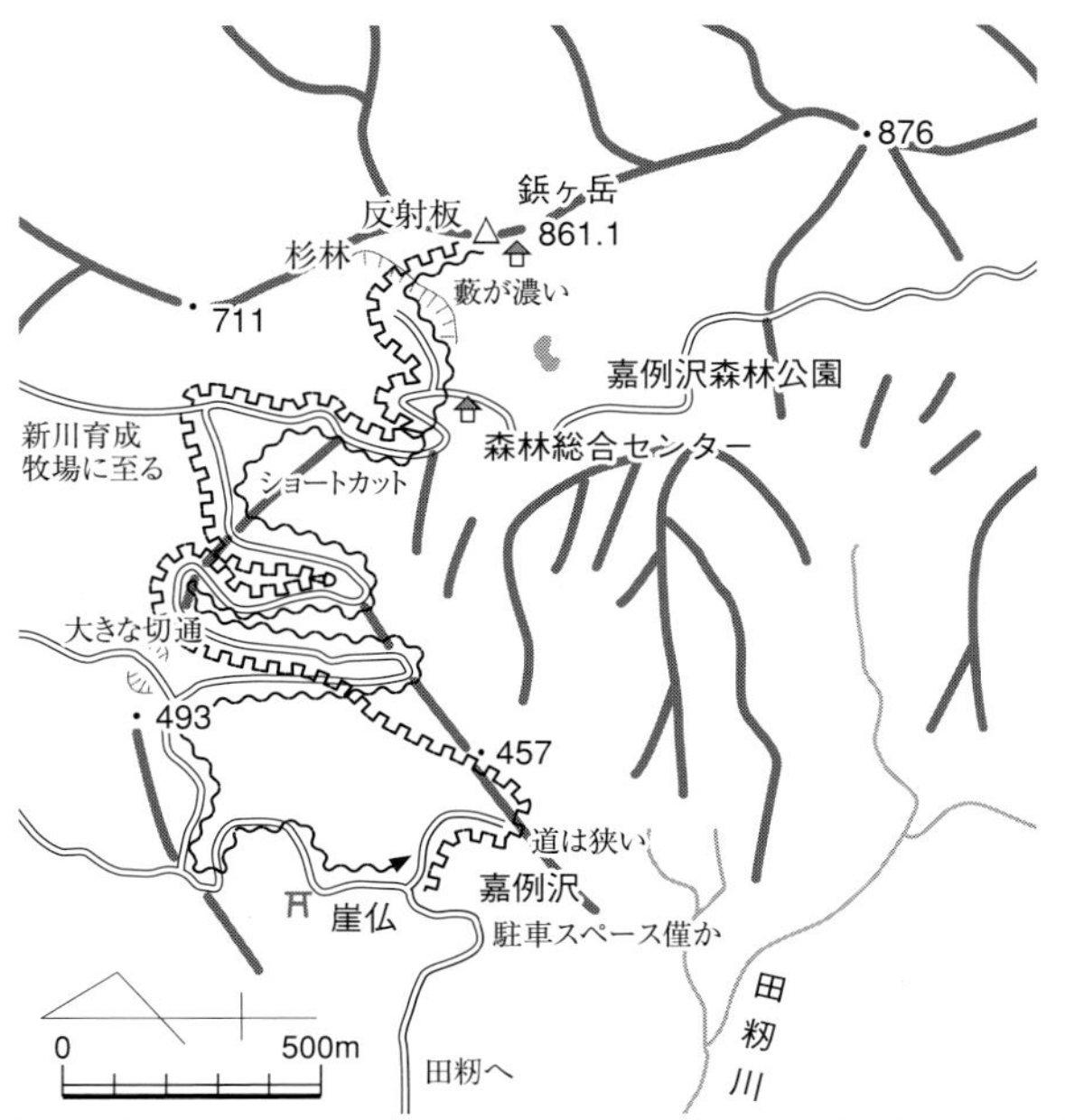

山行データ

【同行者】　なし

【日時・天候】　二〇〇二年二月八日（晴れ）

【参考タイム】　嘉例沢（一〇時三〇分）新川牧場分岐（一一時三〇分）鋲ヶ岳（一二時二〇分／四〇分）嘉例沢（一三時三〇分）

【山行適期】　一月中旬～三月上旬

【グレード】
○総合　初級
○山岳技術　初級
○滑降技術　初級

【装備】　基本装備

【アクセス】
嘉例沢まで車利用。駐車スペースは限られるので注意したい。

【滑降高度差等】
○滑降高度差　五〇〇m
○滑降距離　五・〇㎞
○滑降斜面の最大傾斜　五度以下

【二万五千図】　宇奈月

No.7

大熊山大熊谷

知られざる
富山県中級山岳の谷ルート

日帰り

概説

大熊山は富山県内中級山岳の中でも剱岳の展望台として知られるとともに、コット谷のルートが昔から親しまれてきた。しかし、コット谷は広い斜面である反面、滑降内容は変化に欠けるきらいがある。大熊谷は、下部がデブリで荒れ気味であるが、上部は広く快適な斜面であり、もう少し滑られてもよいルートであろう。

行動概略

剱青少年研修センター～大熊谷～大熊山（往復）

大熊谷出合から大熊谷右岸の林道をたどる。小僧谷方面へ延びる林道と別れ、橋を渡って対岸にでると、正面に堰堤があり、右からつづら折りの林道をたどり標高七〇〇m付近にでる。林道は左岸に沿ってまっすぐ上流にのびている。標高八五〇mまでたどると林道は途切れ谷に降りる。ここは二俣となっており本流である左俣を進む。谷は一面雪に覆われ、標高一〇〇〇m付近まで緩斜面の登高であるが、これ以後傾斜を増す。斜面はシール登高にはやや急だが、想像する以上に広く快適に登ることができる。稜線に出ると頂上まで一投足だが、展望を考えるとしばらく先へ進んだ方がよい。

頂上から往路を戻る。しばらく稜線を滑るが、途中から大熊谷に滑り込むので、漫然と滑らないようにしたい。広く一定程度の傾斜がある大熊谷の滑降は、デブリはあるものの林道まで快適に滑ることができる。林道に出たら忠実にこれをたどるが、標高八〇〇m付近までデブリで滑りづらい。これを過ぎると滑りやすくなり、出合まで比較的快適に滑ることができる。

ルート図　大熊山大熊谷

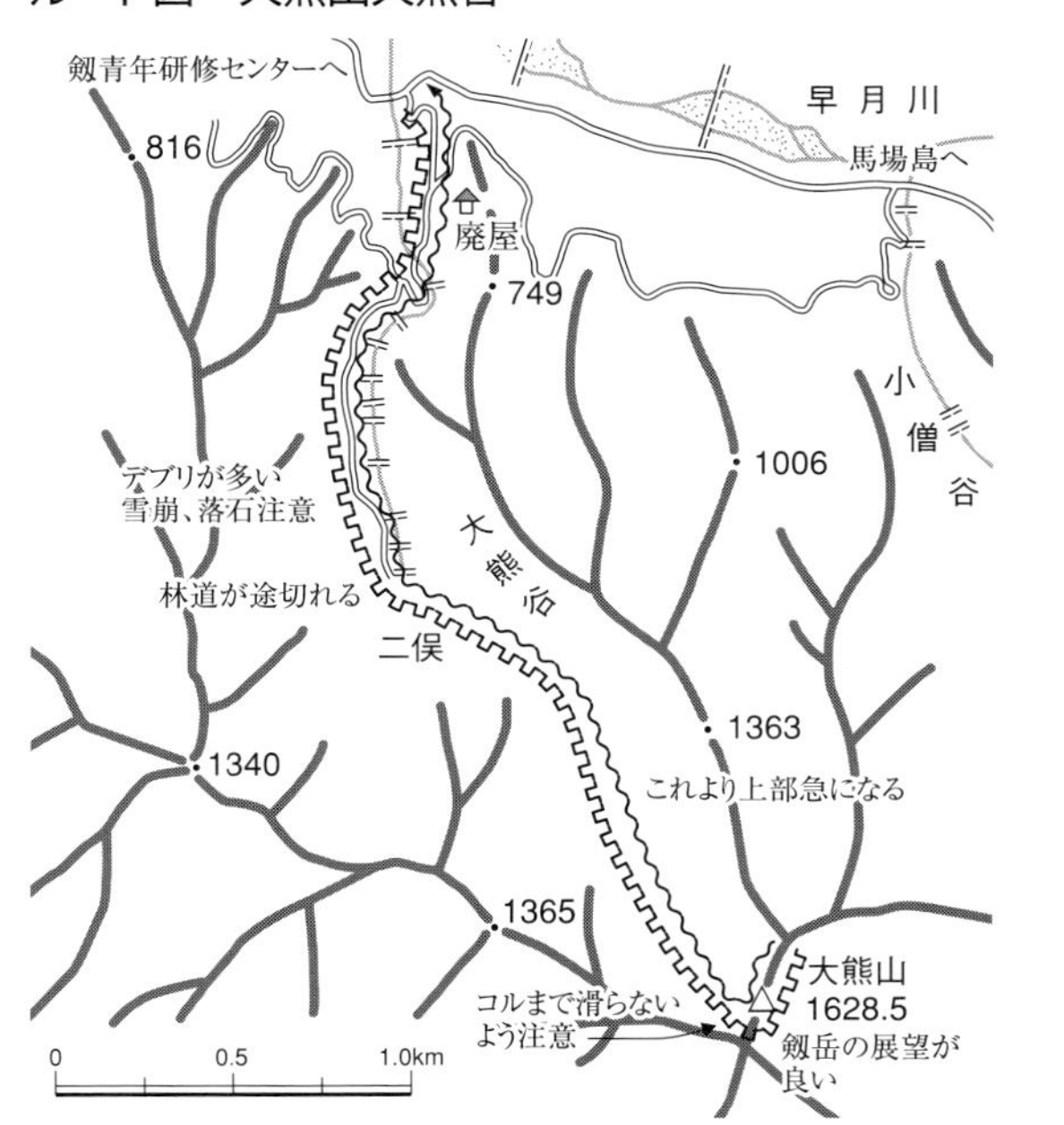

山行データ

【同行者】　山下明子
【日時・天候】　二〇〇六年四月二九日（快晴）
【参考タイム】
剱青少年研修センター（七時三〇分）大熊山（一二時／一三時三〇分）大熊谷出合（一四時四〇分）剱青少年研修センター（一五時）
【山行適期】　三月下旬～四月上旬
【グレード】　○総合　初級上　○山岳技術　初級上　○滑降技術　中級下
【装備】　基本装備車利用。
【アクセス】　車は剱青少年研修センターまたは大熊谷出合に止める。
【滑降高度差等】
○滑降高度差　一〇八〇m
○滑降距離　四・五km
○滑降斜面の最大傾斜　三六度
【二万五千図】　剱岳
【留意事項】
○谷ルートであるため、雪崩や落石に注意したい（特に谷の中間部）。

No.8

大辻山西尾根

頂上からの展望が楽しみな入門ルート

日帰り

概説

大辻山は富山市内から望む中級山岳としては、鍬崎山と同様にピラミダルな山容であることから目立つ山である。また、その中腹には少年自然の家があり、林道がかなり奥まで延びていてアプローチがよい。

スケールの大きな滑りは望めないが、頂上からの立山連峰の眺めが素晴らしいことから、初心者向きのルートとして訪れる価値はあると思う。

行動概略

少年自然の家～林道大辻線～頂上～林道大辻線～少年自然の家

少年自然の家から林道大辻線をたどる。林道はほとんど南面を通り、徐々に高度を上げているが、やがて標高一〇〇一mのピーク手前で尾根の北面を絡むようになる。行く手には広大な杉の植林地が望まれ、前方には大辻山から延びてくる二つの尾根に挟まれた小さな沢が見える。この沢手前から尾根に取り付く。比高にして一〇〇mほど雑木の尾根を登るが、「少年自然の家」へ戻る場合は一番スキーに適した斜面であろう。ここを登り切ると尾根はやや痩せ気味となり、標高一〇五〇mから尾根を外して左側を登る。左の尾根筋は登りにくいので、いったん正面の枝尾根を乗り越えて回り込むようにして主稜線に出ると頂上は近い。

頂上からは、立山、大日岳、劔岳等が眼前に迫り、息をのむような展望である。帰りは往路を戻ることを勧めるが、この山行では登りの際に左に見えた尾根をたどり、広大な杉の植林地の中を滑っている。杉が伸びた現在、快適な滑降は望むべくもないのは残念である。

また時間が許せば、帰りに来拝山へも立ち寄ると良いだろう。この山の往復には一時間もみておけば十分である。

大辻山からの展望

山行データ

【同行者】　なし

【日時・天候】　一九八六年三月八日（快晴）

【参考タイム】

少年自然の家（六時五〇分）大辻山頂上（一〇時四〇分／一一時四〇分）来拝山（一五時）少年自然の家（一六時）

【山行適期】　二月下旬～三月中旬

【グレード】

○総合　初級

○山岳技術　初級

○滑降技術　初級

【装備】　基本装備

【アクセス】

車利用。芦峅寺の雄山神社横から少年自然の家に向けて林道をたどる。駐車スペースは十分にある。

【滑降高度差等】

○滑降高度差　六九〇m

○滑降距離　六・〇km

○滑降斜面の最大傾斜　一五度

【二万五千図】　大岩

【留意事項】

○スキー滑降を考えると、往路を戻ることを勧めたい。

ルート図　大辻山西尾根

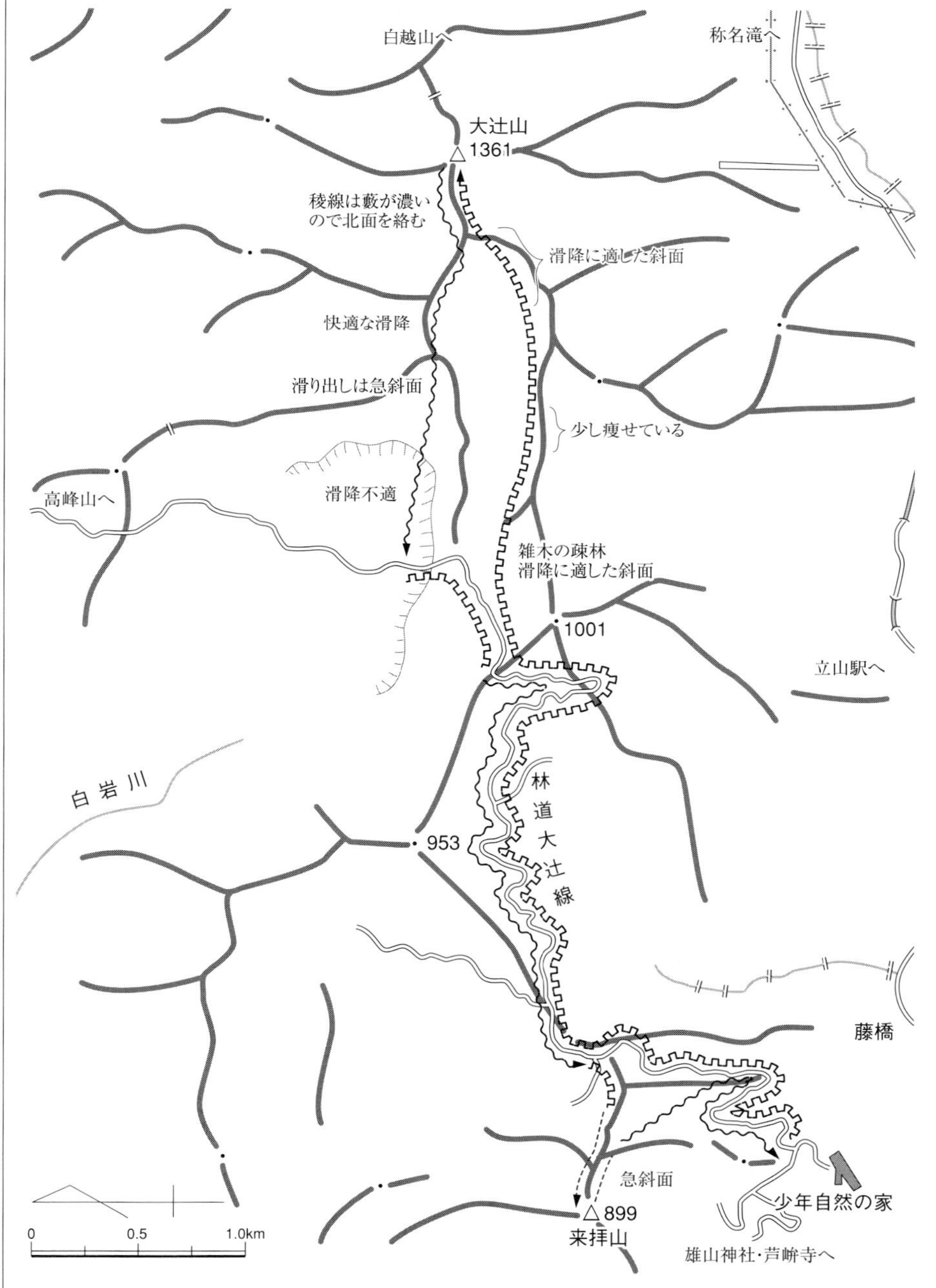
白越山へ
称名滝へ
大辻山
1361
稜線は藪が濃い
ので北面を絡む
滑降に適した斜面
快適な滑降
滑り出しは急斜面
少し痩せている
高峰山へ
滑降不適
雑木の疎林
滑降に適した斜面
1001
立山駅へ
白岩川
林道大辻線
953
藤橋
急斜面
少年自然の家
△899
来拝山
雄山神社・芦峅寺へ
0
0.5
1.0km

No.9

小又川白口谷

富山県の中級山岳とは思えない雰囲気を有する谷の滑降

日帰り

概説

上市川上流の小又川流域は大辻山北面に位置し、周囲には目立つ山もないことから、県内でも最も不遇なエリアの一つであろう。

しかし、これらの谷の一つである白口谷は、剱岳池ノ谷をそのまま小さくしたかのように、積雪期は稜線から一直線に白い帯となって薙ぎ落ちているのが平野部からも確認できる。

しかも、この谷の出合付近まで林道が延びたことから、この谷にスキーで取り付くことが可能となった。

行動概略

上市川第二ダム・剱親公園奥〜林道〜小又川〜白口谷〜稜線（往復）

上市川第二ダムから更に林道を車でたどり、小又川へ向かう。本山行では、幸運にもかなり奥まで車で入ることができた（標高四〇〇m）が、除雪の状況により少なくとも一時間程度は余計に歩かねばならないだろう。

車を降りた地点から、高峰山方面に続く林道をたどる。林道は思いの外広く、通過の際に神経を使うような箇所はほとんどないと言ってよいだろう。行く手前方にこれから目指す白口谷が見えると、林道は緩やかな下りとなり、小又川の橋を渡って、谷沿いの林道をたどる。この林道も比較的広いが、たどることわずかで谷が屈曲し狭まる地点に出る。この箇所は雪が堅いときは慎重に通過したい。これを過ぎると谷は右岸からのデブリで谷一面が覆われており、これを越えて引き続き林道をたどる。林道の終点が白口谷とアザミ谷の分岐である。

白口谷は、正面に見えている堰堤を右から越える。堰堤は二つ連続しているが問題なく越すと、谷は一直線に稜線に突き上げているのが分かる。ここからは坦々と谷を詰める。谷の中間部までは傾斜が緩いのでのんびり登ることができるだろう。谷の上部は登るにつれて急になり、最後はシールで登るのが不安なくらいだ。また、谷が北斜面であることから、雪面が堅い状態が多いと考えられ、シール登高時は滑落に充分注意したい。

なお、本山行では稜線がナイフリッジとなっていることから、大辻山への往復は中止した。

稜線からの滑降は、谷の遙か下部まで一直線に見通すことができ、富山県内の中級山岳のスキールートとは思えないような高度感がある。谷ルートである故、滑降の快適さは谷のデブリの状況に左右されるが、ある程度の滑降技術があればそれ程問題ないだろう。たかだか三〇分弱の滑降であるが、恰も白山北方主脈の谷を滑るような雰囲気がある。上部を滑落に注意して滑れば、先ほどの小又川に懸かる橋まで快適な滑降が楽しめる。後は、傾斜の緩い林道をたどるだけである。

山行データ

【同行者】
高橋大輔、山下明子、永井弘史

【日時・天候】
二〇〇六年三月二七日（曇り）

【参考タイム】
林道標高四〇〇m（七時四五分）小又川の橋（八時四五分）稜線（一一時三〇分／一二時）小又川の橋（一二時三〇分）林道標高四〇〇m（一三時三〇分）

【山行適期】　三月中旬〜下旬

【グレード】
○総合　初級上
○山岳技術　初級上
○滑降技術　中級下

【装備】
基本装備（大辻山を往復する場合はピッケル、念のため補助ロープ）

【アクセス】
車利用。上市から上市川第二ダムを経て剱親公園へ。林道を進めるだけ進む。なお、駐車スペースは限られるので注意したい。

【滑降高度差等】
○滑降高度差　九〇〇m
○滑降距離　六・〇km
○滑降斜面の最大傾斜　三四度

【二万五千図】　大岩

【留意事項】
○上市川第二ダム右岸の林道の除雪が進んでいない場合は、高峰山、南面の藤橋、少年自然の家辺りなどから大辻山に取り付くしかないだろう。

ルート図　小又川白口谷

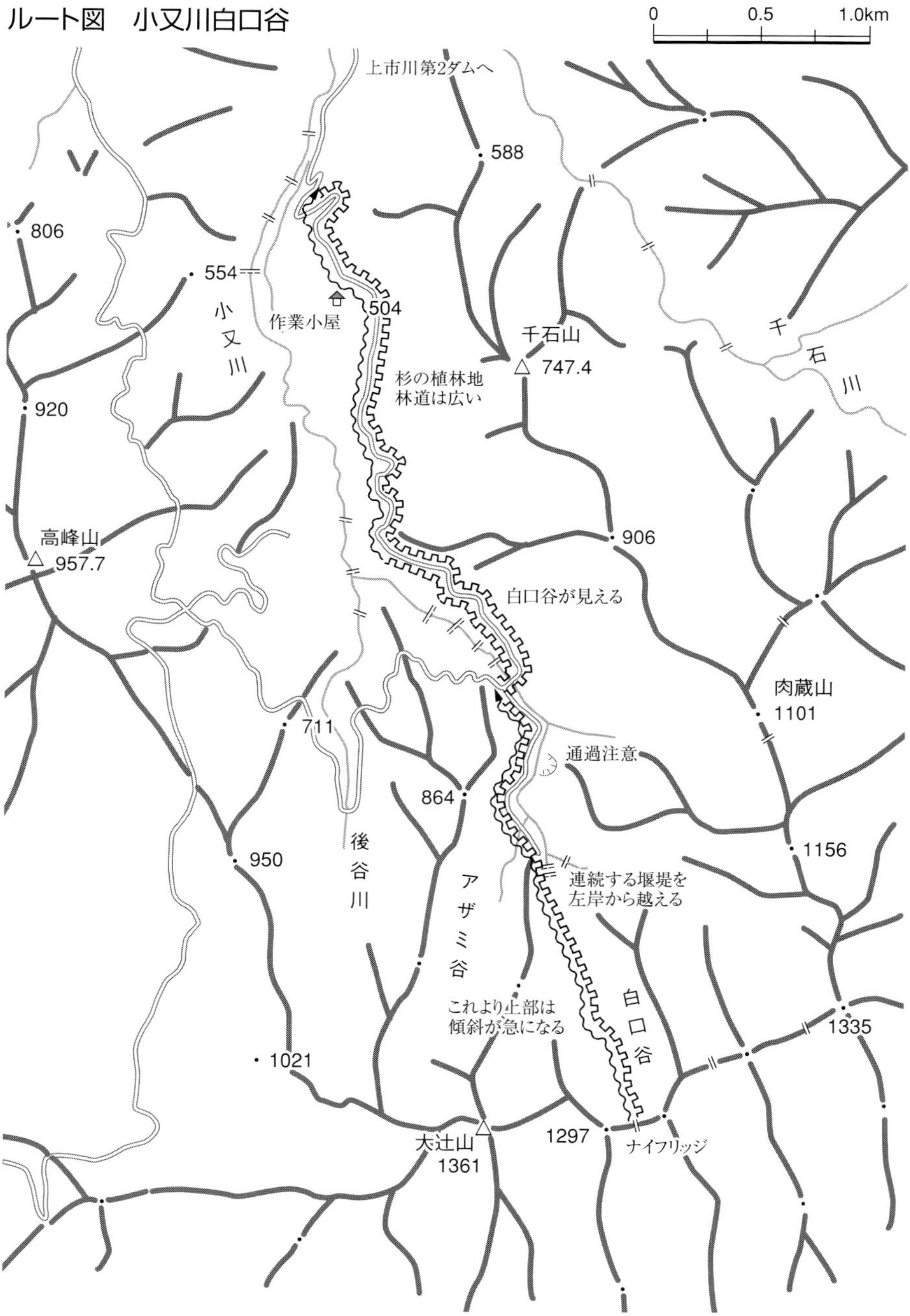
0
0.5
1.0km
上市川第2ダムへ
588
806
554
504
小又川
作業小屋
千石山
747.4
千石川
杉の植林地
林道は広い
920
高峰山
957.7
906
白口谷が見える
肉蔵山
1101
711
通過注意
864
950
後谷川
アザミ谷
連続する堰堤を
左岸から越える
1156
これより上部は
傾斜が急になる
白口谷
1335
1021
大辻山
1361
1297
ナイフリッジ

No.10

大品山

パウダーを狙って滑りたい
手軽なクラシックルート

日帰り

概説

雷鳥バレースキー場から大品山を経て粟巣野スキー場へ下るルートは、今でも親しまれている県内では数少ないクラシックルートである。内容的には比較的手軽で滑りもそれなりに楽しめる。きついルートではないので、できれば厳冬期のパウダースノーを狙って滑りたい。

行動概略

雷鳥バレースキー場～瀬戸倉山～大品山～調整池～粟巣野スキー場～雷鳥バレースキー場

雷鳥バレースキー場のゴンドラを降りて尾根をたどる。尾根はやや下って痩せ気味となり、一二二一mのピークの登りとなる。このピークにたどり着いたらルートを左に採るので、視界不良時は注意したい。

このピークを過ぎると広い尾根となり、美しいブナを縫って瀬戸蔵山へ向かう。反射板がある瀬戸蔵山は立山や大日岳の展望に優れている。ここからは時折立山杉の混じる尾根を少し下ると、先程と同じような広い尾根の登りとなる。やがて、尾根は痩せ気味になり傾斜が増すと、登りきったところが大品山である。大品山から少し進むと尾根は平坦となり、そこだけが小広い雪原となっている。また、今までと異なりここだけに樺が生えている。

ここから大品尾根の滑降を開始する。ブナの雑木林であることから、目印になるようなものは少ないので、ルートファインディングには注意したい。晴れていれば、美女平にあるケーブルカーの駅や大辻山の稜線を目印にして滑ればよいだろう。特に一二二九mの標高点からは進行方向を北西に変えるため注意したい。標高一一〇〇mあたりまでくれば、眼下に調整池が見えてくる。ここから調整池の横にでるまでは尾根が痩せている上に比較的急斜面であることから初心者には辛いところだ。

調整池に出たら尾根を進む。尾根は部分的に狭いところもあるが、快適に滑って送水管のある九二七mの標高点付近に出る。送水管を左に見て少し滑り、標高九〇〇m付近で送水管を渡る。更に送水管に沿って少し滑ると粟巣野スキー場の第一リフトの降り口に着く。

ここからは粟巣野スキー場を進行方向左側のコース（ウェーデルンコース）経由で滑り、第二ペアリフトの降り口手前から小川に架かる橋を渡って左の林道に滑り込んで駐車場に戻る。

瀬戸蔵山からの立山・大日岳

山行データ

【同行者】設楽なつ子、石井義夫　他
【日時・天候】二〇〇六年二月一六日（快晴）
【参考タイム】所要三時間程度
【山行適期】一月下旬～三月中旬
【グレード】
○総合　初級上
○山岳技術　初級上
○滑降技術　初級上
【装備】基本装備
【アクセス】
一般的には車を利用し、雷鳥バレースキー場の無料駐車場に止める。
なお、駐車場は二箇所あり、ゴンドラ横の上部の駐車場に止めた方が便利である。
また、立山駅まで電車を利用し、タクシーでアクセスすることも可能である。
【滑降高度差等】
○滑降高度差　八五〇m
○滑降距離　五・〇km
○滑降斜面の最大傾斜　二四度
【二万五千図】小見
【留意事項】
○大品尾根のルートファインディングが比較的難しいことから、視界不良時はなるべく山行を控えたい。
○粟巣野スキー場から雷鳥バレースキー場への林道は、地図には記載がないが、第二ペアリフト手前左から小川を渡り、家族旅行村のコテージ横を抜けてゴンドラ横の駐車場に続いている。

ルート図　大品山

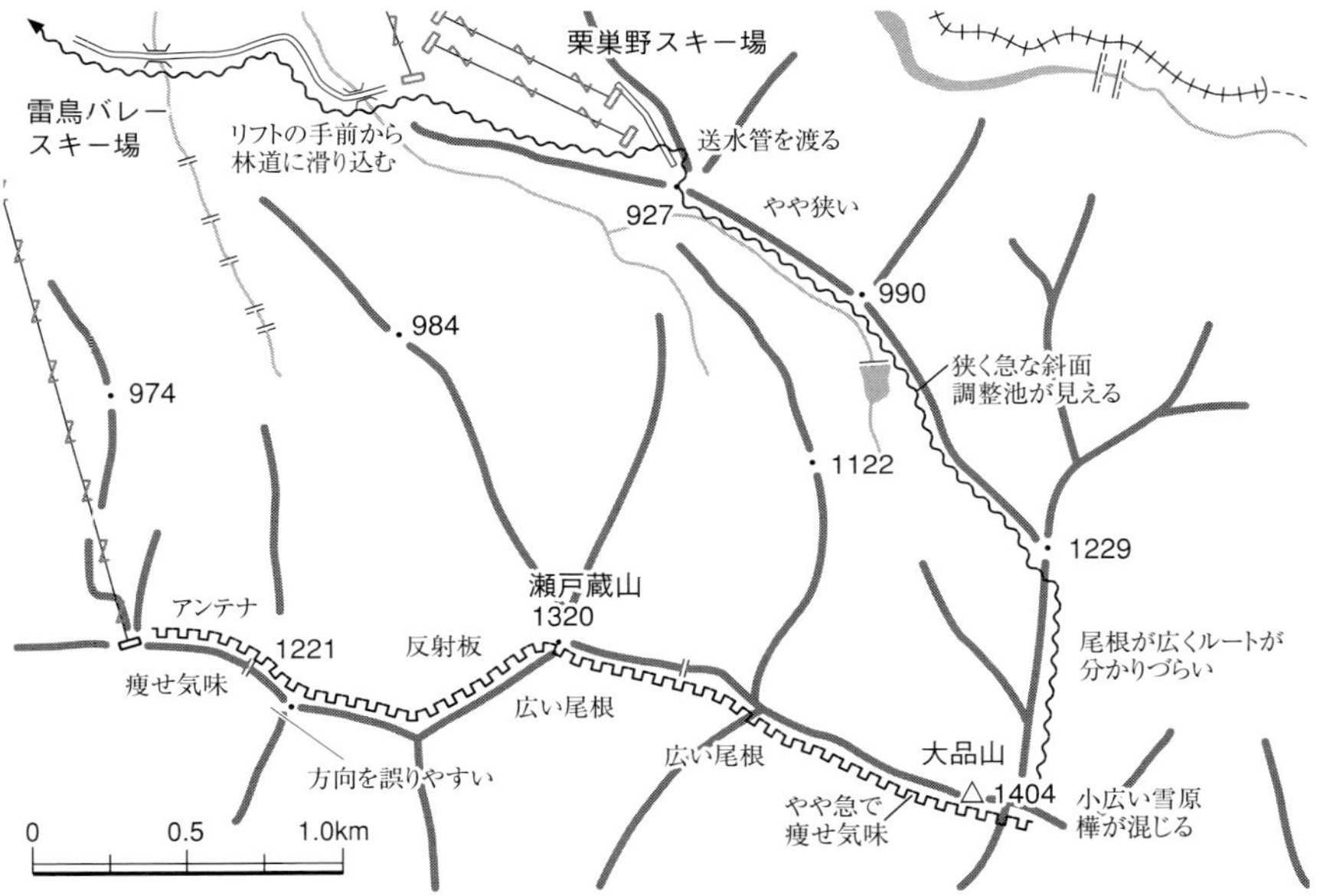
栗巣野スキー場
雷鳥バレー
スキー場
リフトの手前から
林道に滑り込む
送水管を渡る
927
やや狭い
990
984
974
狭く急な斜面
調整池が見える
1122
1229
瀬戸蔵山
1320
アンテナ
1221
反射板
尾根が広くルートが
分かりづらい
痩せ気味
広い尾根
広い尾根
大品山
方向を誤りやすい
1404
やや急で
痩せ気味
小広い雪原
樺が混じる
0
0.5
1.0km

ルート図　牛岳

小牧･高尾山へ
鉢伏山･夢の平
スキー場へ
牛岳
987
湯谷川
693
雑木林
藪の薄い湯谷川側を滑る
二本杉
721
632
痩せている
湯谷川側を慎重
に滑る
杉の植林
鍋谷側を滑る
スキーは滑らない
ユートピアゲレンデ
（リフト休止）
鍋谷
牛岳スキー場
セントラルゲレンデ
ロープウェー
（休止）
0
0.5
1.0km

No.11

牛岳

リフト利用の半日ルート

日帰り

概説

牛岳はスキー場があり、四季を問わず親しまれている県内中級山岳の代表格である。

ここで紹介するルートは、セントラルスキー場のリフトを利用して、セントラルゲレンデから頂上を往復するものである。晴れていれば山頂から槍ケ岳を望むこともでき、ゲレンデスキーに飽きた人や山スキーを始める人にはちょうどよい半日ルートである。

行動概略

牛岳スキー場ユートピアゲレンデ～頂上（往復）

セントラルゲレンデのリフト終点から少し西へ滑り降り、尾根沿いに付けられた林道をたどる。林道は標高七〇〇m付近で分岐するので、左の道に入る。道は比較的広く傾斜もないので、標高七五五mの二本杉の休憩所まではのんびりシールで進む。二本杉からは広い尾根の杉林を、それ以後、湯谷側の雑木林を登る。尾根は徐々に痩せてくるので、鍋谷側に落ちないよう注意したい。主稜線の祠に着いたら、シールのまま頂上を往復する。

帰りは往路を戻る。初心者がいる場合は、尾根上部は痩せているので、尾根が広くなるあたりからシールを外して滑りたい。二本杉の休憩所からはセントラルゲレンデに延びる林道をたどるが、傾斜がないのでスキーはほとんど滑らないだろう（地図前頁）。

野積川源流（28頁）

山行データ

【同行者】永盛京子　松原久美子
【日時・天候】一九八三年一月二十三日（雨のち雪）
【参考タイム】所要三～四時間程度
【山行適期】一月中旬～三月中旬
【グレード】
○総合　初級
○山岳技術　初級
○滑降技術　初級
【装備】基本装備
【アクセス】牛岳スキー場が取付きなので、交通機関等の心配はない。富山駅又は八尾駅からバスの利用も可能である。
【滑降高度差等】
○滑降高度差　六七〇m
○滑降距離　四・五km
○滑降斜面の最大傾斜　一五度
【二万五千図】山田温泉
【留意事項】○ユートピアゲレンデのリフトは休止している。
○標高八〇〇mから二本杉の休憩所を目指して滑る箇所は、本山行の実施年を考えるとかなり杉が伸びたと考えられることから、場合によってはこの植林地をはずして滑るほうがよいかもしれない。このため、尾根の状況を見定めて快適なルートを採りたい。
○セントラルゲレンデの滑降を避ける場合は、若土駅から尾根沿いに「富山市こどもの村」へ抜けてもよい。
○サブルートは牛岳から牛岳ヒュッテを経て小牧ダムへ向かうもの、鉢伏山へ向かうもの等が考えられる。なお、これらのルートは距離も長くなるため、雪の締まる三月上旬以降に実施したい。

No.12 高峰

頂上からの展望がよい
入門ルート

日帰り

概説

この山は頂上付近にパラボラアンテナが立ち、広い林道が延びていて、無雪期には登山の対象とはならない。しかし、積雪期ともなれば林道が延びているだけに、積雪が少なくとも藪に悩まされることもなく滑降が楽しめる。時間もかからないのでパウダースノーを狙って、また、シーズンはじめの装備のチェックや初心者の山行には最適である。頂上からの展望もなかなか良い。

行動概略

北豆谷～頂上（往復）

北豆谷の高峰に続く林道の入口から取り付く。林道は奥の民家まで除雪されているので、そこまでスキーを担いでも良い。除雪終了点からシールで登る。林道は傾斜が緩く幅も広い。また、北には送電線が高峰山頂へ向かって延びているのがわかる。林道を忠実にたどり、越道峠との分岐を過ぎた標高七七〇m付近で、積雪が多ければ林道をショートカットする。杉と雑木の混じる尾根を登ると、また林道に出る。しばらく林道をたどり、鉄塔を過ぎたあたりでまた林道をショートカットする。また、しばらくで林道に出るので、さらに林道をショートカットすると、標高九九〇m付近の林道にでる。ここからは、林道を忠実にたどる。標高一〇〇〇mを過ぎたあたりで林道は右に曲がるが、この付近までくると、頂上が間近となり、パラボラアンテナが立つ頂上付近が手に取るようにわかる。林道右は高峰から続く稜線であり雑木が美しい。なおも林道を忠実にたどると、右手に小屋のある広場に出る。高峰の頂上はパラボラアンテナのあるところではなく、右手の展望台のあるところである。頂上は三六〇度の展望が開ける。帰りはほぼ往路を戻るが、積雪が少ないときは藪が比較的濃いため林道をたどりたい。林道は傾斜がないので、雪の状態により、スキーを履いたまま歩くところもあるが、それだけに初心者にも無理なく楽しめる。

山行データ

【同行者】なし
【日時・天候】二〇〇五年一二月二九日（曇りのち晴れ）
【参考タイム】北豆谷（一〇時）高峰（一三時一〇分／一三時三〇分）北豆谷（一四時一〇分）
【山行適期】一月～三月下旬
【グレード】
○総合　初級
○山岳技術　初級
○滑降技術　初級
【装備】基本装備
【アクセス】
車利用。車は県道脇に駐車する。
【滑降高度差等】
○滑降高度差　四六〇m
○滑降距離　四・〇km
○滑降斜面の最大傾斜　一五度
【二万五千図】利賀
【留意事項】
○林道を忠実に滑る場合は、雪が締まった時期に実施したい。

ルート図　高峰

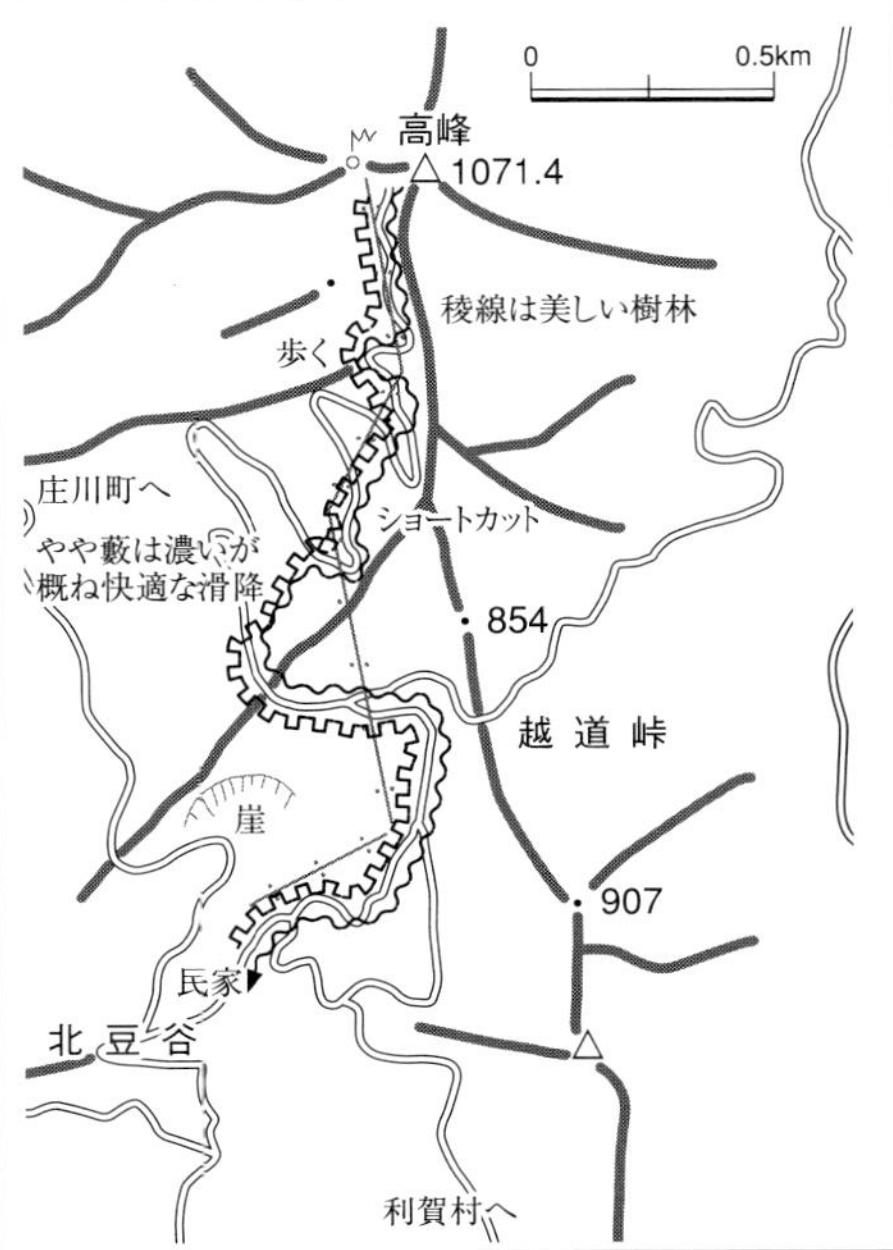

No.13

野積川源流

白木峰と仁王山を日帰りでめぐる快適なルート

日帰り
★

概　説

野積川は五箇山の名峰、白木峰を源流とし、幾多の滝を懸けながら神通川に注いでいる。

このルートは、白木峰と仁王山を野積川で結ぶことにより、快適な滑降を楽しむものである。滑降の質の高さでは、県内中級山岳では特筆されるものと考えられる。

行動概略

大長谷温泉~四阿~仁王山~白木峰~野積川源流~仁王山~松尾谷~大長谷温泉

大長谷温泉の駐車場から白木峰に延びる林道をたどる。しばらくで、フィールドアスレチックの遊具のあるところに出る。仁王山に登るには、ここから直接か、しばらく林道をたどり、林道が松尾谷と出合う地点から取り付くかのどちらかである。

いずれにせよ、斜面をしばらく登ると四阿に出る。ここから、いよいよ尾根らしくなり、展望も徐々に開けてくる。少し進むと標高九一六mの四阿に着く。行く手前方右の標高一〇〇〇m付近の斜面には雪崩柵が見える。この左横を過ぎると尾根はいよいよ広くなり快適な登高が続く。頂上手前は滑落すると止まらないこと、また、視界不良時は行動が難しくなるので赤布などの目印を付けながら慎重に登りたい。

仁王山の頂上は藪もなくすこぶる展望がよい。ここからは、いったん尾根を滑り降りて白木峰に向かう。緩く広い尾根は、視界不良の場合は行動が難しくなるので注意したい。避難小屋を過ぎるとまもなく白木峰だ。

頂上から野積川源流への滑り出しはどこからでも構わないが、なるべく広い谷へ滑り込みたい。滑り込んでしまえば、やや狭いものの滑るには不自由のない広さがある。

私たちの山行では、白木峰と仁王山のコル直下まで滑ったが、この先も滑降可能であるので、時間が許せば、更に下まで滑りたい。谷も徐々に広くなるので、快適な滑降が楽しめるだろう。

なお、野積川から仁王山へ登るのは、このコルに出るのが一般的であろう。

仁王山からは朝登ってきたトレースを外さないよう滑りたい。尾根が広いだけに、滑りが快適であるのと裏腹にトレースを外すと厄介である。

やがて、雪崩柵のところに出ると、ここから稜線を左に外し気味に滑る。例年であれば、忠実に尾根を滑って大長谷温泉に滑り込むと考えられるが、積雪が多く、雪崩の危険性が低ければ本山行のように雪崩柵の右側の斜面を松尾谷目掛けて滑る。この斜面も広くとても快適な滑降が楽しめる。

谷の下部はやや狭くなっており、藪も濃くなるが、これもすぐに終わり、白木峰に延びる林道に出る。

後はこの林道に沿って適当にショートカットして大長谷温泉に滑り込む。

山行データ

【同行者】
高橋大輔、山下明子、永井弘史、永井晶子

【日時・天候】
二〇〇六年三月二六日（快晴）

【参考タイム】
大長谷温泉（七時三〇分）仁王山（一一時）白木峰（一二時／一二時三〇分）仁王山（一四時二〇分）大長谷温泉（一五時）

【山行適期】　三月上旬~下旬

【グレード】
○総合　初級上
○山岳技術　初級上
○滑降技術　初級上

【装備】　基本装備、赤布

【アクセス】
車を利用して大長谷温泉へ。駐車場は確保されている。また、仁王山の往復だけなら、八尾駅から町営バス（平日のみ）の利用も可能である。

【滑降高度差等】
○滑降高度差　一五〇〇m
○滑降距離　三・五km
○滑降斜面の最大傾斜　二六度

【二万五千図】　白木峰、利賀

【留意事項】
○仁王山上部からは尾根は広くなるので、視界不良時は無理な行動は控えたい。
また、野積川源流滑降が主目的なら、仁王山から直接滑り込むのも良いだろう。時間が限られている場合、その方が得策である。

ルート図　野積川源流

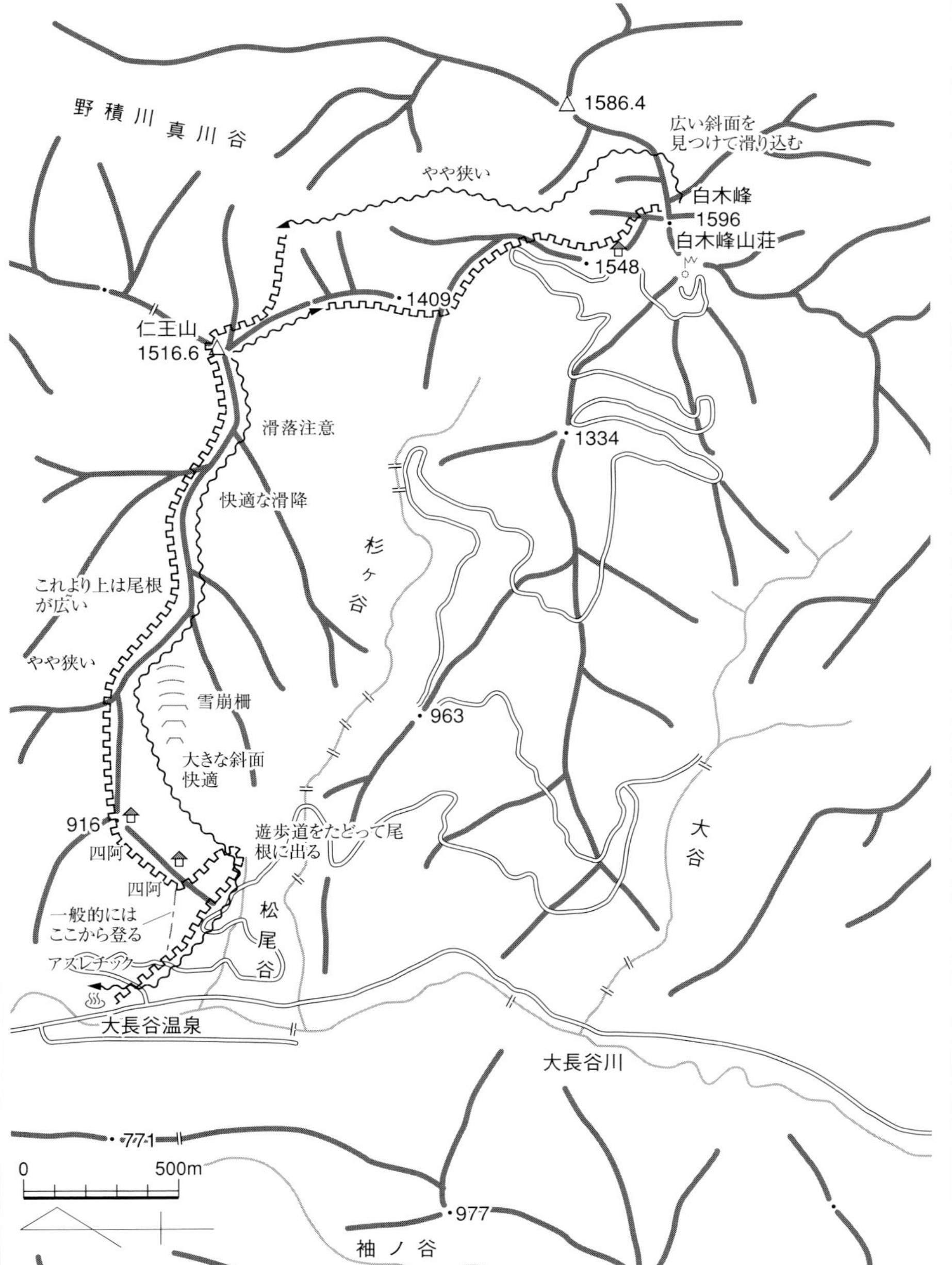
野積川
真川谷
1586.4
広い斜面を見つけて滑り込む
やや狭い
白木峰
1596
白木峰山荘
1548
1409
仁王山
1516.6
滑落注意
1334
快適な滑降
杉ヶ谷
これより上は尾根が広い
やや狭い
雪崩柵
963
大きな斜面快適
916
四阿
四阿
遊歩道をたどって尾根に出る
大谷
一般的にはここから登る
松尾谷
アスレチック
大長谷温泉
大長谷川
771
0
500m
977
袖ノ谷

No.14 白木峰

展望のよい県境主稜線滑降

日帰り

概説

白木峰は富山県西部に位置し、大変展望の良い山である。昔から山スキーの対象として親しまれた山でもあり、スケールの大きな滑りは期待できないものの、十分楽しむことができる。

行動概略

杉ケ平～白木峰山頂～小坂谷～大長谷

　杉ケ平から頂上に延びる林道に取り付く。しばらく林道をたどり、標高八〇〇m付近から大谷と杉ケ谷の間に延びる尾根を登るが、スキーが枝に引っかかるため歩きづらいだろう。標高一一五〇m地点を越し、林道を抜けると尾根は一時的に傾斜が緩くなる。標高一三三四m地点にはNTTの小屋（使用不可）があり、そこから上は樹木も少なく雪崩の危険性の高い場所となる。ここから一〇〇m程上部にある林道の上は特にいやらしいところであり注意して登る。ここは山行のポイントとなる箇所であり、正面の尾根を右から回り込むか、左から回り込むかは雪の状況を見計らって判断する必要がある。

　ここを過ぎれば、あとは広く緩い雪稜の登りになり、頂上近くのパラボラアンテナも目の前となる。

　頂上からは緩斜面の尾根をスキーで滑る。特に快適という訳ではないが、まずまず楽しめる。ただ、標高一四九〇m付近は迷いやすく、稜線を富山県側に外しやすいので注意が必要である。一四二七mの標高点あたりから主稜線を外し、岐阜県側に張り出している小さな雪庇を崩して大坂谷支流に滑り込む。谷幅が狭いのでしばらく尾根筋を滑った後、谷に降りる。すぐに小さな堰堤に出たと思う間もなく標高一二〇〇m付近で林道に出る。

　林道は小坂谷から延びてきているので、小坂谷に向かって少し登り返し、小坂谷と大坂谷支流の分岐に着く。ここから見る小坂谷は穏やかであり、万波高原に続く林道がまっすぐに延びている。この林道は標高一一〇〇m付近で右岸に移り、やがて平坦となって万波川を渡る地点に着く。開けた地形は明るく開放的な雰囲気で長居したくなるところだ。

　ここから県境までは先程と同様、林道の割に幅が広く快適である。

　県境に着くと、原山本谷を経て栖峠に至る道と大長谷に至る道の分岐となる。大長谷方面は谷が険しく本来なら通過しない方が得策だが、本山行時は積雪量が比較的少なく雪崩の危険性が比較的低かったことから大長谷に戻る。険しい道で緊張する箇所もあるが、この山行では大谷出合先まで滑ることができた。

山行データ

【同行者】なし
【日時・天候】
一九九七年三月二一日（晴れ）
三月二二日（晴れ）
【参考タイム】
第一日
杉ケ平上（九時）白木峰頂上（一五時）
第二日
頂上（八時）万波高原（一〇時）
大谷出合（一二時二〇分）庵谷（一三時）
【山行適期】三月中旬～四月上旬
【グレード】
○総合　中級
○山岳技術　中級
○滑降技術　初級上
【装備】基本装備、赤布、ピッケル
【アクセス】
車利用。八尾を経由して大長谷へ。杉ケ平の大長谷温泉まで除雪されている。
【滑降高度差等】
○滑降高度差　一〇〇〇m
○滑降距離　一二・〇km
○滑降斜面の最大傾斜　一二度
【二万五千図】白木峰
【留意事項】
○白木峰の登りに使った尾根はスキー滑降には余り向かないので、杉ケ平から頂上を往復する場合は、仁王山を経由した方が快適である。
○本山行のように小坂谷をルートに採る場合は、大長谷へ向かうことは一般的ではないので、雪質が安定しているとき以外は、主稜線から支稜線をたどり直接大長谷側へ下るか、打保へ向かいたい。

ルート図　白木峰

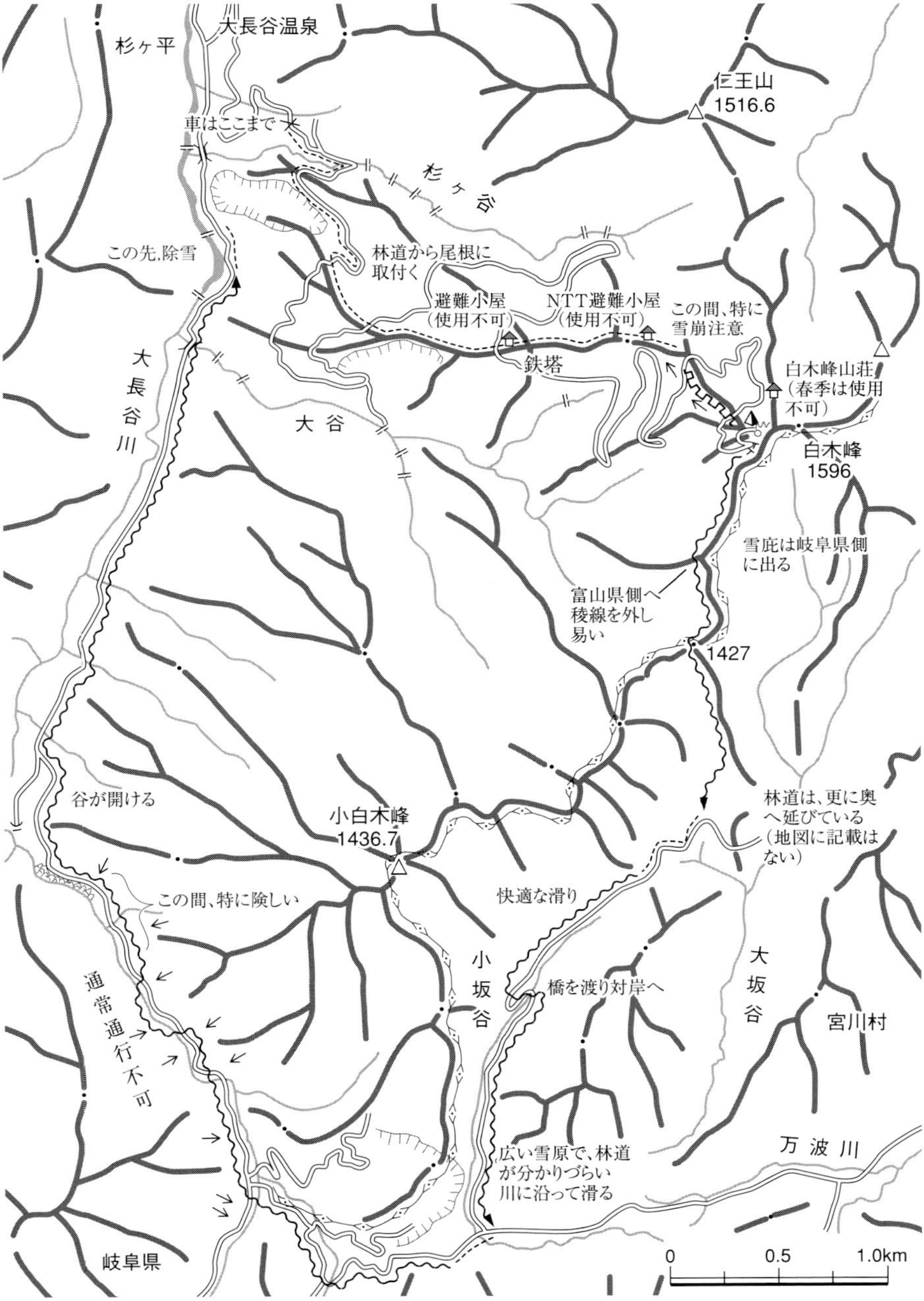
大長谷温泉
杉ヶ平
仁王山
1516.6
車はここまで
杉ヶ谷
この先,除雪
林道から尾根に
取付く
避難小屋
(使用不可)
NTT避難小屋
(使用不可)
この間、特に
雪崩注意
鉄塔
白木峰山荘
(春季は使用
不可)
大長谷川
大谷
白木峰
1596
雪庇は岐阜県側
に出る
富山県側へ
稜線を外し
易い
1427
谷が開ける
小白木峰
1436.7
林道は、更に奥
へ延びている
(地図に記載は
ない)
この間、特に険しい
快適な滑り
小坂谷
大坂谷
通常通行不可
橋を渡り対岸へ
宮川村
万波川
広い雪原で、林道
が分かりづらい
川に沿って滑る
岐阜県
0
0.5
1.0km

No.15 金剛堂山

金剛堂山をめぐる代表的ルート

日帰り

概説

富山県西部に位置する金剛堂山は一等三角点を有する展望のよい山である。

ここで紹介するルートは、このスノーバレー利賀スキー場（廃業）を起点に頂上を経て夏道のある栃谷へ向けて滑るものである。比較的薮が濃いことや狭い箇所もあることから滑降技術は中級者向けではあるが、登り返しも少なく斜面にある程度傾斜があることから、変化があって面白い。

行動概略

スキー場〜頂上〜栃谷〜スキー場

スノーバレー利賀スキー場でリフトを二本乗り継ぎ、標高一三二〇mの稜線に出る。ここからそのまま右の斜面に滑り降りて鞍部に出る。ここで支度をし、登り始める。

ここから頂上までは広くアップダウンの多い尾根をたどる。ブッシュが薄いことから登高は快適である。一三八四・一mの三角点のあるピークは竜口谷方面に張り出している尾根に入り込みやすいので注意が必要である。また、このピークから鞍部までは、高度差が一〇〇m程あるので、シールを外して滑ってもよいだろう。快適な滑りが期待できる。

一四〇六mへの登りはこのルートの中で最もきつい登りであるが、これを過ぎて一四四一m付近までくるとブナの疎林の尾根となり、晴れていれば頂上方面の眺めがよい。尾根はこれまで以上に広くなるので、視界不良時は注意したい。稜線にはところどころ目印となる登山道の看板があるので、確認したい。頂上直下は左に雪庇が張り出した尾根筋を抜けると、正面に雪庇が張り出しているので、これを右から回り込んで頂上に立つ。

一等三角点のある頂上は白山や北アルプスの展望がよい。ここからは、栃谷方面に延びる北西尾根を滑る。この尾根は最初は広いがすぐに狭くなる。「竜口のぞき」と呼ばれるこの箇所は、痩せているので横滑りを交えて慎重に滑る。一四五一mの標高点は左から巻き気味に滑るが、このあたりは小さなアップダウンがあるので、スキーを履いたままで歩くところもある。これを過ぎた後も痩せ気味の尾根が続く。一三〇〇mの鞍部から一三四六mの標高点まではシールをつけて登り返す。栃谷の源頭であるこのピークからはしばらく快適な滑りが期待できる。また、標高一一五〇m付近からは尾根を外し小さな谷状のところを滑ると快適である。一〇二一m付近から尾根を外れ、栃谷に向けて滑る。ここは比較的薮が濃く初心者には辛いところであるが、一定程度のスキーの技術があればそれなりに楽しめるだろう。栃谷に出たら対岸に渡り、そのまま滑り降りると百瀬川に出る。川には鉄の橋があり、これを渡りスキー場に戻ることとなる。

山行データ

【同行者】　なし

【日時・天候】
二〇〇三年三月二一日（快晴）

【参考タイム】
スキー場リフト上（九時五〇分）頂上（一二時五〇分）スキー場（一四時五〇分）

【山行適期】　三月上旬〜四月上旬

【グレード】
○総合　初級上
○山岳技術　初級上
○滑降技術　中級

【装備】　基本装備、赤布

【アクセス】
八尾或いは庄川町方面から車利用となるが、道路事情から庄川方面から国道一五六号線を経由する方がよい。

【滑降高度差等】
○滑降高度差　一〇〇〇m
○滑降距離　五・五km
○滑降斜面の最大傾斜　二五度

【二万五千図】　白木峰

【留意事項】
○記録はスキー場が営業していたときのものである。スキー場が廃業した現在、スキー場跡地をたどれば、リフトトップの稜線まで、春先で三時間程度をみておきたい。
○スキー場から頂上を往復するのも面白いだろう。

ルート図　金剛堂山

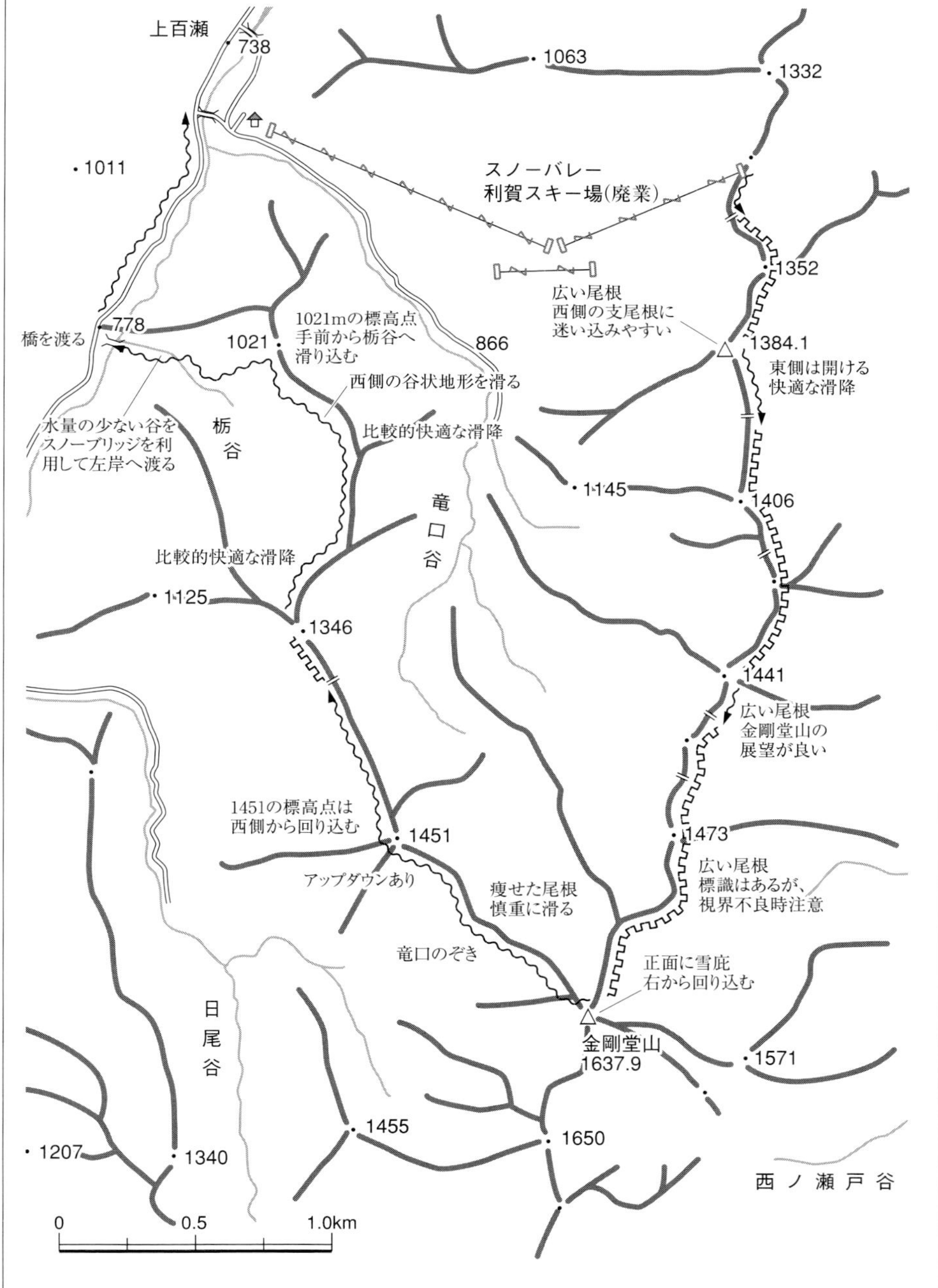
上百瀬
738
1063
1332
1011
スノーバレー
利賀スキー場(廃業)
1352
広い尾根
西側の支尾根に
迷い込みやすい
1384.1
東側は開ける
快適な滑降
橋を渡る
778
1021
1021mの標高点
手前から栃谷へ
滑り込む
866
西側の谷状地形を滑る
水量の少ない谷を
スノーブリッジを利
用して左岸へ渡る
栃
谷
比較的快適な滑降
1145
1406
竜
口
谷
比較的快適な滑降
1125
1346
1441
広い尾根
金剛堂山の
展望が良い
1451の標高点は
西側から回り込む
1451
1473
アップダウンあり
痩せた尾根
慎重に滑る
広い尾根
標識はあるが、
視界不良時注意
竜口のぞき
正面に雪庇
右から回り込む
日
尾
谷
金剛堂山
1637.9
1571
1455
1650
1207
1340
西ノ瀬戸谷
0
0.5
1.0km

No.16 金剛堂山 龍口谷支流

日帰り

概説

金剛堂山は頂上から栃谷へのルートがよく滑られているが、そのほかにも岐阜県側の斜面や龍口谷にも記録がある。このルートはスキー場近くの龍口谷支流を滑るものであり、山スキーの初心者にも手軽に楽しめる。

行動概略

スノーバレー利賀スキー場～一三八四mピーク～スキー場

リフトを二本乗り継ぎ、リフトの終点に着く。ここから、そのまま右の尾根を滑りコルに着く。リフト終点から尾根に沿って滑るのは、視界がないとルートが分かりづらいので注意したい。コルからはシールで登る。このルートだけ滑るのであれば、それほど労を要しないので坪足でも構わない。一三五二mから少し登ると一三八四mのピークに着く。ここから北北西斜面を滑る。この斜面は高度差三〇〇mほどが雑木の疎林の快適な斜面となっており、これを滑るとやや狭い谷になる。しかし、特に滑りづらいということはなく、標高一〇〇〇mあたりで林道に出る。快適な滑降を望むのであれば、ここからこの林道を右にたどってゲレンデに出た方がよい。

これ以後藪が濃くなるので、藪を避けながら谷の右岸を滑る。少々辛い滑りだが、それ程長くは続かず標高九〇〇m付近で龍口谷沿いにつけられた林道に出る。上流には堰堤が見える。

ここからは、この林道を忠実に滑りスキー場の第一ゲレンデにでる。スノーバレー利賀スキー場のロッジは近い。

山行データ

【同行者】なし
【日時・天候】二〇〇五年三月六日（雪のち曇り）
【参考タイム】一三八四mピーク（一三時三〇分）スキー場（一四時四〇分）
【山行適期】二月～三月中旬
【グレード】○総合　初級
○山岳　技術初級
○滑降技術　初級上
【装備】基本装備
【アクセス】八尾あるいは庄川町方面から車利用となるが、道路事情から庄川方面から国道一五六号線を経由する方がよい。
【滑降高度差等】
○滑降高度差　七六〇m
○滑降距離　三・二km
○滑降斜面の最大傾斜　二二度
【二万五千図】白木峰
【留意事項】
○記録はスキー場が営業していたときのものである。スキー場が廃業した現在、下部はスキー場に出た方が楽しいだろう。

ルート図　金剛堂山龍口谷支流

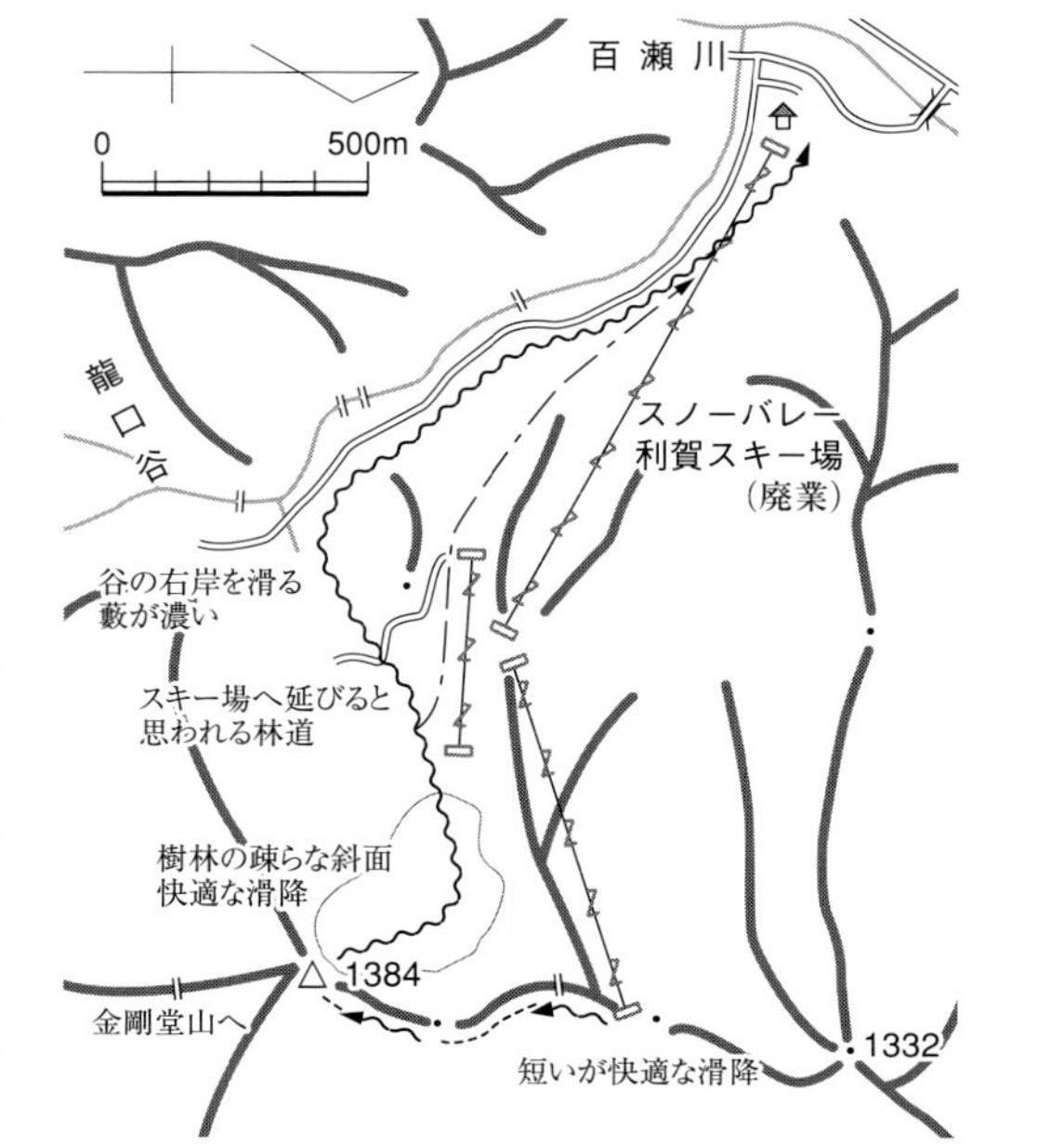

No.17 大寺山

手軽な入門ルート

日帰り

概説

このスキー場跡地からは大寺山への林道があり、これをたどれば手軽で、しかも雪が多ければスキー場跡地の快適な滑降を独占できる楽しみもある。

シーズン初めの装備のチェックを兼ねた山行や初心者同行の山行に適したルートである。

行動概略

オムサンタの森スキー場跡地から頂上往復

スキー場跡地からスキーで登り始める。最初はゲレンデ跡の広い緩斜面を登り、林道に出たら積雪の状態を見て、そのまま登るか、斜面右端の林道を登るか判断したい。この山行では積雪量が少ないため林道を登った。

林道は枝沢をいったん渡り、右の雑木の斜面の基部を九十九折に登っている。リフトを左に見た先で林道はそのままトラバースするものと、右に折れて稜線へ向けて杉林の中を進むものに分岐するので、後者をたどる。

林道はやがて稜線に出て、八乙女山方面への道を分ける。大寺山への林道は西斜面の杉の植林地を巻いており、これをたどる。眼下には美しい散居村が広がっている。林道はこの先、枝尾根を回り込み反射板の横を通って頂上に続いている。反射板まで来ると、前方に大寺山の山頂が見える。杉の植林地の一角で冴えない頂上だが、ここまでくればすぐである。頂上からの滑りは派手さはないが、初心者も安心して楽しめる。

たどって来た林道を忠実に滑れば小一時間程である。スキー場跡地上部を滑る場合は、林道脇のリフト終点から滑ればよい。

山行データ

【同行者】　酒井正尭

【日時・天候】

二〇〇五年一月三日（晴れのち曇り）

【参考タイム】　オムサンタの森スキー場跡地（九時四〇分）　頂上（一二時五〇分）　オムサンタの森スキー場跡地（一四時）

【山行適期】　一月～三月上旬

【グレード】　○総合　初級

○山岳技術初級　○滑降技術　初級

【装備】　基本装備

【アクセス】　車利用。庄川町方面から国道一五六号線を庄川に沿って南下。スキー場跡地に駐車。なお、国道一五六号線からオムサンタの森スキー場までは路面凍結に注意して運転したい。

【滑降高度差等】

○滑降高度差　五二〇m

○滑降距離　四・三km

○滑降斜面の最大傾斜　五度以下

（林道を忠実にたどった場合）

【二万五千図】　城端

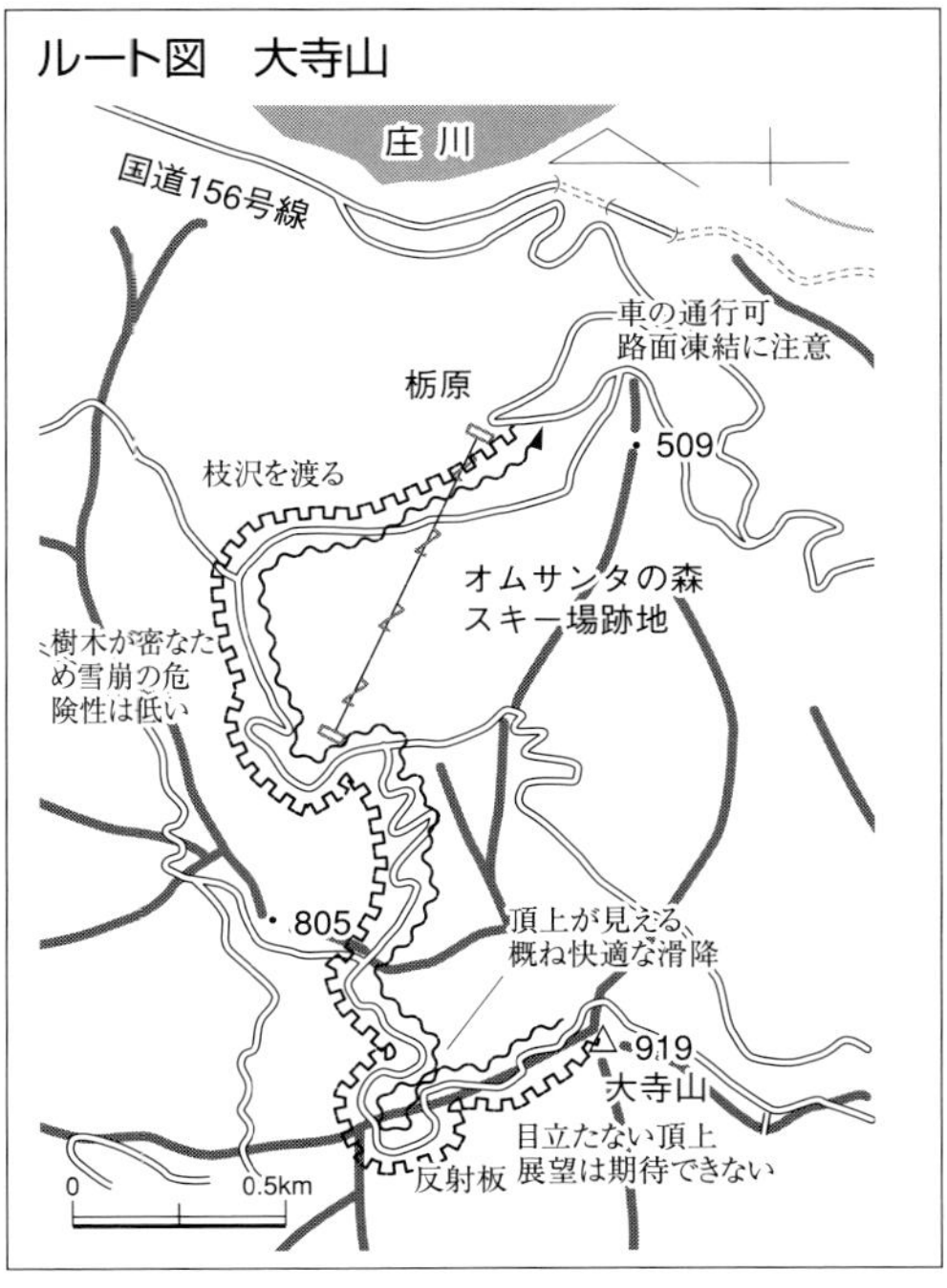

No.18

人形山田向尾根

人形山をめぐる代表的ルート

日帰り

概説

人形山は県西部を代表する山であり、山名がその山腹にできる雪形に由来することからもよく知られている。高さは一七〇〇mほどしかないが、頂上直下北側は奥壁状をなし、この高さからは想像がつかないほど大きな山容を呈している。

また、この山の位置からしても積雪量が豊富なことは言うまでもなく、加えて田向から頂上までの標高差が一四〇〇mもあることを考えればスキー向きの山であることが理解できると思う。

なお、このルートを日帰りで実施するのはかなりきついので、できれば一泊二日で三ケ辻山と併せて登ることを勧めたい。

行動概略

田向～人形山～田向（往復）

国道一五六号線または東海・北陸自動車道を五箇山に向かい、村上家から橋を渡り、対岸の田向に向かう。

林道は流刑小屋の横を通り、しばらく行くとすぐに行き止まりとなる。ここで車を捨て、湯谷川沿いの林道をたどる。一時間ほどで田向尾根末端に着く。林道はなおも湯谷川沿いに延びており、そのまましばらく林道をたどってから中根小屋に向かう林道を登ってもよいが、都合よく見つかれば、尾根末端左斜面からつけられた旧道をたどったほうが時間を短縮できる。尾根に出てしばらく登れば尾根は広くなり、やがて中根小屋に着く。夏の時期、付近は駐車場になっており、このルートを一泊二日で実施する場合は、このあたりをベースにするとよい。

中根小屋からは忠実に尾根をたどる。しばらく登ると展望も開けてくる。中根小屋から標高一三〇〇mあたりまでは尾根はやせ気味であるが、これより上の宮屋敷までは広く、下山時には山スキーに適した斜面が続く。

鳥居のある宮屋敷を経由して頂上に向かう。雪の状態によってはアイゼンがほしくなる場合もあるので、初心者がいる場合は慎重に行動したい。

頂上からは白山をはじめとして素晴らしい展望をほしいままにできるだろう。

帰路は宮屋敷からの高度差三〇〇mがこのルートで一番楽しい斜面であり、じっくりと滑りたい。この後、尾根がやせてきて的場平付近でいったんスキーを脱ぐことになるが、それ以後はまた尾根が広くなる。中根小屋の先からは忠実に林道をたどり田向に向かう。

ルート全体を通じて特筆する大斜面はないが、滑降の楽しさを十分満喫できると思う。

山行データ

【同行者】　佐伯悌助

【日時・天候】
一九八四年四月二九日（晴れ）

【参考タイム】
田向（七時三〇分）中根小屋（九時一五分）宮屋敷（一二時四五分）人形山（一四時）中根小屋（一六時三五分）田向（一八時）

【山行適期】　三月中旬～四月上旬

【グレード】
○総合　初級上
○山岳技術　初級上
○滑降技術　初級上

【装備】　基本装備、アイゼン

【アクセス】
車利用。国道一五六号線の村上家を目印に対岸へ渡る。駐車スペースは限られる。なお、労を厭わなければ五箇山荘に止めて、帰りに温泉に立ち寄るとよい。また、高岡駅からバスの便もあるが、この場合、日帰りは無理である。

【滑降高度差等】
○滑降高度差　一三〇〇m
○滑降距離　八・〇km
○滑降斜面の最大傾斜　一八度

【二万五千図】　上梨

【留意事項】
○時間があれば三ケ辻山まで往復したい。
○人形山周辺の他のルートでよく滑られているのは、猪谷あたりから大滝山への往復である。
○時間があれば、田向尾根から頂上、大滝山を経て猪谷へ向けて滑るのも一つの方法である。
なお、この場合は中級ルートとなる。

ルート図　人形山田向尾根

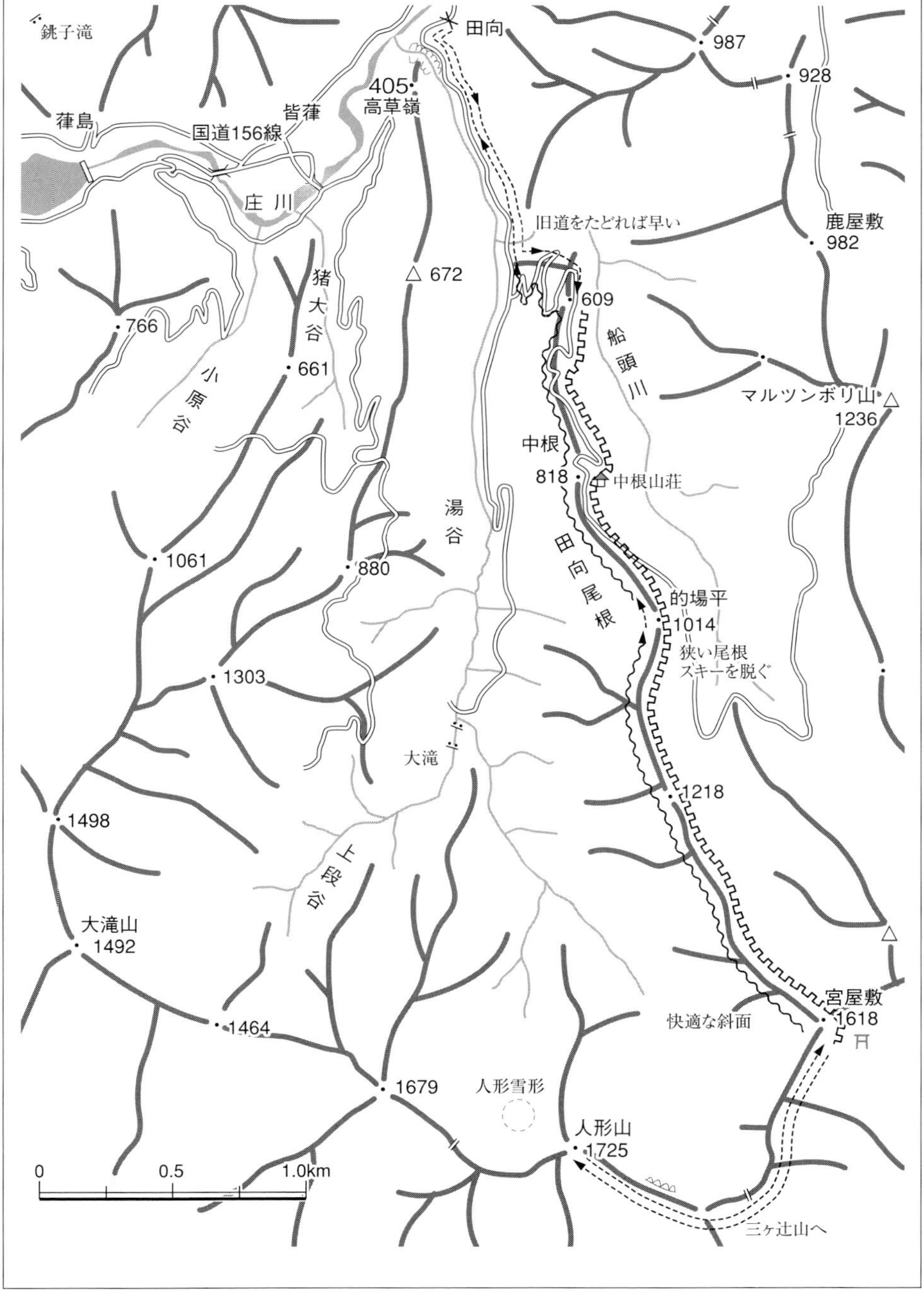

銚子滝
田向
987
928
405
高草嶺
皆葎
葎島
国道156線
庄川
旧道をたどれば早い
鹿屋敷
982
△672
猪大谷
609
766
船頭川
661
小原谷
マルツンボリ山
1236
中根
818
中根山荘
湯谷
田向尾根
1061
880
的場平
1014
狭い尾根
スキーを脱ぐ
1303
大滝
1218
1498
上段谷
大滝山
1492
宮屋敷
1618
快適な斜面
1464
1679
人形雪形
人形山
1725
0
0.5
1.0km
三ヶ辻山へ

No.19

猿ヶ山

立山タンボ平を彷彿させる快適な南斜面

日帰り
★

概説

富山県西部・五箇山の猿ヶ山は、小矢部川中流域の福光町などの市町村のみならず、石川県金沢市から医王山の右隣にどっしりとした山容を望むことができる。

また、その山名から今西錦司が十二支の山の一つとして登ったとのことで、その筋では有名な山かもしれない。

しかし、この山はスキー向きの大きな南斜面を除いて特筆するような特徴はなく、他の中級山岳同様、登山者を見ることは稀である。

行動概略

下島〜頂上〜南斜面〜脇谷〜下島

下島から林道をたどる。この林道は臼谷方面へ抜けていることから、その途中、標高五五〇m辺りから頂上に延びる尾根に取り付く。尾根は最初は雑木の斜面であるが、直ぐに杉の植林地となる。杉をくぐるように進むと、やがて雑木林となり、尾根は痩せてくる。ここは雪が硬かったり初心者がいる場合は滑落の危険性があり注意が必要である。痩せ尾根に続く急斜面を抜けると尾根は広くなる。送電線の鉄塔を二つ越え、暫く登ると一二二一mの三角点に着く。ここから尾根は更に広くなり、気持ちの良い登高が頂上まで続く。特に頂上直下は大きなブナの疎林となり気持ちの良いところだ。

頂上から南斜面を滑降する方法は幾つか考えられるが、頂上直下はかなりの急斜面であることから、頂上から少し戻って左から回り込んで南斜面に滑り込む。斜面の上部は小さな谷となっており、デブリが多く斜面の幅も比較的狭いので上部は快適ではないが、標高一二〇〇m辺りからは立山・タンボ平を彷彿させるような快適な斜面となる。斜面末端は杉の植林地となっているが、この手前で脇谷左俣に滑り込む。ここも雑木が疎らで快適な滑降が楽しめる。

脇谷左俣の標高八〇〇m付近からトラバース気味に滑ると小さな沢に出る。これを越えると脇谷右俣に出るので、ここでシールを貼り直す。小さな枝尾根を越えると眼下に水流がのぞく右俣が見える。雪が多ければスノーブリッジを渡り登ってきた尾根にそのまま戻ることができるが、雪が少なければ登り返すこととなる。

本山行では、トラバース気味にやや登り返し、標高八二〇m辺りでスノーブリッジを渡って対岸の斜面を登り、さらに標高一〇〇〇m付近まで登り返した。稜線に出たら暫くシールを貼ったまま尾根を下り、二つ目の鉄塔からシールを外して滑る。下部の痩尾根から杉の植林地までは、滑落に注意して滑りたい。

山行データ

【同行者】　鮎川　正

【日時・天候】
二〇〇二年三月一〇日（晴れのち雨）

【参考タイム】　下島（六時二〇分）猿ヶ山（一〇時四五分）脇谷左俣から登り返して尾根へ（一三時）下島（一四時三〇分）

【山行適期】　三月上旬〜中旬

【グレード】
○総合　初級上
○山岳技術　初級上
○滑降技術　中級下

【装備】　基本装備

【アクセス】　車利用。駐車スペースは取り付き付近にある。また、高速道路が五箇山インター（上平村）まで延び、交通事情はかなり改善された。

【滑降高度差等】
○滑降高度差　一三〇〇m
○滑降距離　五・五㎞
○滑降斜面の最大傾斜　三二度

【二万五千図】　西赤尾

【留意事項】
○脇谷左俣の状況によっては更に登り返すなどの対応が必要になることから、時間に余裕を持って山行に臨みたい。
○この山行で登った尾根は途中が痩せているので、林道が臼谷を越えた先の尾根に取り付くのも一つの方法である。
○サブルートとしては稜線を縦走し、ブナオ峠に抜けるものも考えられる。
　この場合、帰路は草谷と大滝谷に挟まれた尾根を滑れば西赤尾に出る。西赤尾から下島までは近い。
○付近には赤尾館、五箇山荘などの温泉がある

ルート図　猿ケ山

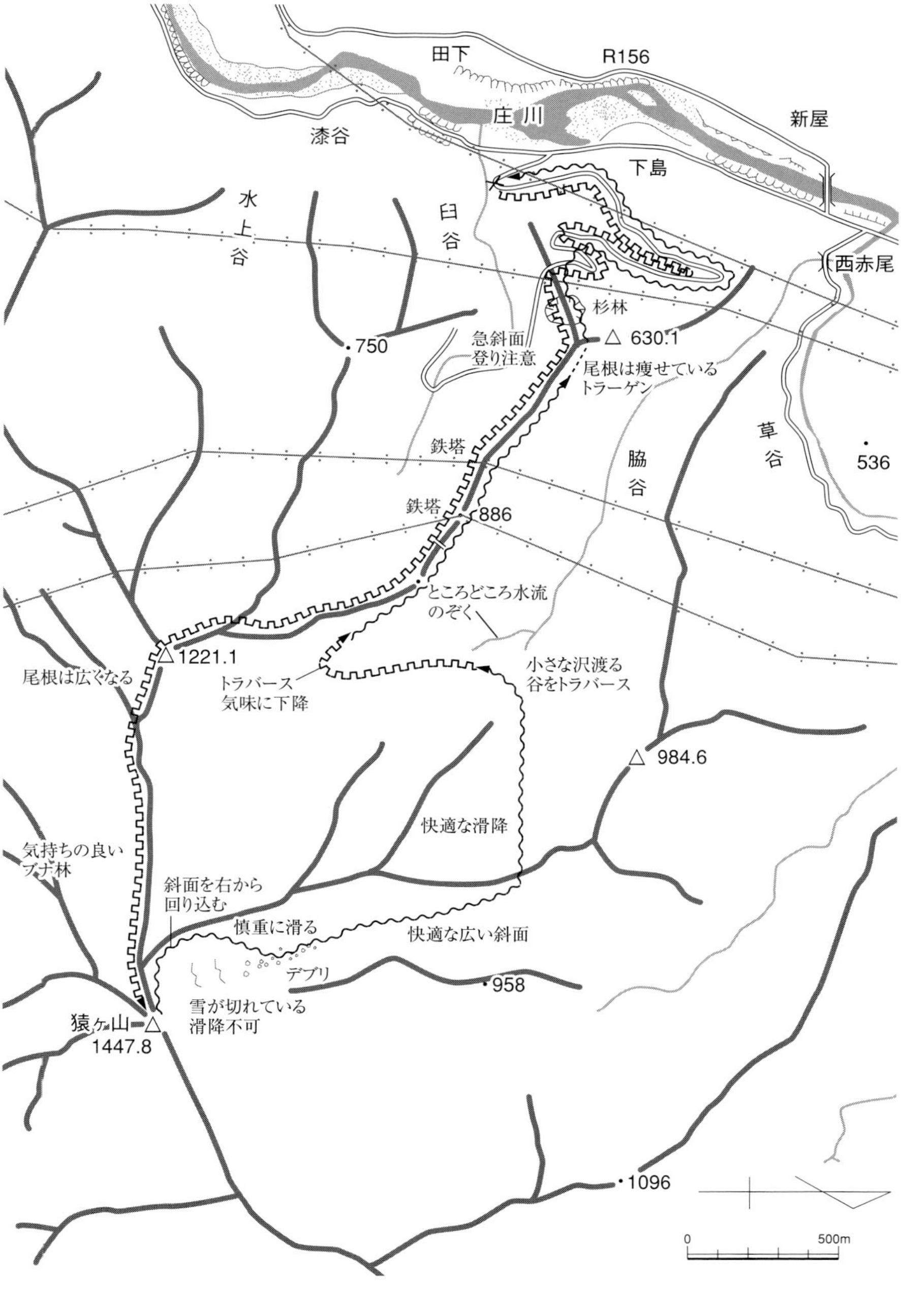
田下
R156
庄川
新屋
漆谷
下島
水上谷
臼谷
西赤尾
杉林
△ 630.1
・750
急斜面
登り注意
尾根は痩せている
トラーゲン
草谷
・536
鉄塔
脇谷
鉄塔
886
ところどころ水流
のぞく
△1221.1
小さな沢渡る
谷をトラバース
尾根は広くなる
トラバース
気味に下降
△ 984.6
快適な滑降
気持ちの良い
ブナ林
斜面を右から
回り込む
慎重に滑る
快適な広い斜面
デブリ
・958
雪が切れている
滑降不可
猿ヶ山
1447.8
・1096
0
500m

Column

立山とスキーの歴史

―初代平蔵がスキーを導入―

古代スキーの歴史は数千年以上遡るといわれているが、それが北欧で形を変え、ヨーロッパアルプスに導入される。以降、天才マチアス・ツダルスキー、ついでハンネス・シュナイダーを得て大きく発展・完成していく。19世紀から20世紀初頭のことである。

スキーおよびスキー術は、明治44（1911）年、オーストリア陸軍参謀少佐テオドル・エドレル・フォン・レルヒによって初めて日本（新潟県高田の第13師団の営外実習）にもたらされた、というのが定説である。勿論これには前史があり、八甲田大量遭難直後の青森連隊、ハンス・コラーによる札幌農学校の事例など幾つかが知られている。だが、本格的スキー術が定着した点で高田の事例は重要である。

こうして日本に導入されたスキーは学習院・慶応・京大・北大の関係者を中心に急速に岳人の間に普及し、積雪期登山でスキーを用いるのは当然の時代になる。スキーによる雪上歩行の効率を利して山岳斜面奥深くへ到達し、スキーデポを行い、登頂の後デポ地点まで戻ってスキーで山を降りるというスタイルの登山は日本で一般化していく。導入当初は一本杖、板も木製単板で山スキーの峻別はなかった。やがて二本杖となって板も国産化されるようになり、板にはさまざまな改良が加えられていく。またヘゾンメル・シーが導入され、山スキー用として人気を博するようになる。

芦峅寺へのスキー導入は早く、高田へスキーが導入された直後に初代平蔵が高田へ出向いて習得し、芦峅寺に広めたという。大正11年には三田幸夫ほかが、立山剱登頂の際、高田山善のスキーを10台程度芦峅寺に残している（布川欣一『山道具が語る日本登山史』）。類似の伝聞は他にもあり、当時芦峅寺のガイドを雇って立山剱を目指した岳人達が、芦峅寺にスキーを贈る例は珍しくなかったらしい。また、芦峅寺では地元手作りもあったという。昭和40年代までこれらのスキー板は多数残されていたが、家の改築に伴って廃棄され今ではほとんど遺存しないのが残念である。

富山でも、金田・波多のスキーメーカーが起こる。特に波多の新型スキー開発には三浦敬三（三浦雄一郎の父）が大きな貢献を果たし、波多製作所の広告は戦後、山岳雑誌の頁を飾ることになる。三浦は芦峅ガイドと立山で、また芦峅寺から千垣へ到る坂道で新製品の試験をしたという。

スキーも、ナラやイタヤの木製単板から複合素材全盛の時代となった。ポールも竹製から軽合金へ、シールもアザラシ皮から合成繊維に変わった。山スキーも登山の手段としてよりも滑降を楽しむことが多くなった。

（本文は、富山県立山博物館特別企画展『山の道具』
「登山用具の移り変わりをみる」〈吉井亮一著〉から転載）

2 僧ヶ岳・毛勝山・剱岳周辺 山域概要

◆急峻な地形と豊富な積雪、谷筋主体の中上級者向き山域◆

自然条件など

これらの山域は地形が急峻で積雪量が豊富なことから、ほとんどのルートが谷筋に求められる。また、時期が早いと雪崩の危険性も高いことから、一般的には四月下旬からシーズンが始まり、毛勝山や僧ヶ岳周辺の谷においては五月上旬から中旬まで、剱岳の各谷においては六月上旬までが適期である。

特に剱岳周辺は、ゴールデンウィーク頃であれば雪崩の危険性も高く雪質が悪いことも多いので、真に快適なのは五月中旬以降になる。また、剱岳周辺は県条例で特別危険区域に指定されており、冬期は富山県（自然保護課）への計画書の提出が義務づけられているが、五月一六日以降は必要がないこともメリットである。

なお、これらのベースとなるのは毛勝山周辺では片貝川第五発電所横の片貝山荘（魚津市教育委員会で管理。要予約。利用申請は七日前まで）である。片貝山荘に至る道路は連休時、成谷出合、あるいはその手前で通行不能であるので、山荘まで四〇分以上歩くこととなる。

また、剱岳周辺では馬場島や立山室堂であるが、後者をベースとする場合、四月中旬から開業するアルペンルートの混雑状況によっては時間的ロスを生ずることがあり、山行初日から予定が狂うこともあるので注意したい。

馬場島へは上市からマイカーかタクシーで入山することとなる。

僧ケ岳・毛勝山周辺概念図

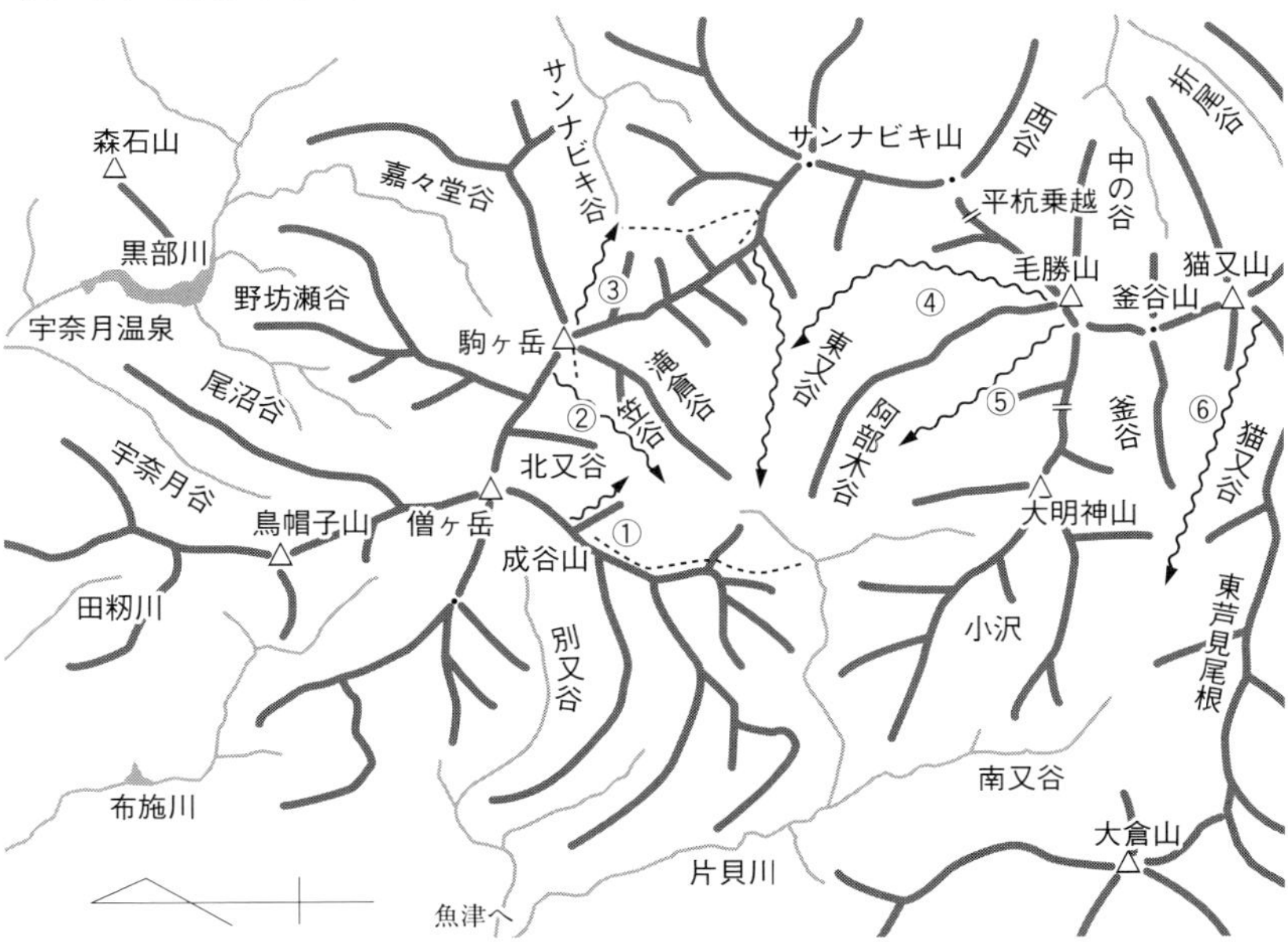

ルート概要

僧ケ岳・毛勝山周辺

この山域を巡る代表的なルートとしては、片貝川流域の東又（ひのまた）谷、阿部木谷、猫又谷がある。これらの谷はそれぞれ特徴があり、東又谷は高度感と変化に富んだ斜面を、猫又谷は谷を巡るルートとしては本邦屈指の広大な斜面をそれぞれ擁している。また近年は、中ノ谷、西ノ谷、折尾谷などといった小黒部谷支流もトレースされ、これらの谷を継続して片貝川へ抜ける等の山行が実施されるようになってきている。

また、僧ケ岳周辺は宇奈月尾根や衣尾根などが昔から滑られてきたが、それ以外にも谷ルートとして、北又谷、笠谷などが滑られている。僧ケ岳についても毛勝山同様、黒部側の谷が滑降可能であり、青島靖、めっこ山岳会のパーティにより、滑降後登り返す形態で尾沼谷、嘉々堂谷等がトレースされており、いずれも快適な滑降が可能である。

その他には、僧ケ岳宇奈月谷や別又谷、大明神山・小沢、大明神沢などに滑降記録がある。

剱岳周辺

この山域は豊富な積雪量ゆえ主要な谷はすべて快適なルートとなっている。

東面では、剱沢、別山沢、真砂沢、平蔵谷、長次郎谷、三ノ窓谷、小窓谷、池平山～近藤岩などがあり、この中では真砂沢、長次郎谷、池平山などが特に快適な滑降が期待できる。

西面では、比較的手軽なことから室堂乗越から立山川が最も滑られているほか、上級者向きとなるが池ノ谷左俣、西仙人谷、池ノ平から小黒部谷・大窓を経て白萩川などがある。これらのルートは東面と比べると立山川のルートを除き技術的に難しくはなるが、それだけにより充実したスケールの大きな山行が期待できる。

この他には、昔から地元で親しまれてきたブナクラ谷がある。この谷は緩傾斜の広い谷であることから、赤谷山などと継続した方がより充実した山行が実施できる。

剱岳周辺概念図

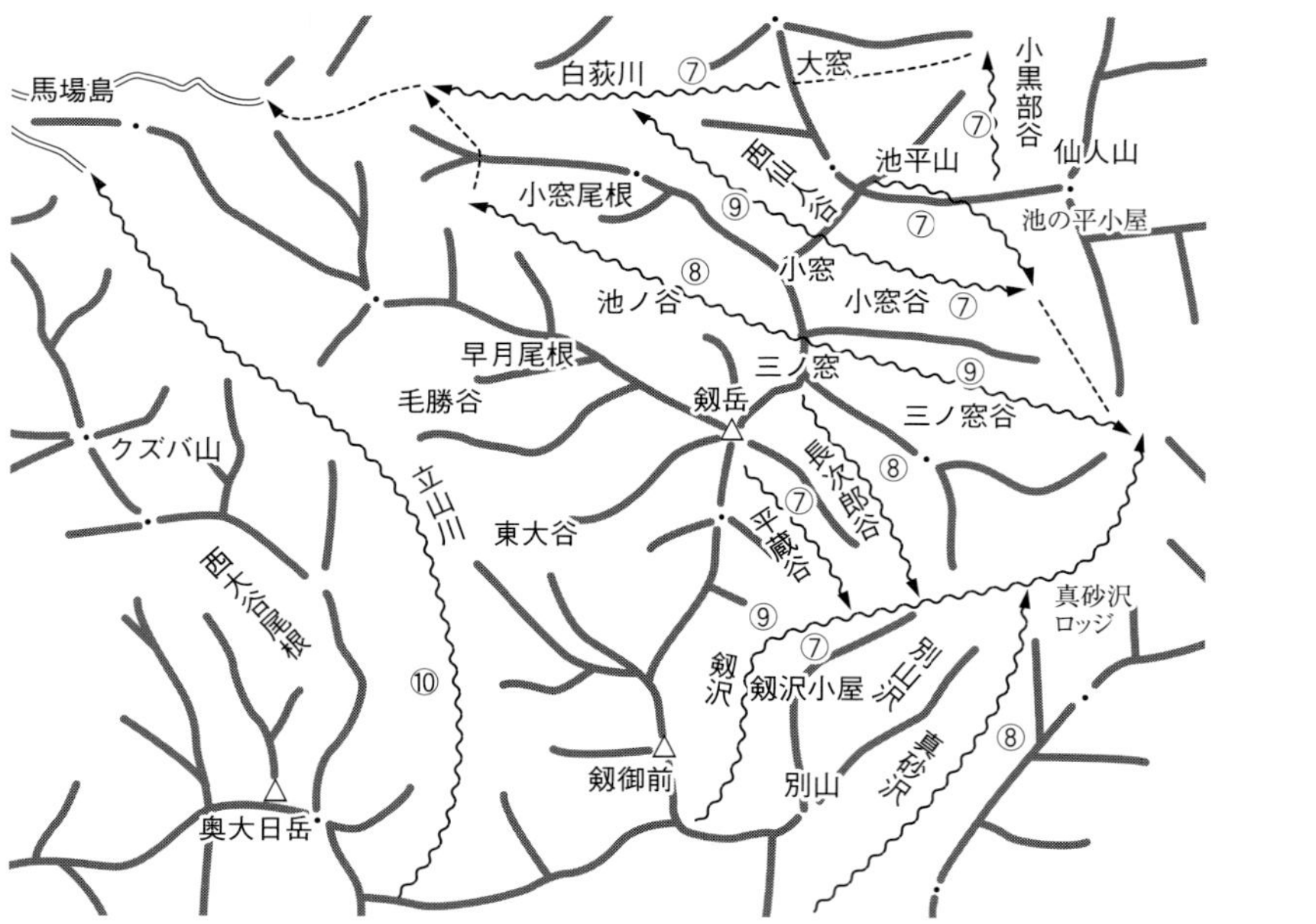

No.1

僧ヶ岳北又谷支流

快適な滑降斜面を有する
隠れたルート

日帰り

概説

この谷は北又谷三本木谷下流に位置する谷であり、高度差は五～六〇〇mほどではあるが、斜面は広くデブリで荒れていないことから快適な滑降が期待できる。

本山行を実施した年は雪が少なかったことから北又谷出合手前に滝がでて滑り切ることはできなかったが、積雪量の多い年や比較的早い時期であれば、そのまま北又谷本谷へ継続できるだろう。

滑りの質の高さにおいて推奨できるルートの一つである。ただ、往路を戻った場合、視界不良時は衣尾根でルートを見失いやすいので十分注意が必要である。

行動概略

成谷堰堤手前～衣尾根～成谷山～
北又谷支流（往復）

連休時は通常、成谷堰堤付近で通行止めであり、衣尾根の取り付きまで片貝川本流に沿ってつけられた林道を三〇～四〇分ほどたどることになる。衣尾根の取り付きは、阿部木谷の橋を横目に見て、わずかに東又谷へ入った慰霊碑のあるところである。

ここから夏道の急登が始まる。連休時は標高一三〇〇m付近まで夏道をたどることが通例であると考えられるが、登山道はすっきりしており、スキーを担いでも木の枝に引っかけるなどの心配はない。

標高一三〇〇mを過ぎると尾根は傾斜が緩くなり、シール登高が可能となる。尾根は広く、往路を戻る場合はトレースを見失いやすいので注意して登りたい。標高一六〇〇mの成谷山からはいよいよ雪稜らしくなってくる。

尾根はこの先も広いもののブッシュもあることから、僧ヶ岳の頂上にこだわらなければ標高一六五〇m付近からそのまま北又谷支流に滑り込む。この谷は広く斜面もデブリで荒れていないので快適な滑降が期待できる。

しかし、連休時は例年の積雪量であれば北又谷出合手前で滝が出て、往路を戻らざるを得ない。

この場合、成谷山付近、衣尾根の主稜線から登山道への下りの個所など、何か所か迷いやすいところがあるので、十分に注意したい。このルートは例年の積雪量であれば、雪崩の危険性は高くなるものの、北又谷まで滑りきることが可能と考えられる四月上旬後半から中旬前半あたりが最も適した時期かもしれない。

山行データ

【同行者】　なし
【日時・天候】　二〇〇四年五月七日（霧）
【参考タイム】　成谷堰堤手前（五時五〇分）衣尾根取付（六時二五分）衣尾根標高一六五〇m（一〇時）北又谷出合手前の滝（一〇時二〇分）成谷山（一二時）成谷堰堤（一五時）
【山行適期】　四月上旬～五月上旬
【グレード】
○総合　中級下
○山岳技術　中級
○滑降技術　初級上
【装備】　基本装備、赤布
【アクセス】
車利用に限る。連休時、車は成谷堰堤手前まで入ることができる。例年、駐車スペースは確保されている。成谷堰堤から衣尾根取り付きまで、残雪の残る林道を歩いて四〇分ほどかかる。
【滑降高度差等】
○滑降高度差　九〇〇m
○滑降距離　三・〇km
○滑降斜面の最大傾斜　三〇度
【二万五千図】　宇奈月川、毛勝山
【留意事項】
○連休時の衣尾根下部は夏道をたどるのが通例と考えられるので、兼用靴の他に運動靴を用意すると良い。
○衣尾根を下る場合は、成谷山付近と標高一三〇〇m付近が迷いやすいので、赤布でマーキングするなど、慎重に行動したい

ルート図　僧ケ岳北又谷支流、駒ケ岳笠谷

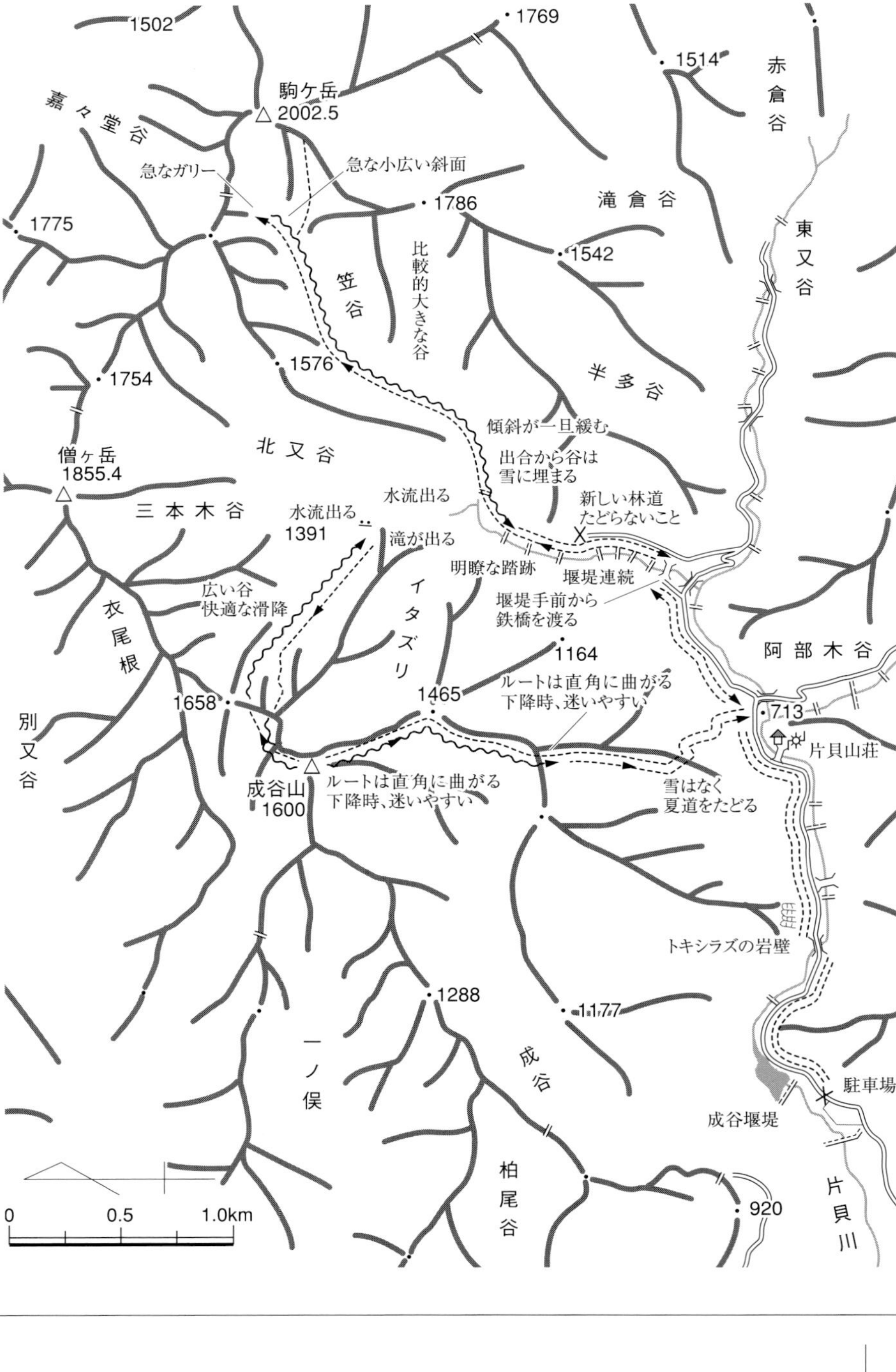
1502
1769
1514
赤倉谷
駒ケ岳
2002.5
嘉々堂谷
急なガリー
急な小広い斜面
1786
滝倉谷
1775
1542
東又谷
笠谷
比較的大きな谷
1576
1754
半多谷
傾斜が一旦緩む
僧ヶ岳
1855.4
北又谷
出合から谷は
雪に埋まる
三本木谷
水流出る
水流出る
1391
新しい林道
たどらないこと
滝が出る
明瞭な踏跡
堰堤連続
広い谷
快適な滑降
イタズリ
堰堤手前から
鉄橋を渡る
衣尾根
1164
阿部木谷
ルートは直角に曲がる
下降時、迷いやすい
1465
1658
713
別又谷
片貝山荘
成谷山
1600
ルートは直角に曲がる
下降時、迷いやすい
雪はなく
夏道をたどる
トキシラズの岩壁
1288
1177
一ノ俣
成谷
駐車場
成谷堰堤
柏尾谷
920
片貝川
0
0.5
1.0km

No.2

駒ヶ岳笠谷

毛勝山周辺では穴場的存在

日帰り

概説

笠谷は駒ケ岳を源頭にもつ谷であり、滝もなく本峰付近へ突き上げている。毛勝山周辺のルートと比べれば谷の幅も狭くスケールは小さいが、デブリで荒れた斜面が少ないこと、滑降に適度な傾斜を持つこと、比較的短時間で実施できることなどから、穴場的な存在である。

ルート全般の内容として取り立てた特徴はないが、何よりも静かな山行ができることがこのルートの利点であるといえよう。

行動概略

成谷堰堤〜北又谷〜笠谷（往復）

連休時は通常、成谷堰堤付近で通行止めであり、片貝山荘まで片貝川本流沿いの林道を三〇〜四〇分ほどたどることになる。片貝山荘を過ぎ、右手に阿部木谷を見送り、さらに片貝川の本流である東又谷を進むと、左手から入る大きな谷が北又谷である。笠谷へはこの谷をたどる。この谷は最初、右岸に林道があるのでこれをたどる。すぐ正面に砂防ダムがあり、林道はそこで終わっている。ここからその林道脇に踏み跡が続いているので、これをたどる。踏み跡はすぐに鉄橋となって対岸に渡り、左岸沿いに二俣（笠谷出合）まで続いている。幅が狭い割にはしっかりした道であり、雪渓で隠れても見失うことはないだろう。特に問題もなく笠谷出合に着くことができる。

なお、この谷の上部に新しい林道があるが、この林道は途中で行き止まりとなるので、たどらないようにしたい。

二俣に着くと、右手から笠谷が、左手から北又谷が出合っている。北又谷はゴールデンウィーク時、例年であれば水流が出ているが、笠谷は谷一杯に雪に覆われている。

ここからは坦々と笠谷の雪渓を登り詰めるだけであるが、この谷は途中で傾斜が緩くなった後、右手から比較的大きな谷を入れると再び傾斜が強くなる。標高一五五〇mを過ぎると掌状に谷が分かれており、右の谷を登れば若干の薮漕ぎはあるものの頂上へ導いてくれる。この頂上へ続く谷はかなり急で、部分的に狭いことから、無理をしないのであれば、そのまま本谷を少し詰めて、標高一八五〇m付近から滑降を開始してもよい。比較的転石が少ないこの谷の滑降は概ね快適である。ただ、出だしの高度差五〇mは、ある程度幅はあるものの急であり、滑落には注意したい。出合まで正味二〇分程度の滑降であろう。出合からしばらく滑り降りたところでスキーを納め、踏み跡をたどり片貝山荘へ向かうこととなる。

なお、東又谷出合手前は左岸に付けられた新しい林道を途中からたどり下山することも可能である（地図前頁）。

山行データ

【同行者】なし

【日時・天候】二〇〇四年四月三〇日（快晴）

【参考タイム】
成谷堰堤手前（五時五〇分）片貝山荘（六時三〇分）二俣（八時）笠谷標高一八五〇m（一一時）二俣（一一時五〇分）成谷堰堤手前（一三時四〇分）

【山行適期】四月中旬〜五月中旬

【グレード】
○総合　中級
○山岳技術　中級
○滑降技術　中級

【装備】基本装備、アイゼン

【アクセス】
車を利用して成谷堰堤付近まで入る。北又谷出合まで、残雪の残る林道を歩いて小一時間ほどかかる。

【滑降高度差等】
○滑降高度差　九五〇m
○滑降距離　二・五km
○滑降斜面の最大傾斜　三〇度
（ただし、本谷滑降の場合。頂上付近からの滑降の場合は、さらに急であり、滑降技術は上級である）

【二万五千図】毛勝山、宇奈月

【留意事項】
○連休時、車は成谷堰堤手前まで入ることができる。例年、駐車スペースは確保されている。
○笠谷は積雪が不安定な場合、特に左岸からの雪崩に注意したい。

No.3

サンナビキ谷

黒部側を一周

1泊2日

概説

　毛勝三山以北の黒部側は、これまで小黒部谷周辺を除いてほとんど記録がなく、山スキーの空白地域であった。しかし近年、青島靖、めっこ山岳会らのメンバーによって嘉々堂谷や尾沼谷が滑られ、快適な滑降が楽しめることがわかった。

　サンナビキ谷も、地図から想像できないほど広く概ね快適な滑降が楽しめるが、帰路は積雪の状態により滑降できる谷が限られるので注意したい。

行動概略

第一日

成谷堰堤～笠谷～

サンナビキ谷一一〇〇m

　成谷堰堤手前の駐車場から片貝川に沿って林道をたどり、北又谷出合に着く。

　北又谷右岸に林道があるのでこれをたどることわずかで、鉄橋を渡って左岸にでる。ここからは残雪に埋まるところも多いが、左岸沿いに明瞭な巡視路があるのでこれをたどる。北又谷は堰堤が連続しているが、問題なく標高九二一mの取入口につく。ここは北又谷と笠谷の出合であり、右の笠谷をたどる。連休時であれば谷は完全に雪で埋まっており、単調な雪渓歩きとなる。標高一五五〇mを過ぎると谷は掌状に分岐しており、右から入る谷をたどる。谷は急ではあるが、登り詰めると駒ケ岳頂上やや右の稜線に出る。ここからしばらく歩くと駒ケ岳頂上である。

　頂上からサンナビキ谷へは、北側から回り込むようにして滑り込む。眼下にブッシュがあるので、その上部をめざしていったん滑り、ブッシュとブッシュの間の浅い谷に滑り込む。このあたりはこの右沢では最も急な個所であるが、地図から想像するほどではない。滑り出しの斜面は広く快適である。浅い谷に入るとデブリがあり、これ以後ところどころデブリがでてくるが、滑降できないほど谷は荒れていない。ただ、ところどころ意外なところにクレバスが出ているので注意して滑りたい。谷の中間部も快適な滑降が楽しめ、右俣本谷出合付近になると、またデブリがでてくるが、問題なく右俣出合（標高一〇〇〇m）に着く。

駒ヶ岳山頂付近（青島靖）

第二日

サンナビキ谷一一〇〇m～

サンナビキ谷右俣～赤倉谷左俣～

東又谷～成谷堰堤

　出合から右俣本谷の下部、標高一一〇〇m付近まではデブリで斜面が荒れて歩きにくいが、これを過ぎるときれいな斜面となる。標高一七五〇mのコルを目指して単調な雪渓歩きとなる。ただ、標高一五〇〇m付近から右の谷を登るが、出合付近が非常に狭く視界不良時はその分岐を見つけることはかなり難しいだろう。また、この地点はやや急な斜面となっている。これを過ぎると斜面の傾斜は徐々に緩く広くなる。稜線には小さな雪庇がでているので、これを避けて稜線に出る。

　ここからは、片貝側の滑降ポイントを探して駒ヶ岳へむけて稜線をたどる。黒部側と比べると片貝側は残雪の付きが悪く、この山行では滑降ポイントがなかなか見つからなかった。また、一七五三mの標高点北斜面など、ところどころ藪を漕がざるを得ず、時間がかかった。結局、滑り出しのポイントは赤倉谷左俣となった。積雪量が少ない年は、ここからの滑降も無理で、笠谷まで足を延ばさざるを得ないかもしれない。

　この赤倉谷左俣は滑り出しは狭く急だが、少し滑ると広くなる。石は多いが概ね快適な滑降が楽しめる。右俣との出合は大変広く、東又谷出合と見まちがう位である。ここからも広い斜面が続く。東又谷が近くなるとやや狭くなりデブリが多くなるが、東又谷出合まではすぐである。出合付近の赤倉谷は狭く、積雪量の少ない年であれば水流がのぞいている可能性があるが、私たちの山行では右岸を滑って東又谷にでた。ここから見る赤倉谷の出合は貧相であり、東又谷から見ると、うっかりすると見落としそうである。

ここから広い東又谷をわずかに滑ると東又谷最上流の堰堤にでる。この地点で膝までの徒渉を強いられた。堰堤からは林道に沿って北又谷出合手前のスノーシェードの手前まで滑る。このスノーシェードを慎重に通過すれば、あとは成谷堰堤まで林道を忠実に歩くだけである。

山行データ

【同行者】　青島　靖、横田　進

【日時・天候】

二〇〇五年五月三日、四日
（両日とも快晴）

【参考タイム】

第一日

成谷堰堤手前駐車場（六時五〇分）駒ヶ岳（一四時／一四時四五分）サンナビキ谷右俣右沢滑降、サンナビキ谷標高一〇〇〇m地点（一五時三〇分）

第二日

サンナビキ谷標高一〇〇〇m地点（七時）サンナビキ谷北方主稜線標高一七五〇m（九時五〇分）赤倉谷左俣のコル（一一時三〇分）東又谷最上流の堰堤徒渡点（一二時二〇分）成谷堰堤手前駐車場（一四時三〇分）

【山行適期】　四月下旬～五月上旬

【グレード】

○総合　　上級

○山岳技術　上級

○滑降技術　中級上

【装備】　基本装備、ピッケル、アイゼン

【アクセス】

連休時は車を利用して成谷堰堤付近まで入る。北又谷出合まで残雪の残る林道を歩いて小一時間ほどかかる。

【滑降高度差等】

○滑降高度差　一九〇〇m

○滑降距離　六・〇km

○滑降斜面の最大傾斜　三六度

【二万五千図】　毛勝山

【留意事項】

○片貝山荘は宿泊可能。大明神尾根末端にある。

○地形的特徴から、いったんサンナビキ谷に入り込むと雪崩を避けることは難しい。このため、雪崩の危険性が高いと考えられる場合は山行を中止したい。

○主稜線はかすかな踏み跡があるが、藪漕ぎを交えた雪稜歩きとなる。視界不良時はルートが分かりづらいので注意したい。

駒ケ岳頂上付近の滑降（青島靖）

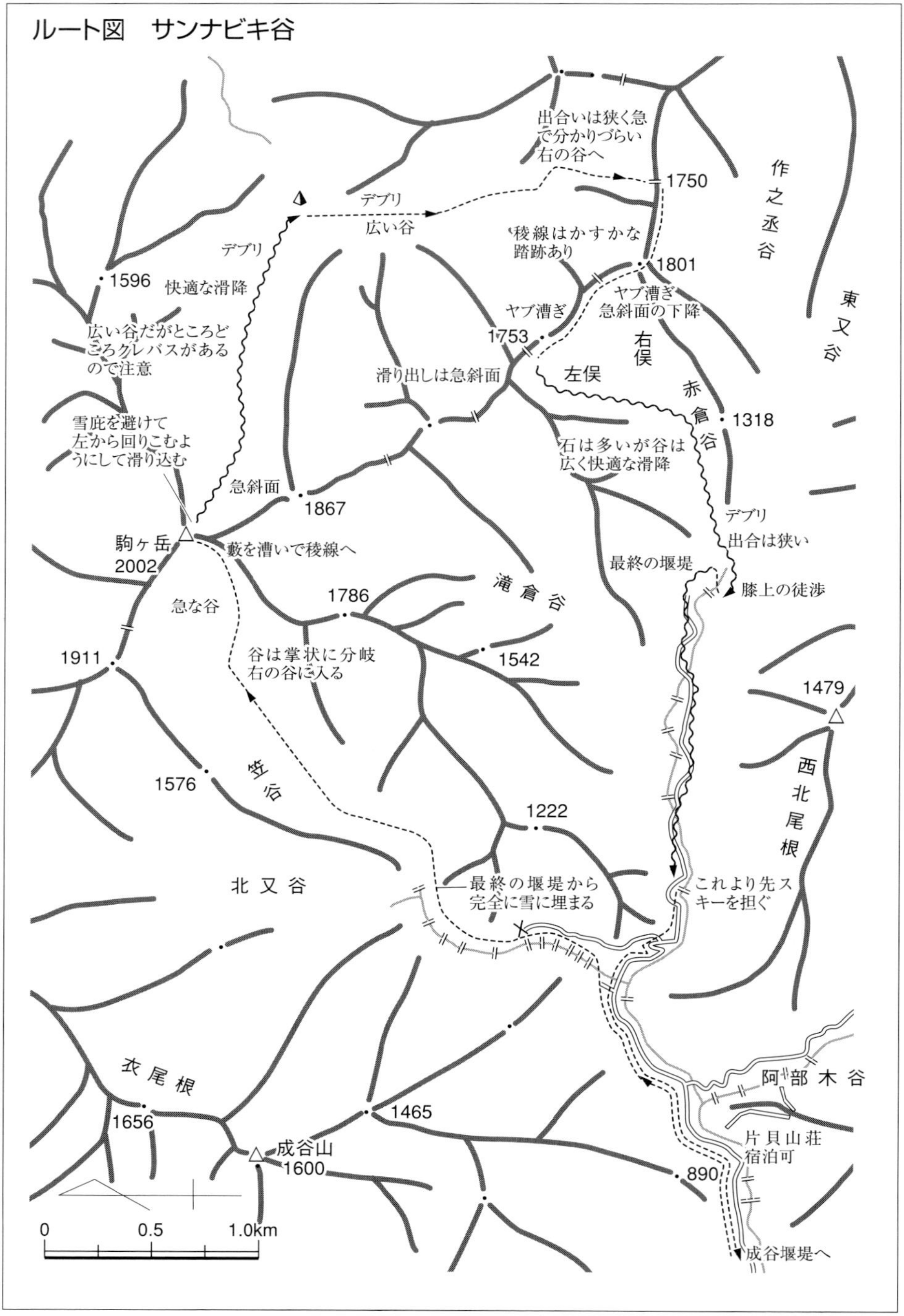
ルート図　サンナビキ谷
出合いは狭く急
で分かりづらい
右の谷へ
1750
作之丞谷
デブリ
広い谷
稜線はかすかな
踏跡あり
1801
デブリ
1596
快適な滑降
ヤブ漕ぎ
ヤブ漕ぎ
急斜面の下降
東又谷
広い谷だがところど
ころクレバスがある
ので注意
1753
右俣
左俣
滑り出しは急斜面
赤倉谷
1318
雪庇を避けて
左から回りこむよ
うにして滑り込む
石は多いが谷は
広く快適な滑降
急斜面
1867
デブリ
出合は狭い
駒ヶ岳
2002
藪を漕いで稜線へ
最終の堰堤
膝上の徒渉
急な谷
1786
滝倉谷
1911
谷は掌状に分岐
右の谷に入る
1542
1479
西北尾根
1576
笠谷
1222
北又谷
最終の堰堤から
完全に雪に埋まる
これより先ス
キーを担ぐ
阿部木谷
衣尾根
1656
1465
片貝山荘
宿泊可
成谷山
1600
890
0
0.5
1.0km
成谷堰堤へ

No.4

毛勝山東又谷

本邦屈指の変化に富んだルート

日帰り
★

概説

東又谷は片貝川の本流であるが、この谷に人を見ることはほとんどない。しかし、毛勝三山を巡る代表的なルートでは最も変化に富んだ斜面を有しており、滑降の内容は本邦でも屈指のものと思われる。

ただ、三階棚滝から取入口までの残雪の状況によってルートの難易が左右され、場合によっては進退きわまることも考えられることから、谷がほぼ完全に埋まる比較的早い時期あるいは積雪量の多い年に山行を実施したい。

行動概略

片貝山荘～阿部木谷～頂上～東又谷～片貝山荘

阿部木谷を登り頂上に着く（詳細は「毛勝山阿部木谷」参照）。滑降は頂上から可能であるが、出だしは急で先が見えないことに加えて大斜面であることから、どこをめざして滑ればよいか迷うかもしれない。東又谷は標高一七五〇m付近で大清水右俣と左俣に分岐しているが、左俣は狭いので斜面の広さや傾斜を考えると右俣を滑るのが一般的である。右俣を滑る場合は、標高二二〇〇m付近にブッシュが出ているので、これと西北尾根を目安に、この中間の斜面をめざして滑る。

頂上から標高二〇五〇m付近までは高度感のあるスケールの大きい滑りが楽しめるが、傾斜もかなりあり転倒は許されないので慎重に滑りたい。これを過ぎれば大清水右俣は谷らしくなり斜面はやや狭くなるが、斜面の傾斜は緩くなり安心して滑ることができる。デブリの少ない斜面は快適であり、大清水二俣までの高度差六五〇mはこのルートの白眉である。

大清水二俣に着き上部を見ると、実際には三俣状になっており、中央から入る谷は浅い上にすぐ雪が切れて岩が出ている。頂上からこの谷を滑る場合、斜面中央をまっすぐ滑り降りてはいけないことがわかる。

ここからの東又谷は広く開けた緩斜面が続くので、のんびり滑る。やがて右から作之丞谷を入れ、しばらく滑るとゴルジュの様相を呈してくる。ゴルジュ先には一〇mほどの高さの三階棚滝があるが、この滝が出ているようだと、この先の通過は厳しいことが予想される。本山行では完全に埋まっていたが、この下部の標高一一〇〇m付近で雪渓が切れていた。ここは左岸の残雪をたどって簡単に小さく巻いたが、残雪が少なく通過が困難な場合は右岸支尾根を乗っ越す必要があるかも知れない。この付近の通過は本ルートのポイントである。高巻いた先から、また広々とした谷となり快適に滑り降りる。右から赤倉谷を入れると、すぐに堰堤にでる。ここでスキーを脱ぎ、右岸沿いに連続する堰堤を三つ越せば取入口に着く。この先も谷はいたるところデブリで埋まっており、ところどころスキーを脱ぎながら林道を滑る。片貝山荘までは、標高八〇〇mあたりを除けばルートは単調なので、やや長く感じられる。

山行データ

【同行者】　なし

【日時・天候】
一九九五年五月四日（曇）

【参考タイム】
片貝山荘（五時一〇分）頂上（一二時二五分／一三時）三階棚滝（一三時三五分）取入口（一四時二〇分）片貝山荘（一五時一〇分）

【山行適期】　四月下旬～五月上旬

【グレード】
○総合　中級上
○山岳技術　中級上
○滑降技術　上級

【装備】
基本装備、ピッケル、アイゼン

【アクセス】
電鉄魚津からのバスは、東蔵までであることに加えて本数が少ない。原則的には車利用である。なお、東蔵から歩いた場合、片貝山荘まで三時間程度かかる。

【滑降高度差等】
○滑降高度差　一三〇〇m
○滑降距離　四・〇km
○滑降斜面の最大傾斜　四〇度

【二万五千図】　毛勝山

【留意事項】
○三階棚滝の巻道（夏道）は春先の雪の状態を考えると利用することは不可能と考えられるが左岸にある。

ルート図　毛勝山東又谷

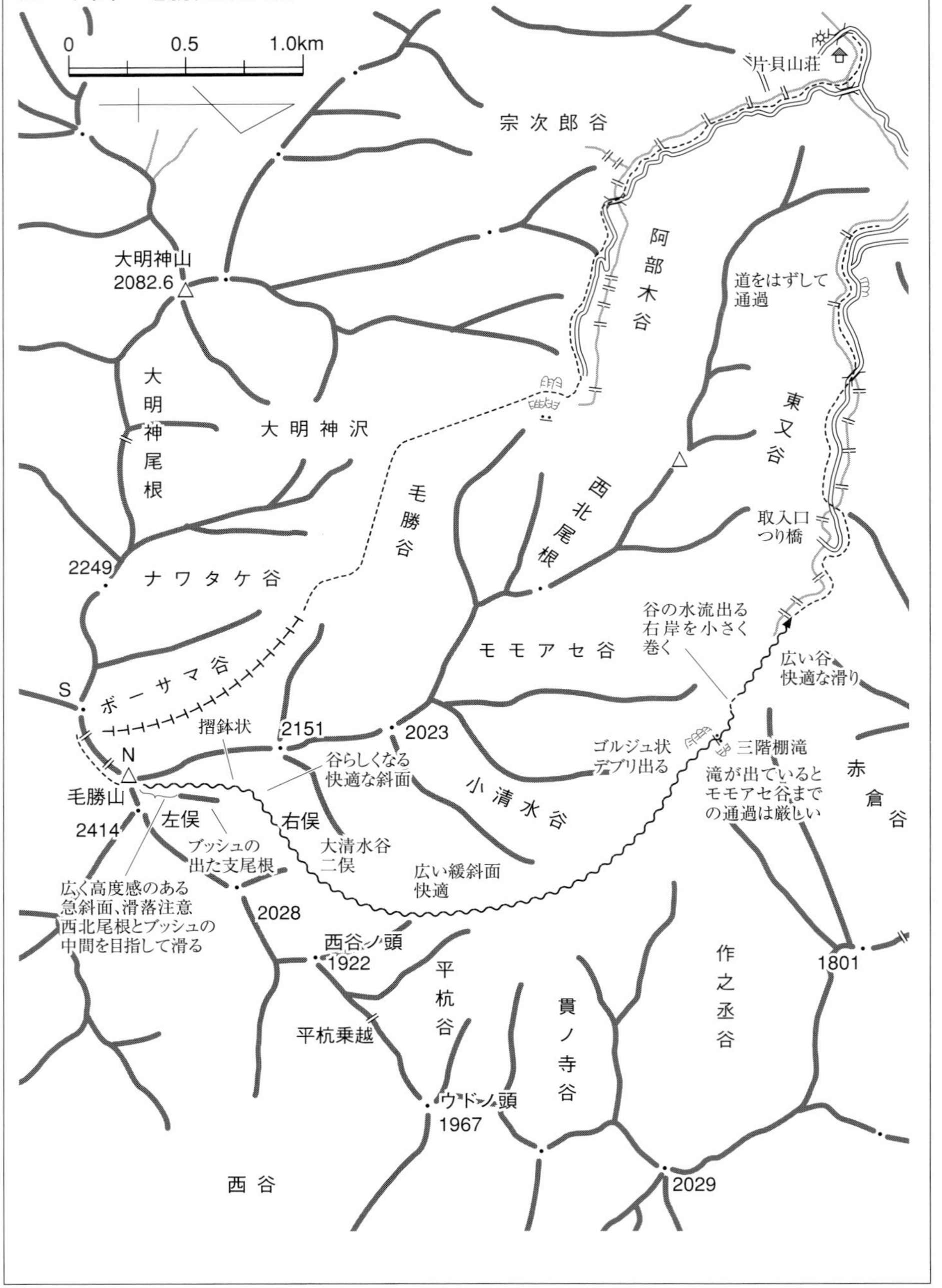
0
0.5
1.0km
片貝山荘
宗次郎谷
阿部木谷
道をはずして
通過
大明神山
2082.6
大明神尾根
大明神沢
東又谷
西北尾根
毛勝谷
取入口
つり橋
2249
ナワタケ谷
谷の水流出る
右岸を小さく
巻く
モモアセ谷
広い谷
快適な滑り
S
ボーサマ谷
2151
2023
擂鉢状
N
三階棚滝
ゴルジュ状
デブリ出る
谷らしくなる
快適な斜面
滝が出ていると
モモアセ谷まで
の通過は厳しい
赤倉谷
毛勝山
小清水谷
左俣
右俣
2414
ブッシュの
出た支尾根
大清水谷
二俣
広い緩斜面
快適
広く高度感のある
急斜面、滑落注意
西北尾根とブッシュの
中間を目指して滑る
2028
西谷ノ頭
1922
平杭谷
作之丞谷
1801
貫ノ寺谷
平杭乗越
ウドノ頭
1967
西谷
2029

No.5

毛勝山阿部木谷

毛勝山周辺で最も親しまれているルート

日帰り

概説

阿部木谷から毛勝山を往復するルートは、毛勝三山を巡るもののなかでは最もアクセスがよいことや他のルートと比べ短時間で実施できること等から、一番よく滑られているものである。

しかし、毛勝山周辺では比較的知られている東又谷や猫又谷と比べて登山者が多いことや、急な斜面を持つことから、滑落による事故も多いので注意したい。

行動概略

片貝山荘〜阿部木谷〜頂上（往復）

林道は以前、片貝山荘付近まで除雪されていることもあったが、最近では成谷堰堤付近までである。

ここから片貝川に沿った林道を歩く。一時間ほどで片貝第五発電所を横目にさらに林道を少し進み、東又谷にかかる橋を渡って阿部木谷右岸の林道を歩く。林道はやがて左岸を行くようになり最後の堰堤まで続いている。最後の堰堤を右から越すと谷全体が雪で埋まっている。このあたりは板菱といい、両岸の岩壁が発達しゴルジュ状を呈している。両岸からのデブリのためアップダウンの多い雪渓を歩くと、大明神沢出合に着く。大明神沢は毛勝谷以上の幅の雪渓を持って出合っているので入り込まないようにしたい。

ここから九〇度向きを変え毛勝谷に入る。上部を見るとナワタケ谷出合先まで見渡せる。これから先、稜線まで雪渓が続くので単調な登高に終始するが、ナワタケ谷出合先までは傾斜が緩やかであり、シールで登るのもよいだろう。ナワタケ谷出合先からは傾斜が増してくるのでピッケル、アイゼンの領域となる。やがて谷は毛勝山本谷とボーサマ谷の出合うところとなり、右のボーサマ谷を登る。谷を右に緩やかに曲がるような感じでボーサマ谷に入るとさらに傾斜が増し、コルまで一直線に突き上げる苦しい登りとなる。辛抱のしどころであるが、ボーサマ谷左にある上部の目立つ岩を過ぎればやがて傾斜は緩くなりコルにつく。ここに荷物を置き、頂上へ向かう。

コルに戻り滑降に移る。コルから見る阿部木谷ははるか下まで急斜面が続いており、かなりスキーに慣れた人でも出だしは緊張する。雪の状態が悪いときに転倒すればかなり下まで滑落することは誰の目にも明らかである。このため、コルから毛勝谷本谷出合までは気が抜けない。しかし、このルートの滑降の核心部はナワタケ谷出合あたりまでであり、それ以後、雪の状態が悪くなるのでぜひ滑りたいところでもある。ナワタケ谷上部からは傾斜が緩くなるので滑落の心配はなくなるが、雪渓の上に石や木切れが落ちているので注意したい。コルから板菱までゆっくり滑って一時間程度である。

山行データ

【同行者】　なし

【日時・天候】
一九九二年五月二日（曇り一時雨）

【参考タイム】
片貝山荘（五時）大明神沢出合（七時一五分）ナワタケ谷出合（八時一五分）毛勝谷本谷出合（一〇時）コル（一一時／一二時）板菱（一三時一五分）片貝山荘（一四時一〇分）

【山行適期】　四月下旬〜五月下旬

【グレード】
○総合　中級
○山岳技術　中級
○滑降技術　上級

【装備】
基本装備、ピッケル、アイゼン

【アクセス】
電鉄魚津からのバスは東蔵までであることに加えて本数が少ない。原則的には車利用である。なお、東蔵から歩いた場合、片貝山荘まで三時間程度かかる。

【滑降高度差等】
○滑降高度差　一三〇〇m
○滑降距離　四・〇km
○滑降斜面の最大傾斜　四〇度

【二万五千図】　毛勝山

【留意事項】
○片貝山荘は二階建ての無人小屋であり宿泊（要予約）できる。なお、この小屋は魚津市教育委員会で管理している。
○四月中旬以前は雪崩の危険性が高いので絶対に入山しないようにしたい。
○阿部木谷はデブリで斜面が荒れることが多く、条件がよくないと快適な滑降は望めない。

ルート図　毛勝山阿部木谷

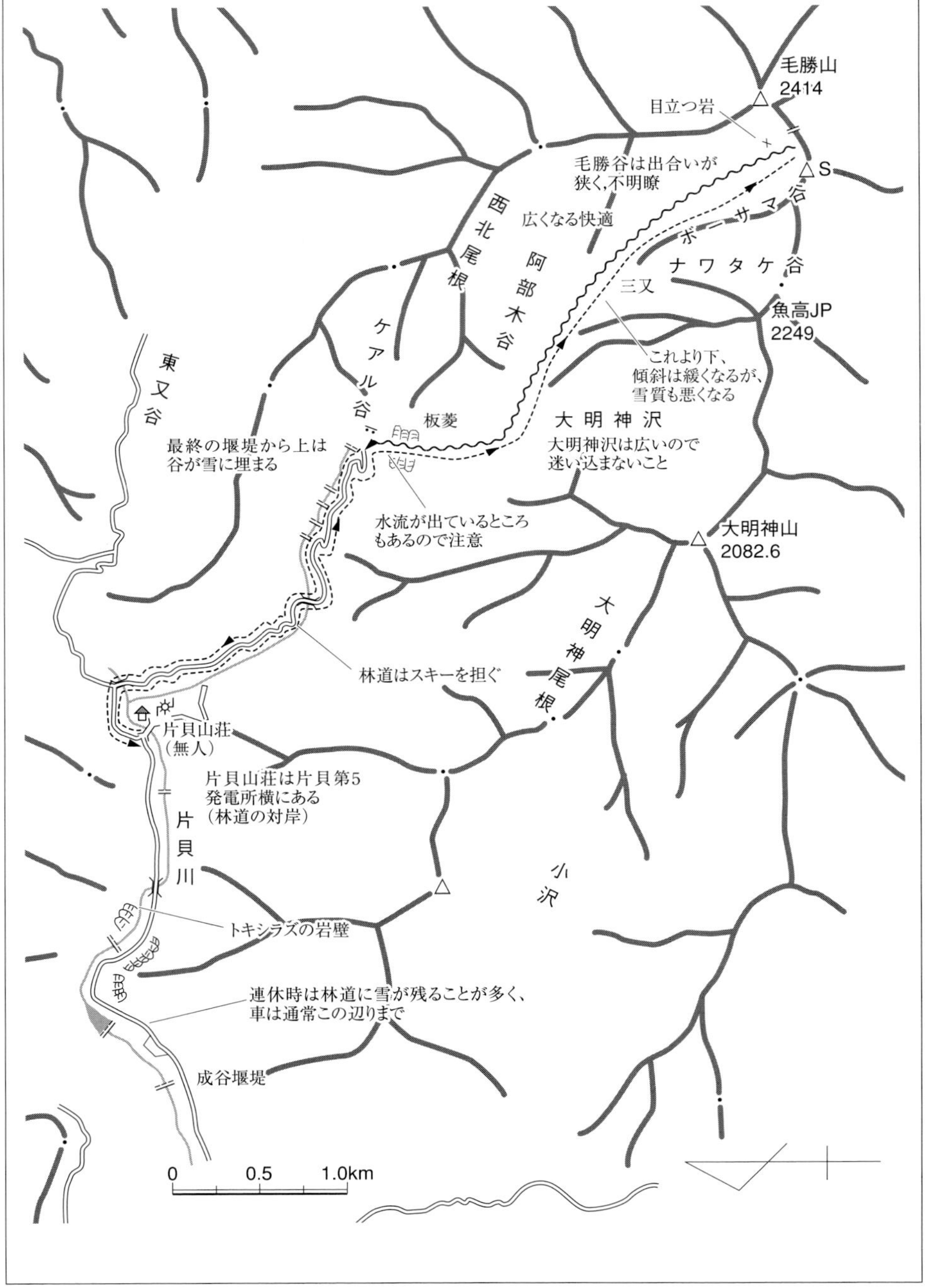

毛勝山
2414
目立つ岩
S
毛勝谷は出合いが
狭く,不明瞭
広くなる快適
ボーサマ谷
ナワタケ谷
西北尾根
阿部木谷
三又
魚高JP
2249
ケアル谷
これより下、
傾斜は緩くなるが、
雪質も悪くなる
東又谷
板菱
大明神沢
最終の堰堤から上は
谷が雪に埋まる
大明神沢は広いので
迷い込まないこと
水流が出ているところ
もあるので注意
大明神山
2082.6
大明神尾根
林道はスキーを担ぐ
片貝山荘
(無人)
片貝山荘は片貝第5
発電所横にある
(林道の対岸)
片貝川
小沢
トキシラズの岩壁
連休時は林道に雪が残ることが多く、
車は通常この辺りまで
成谷堰堤
0
0.5
1.0km

No.6

猫又山猫又谷

本邦屈指の広大な斜面

日帰り
★

概説

猫又谷は北アルプス屈指の広大な斜面を有し、大変快適な滑降が楽しめる。一時期、堰堤工事が上流に進むにつれ林道が上部に延び、それに伴って車でかなり奥まで入ることができたが、最近は小沢出合い先の蛇石あたりまでと考えたほうがよいだろう。そのため、このルートは日帰りで実施できるものの、以前よりアクセスが悪くなった。時間が許せば、午後発で釜谷出合付近をベースとして登るほうが楽しいかもしれない。

行動概略

新取入口～猫又谷右俣～稜線標高二二〇〇m～猫又山（往復）

除雪終了点から林道を歩く。やがて林道は標高九五〇mあたりで新取入口へ、右は更に奥に延びている。奥に続く林道はしばらく高度を上げたあと、ほぼ水平に延びている。眼下に堰堤が連続しているが、これが途切れる手前あたりから分岐し、一方は南又谷の河原へ、一方はさらに奥へ延びているので、河原に続く林道をたどる。最後の堰堤を右から越すと谷一面雪に埋まっているのでシールで登る。少し進むと、谷は再び水流が出ているので、左岸沿いに雪を拾って進む。新取入口付近からだと一時間弱で釜谷出合いに着く。ただ、もし積雪量が少なければ釜谷出合までスキーを履いたままで進むことは難しいだろう。この場合、谷沿いに進むとなれば徒渉しなければならず、水流の出る手前で右の斜面を高巻くかどうかを判断しなければならない。

釜谷出合からは雪で完全に埋まった広大な谷をのんびり登る。ここまでくれば徒渉の心配はない。釜谷出合から一時間程で二俣に着く。二俣から見る猫又谷は、左俣は釜谷山と猫又山とのコルへ、右俣は猫又山南標高二二〇〇m付近へそれぞれ突き上げている。どちらも同じような規模の谷であり、滑降の内容もそれ程変わらないであろうと思われるが、ここでは右俣を登る。右俣は標高一九〇〇mあたりまではシールを効かせて登れるものの、上部は斜面の傾斜が三〇度以上となり、アイゼンが必要となるかもしれない。

稜線（標高二二〇〇m）に出ると、地図上では猫又山まで比較的広いと思われる尾根も意外とやせ気味なところもあるので、スキーを置いて頂上に向かう。これから先、尾根を忠実にたどるが、やがて標高二三〇〇mあたりで左手に岩を見る地点に出る。ここはハイマツなどのブッシュが南に向かって延びており、わずかではあるが藪を漕ぐかもしれない。

これが終わると尾根は広くなり、やがて頂上に着く。頂上は剱岳の展望がよい。ここからスキーを置いた地点まで戻るが、迷いやすいところであるので慎重に下りたい。標高二二〇〇mの稜線からはスキーを履いて滑降に移るが、滑り出しが急なものの十分な広さがあり、快適な滑降が楽しめる。二俣からは広大な斜面を気ままに滑り降りれば稜線からゆっくり滑っても三〇分から四〇分で最奥の堰堤に着く。本当に快適の一言である。

山行データ

【同行者】　岩崎正隆、水野正明
【日時・天候】
一九九三年五月七日（快晴）
【参考タイム】
新取入口（六時一〇分）釜谷出合（七時）二俣（八時二〇分）稜線標高二二〇〇m（一〇時五〇分／一一時一五分）猫又山（一一時五〇分）稜線標高二二〇〇m（一二時一五分／四〇分）新取入口（一四時）
【山行適期】　四月下旬～五月中旬
【グレード】
○総合　中級
○山岳技術　中級
○滑降技術　中級
【装備】　基本装備、アイゼン
【アクセス】
原則的には車利用である。
【滑降高度差等】
○滑降高度差　一二〇〇m
○滑降距離　四・〇km
○滑降斜面の最大傾斜　三二度
【二万五千図】　毛勝山

ルート図　猫又山猫又谷

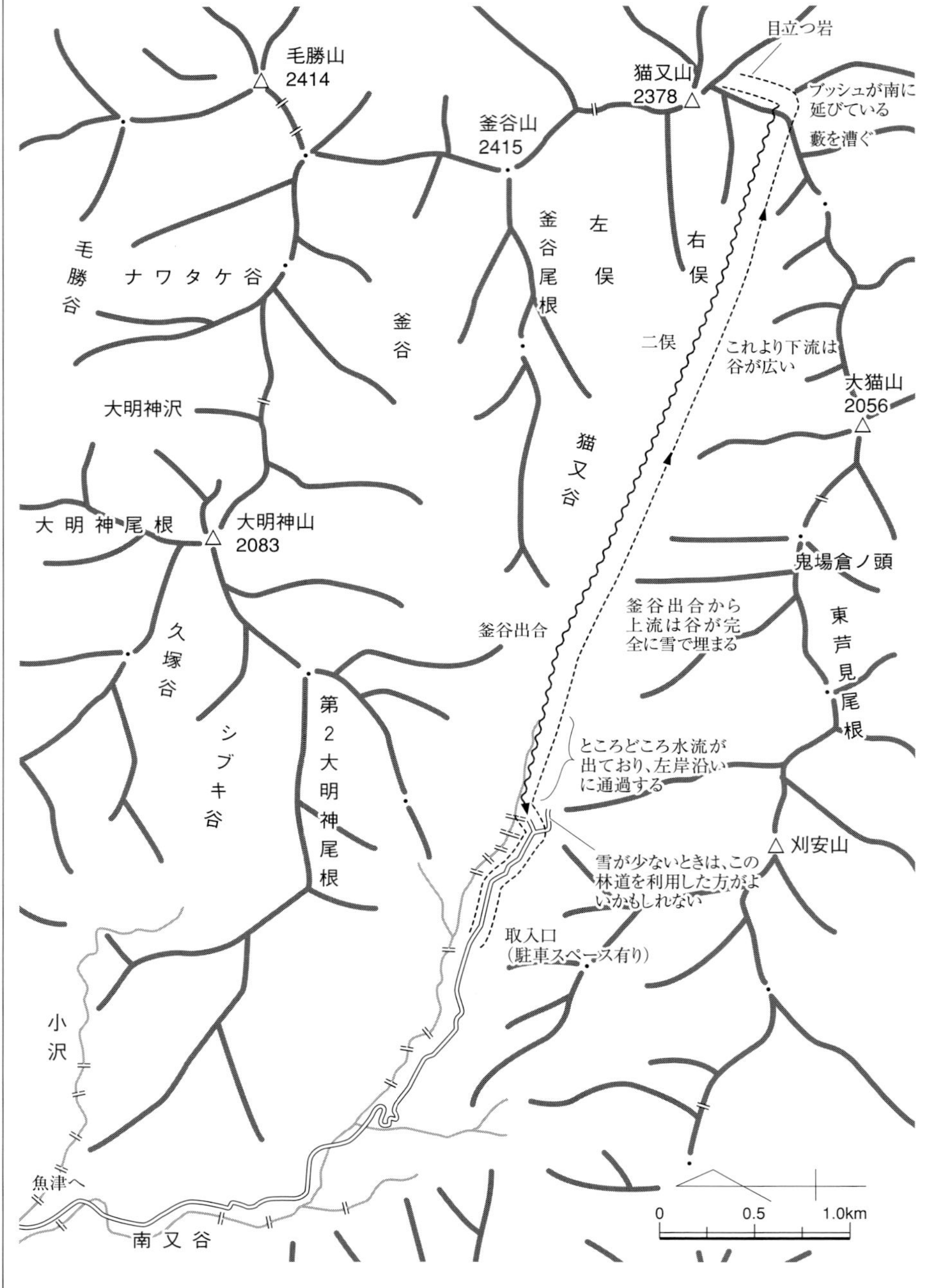

毛勝山
2414
猫又山
2378
目立つ岩
ブッシュが南に
延びている
藪を漕ぐ
釜谷山
2415
左俣
右俣
釜谷尾根
毛勝谷
ナワタケ谷
釜谷
二俣
これより下流は
谷が広い
大猫山
2056
大明神沢
猫又谷
大明神尾根
大明神山
2083
鬼場倉ノ頭
釜谷出合から
上流は谷が完
全に雪で埋まる
釜谷出合
久塚谷
東芦見尾根
シブキ谷
第2大明神尾根
ところどころ水流が
出ており、左岸沿い
に通過する
刈安山
雪が少ないときは、この
林道を利用した方がよ
いかもしれない
取入口
（駐車スペース有り）
小沢
魚津へ
南又谷
0
0.5
1.0km

No.7 剱岳一周 大窓越え

高度差五〇〇〇mの滑降

2泊3日

概説

剱岳を巡るルートは、他のガイドブックに紹介されている長次郎谷や真砂沢の他にもいくつも存在する。ここでは、平蔵谷と快適な滑りを期待できる小窓谷や池平山を織り交ぜ、本邦でも屈指の高度差を滑るルートを紹介する。

行動概略

室堂～剱沢～平蔵谷往復～二股～小窓谷往復～池平山往復～池の平小屋～小黒部谷～大窓～白萩川～馬場島

第一日

室堂～剱沢～平蔵谷往復～二股

室堂から雷鳥沢へ向かう。雷鳥沢へは通常、ミクリガ池を経由するが、スキーの場合は、いったん室堂から一ノ越方面へ向かい、室堂小屋横から浄土川に沿って雷鳥沢の天場へ滑り降りた方が早い上に快適である。

雷鳥沢の天場から雷鳥沢を登る。夏道と異なり、剱御前から室堂乗越に延びる尾根を登る。上部でトラバースすれば剱御前小屋は近い。雷鳥沢から剱御前小屋までは二時間程度である。

剱御前小屋で一休みしてから広大な剱沢源頭を滑る。この斜面は傾斜も比較的緩く初心者でも楽しい滑降となるだろう。やがて、剱沢左岸の岩壁が発達してくれば平蔵谷出合である。滑降技術にもよるが、剱御前小屋から一五分もあれば着いてしまう。出合から見る平蔵谷は地図で推測するのとは異なり、等傾斜で一直線に突き上げている。この登りは他の剱岳の谷と同様に単調であり、雪の状態によってはシールが有効であるが、ピッケルとアイゼンは持参した方がよい。なお、本山行では時間的制約から、標高二七〇〇m付近から滑降を開始した。平蔵谷の滑降は、上部の斜面が広く快適なものの下部はやや狭く、雪渓上に小石もあることから、長次郎谷などと比べると快適さにやや欠けるとともに、全体にやや暗い感じのする谷である。平蔵谷出合からは一路、二股に向かう。二股まではその年の残雪量にもよるが、残雪が多く剱沢の徒渉がなければ三〇分ほどで着いてしまう。

第二日

二股～小窓谷～池平山往復～池の平小屋～小黒部谷

二股からはアップダウンの多い北股を行く。やがて谷は左は小窓谷へ、右は池の平へと分岐する。ここは平坦であり、五月下旬頃であれば、運が良ければ水も補給でき、幕営適地となっている。ここに荷物をデポし、軽装で小窓谷に向かう。小窓谷は最初は少し急であるが、登ることわずかで谷は右に折れ、広く緩い傾斜で稜線まで続いている。小窓谷はこのような地形的特徴と、右岸の三ノ窓尾根の岩壁が発達し、アルペン的な雰囲気を醸し出していることから、剱岳周辺で最も明るく開放的な谷である。

小窓からの滑降は、このような緩やかで広い谷を自由気ままに滑る。デブリで荒れた斜面もほとんどなく、快適な滑降ができる。先ほど荷物をデポしたところに戻り、今度は池平山に向けて登る。谷はすぐに二分し、左の谷に入るとやがて平坦な雪原に出る。ここは平ノ池南端に当たり、西には池平山下部の広い斜面が望まれる。坦々とこの斜面中央を上り続けると、上部（標高二三〇〇m付近）は急斜面となり、右の不明瞭な尾根にいったん上がる。ここからは、この尾根に沿って登る。この尾根は頂上が近くなると稜線に沿って露岩が出てきて平坦となる。頂上はこの先であるが、稜線に沿って藪がでているので、滑降だけを考えると、これ以上登っても意味がないだろう。なお、頂上へは小窓側の残雪をたどって登ることとなる。

池平山の滑降は高度感のある急斜面が一部あるものの、広く快適な変化のある斜面の滑降の面白さは小窓谷を凌ぐものがある。

平の池から少し登り、池の平小屋に着く。ここも幕営適地であり、雰

白萩川三又付近

囲気的にここで幕営したくなるところであるが、ここから小黒部谷へ滑り込む斜面は急でやや狭いことから、雪がクラストした早朝時の滑降を避けるため、雪崩の危険性が低ければ、是非小黒部谷に滑り込んでおきたい。

第三日

小黒部谷～大窓～白萩川～馬場島

小黒部谷一五二五m地点から、大窓に向けて広い谷を登る。この谷は傾斜もそれ程きつくなく登りやすい谷であるが、稜線には雪庇が張り出しており、五月上・中旬頃だと乗り越しに苦労するかもしれない。この山行では谷の中央やや左から何とかピッケルを使わずに乗り越すことができた。

大窓から白萩川中ノ谷へ滑り込む。この谷は富山平野からもはっきり望める広い谷であるが、実際に滑ってみると谷中央に支尾根が走り、谷全体が左右に分断されたような地形になっている。大窓から滑った場合、普通なら上から見て右の比較的広い斜面（以下同じ）へ自然と滑り込むと考えられるが、この場合、しばらく滑ると雪が途切れてしまい（標高二〇〇〇m付近と思われる）、これより下へは滑降不能となる（この山行では、雪が途切れる手前から左斜面に移って滑ったが、この斜面の末端も雪がなくなり、下降不能となってしまった。そのため、少し登り返して右斜面へ補助ロープを使用して下り滑り降りた。ルート詳細図参照）。

この谷は、ルート詳細図からも分かるとおり、大窓から見て右の狭い斜面を滑るのがよいようだ。いずれにしても、五月下旬にこの谷を滑るのはあまり快適ではないだろう。この谷を滑るのが目的であれば、五月上旬のほうが適していると考えられる。なお、この谷はガレが多いためか落石にも注意しなければならない。このため、西仙人谷手前（標高一七〇〇m付近）は滑降が不可能なくらい雪渓上に石が散乱しており、この谷の下部は慎重に行動したい。西仙人谷出合に着けば傾斜も緩くなり、落石の危険性も低くなることから一息つけるだろう。

白萩川はこの先も雪で覆われ、ところどころ出ているデブリを避けながら、雷岩まで一気に滑る。雷岩先からは、ところどころ雪渓が切れて水流がでているので、スキーを担ぎ主に右岸にルートを採る。通常であれば、池ノ谷出合に至るまでに一度ないし二度、これを過ぎたあたりからタカノスワリ付近にかけて三度ないし四度ばかり慎重に徒渉すればブナクラの取入口に着く。後は馬場島まで林道をたどるだけである。

山行データ

【同行者】　なし

【日時・天候】
一九九四年五月二八日（快晴）、二九日（晴れのち曇り）、三〇日（晴れのち曇り）

【参考タイム】
第一日
室堂（九時）剱御前小屋（一二時一五分）平蔵谷出合（一二時四五分）平蔵谷標高二七〇〇m（一五時四五分）平蔵谷出合（一五時四五分）二股（一六時三〇分）
第二日
二股（四時一五分）北股・池の平分岐（五時一五分）小窓（七時）北股・池の平分岐（七時二五分）平ノ池手前標高一九〇〇m（八時一〇分）池平山（一〇時四〇分）平ノ池手前（一〇時五〇／一一時四〇分）小黒部谷標高一五二五m（一三時二〇分）
第三日
小黒部谷標高一五二五m（四時五〇分）大窓（七時三〇分／八時三〇分）雷岩（一〇時五〇分）三又（一〇時一〇分）馬場島（一二時四五分）

【山行適期】　五月上旬～下旬

【グレード】
○総合　上級
○山岳技術　上級
○滑降技術　中級

【装備】
基本装備、アイゼン、ピッケル、補助ロープ

【アクセス】
アルペンルートを利用する。
馬場島からは、タクシーを利用するか、あらかじめ車を一台馬場島へデポしておく。

【滑降高度差等】
○滑降高度差　四八〇〇m
○滑降距離　一五・〇km
○滑降斜面の最大傾斜　三二度

【二万五千図】　剱岳、立山、十字峡

【留意事項】
○池ノ谷出合先から、ブナクラの取入口までは、右岸に巻道がある。あまりよい道ではないので、白萩川が平水時の場合には徒渉ルートを勧めるが、この巻道は緊急時のエスケープルートとして価値がある。
○白萩川の徒渉は平水時、深いところで膝上ぐらいである。

ルート図　剱岳一周大窓越え2-1

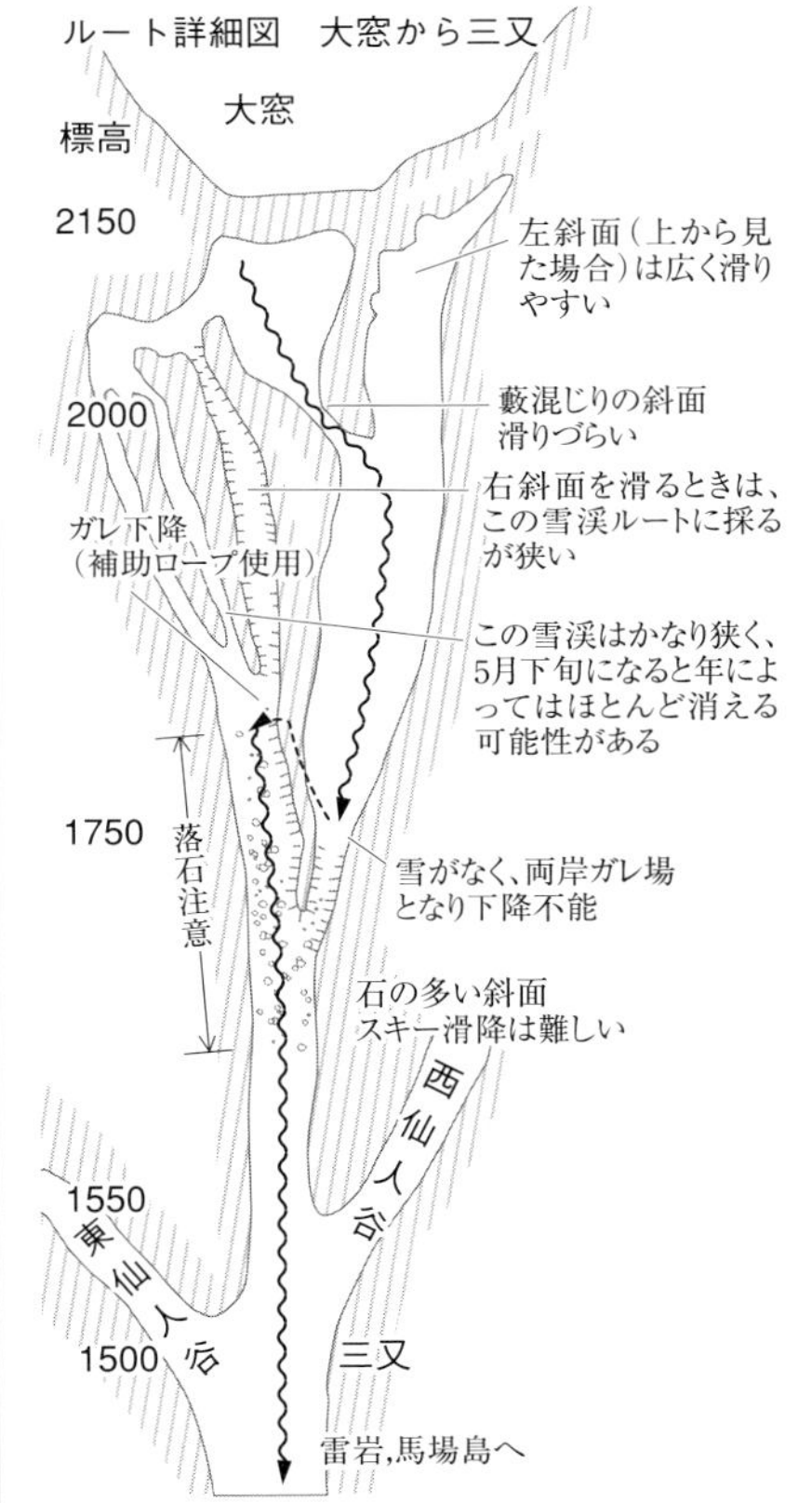
ルート詳細図　大窓から三又
大窓
標高
2150
2000
1750
1550
1500
左斜面（上から見た場合）は広く滑りやすい
藪混じりの斜面
滑りづらい
右斜面を滑るときは、この雪渓ルートに採るが狭い
ガレ下降
（補助ロープ使用）
この雪渓はかなり狭く、5月下旬になると年によってはほとんど消える可能性がある
落石注意
雪がなく、両岸ガレ場となり下降不能
石の多い斜面
スキー滑降は難しい
西仙人谷
東仙人谷
三又
雷岩,馬場島へ

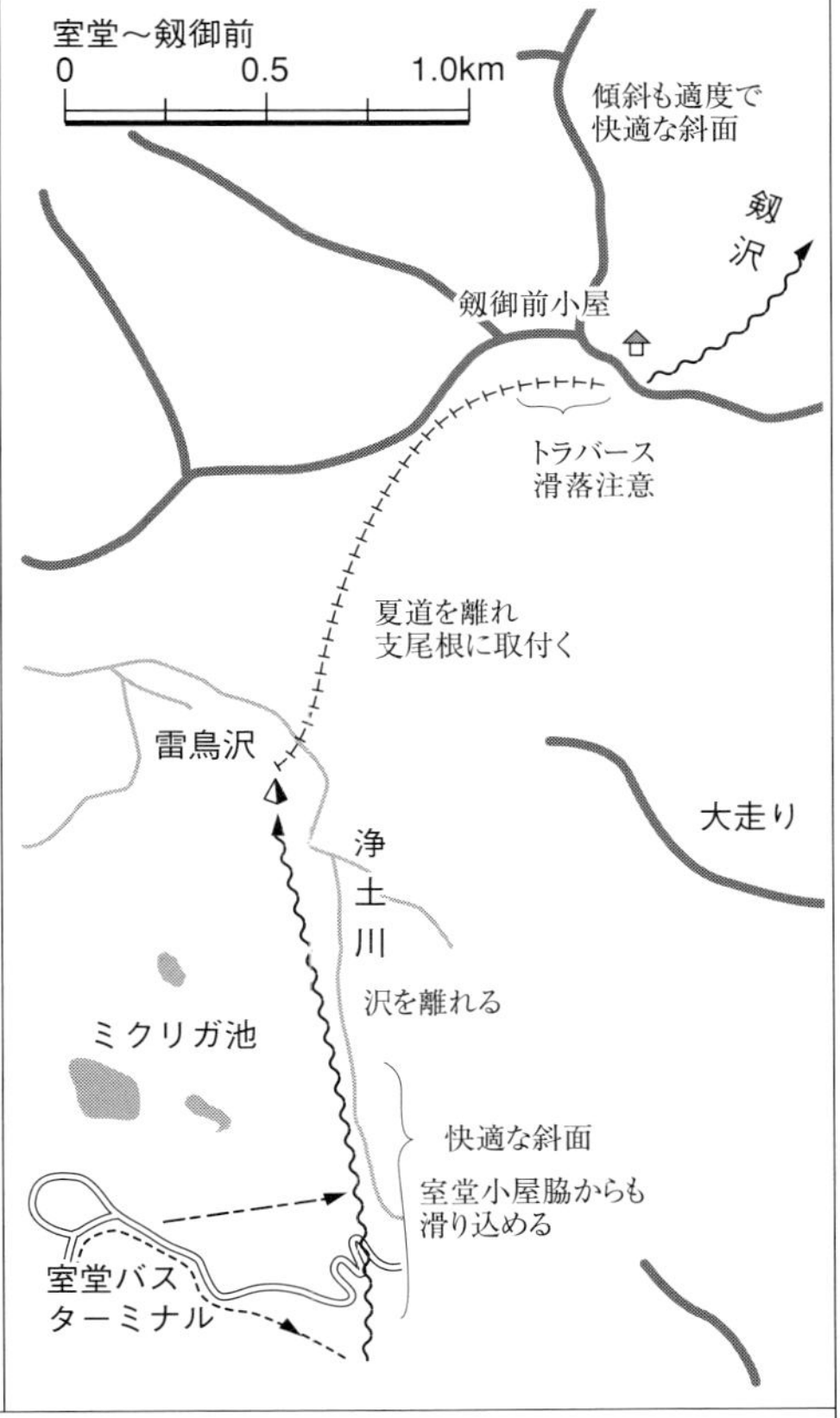
室堂～剱御前
0
0.5
1.0km
傾斜も適度で
快適な斜面
剱沢
剱御前小屋
トラバース
滑落注意
夏道を離れ
支尾根に取付く
雷鳥沢
大走り
浄土川
沢を離れる
ミクリガ池
快適な斜面
室堂小屋脇からも
滑り込める
室堂バス
ターミナル

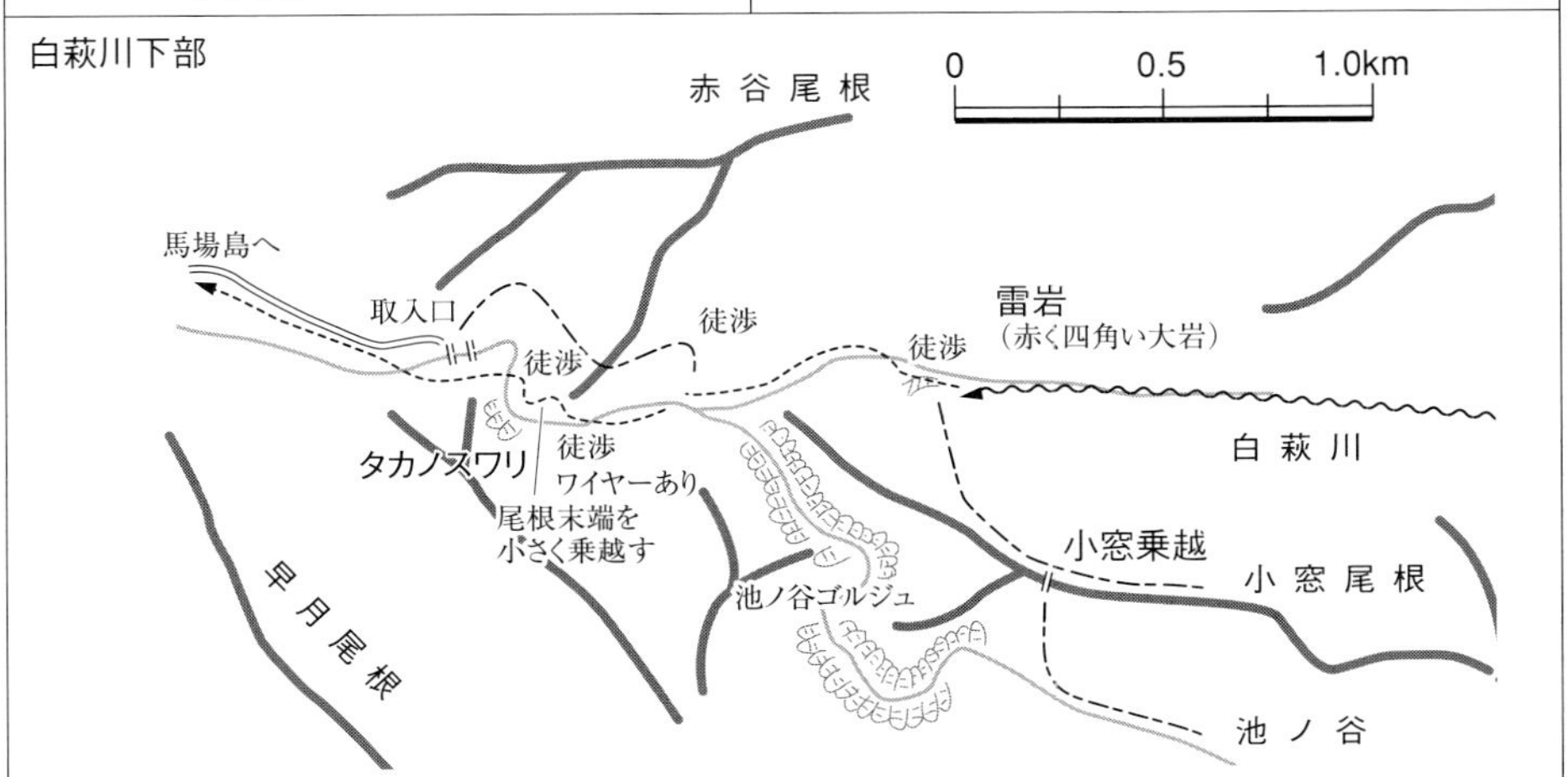
白萩川下部
赤谷尾根
0
0.5
1.0km
馬場島へ
取入口
徒渉
徒渉
雷岩
（赤く四角い大岩）
徒渉
白萩川
タカノスワリ
徒渉
ワイヤーあり
尾根末端を
小さく乗越す
小窓乗越
小窓尾根
早月尾根
池ノ谷ゴルジュ
池ノ谷

ルート図　剱岳一周大窓越え2-2

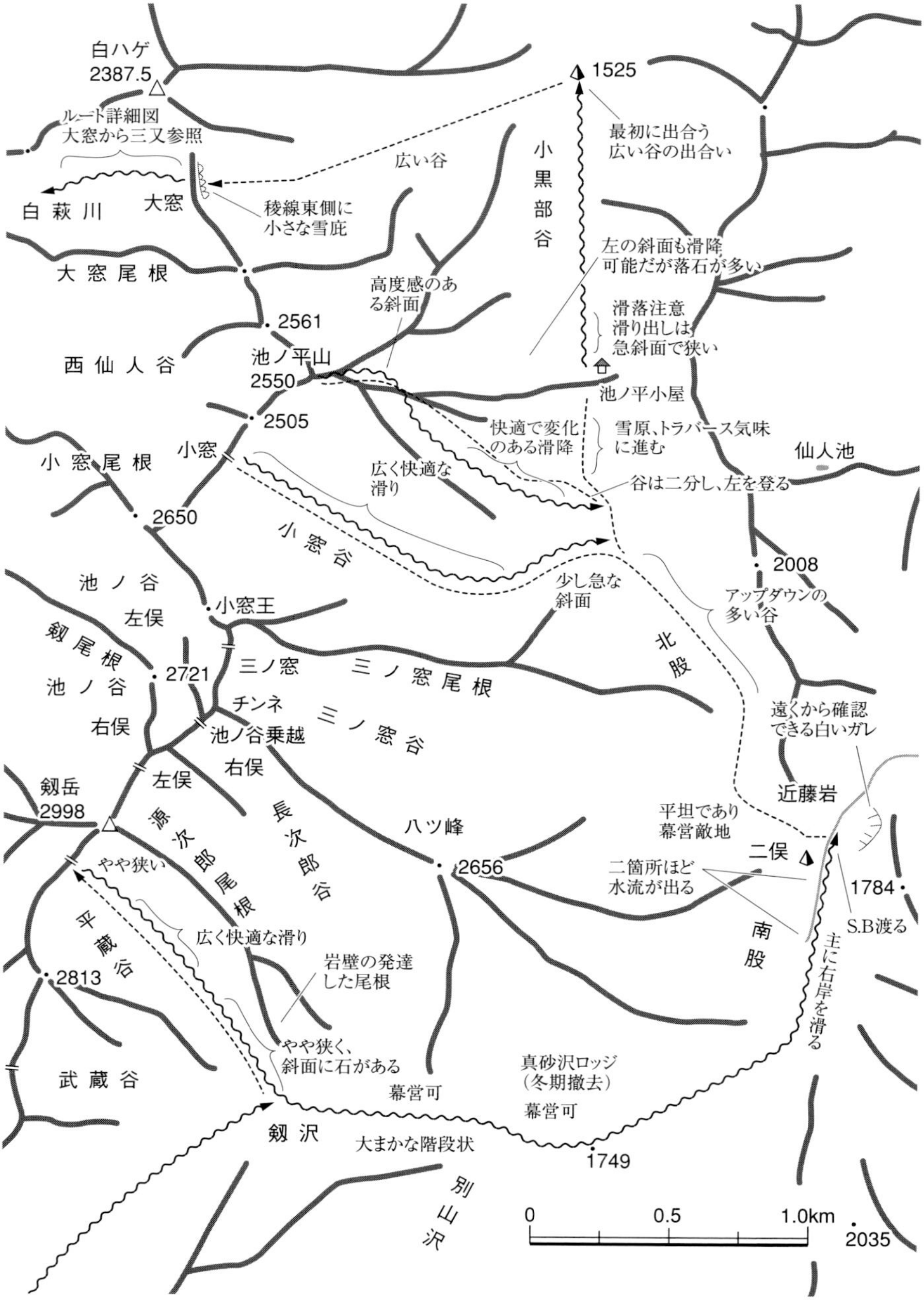

No.8

剱岳一周 三ノ窓越え

剱岳を代表する三つの谷の滑降

2泊3日 ★

概説

剱岳をめぐる一般ルートの中で特筆されるものは、真砂沢、長次郎谷、池ノ谷左俣であろう。

このうち、真砂沢はあくまでも快適な滑降に徹することができ、長次郎谷は剱岳では最もアルペン的な雰囲気の中での滑降が楽しめる。そして、池ノ谷左俣は剱岳西面特有の豪壮さと厳しさを味わうことができる。

このルートは、剱岳を巡る谷の中でも特色ある真砂沢、長次郎谷及び池ノ谷の三つの谷を滑るものであり、剱岳を巡るルートのみならず、本邦でも最も素晴らしい内容を持っているものの一つと考えられる。

なお、池ノ谷左俣は技術的には難しくなるものの、あまり記録を見ないことから、もう少し滑られてもよいのではないかと思う。

行動概略

室堂～真砂沢～長次郎谷往復～三ノ窓～池ノ谷左俣～雷岩～馬場島

第一日

室堂～真砂沢～長次郎谷出合

室堂から雷鳥沢へ向かう。雷鳥沢へはいったん、室堂から一ノ越方面へ向かい、室堂小屋横から浄土川に沿って雷鳥沢の天場へ滑り降りた方が早い上に快適である。

雷鳥沢の天場から、雷鳥沢を登る。夏道と異なり、剱御前から室堂乗越に延びる尾根を登る。上部でトラバースすれば剱御前小屋は近い。雷鳥沢から剱御前小屋までは二時間程度である。剱御前小屋からは、稜線をたどり別山を経由して巻道の出合う標高二八〇〇m地点に出る。別山の巻道は途中のトラバースが悪いため、やめた方が無難であろう。

ここから、真砂沢の滑降にかかる。源頭の滑り出しは平均二八度でやや急斜面であるが、すり鉢状の広い斜面は快適そのものである。真砂沢は、この斜面を滑り切ると標高二五〇〇mあたりで両岸に岩が迫りいったん狭くなるが、これを抜けるとまた広い緩斜面が続く。ここもまた、先ほどに劣らず快適な滑降が楽しめる。やがて谷が狭くなり、ところどころデブリが見られると出合は近い。

剱沢の出合に着くと、やや下には真砂沢ロッジ（冬期間撤去）の台地が見える。第一日目の天場としてはここでもよいが、明日のことを考え、長次郎出合で幕営してもよい。

第二日

長次郎谷出合～長次郎谷右俣往復～二股

長次郎谷出合から長次郎谷を登る。熊ノ岩までは緩く広い斜面の単調な雪渓の登高に終始する。約二時間ほどで熊ノ岩基部に着く。ここは、周囲からの雪崩や落石の心配も少なく平坦で幕営も可能である。また、長次郎谷はここから右俣と左俣に分岐しており、右俣は池ノ谷乗越へ、左俣は長次郎のコルを経て剱岳本峰へ続いている。

右俣は上部に斜面を左右に二分する岩があり、右俣出合からこの岩あたりは、稜線左からのデブリのため斜面中央が荒れ気味である。この岩の右を抜けると稜線までわずかとなり、斜面の傾斜もきつくなって池ノ谷乗越に着く。

池ノ谷乗越から、いよいよ滑降を開始する。滑り出しの高度差二〇〇mは平均三八度の急斜面であるが、右俣は左俣より狭いとはいえ十分な広さがあり、雪面も荒れていないので快適に滑ることができ、先ほどの斜面を二分する岩から右俣出合まではデブリを避けて八ツ峰側に寄って滑ると、熊ノ岩まで案外簡単に滑ることができる。熊ノ岩から長次郎谷出合までは広い緩斜面であることから思い思いに滑ることができ、やがて雪質が悪くなったと思うまもなく長次郎谷出合に着く。高度差一〇〇〇m、約四五分の滑降であるが、剱岳を巡る主なルートの中では最もアルペン的な滑降が楽しめるだろう。

なお、長次郎谷は急斜面であることから、雪質が悪いときは慎重に行動したい。スキーでの転倒はそのまま滑落事故につながる危険性がある（長次郎谷出合から二股までは「剱岳一周・小窓越え」参照）。

第三日

二股～三ノ窓谷～池ノ谷左俣～雷岩～馬場島

行程が長いため早立ちしたい。三ノ窓谷は中下半部にデブリがあり、いくらか登りづらいが、長次郎谷より傾斜が緩く、上部は比較的登りやすい。単調な雪渓の登高に終始して三ノ窓に着く。

三ノ窓から池ノ谷左俣の滑降に移る。滑り出しは斜面中央に岩が露出した狭い急斜面（滑り出しの高度差二〇〇mの傾斜は約三四度）である。

池ノ谷左俣

また、池ノ谷左俣上部の標高二二〇〇mあたりまで、特に池ノ谷尾根末端あたりまでは雪渓上に小石が散乱しており、慎重な滑降が必要である。標高二二〇〇mあたりからは小石もほとんどなくなるので、長次郎谷以上に快適な滑降が楽しめる。池ノ谷左俣の滑降は、剱岳西面特有の厳しさと豪壮さを併せ持つ素晴らしいものである。

池ノ谷も標高一五〇〇mあたりになると、右岸の小窓尾根が低くなり、井戸の底のような上部と比べれば、雪渓も広く穏やかさがでてくる。池ノ谷から小窓乗越に続く夏道に取り付くのはこのあたりからである。この取付を見つけるのはなかなか難しく、また、これをたどらないことには下山できないため、見逃さないよう確実なルートファインディングが必要である。この山行でポイントとなるところであるが、ここは池ノ谷標高一四六五mから鞍部の小窓乗越へのコンタクトラインを登ることとなる。この夏道は中間部が露岩の急斜面となっており、小窓乗越付近は半ば藪こぎとなる。本来であればそれ程問題のない登りであるが、スキーを持っていることから思いの外時間がかかるとともにロープが必要となるかもしれない。

なお、池ノ谷を下りすぎた場合は、谷が再び狭くなり、両岸の側壁がそばだってゴルジュの様相を呈してくることから、視界不良時でもすぐに気づくだろう。

小窓乗越からは、雷岩目がけて夏道を下降する。道は比較的明瞭であり、小窓乗越先から池ノ谷ゴルジュに続く尾根に入り込まない限り問題ない。急な道なのでスキーを引っ掛けたりしないよう慎重に下りたい。

また、下る程に浮き石が多くなるので注意したい（雷岩から馬場島までは「剱岳一周大窓越え」参照）。

山行データ

【同行者】　石田　彰

【日時・天候】
一九九四年五月二九日（晴れのち曇り）、三〇日（曇り）、三一日（晴れ）、六月一日（快晴）

【参考タイム】
第一日
室堂（一〇時）雷鳥沢（一〇時四〇分）剱御前（一三時三〇分／一四時三〇分）別山標高二八〇〇m（一五時一五分／三〇分）剱沢出合（一六時一〇分）長次郎谷出合（一七時）
第二日
長次郎谷出合（六時四五分）熊ノ岩基部（八時五五分）池ノ谷乗越（一一時五分／二〇分）長次郎谷出合（一二時五分／一三時五〇分）二股（一四時四〇分）
第三日
二股（四時四五分）三ノ窓（一〇時一〇分／三五分）二俣（一一時五分／一二時一〇分）池ノ谷標高一四六五m（一二時二〇分／一三時）小窓乗越（一五時）雷岩（一七時三〇分）
第四日
雷岩（七時）馬場島（八時三〇分）

【山行適期】　五月上旬～六月上旬

【グレード】
○総合　上級
○山岳技術　上級
○滑降技術　上級

【装備】　基本装備、アイゼン、ピッケル、補助ロープ

【アクセス】
アルペンルートを利用する。帰りは馬場島からタクシーを利用するか、あらかじめ車を一台馬場島へデポする。
なお、五月連休時は特に富山県側のアルペンルートが混雑し、時間が予想以上にかかる場合もあるので注意したい。

【滑降高度差等】
○滑降高度差　三七〇〇m
○滑降距離　一四・〇km
○滑降斜面の最大傾斜　三八度（長次郎谷）

【二万五千図】　剱岳、立山、十字峡

【留意事項】
○池ノ谷ゴルジュは、残雪の状況によっては抜けることができ、時間の短縮になるが、雪崩と落石の巣であるこの通過は、危険性が高く勧められない。

ルート図　剱岳一周三ノ窓越え3-1

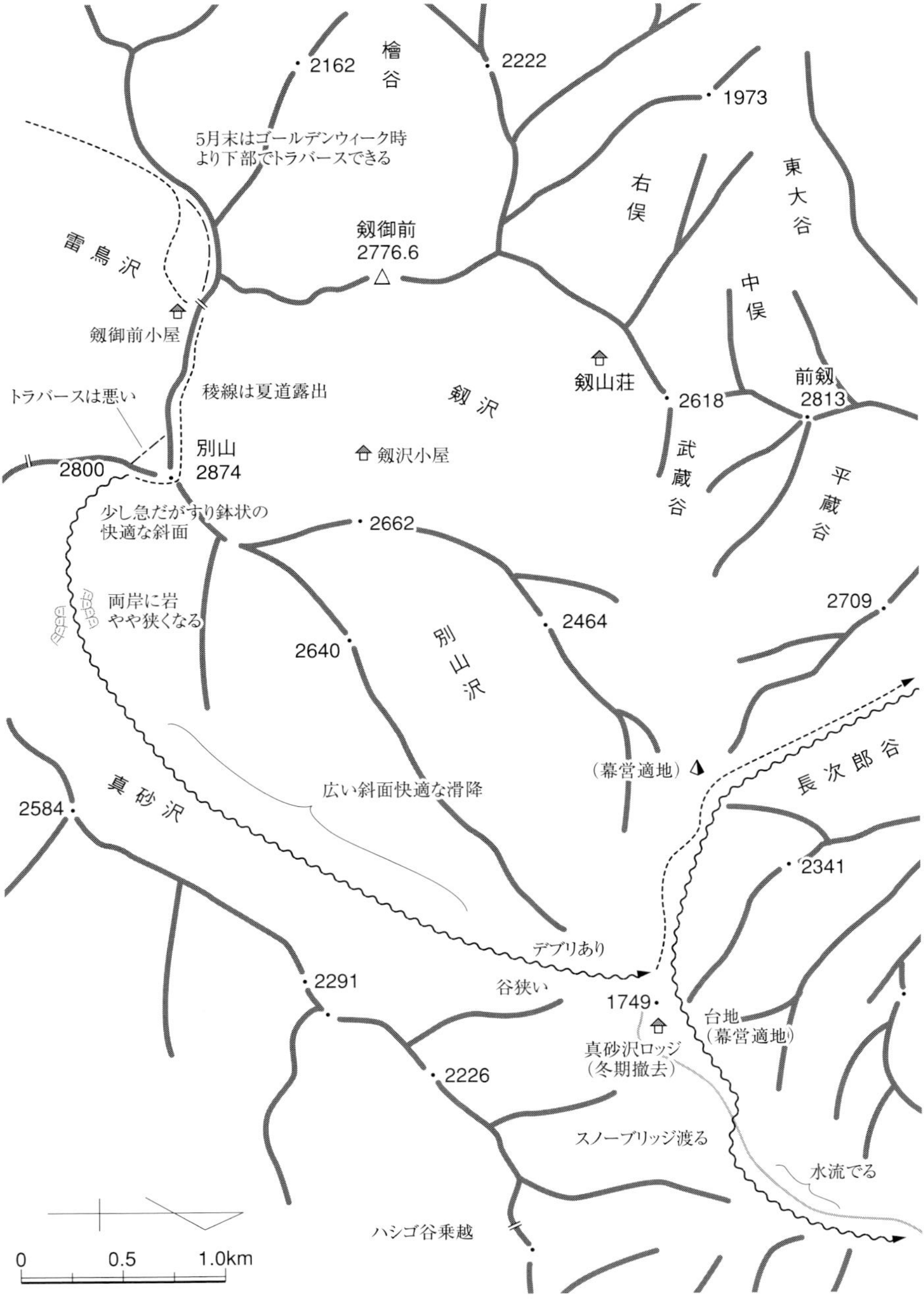
2162
檜谷
2222
1973
5月末はゴールデンウィーク時
より下部でトラバースできる
右俣
東大谷
雷鳥沢
剱御前
2776.6
中俣
剱御前小屋
剱山荘
前剱
トラバースは悪い
稜線は夏道露出
剱沢
2618
2813
別山
2874
剱沢小屋
武蔵谷
平蔵谷
2800
少し急だがすり鉢状の
快適な斜面
2662
両岸に岩
やや狭くなる
2464
2709
2640
別山沢
(幕営適地)
長次郎谷
真砂沢
広い斜面快適な滑降
2584
2341
デブリあり
2291
谷狭い
1749
台地
(幕営適地)
真砂沢ロッジ
(冬期撤去)
2226
スノーブリッジ渡る
水流でる
ハシゴ谷乗越
0
0.5
1.0km

ルート図　剱岳一周三ノ窓越え3-2

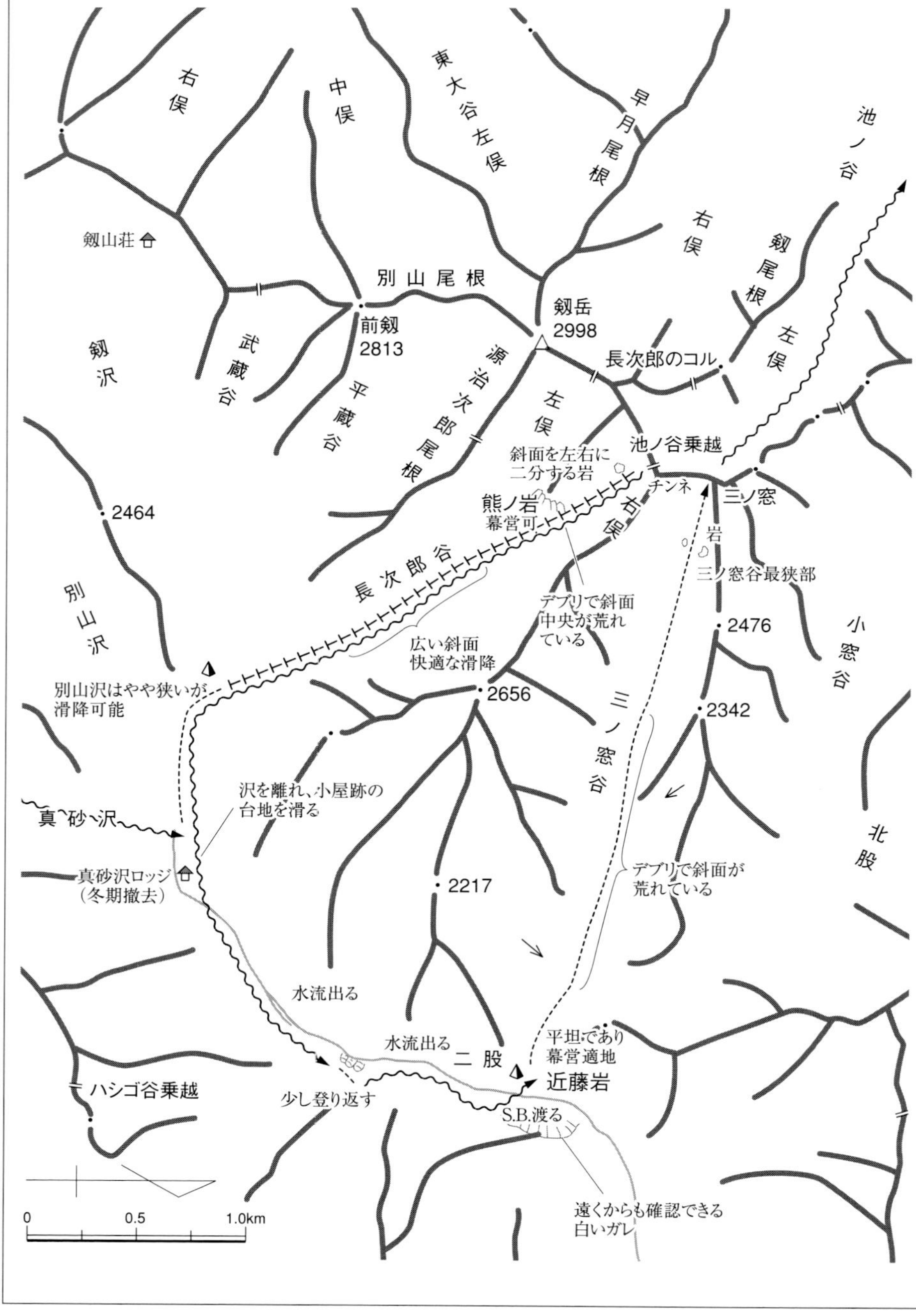
右俣
中俣
東大谷左俣
早月尾根
池ノ谷
剱山荘
右俣
剱尾根
別山尾根
剱岳
2998
前剱
2813
武蔵谷
平蔵谷
源治次郎尾根
左俣
長次郎のコル
左俣
剱沢
池ノ谷乗越
斜面を左右に
二分する岩
チンネ
三ノ窓
熊ノ岩
幕営可
右俣
岩
三ノ窓谷最狭部
2464
長次郎谷
デブリで斜面
中央が荒れ
ている
2476
小窓谷
別山沢
広い斜面
快適な滑降
別山沢はやや狭いが
滑降可能
2656
2342
三ノ窓谷
沢を離れ、小屋跡の
台地を滑る
真砂沢
北股
真砂沢ロッジ
(冬期撤去)
デブリで斜面が
荒れている
2217
水流出る
水流出る
二股
平坦であり
幕営適地
ハシゴ谷乗越
少し登り返す
近藤岩
S.B.渡る
0
0.5
1.0km
遠くからも確認できる
白いガレ

ルート図　剱岳一周三ノ窓越え3-3

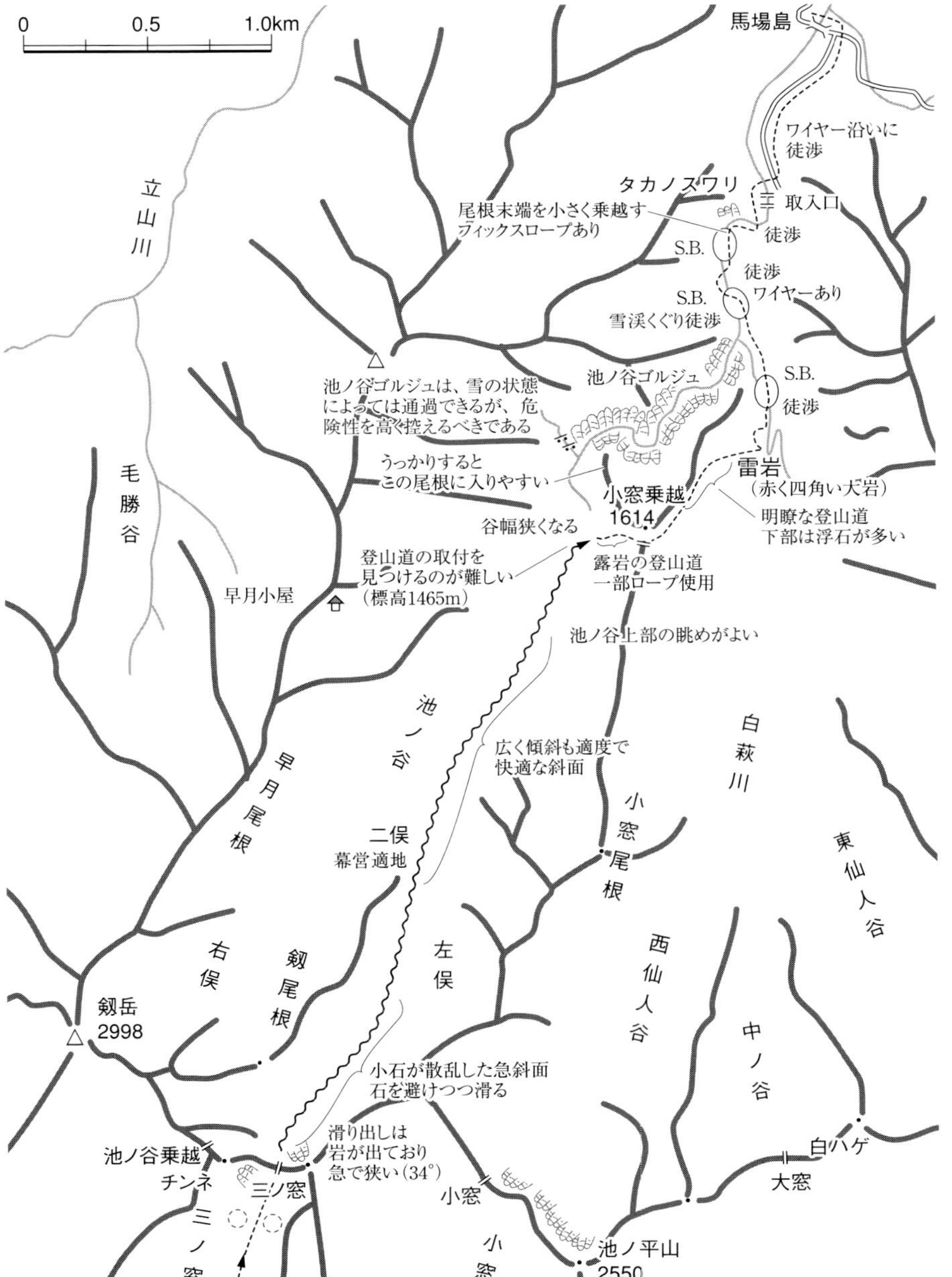
0
0.5
1.0km
馬場島
ワイヤー沿いに
徒渉
タカノスワリ
取入口
尾根末端を小さく乗越す
ヴィックスロープあり
徒渉
S.B.
徒渉
ワイヤーあり
S.B.
雪渓くぐり徒渉
池ノ谷ゴルジュ
S.B.
徒渉
立山川
池ノ谷ゴルジュは、雪の状態
によっては通過できるが、危
険性を高く控えるべきである
うっかりすると
この尾根に入りやすい
雷岩
（赤く四角い大岩）
小窓乗越
1614
明瞭な登山道
下部は浮石が多い
谷幅狭くなる
毛勝谷
登山道の取付を
見つけるのが難しい
（標高1465m）
露岩の登山道
一部ロープ使用
早月小屋
池ノ谷上部の眺めがよい
池ノ谷
白萩川
早月尾根
広く傾斜も適度で
快適な斜面
小窓尾根
二俣
幕営適地
東仙人谷
右俣
剱尾根
左俣
西仙人谷
剱岳
2998
中ノ谷
小石が散乱した急斜面
石を避けつつ滑る
滑り出しは
岩が出ており
急で狭い（34°）
池ノ谷乗越
白ハゲ
チンネ
三ノ窓
大窓
小窓
三ノ窓谷
小窓谷
池ノ平山
2550

No.9 剱岳一周 小窓越え

迫力ある西仙人谷の滑降

2泊3日

概説

このルートは小窓を経由して剱岳を一周するものであり、他の一般的なルートと違い、石やデブリが散乱した急斜面をこなす滑降技術や徒渉技術も必要とされ、通常考えられるルートの中では、難しい部類に属すだろう。それだけに山行を終えたときの充実感は例えようがない。

行動概略

室堂～剱沢～三ノ窓谷往復～
小窓谷～西仙人谷～馬場島

第一日

室堂～雷鳥沢

室堂から雷鳥沢へ向かう。雷鳥沢へは通常、ミクリガ池を経由するが、スキーの場合はいったん、室堂から一ノ越方面へ向かい、室堂小屋横から浄土川に沿って雷鳥沢の天場へ滑り降りた方が早い上に快適である。

第二日

雷鳥沢～剱沢～二股～
三ノ窓谷～二股

雷鳥沢の天場を早めに立ち、雷鳥沢を登る。夏道と異なり、剱御前から室堂乗越に延びる尾根を登る。上部でトラバースすれば剱御前小屋は近い。雷鳥沢から剱御前小屋までは二時間程度である。

剱御前小屋から広大な剱沢源頭を滑る。この斜面は傾斜も比較的緩く初心者でも楽しい滑降となる。斜面が大まかな階段状になれば長次郎谷出合に着く。なおも滑れば真砂沢ロッジ（冬期間撤去）の台地を通り過ぎ、徐々に斜面の幅が狭くなって、ところどころ剱沢の水流がのぞくようになる。しばらくの間、スノーブリッジを上手く渡りながら滑るが、スキーを脱がなければならない地点に出る。同時に剱沢の長い滑りも終わりとなる。ここは、右岸の斜面を水流を左に見ながらのトラバースとなる。その後、このようなトラバースを一、二度繰り返せば（雪の少ない年は場合により徒渉しなければならないかもしれない）平坦となり、スキーを着け直して二股まで滑り込む。二股に懸かるスノーブリッジを渡れば幕営に適した平坦地に着く。

ここは残雪の状態によっては水も採れ、三ノ窓雪渓やチンネの展望にも優れている。テントを設営してから三ノ窓雪渓を登る。この登りは体力的にきついが、単調な登高に終始して三ノ窓に着く。三ノ窓谷の滑降は、上部が三〇度を超える傾斜であり若干狭いことと、谷の中間部などにデブリが出ているものの、ある程度の滑降技術があればそれ程苦にはならないだろう。雪質さえ良ければ剱岳らしい豪快な滑降ができる。

第三日

二股～小窓谷～西仙人谷～馬場島

二股からはアップダウンの多い北股を行く。やがて谷は左は小窓谷へ、右は池の平へと分岐する。池の平方面へ向かうルートと別れを告げ、しばらく急な斜面を登れば、緩やかで広大な小窓谷末端に着く。ここからは、稜線の小窓まですっきり見渡せる。小窓谷は傾斜が緩いことからシールが有効であり、三ノ窓谷ほどのアルバイトを強いられることはないだろう。

小窓からは、いよいよこのルートの核心部である西仙人谷の滑降にかかる。小窓から見る西仙人谷は出だ

小窓谷

ルート図　剱岳一周小窓越え2-1

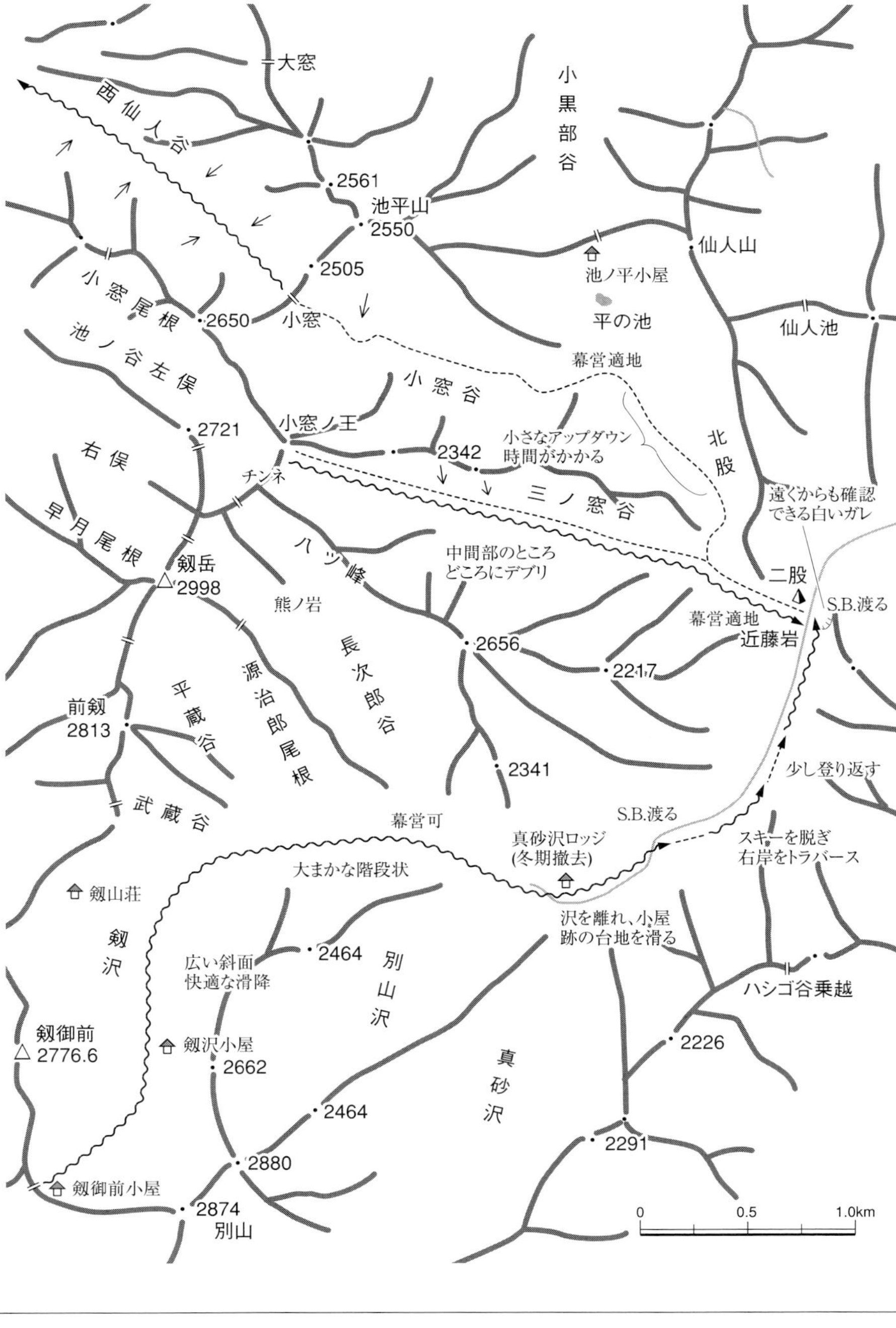
大窓
西仙人谷
小黒部谷
2561
池平山
2550
2505
仙人山
池ノ平小屋
小窓尾根
2650
小窓
平の池
仙人池
池ノ谷左俣
幕営適地
小窓谷
2721
小窓ノ王
小さなアップダウン
時間がかかる
北股
右俣
2342
チンネ
三ノ窓谷
遠くからも確認
できる白いガレ
早月尾根
八ツ峰
中間部のところ
どころにデブリ
剱岳
2998
二股
熊ノ岩
S.B.渡る
幕営適地
近藤岩
2656
長次郎谷
2217
源治郎尾根
前剱
2813
平蔵谷
2341
少し登り返す
武蔵谷
幕営可
S.B.渡る
真砂沢ロッジ
(冬期撤去)
スキーを脱ぎ
右岸をトラバース
剱山荘
大まかな階段状
沢を離れ、小屋
跡の台地を滑る
剱沢
2464
広い斜面
快適な滑降
別山沢
ハシゴ谷乗越
剱御前
2776.6
剱沢小屋
2662
2226
真砂沢
2464
2880
2291
剱御前小屋
2874
別山
0
0.5
1.0km

しが特に狭く、かなりの急斜面であり、加えて両岸の岩壁が発達していることから、この谷を滑る者に威圧感や不気味ささえも感じさせる。この谷には剱岳東面特有のヨーロッパアルプスを思わせるような雰囲気は微塵もなく、落石、小雪崩やデブリも多いことから全く気が抜けない。しかし、救われることは狭いところは上部の滑り出しの一部に限られることである（五月下旬になると、この部分には雪がなくなるだろう）。この部分さえ抜ければ、依然として急斜面であるものの傾斜は落ち、ある程度は広くなるので、あとは落石やデブリ等に注意して滑ればよい。全くこなせないという程でもないので、山の経験と滑降技術を駆使して滑れば、三ノ窓谷よりもはるかに充実した豪快な滑降が楽しめる。

井戸の底のような西仙人谷の長い滑降が終われば白萩川出合に着く。ここは落石やデブリから解放され、ほっとするところだ。白萩川出合からは斜面の傾斜も緩くなり、雷岩までは、ほとんど一気に滑る。雷岩先からは、ところどころ雪渓が切れて水流がでているので、スキーを担ぎ主に右岸にルートを採る（雷岩から馬場島までは「剱岳一周大窓越え」参照）。

山行データ

【同行者】　杉沢尚之、清水洋一、平山和信

【日時・天候】　一九八九年五月三日（吹雪のち晴）、四日（快晴）、五日（晴れのち曇り）

【参考タイム】
第一日　室堂（一四時）雷鳥沢天場（一六時）
第二日　雷鳥沢天場（五時三〇分）剱御前（七時三〇分／八時三〇分）二股（九時四五分／一〇時五〇分）三ノ窓雪田下（一六時三〇分）二股（一八時三〇分）
第三日　二股（六時四五分）小窓（一三時三〇分）雷岩（一五時三〇分）馬場島（一八時）

【山行適期】　五月上旬～六月上旬

【グレード】　○総合　上級
○山岳技術　上級　○滑降技術　上級

【装備】　基本装備、アイゼン、ピッケル

【アクセス】
アルペンルートを利用する。馬場島からは、タクシーを利用するか、あらかじめ車を一台馬場島へデポしておく。

【滑降高度差等】
○滑降高度差　三六〇〇m
○滑降距離　一一・五km
○滑降斜面の最大傾斜　三六度（西仙人谷）

【二万五千図】　剱岳、立山、十字峡

【留意事項】
○池ノ谷出合先から、ブナクラの取入口まで右岸に巻道がある。よい道ではないので、平水時は徒渉ルートを勧めるが、この巻道は緊急時のエスケープルートとして価値がある。
○白萩川の徒渉は、通常の水量なら深いところで膝上ぐらいである。

ルート図　剱岳一周小窓越え2-2

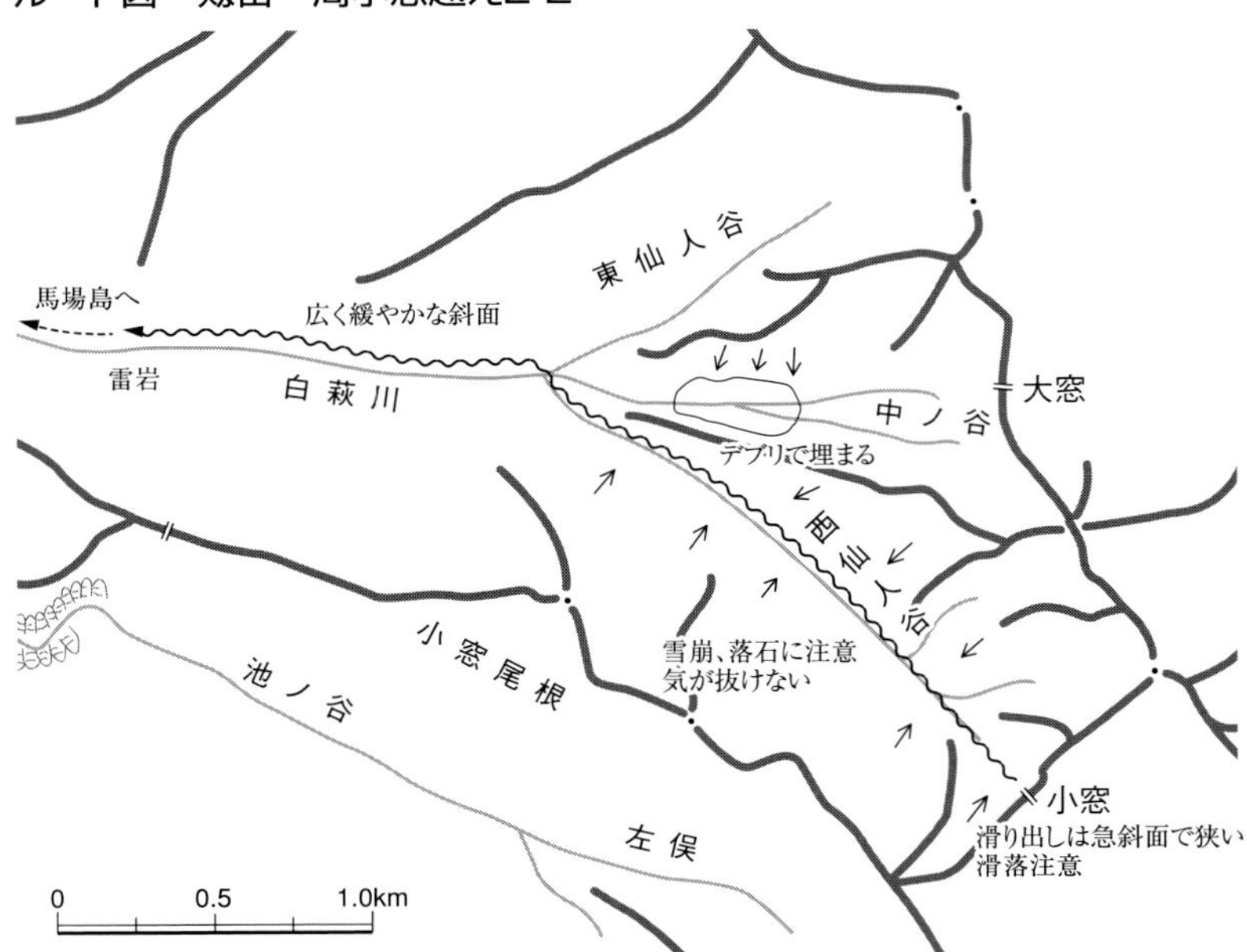

No.10 立山川

剱岳をめぐる滑降主体のルート

日帰り

概説

室堂乗越から立山川の滑降は、登りといえるほどの登りはなく、比較的短時間でかなりの高度差と長い距離を滑降できることから、多くの人々に楽しまれている。

剱岳を巡る一つのルートとして、山行の最終日や日帰りで楽しむには適している。

しかし、谷を滑るため、残雪の状況によってルートの難易が左右されるため、安易な入山は慎むとともに、できれば山岳経験豊富なリーダーのもとに山行を実施したい。

行動概略

室堂〜室堂乗越〜馬場島

室堂から雷鳥沢へ向かう。雷鳥沢へはいったん、室堂から一ノ越方面へ向かい、室堂小屋横から浄土川に沿って雷鳥沢の天場へ滑り降りた方が早い上に快適である。

雷鳥沢から大日岳方面のトレースをたどり、室堂乗越手前の稜線、標高二三七〇m付近に着く。この山行では、ここから立山川に滑り込んだが、室堂乗越から剱御前小屋方面に少し登り返し、標高二四五〇m付近から滑り込むのも快適そうである。この場合、雷鳥沢から剱御前へ向かうトレースをたどった方が早いだろう。

室堂乗越手前から立山川に滑り込む斜面はやや急であり、斜面の雪が部分的に切れている可能性があるので出だしは注意して滑りたい。少し滑れば様子も分かるので、後は快適な斜面を一気に滑る。

ただ山行時、カガミ谷からは大きなデブリが檜谷出合先の標高一六五〇mまで続いており、標高一九〇〇mからこの間は右岸の端を縫うように滑った。

標高一六五〇mからは斜面が荒れていないので快適に滑る。途中の標高一五五〇mあたりは谷がいったん狭くなるが、またすぐに広くなる。

東大谷出合からは右岸台地を滑り毛勝谷出合に着く。左岸は岩が切り立ち、出合手前は水流が出ている。ここからスナクボ岩屋あたりまでは両岸とも岩壁が発達し、「オクノスワリ」というゴルジュを形成している。

この山行を実施した年は雪が多かったので、ゴルジュ内はほとんど雪で埋まりスキーを外すことなく滑り切ったが、例年の積雪量であれば毛勝谷出合先のゴルジュはスキーをはずす個所が必ず出てくるものと思われる。この場合、ほとんど右岸を抜けるが、場合によっては微妙な判断が求められると考えられるため、慎重に行動したい。

標高一一〇〇mあたりから谷は開けるので、のんびり行動できる。

山行データ

【同行者】なし

【日時・天候】
一九九五年五月六日（快晴）

【参考タイム】
室堂（八時三〇分）室堂乗越手前稜線（九時三〇分／五〇分）毛勝谷出合（一〇時四五分）取入口（一一時二〇分）橋（標高八〇〇m）（一一時五〇分／一二時三〇分）馬場島（一二時四五分）

【山行適期】四月下旬〜五月上旬

【グレード】
○総合　中級
○山岳技術　中級
○滑降技術　中級

【装備】基本装備

【アクセス】
アルペンルートを利用する。
帰りは馬場島からタクシーを利用するか、あらかじめ馬場島へ車を一台デポする。
なお、五月連休時は特に富山県側のアルペンルートが混雑し、時間が予想以上にかかる場合もあるので注意したい。

【滑降高度差等】
○滑降高度差　一八〇〇m
○滑降距離　一一・〇km
○滑降斜面の最大傾斜　三一度

【二万五千図】立山、剱岳

【留意事項】
○雪の状態がよければ問題ないが、残雪量が少なく、立山川の下部の状態が悪いと、ルートの状況は極めて悪くなる。このため、多量の雨が降った直後や初心者だけの入山は控えたい。

ルート図　立山川

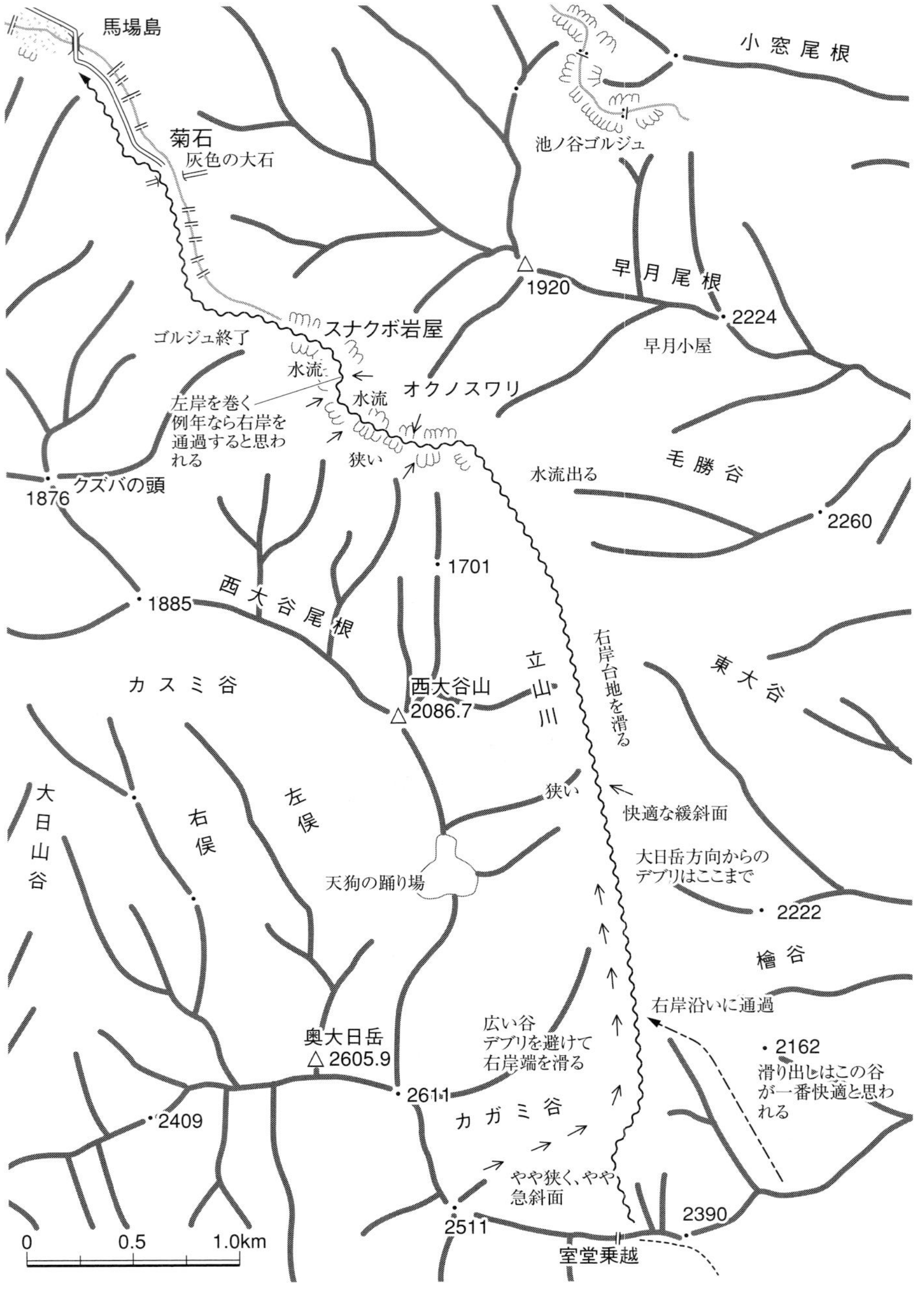
馬場島
菊石
灰色の大石
小窓尾根
池ノ谷ゴルジュ
1920
早月尾根
2224
早月小屋
スナクボ岩屋
ゴルジュ終了
水流
オクノスワリ
水流
左岸を巻く
例年なら右岸を
通過すると思わ
れる
狭い
毛勝谷
水流出る
1876
クズバの頭
2260
1701
1885
西大谷尾根
カスミ谷
西大谷山
2086.7
立山川
右岸台地を滑る
東大谷
狭い
快適な緩斜面
大日山谷
右俣
左俣
天狗の踊り場
大日岳方向からの
デブリはここまで
2222
檜谷
右岸沿いに通過
広い谷
デブリを避けて
右岸端を滑る
2162
滑り出しはこの谷
が一番快適と思わ
れる
奥大日岳
2605.9
2611
2409
カガミ谷
やや狭く、やや
急斜面
2390
2511
室堂乗越
0
0.5
1.0km

Column

山スキーの道具（1）

—シール—

山行時にシールがはがれ始めると、シールの糊の付いた面に雪やゴミなどが付着し、それが繰り返されてシールは使用できなくなります。このような目に遭った人は多いのではないでしょうか。こんな時、いずれ外れるのは時間の問題であっても、早めにテーピングテープでシールを固定しその場を凌ぐしかありません。しかし、大事なことはこのようなことにならないよう、糊が弱くなったと思ったら塗り替えることです。

糊を塗り替えるときはアイロンと新聞紙を多めに用意します。シールの糊の付いた面に新聞紙を置き、その上からアイロンを当てると糊が剥がれます。この時、シールの滑降面に糊が付かないよう十分注意してください。糊がきれいにとれたら、新しい糊をシールに塗ります。そして１～２週間、糊の塗布面を直接空気にさらし、適度に乾かした後、山行に使用します。なお、シールは糊を塗った後すぐに使用することは絶対に避けてください。このような状態で使用するとスキーのソールに糊が付着し、スキーが滑らず山行どころではなくなってしまいます。

大日山谷右俣（青島靖）

Column

山スキーの道具（2）

―スキーとビーコン、レジ袋、ペットボトルと細引き―

■ スキー

● 山行が終了した時はほっとする瞬間です。ところでその時、皆さんは使用したスキーをどうしますか？　たぶん、取りあえず雪を払うだけ払って、車の中に入れると思います。しかし、ビンディングなどにくっついた雪やゴミはとれにくく、手間がかかるだけでなく、刷毛やたわしなどで念入りに取らない限りは不十分なことが往々です。こんな時、もし付近に小川が流れていたら、スキーをその中に突っ込むのが一番です。荒っぽいと思われるかもしれませんが、手間を掛けずにきれいになります。雪やゴミがきれいに取れたらスキーを引き上げ、水を切って乾いたタオルで必ず拭きましょう。もちろん、スキーは川に流さないよう注意してください。

● スキーは山行形態に合わせて数台を使い分けるのが理想ですが、現実は懐具合との相談で、虎の子の一本というのが普通だと思います。とりわけ、初心者がスキーを購入するとき、どのようなものを選ぶか迷うと思います。

さて、この時、最低限トップベンドの曲がり具合に注意してください。最近の傾向として、曲がり具合の小さい新雪滑降用のものが多く出ていますが、これを春山などで使用すると雪面にスキーのトップが突き刺さり、負傷の原因となる危険性があるからです。このようなことから滑降が比較的不得手な人ほど、操作性のよいオーソドックスな板を選ぶ方が無難だと思います。

■ ビーコン（雪崩トランシーバー）

皆さん、ビーコンはどのように扱っていますか。

ご存じかもしれませんが、液晶表示タイプのビーコンは低温下に一定時間さらすと表示できなくなるので注意が必要です。また、電池の消耗はビーコンの捜索能力の大幅な低下につながるので、山行時は１日ごとに電池を取り替えるのが原則です。

もちろん、山行以外の使用しない時は必ず電池を抜きましょう。ビーコンは壊れやすいだけに、他の道具より慎重に扱いたいものです。

■ レジ袋、ペットボトルと細引き

川はすぐ下に流れているのに橋から川面まで高さがあったり、川岸が雪の壁になっていたりで水が汲めないというような経験はありませんか。こんな時、レジ袋とペットボトルと細引きが役に立ちます。水の取り方は次のとおりです。

①　ペットボトルに水を満たし、レジ袋に入れる。

②　①に細引きをつけ川に放り投げて水を取る。

ここで大事なのは、水を入れたペットボトルを利用することです。ペットボトルにある程度の重さがないと水を汲むことはできません。また、レジ袋は岩角などで破れたりするので多めに持参した方がよいでしょう。

3 立山・大日岳周辺 山域概要

◆機動力で本邦屈指の高度差を効率よく滑降できる山域◆

自然条件など

大日岳周辺

下山後の交通事情に注意

大日岳は立山の西隣に位置し、昔から山スキー向きの山として知られている。山行適期は立山と同様、立山黒部アルペンルートが開通する四月中旬から始まり、概ね五月中旬までで終了する。アルペンルートは便利であるが、連休時は混雑により交通機関に遅れがでることもあるので注意したい。

この山域の特徴は、室堂から少し離れているため静かな山行が楽しめるのに加え、北アルプスでも屈指の高度差を日帰りで滑降できる魅力を有していることである。

しかし、大日岳から滑降した場合、下山は称名か早月川小又川出合のどちらかとなるので、下山後の交通事情には十分注意したい。特に小又川出合の場合、公共の交通機関はないことから、あらかじめ車をデポしておくか、前もってタクシーを確保する等の必要がある。

また、称名方面へ下山した場合は、称名滝の駐車場から立山駅までバスを利用できるが、称名滝の道路は夜間は閉鎖となるので、行動が遅くなった場合や称名の駐車場に車をデポする場合等は注意したい。

立山周辺

連休時は混雑による交通機関の遅れに注意

立山周辺は春山スキーのメッカであり、四月中旬にアルペンルートが開通すると室堂周辺は雑踏と化すものの、工夫次第では静かな山行も可能である。ただし、大日岳同様、連休時は混雑により交通機関に遅れがでることもあるので注意したい。

シーズンの始期は四月中旬のアルペンルートの開通とともに始まり、終期は一般的には五月下旬あたりまでであろう。しかし、特に五月上旬過ぎまでの天候は不安定であることが多く、標高も高く冷え込みも厳しいことから、天候と特に谷筋のルートについては大日岳と同様、雪崩には充分に注意を払いたい。

また、この山域の中心に雷鳥沢の幕営指定地があり、ここをベースに色々なルートを滑ることも可能である。雷鳥沢で幕営した場合のメリットは、例年の積雪量であれば室堂から幕営地までは室堂小屋脇から浄土川を滑降するだけで時間はかからないこと、飲料水が確保されており持参する燃料は少なくてよいことなどがあるが、何といっても早朝から行動できるので行動範囲が広がることであろう。ちなみに、山麓から立山・黒部アルペンルートを利用した場合は早くても室堂から行動を開始できるのは九時前後となる。

さらに、立山カルデラについては、下山ルートに難点があり、一般的には白岩堰堤下まで延びている林道をたどる。

なお、立山周辺の日帰り可能な初級・中級ルートでは、人も多いことから充分な装備を持たず安易な山行をしている人も見受けられるが、三千メートル級の山であることを忘れず、充分な装備を持参し慎重に行動したい。

ルート概要

大日岳周辺

北面のほとんどの谷が滑降可能

大日岳から大日平を経て称名へ至るものと、大日岳から早乙女岳を経てコット谷へ滑るルートが一般的である。両ルートとも日帰りでの実施が可能であり、前者は大日岳から大日平へ向けこの周辺でも屈指の大斜面を滑ることができ、後者は斜面のスケールはそれ程ではないものの、この山域屈指の高度差を滑降できる。

また、この他にもあまり知られていないが、北面には中・上級者向きのルートが幾つか存在する。代表的なものとして、大日山谷左俣やカスミ谷左俣があるが、カスミ谷右俣、大日山谷右俣なども上級者向きではあるが滑降可能である。

立山周辺

多彩なルートが存在、工夫次第で静かな山行が可能

この山域は他の山域と継続しない限り日帰りで実施でき、アルペンルートの機動力をフルに活用すれば効率よく滑降できるのが魅力である。

一般的なルートとしては、雷鳥沢、浄土山、室堂山北面、室堂から弥陀ヶ原（美女平）などが挙げられるが、近年、タンボ平、御山谷等の黒部側にも多くの人を見かけるようになった。さらに、これ以外にもあまり知られておらず、他と比べ難しくなるものの、雄山から御前谷や御山谷などの充実したルートも存在する。

また、雷鳥沢をベースとすれば行動範囲はさらに広がり、例えば立山カルデラ上部も日帰りで一周できる。立山カルデラ周辺は滑降後の下山方法が難点であり、それだけに人を見かけないが、その他にも国見谷などの快適な日帰りルートが存在する。

なお、立山・山崎カールは、過去に何件もの死亡事故が起きたことから滑降禁止となっているが、室堂側に滑り込むルートの中では最も優れた内容を持つものである。この措置は法的に裏付けのあるものではなく、多くの問題点を残している。

奥大日岳カスミ谷左俣（青島靖）

立山・大日岳周辺概念図

No.1 大日岳からコット谷

大日岳のクラシックルート

日帰り

概説

このルートは地元では知られたクラシックルートであり、特筆する大斜面はないが、アルペンルートの機動力をフルに活用して、この山域屈指の高度差を日帰りで滑るものである。

行動概略

室堂～奥大日岳～大日岳～コット谷～小又川出合

室堂から室堂小屋に向かい、その脇から浄土川に滑り込む。標高二二五〇m付近から、トレースをたどり奥大日岳に着く。ここから大日岳までは思いの外起伏があり時間がかかる。この間は部分的に尾根がやせており、コルから大日岳の登り二〇mほどが少し悪いこと、二五〇〇mのピーク付近は視界不良時のルートファインディングが気になることを除けば、問題となることはない。

大日岳からハイマツを避けて稜線を滑る。稜線は雪庇との境界が不明瞭なので、不安を感じたらハイマツを右に見て滑る。標高二三〇〇m付近から二一五〇mの地点はこのルートで最も広い雪原であり、快適な滑降が楽しめる。早乙女岳から大熊山への分岐は分かりづらいので漫然と滑らないようにしたい。早乙女岳と大熊山とのコルからは、広い緩斜面の続くコット谷を一〇分ほど滑れば、小又川とコット谷との出合に着く。

出合からは大熊山中腹につけられた林道をたどる。この林道の通過は雪が少なければ問題ないが、中途半端に多いと手間がかかる。林道の標高七七〇m付近で雪渓を拾うことができれば、林道をショートカットして標高六五〇m付近にある小又川の砂防堰堤付近に直接出られる。

大日岳から早乙女岳の稜線を望む（大熊山から）

山行データ

【同行者】吉井謙司

【日時・天候】一九八四年五月二七日（晴れ）

【参考タイム】

室堂（八時四五分）奥大日岳（一一時）大日岳（一三時）早乙女岳と大熊山のコル（一四時三〇分）コット谷出合（一四時四〇分）小又川出合（一五時四五分）

【山行適期】四月下旬～五月中旬

【グレード】○総合　中級

○山岳技術　中級　○滑降技術　中級

【装備】基本装備、アイゼン、ピッケル

【アクセス】

アルペンルートは連休時は混雑により、交通に遅れが生じ、山行計画が狂うこともあるので注意したい。

できれば車を二台利用し、一台を下山場所の小又川出合に駐車しておくとよい。駐車スペースに不自由はない。そうでなければ、下山後は上市駅まであらかじめタクシーを予約する必要がある。

【滑降高度差等】

○滑降高度差　一六〇〇m

○滑降距離　六・五km

○滑降斜面の最大傾斜　二二度

【二万五千図】剱岳

【留意事項】

○大日岳までは、称名あるいは小又川出合から登ることができるが、この場合は早立ちが望ましい。なお、夜間は桂台から称名にかけての道路は通行止めとなるので注意したい。

ルート図　大日岳からコット谷

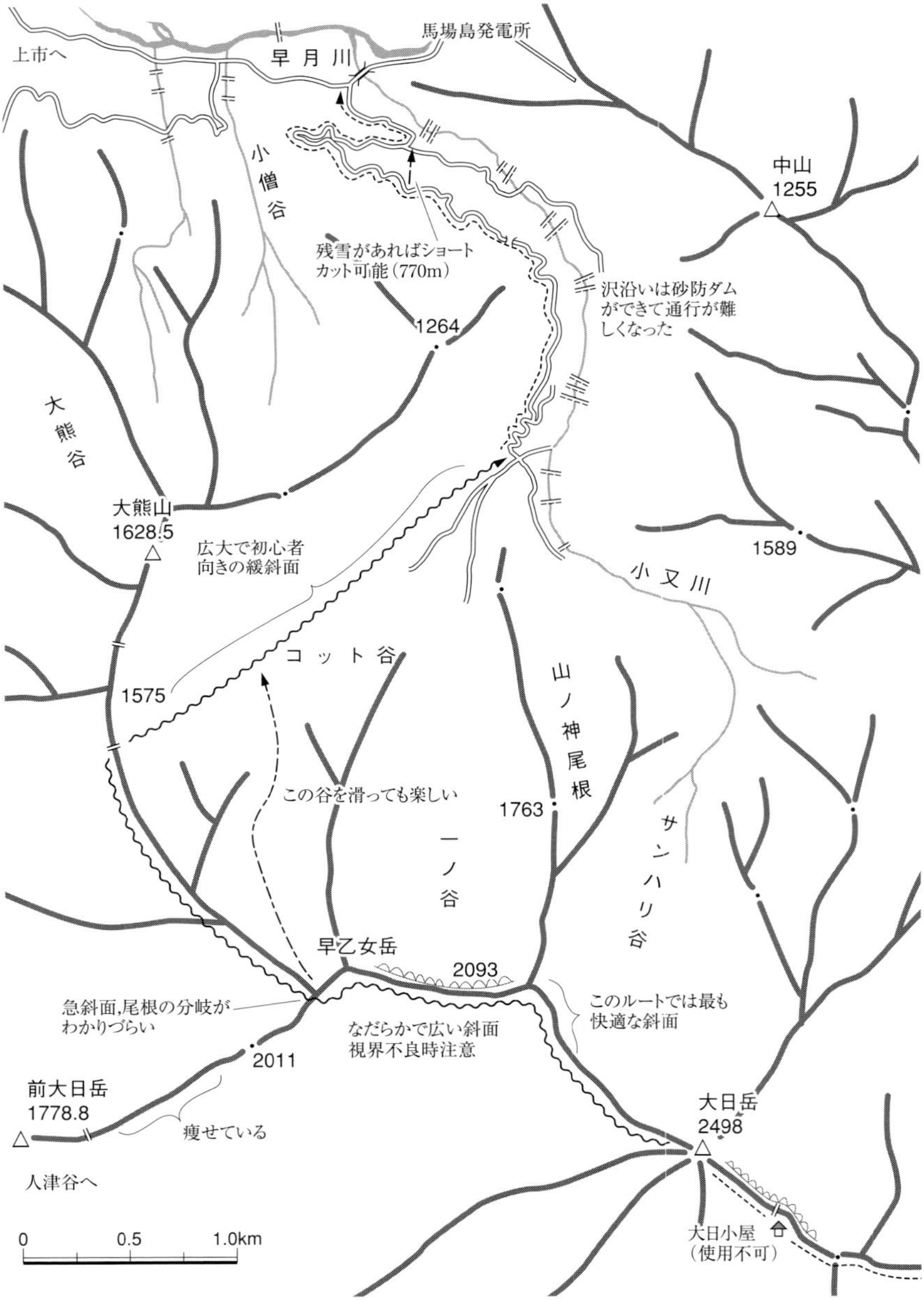

上市へ
早月川
馬場島発電所
小僧谷
残雪があればショートカット可能（770m）
沢沿いは砂防ダムができて通行が難しくなった
中山
1255
1264
大熊谷
大熊山
1628.5
広大で初心者向きの緩斜面
1589
小又川
コット谷
1575
山ノ神尾根
この谷を滑っても楽しい
1763
一ノ谷
サンハリ谷
早乙女岳
2093
このルートでは最も快適な斜面
急斜面,尾根の分岐がわかりづらい
なだらかで広い斜面
視界不良時注意
2011
前大日岳
1778.8
痩せている
大日岳
2498
人津谷へ
0
0.5
1.0km
大日小屋
（使用不可）

No.2

大日岳から大日平

広い斜面が魅力
大日岳のクラシックルート

日帰り

概説

大日岳は山スキーで知られる山であるにもかかわらず、立山周辺にあって静かで落ち着いた山行ができる貴重な存在である。ここで紹介するルートは、大日岳で幾つか考えられるものの中でも、もっとも代表的なものである。滑降高度差はそれ程でもないが、斜面のスケールはこの立山・大日岳周辺でも大きなものの一つであり、快適な滑降ができる。

日帰りあるいは山行の最終日に組んでいただきたいルートの一つと言えるだろう。

行動概略

室堂〜奥大日岳〜大日岳〜
大日平〜称名

（室堂から大日岳までは「大日岳コット谷」参照）

大日岳頂上から大日平への滑降は、大日岳から南に延びる支尾根を挟んでその両方をルートにすることができる。どちらをとっても内容的に差はないだろう。いずれにせよ、谷の中間で合流することになる。この谷は広く傾斜も適度であることから、核心部の高度差が七〇〇mしかないものの、立山周辺でも最も快適な滑降ができる斜面の一つである。この斜面を大きなターンを繰り返しながら、標高二五〇〇mから延びる進行方向左の尾根の末端を目指して滑る。この斜面の傾斜が緩くなり、扇状に広くなってくると大日平の上端に出て、このルートの核心部は終わる。ここから大日平山荘（この時期には営業していない）までは途中、若干の登り返しがあるが、雪の状態がよければシールをつける必要はない。また、大日平山荘から大日平末端までの間も、周囲の景色を楽しみながら直滑降でのんびり滑ることができる。

なお、大日平は連休のころであればトレースがつくと思うが、視界不良時はルートファインディングが困難になる可能性があるので、山行に当たってはこのことを十分に念頭において行動したい。

大日平末端から牛ノ首に出るには、地図上の夏道を忠実にたどるものと、一六二八mの標高点あたりから枝沢をたどり、この枝沢がザクロ谷に出合う手前でトラバースして出るものの二通りあるが、雪の多い年であれば後者のルートを利用し、牛ノ首の鎖場（現在は階段）をエスケープして、難なく牛ノ首に出る。

牛ノ首から下は、例年であれば雪はほとんどないので、スキーをザックに固定し夏道を外さないよう称名坂を下ることとなる。

大日平（青島靖）

山行データ

【同行者】　星野洋子
【日時・天候】　一九九一年五月六日（快晴）
【参考タイム】
雷鳥沢（五時四〇分）奥大日岳（七時五〇分）大日岳（一一時）牛ノ首（一三時一〇分）林道（一四時三〇分）レストハウス（一五時一五分）
【山行適期】　四月下旬〜五月中旬
【グレード】
○総合　中級
○山岳技術　中級
○滑降技術　中級
【装備】　基本装備、アイゼン、ピッケル
【アクセス】
アルペンルートを利用する。帰りは、称名滝から立山駅までバスがある。
【滑降高度差等】
○滑降高度差　一〇〇〇m
○滑降距離　四・五km
○滑降斜面の最大傾斜　三一度
【二万五千図】　立山、剱岳
【留意事項】
○時間が遅いと桂台のゲートが閉まるので注意したい。なお、レストハウスから立山駅までバスが出ているが、徒歩の場合は立山駅まで約九〇分かかる。

ルート図　大日岳から大日平

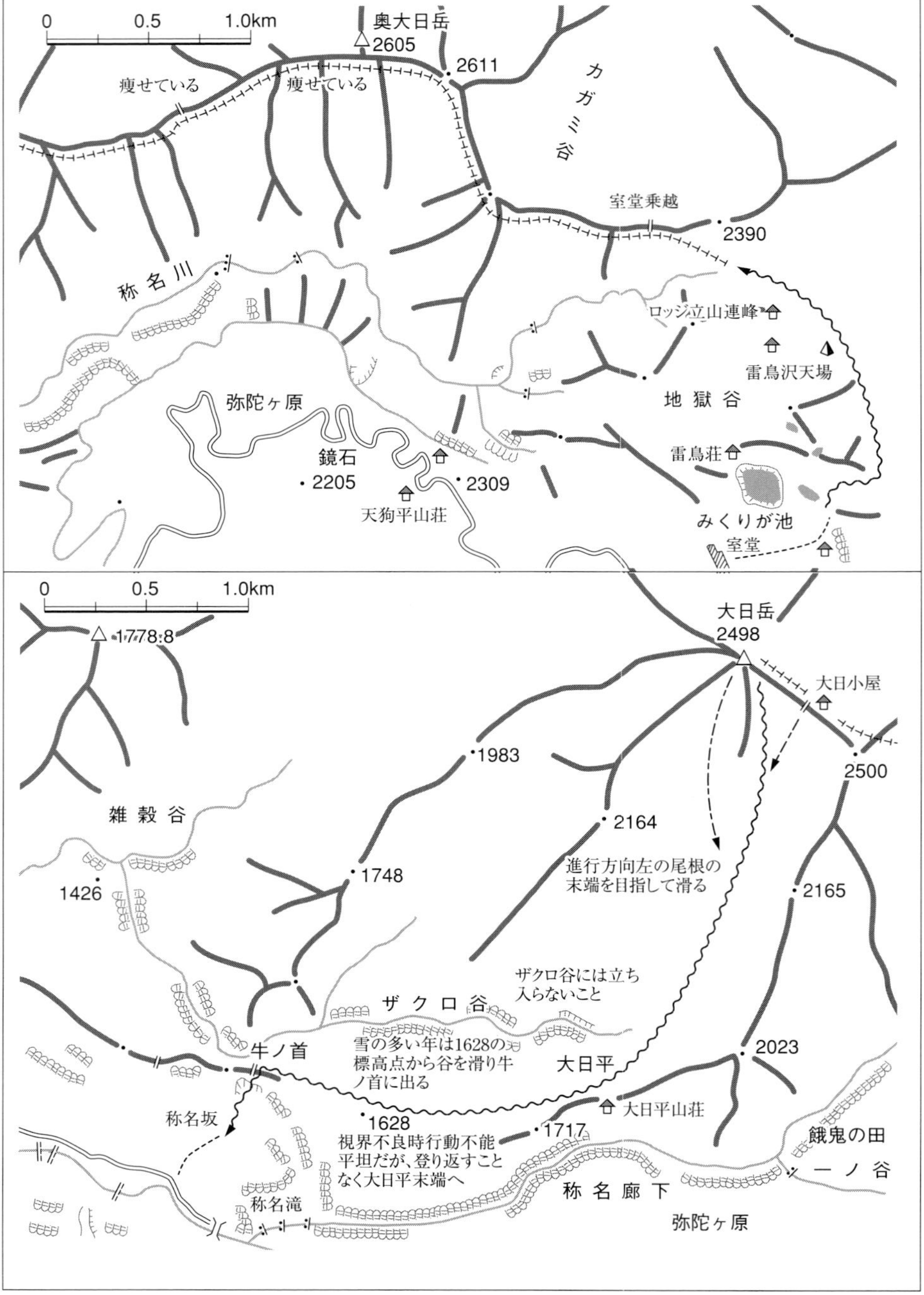
0
0.5
1.0km
奥大日岳
2605
2611
痩せている
痩せている
カガミ谷
室堂乗越
2390
称名川
ロッジ立山連峰
雷鳥沢天場
弥陀ヶ原
地獄谷
鏡石
2205
2309
天狗平山荘
雷鳥荘
みくりが池
室堂
0
0.5
1.0km
1778.8
大日岳
2498
大日小屋
1983
2500
雑穀谷
2164
進行方向左の尾根の
末端を目指して滑る
1426
1748
2165
ザクロ谷には立ち
入らないこと
ザクロ谷
牛ノ首
雪の多い年は1628の
標高点から谷を滑り牛
ノ首に出る
大日平
2023
称名坂
1628
大日平山荘
1717
視界不良時行動不能
平坦だが、登り返すこと
なく大日平末端へ
餓鬼の田
一ノ谷
称名廊下
称名滝
弥陀ヶ原

No.3
大日岳 大日山谷右俣

日帰り

概説

大日岳は、昔から山スキー向きの山として知られており、頂上からコット谷や大日平に向けて滑るものがよく知られているが、この他にもカスミ谷をはじめとして幾つもの谷が滑降可能である。

特に、大日岳北面では大日山谷左俣は最も知られている。

右俣は滑りの快適さでは左俣に及ばないが、大日岳北面においてこの左俣やカスミ谷左俣の次のステップとして滑るにはよいだろう。

行動概略

室堂～大日岳手前のピーク～
大日山谷右俣～小又川出合

室堂バスターミナル先からスキーを履き、室堂小屋左脇から浄土川へ滑り込む。しばらく浄土川沿いに滑り、雷鳥沢の天場を抜けて奥大日岳に取り付く。ルートは稜線をほぼ忠実にたどる。大日岳と奥大日岳とのコルの先で急なところがあるが、ほぼ問題なく大日岳手前のピークに着く。ここから見る大日小屋から大日岳にかけての稜線は北側に大きな雪庇を形成していることから、このピークから滑り出すのが最もよいことが分かる。

滑り出しは大日小屋側に向けてトラバース気味に滑ることになるものの、広大な斜面は大きなスケールの滑りが楽しめる。谷に入ると、中央がデブリで覆われていることから、右岸側面の斜面を主に滑る。ここはかなりの急斜面で、振り返ると、大日岳主稜線の雪庇が大きく張り出し迫力がある。滑落すると容易に止まらないところもあるので注意したい。

しかし、この急斜面も時間的にはそれほど続かない。やがて、このデブリ帯を抜けると谷の傾斜は緩くなり、雪面もきれいになるので、快適な滑降となる。

二俣から先も斜面は広いので快適に滑り、小又川本流に出る。本流を快適に滑っていくと、標高一二八〇m付近で右岸にすだれ状の滝を見る。このあたりから先は、ところどころ水流が出ているので注意しながら滑る。やがて、谷は徐々に水流がのぞくところが多くなってくる。

サンハリ谷出合付近までくると、特に注意して滑る必要があるが、これを過ぎるとルートは明瞭で、コット谷出合までは左岸を滑る。前方に吊り橋が見えるとコット谷は近い。

コット谷出合からは荒れた林道をたどる。この林道の通過は雪が少なければ問題ないが、中途半端に多いと手間がかかるだろう。林道の標高七七〇m付近で雪渓を拾うことができれば、林道をショートカットして標高六五〇m付近にある小又川の砂防堰堤付近に直接出ることができる。

山行データ

【同行者】青島 靖、崎田律子、佐藤まり子、設楽なつ子
【日時・天候】
二〇〇一年五月一二日（晴れ）
【参考タイム】
立山室堂（八時二〇分）大日岳手前のピーク（九時）カスミ谷出合（一〇時三五分）林道（標高九〇〇m）（一二時三〇分）小又川出合（一三時四〇分）
【山行適期】四月下旬～五月中旬
【グレード】
○総合　上級
○山岳技術　中級
○滑降技術　上級
【装備】基本装備、ピッケル、アイゼン
【アクセス】
アルペンルートを利用するが、特に連休時は混雑し、山行計画が狂うこともあるので注意したい。
また、帰りは交通事情が悪いことから車を二台利用し、一台を小又川出合にデポするとよい。駐車スペースに不自由はない。
そうでなければ、下山後は上市駅まであらかじめタクシーを予約する必要がある。
【滑降高度差等】
○滑降高度差　一八〇〇m
○滑降距離　一一・〇km
○滑降斜面の最大傾斜　三九度
【二万五千図】立山、剱岳
【留意事項】
○標高一二〇〇m付近から、ところどころ水流がのぞくので注意して滑りたい。

ルート図　大日岳大日山谷右俣

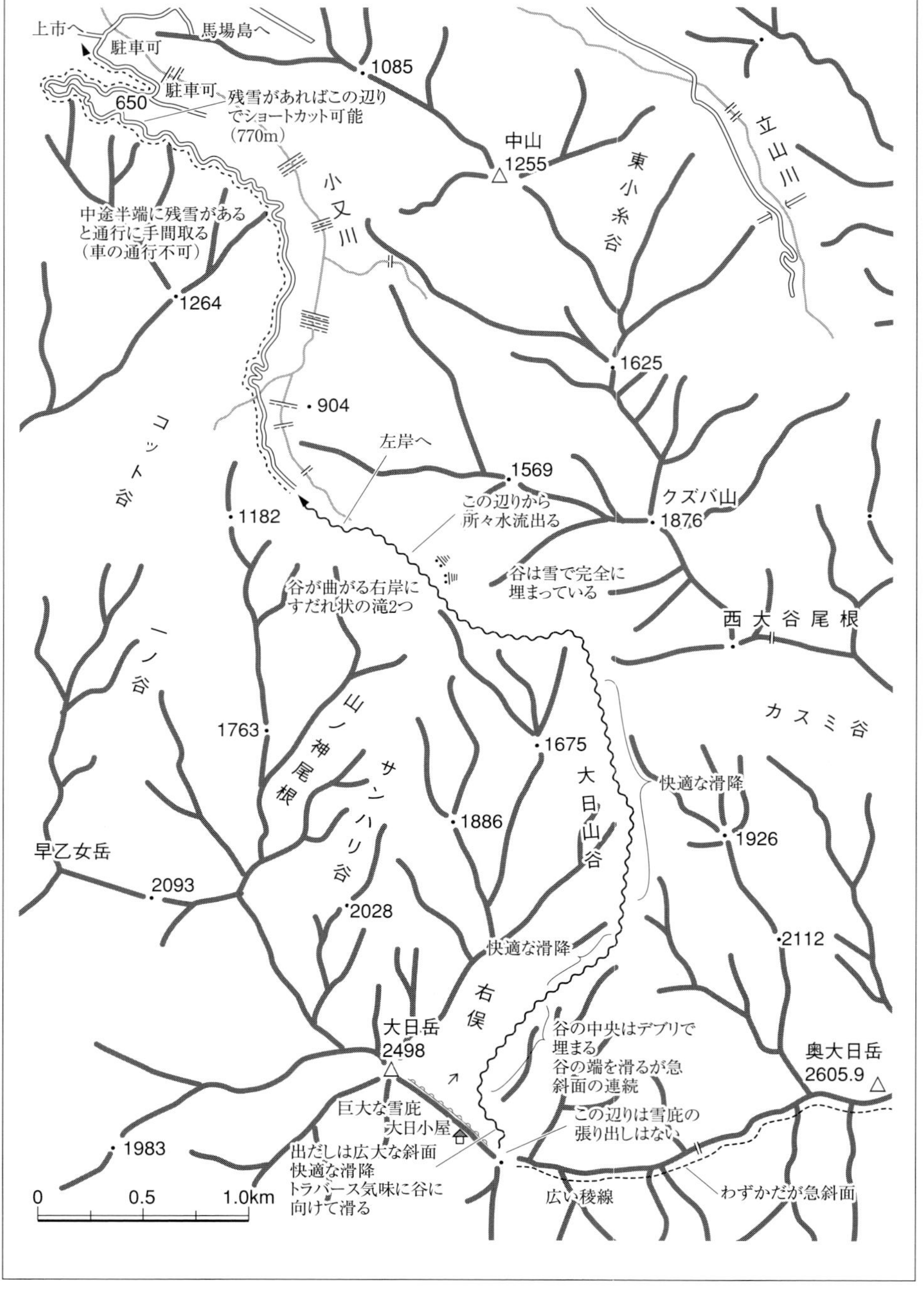
上市へ
馬場島へ
駐車可
1085
駐車可
650
残雪があればこの辺りでショートカット可能（770m）
中山
1255
東小糸谷
立山川
小又川
中途半端に残雪があると通行に手間取る（車の通行不可）
1264
1625
904
コット谷
左岸へ
1569
クズバ山
1876
この辺りから所々水流出る
1182
谷は雪で完全に埋まっている
谷が曲がる右岸にすだれ状の滝2つ
西大谷尾根
一ノ谷
山ノ神尾根
カスミ谷
1763
1675
サンハリ谷
大日山谷
快適な滑降
1886
1926
早乙女岳
2093
2028
2112
快適な滑降
右俣
大日岳
2498
谷の中央はデブリで埋まる
谷の端を滑るが急斜面の連続
奥大日岳
2605.9
巨大な雪庇
大日小屋
この辺りは雪庇の張り出しはない
1983
出だしは広大な斜面
快適な滑降
トラバース気味に谷に向けて滑る
0
0.5
1.0km
広い稜線
わずかだが急斜面

No.4

称名川本流

千仞の谷、称名廊下の滑降

日帰り
参考記録

概説

称名川は立山にその源を発し、中流域では峻険な廊下を形成、その先で本邦最大の称名滝を懸けて常願寺川に注いでいる。

この称名廊下は無雪期には人を寄せ付けない千仞の谷であるが、残雪期には一九六一年六月八日に立山・称名滝学術調査団が踏査したという驚くべき事実があり、一九九九年五月には、この記録を切っ掛けに、青島靖氏、成瀬陽一氏両名により、恐らく本邦初と考えられるスキー行に成功した。

ここで紹介するのは、これまで記録がなかったと考えられる奥大日岳南面直登沢からの継続滑降である。このルートの魅力は滑降そのものよりも、称名廊下の素晴らしい景観を楽しめることであろう。しかし、ルートの難易は残雪の状況によってかなり左右されるだけに、安易な気持ちで実施することは厳に慎みたい。

行動概略

室堂～奥大日岳～南面直登沢～称名川～大日平～称名滝バス停

（室堂から奥大日岳までは「大日岳からコット谷」参照）

奥大日岳頂上南の主稜線が奥大日岳南面直登沢の滑り出しである。この斜面はかなり急であるので、もう少し大日岳寄りの稜線から滑降を開始し、いったん小さな台地に出た後に目標とする谷に滑り込むこともできる。後者のルートは、ルートファインディングが難しくなるが、滑落の危険は前者より小さい。この谷の上部は広く快適な滑降が楽しめる。しかし、この谷の中央部及び下部は、デブリで斜面が荒れているのに加え、上部からの落石にも注意しなければならないことから、称名川出合までは、それほど快適な滑りはできないだろう。

称名川出合からはいよいよ称名川の廊下帯を滑るが、もし残雪が少なく廊下帯が通過できないと想定された場合は、ここから対岸の弥陀ヶ原に登り返すこととなる。称名川はこのすぐ先に滝があり、これが出ている心配がある。本山行時は、クレバスが何本も走っていたが、難なく滑りきることができた。しかし、この滝が出ているようだと、この先の通過は厳しい。この滝を過ぎると谷は広大な雪原となって、前方に鍬崎山を見ながらの快適な滑降となる。途中、谷が門のようになり狭くなるところもあるが、一ノ谷出合までは谷は完全に雪で埋まっており、爽快な滑りが楽しめる。

南面直登沢下部（青島靖）

一ノ谷は、その出合に高さ百数十mの水量豊かな直瀑、不動滝を懸けている。ここからは、谷はところどころ水流がのぞき始め、最初は左岸沿いに、途中から右岸沿いに進む。いったん谷が完全に埋まり、谷の幅が狭まってくると下ノ廊下となる。

大日平への取り付きは、この下ノ廊下手前の狭いルンゼである。このルンゼは急であるものの、雪渓は大日平までつながっており、比較的安全に登ることができる。出たところは、大日平小屋上部であり、ここから大日平の末端である牛ノ首まで快適な滑りが楽しめる。なお、牛ノ首へは途中、標高一六二八m付近から夏道を外し、小さな谷を滑る。

牛ノ首からは、上部をスキーで滑り、途中から登山道をたどる。なお、牛の首から残雪が多ければ登山道をたどらずそのまま雪渓を滑り、称名滝下の林道に直接出ることができる。

林道からは、称名滝のバス停にむけて、のんびりこれをたどるだけである。

山行データ

【同行者】　青島靖、崎田律子、設楽なつ子

【日時・天候】　二〇〇一年五月一三日（快晴）

【参考タイム】　立山室堂（九時）奥大日岳（一〇時五〇分）称名川本流出合（一一時二五分／四〇分）大日平（一三時三〇分）称名滝バス停（一五時四五分）

【山行適期】　四月下旬～五月中旬

【グレード】　一般的でない

【装備】　基本装備、ピッケル、ロープ、ハーネス

【アクセス】
アルペンルートを利用する。なお、桂台～称名滝の道路は午後六時になると閉鎖されるので注意したい。

【滑降高度差等】
○滑降高度差　一六五〇m
○滑降距離　一一・〇km
○滑降斜面の最大傾斜　三九度

【二万五千図】　立山、剱岳

【留意事項】
○エスケープルートは大日岳南面直登沢出合の本流左岸の支尾根から弥陀ヶ原方面に登り返すものしか考えられない。
○最適期は積雪状況にもよるが、五月中旬と考えられる。時期が早いと谷が雪で埋まる確率は高いが、両岸からブロックが崩落する危険性が高くなる。
○大日平周辺は平坦な雪原のため、視界不良時はルートファインディングが困難になるので注意したい。
○五月連休以降は、牛の首から下は概ね登山道を下ることとなる。

ルート図　称名川本流2-1

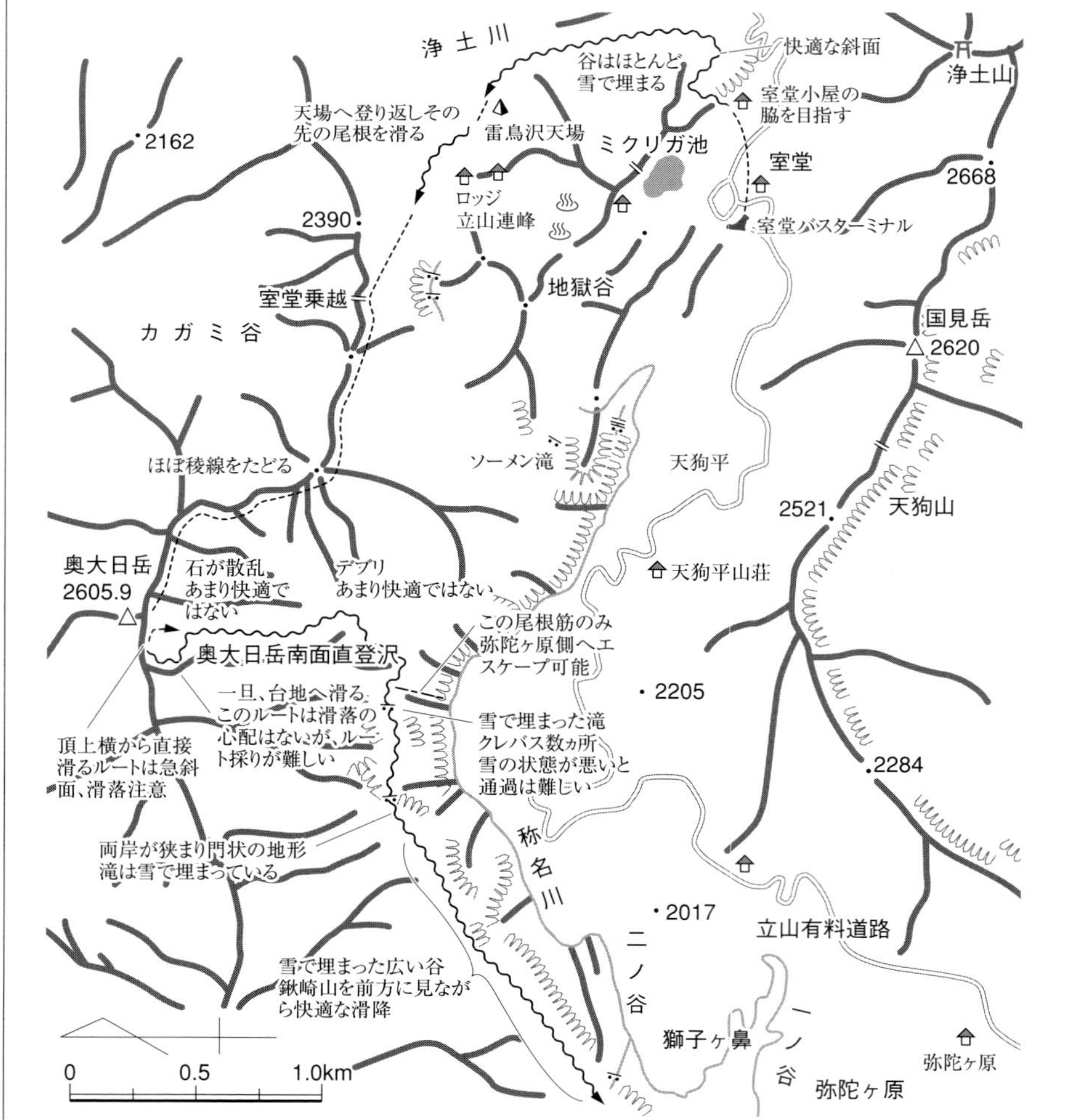

ルート図　称名川本流2-2

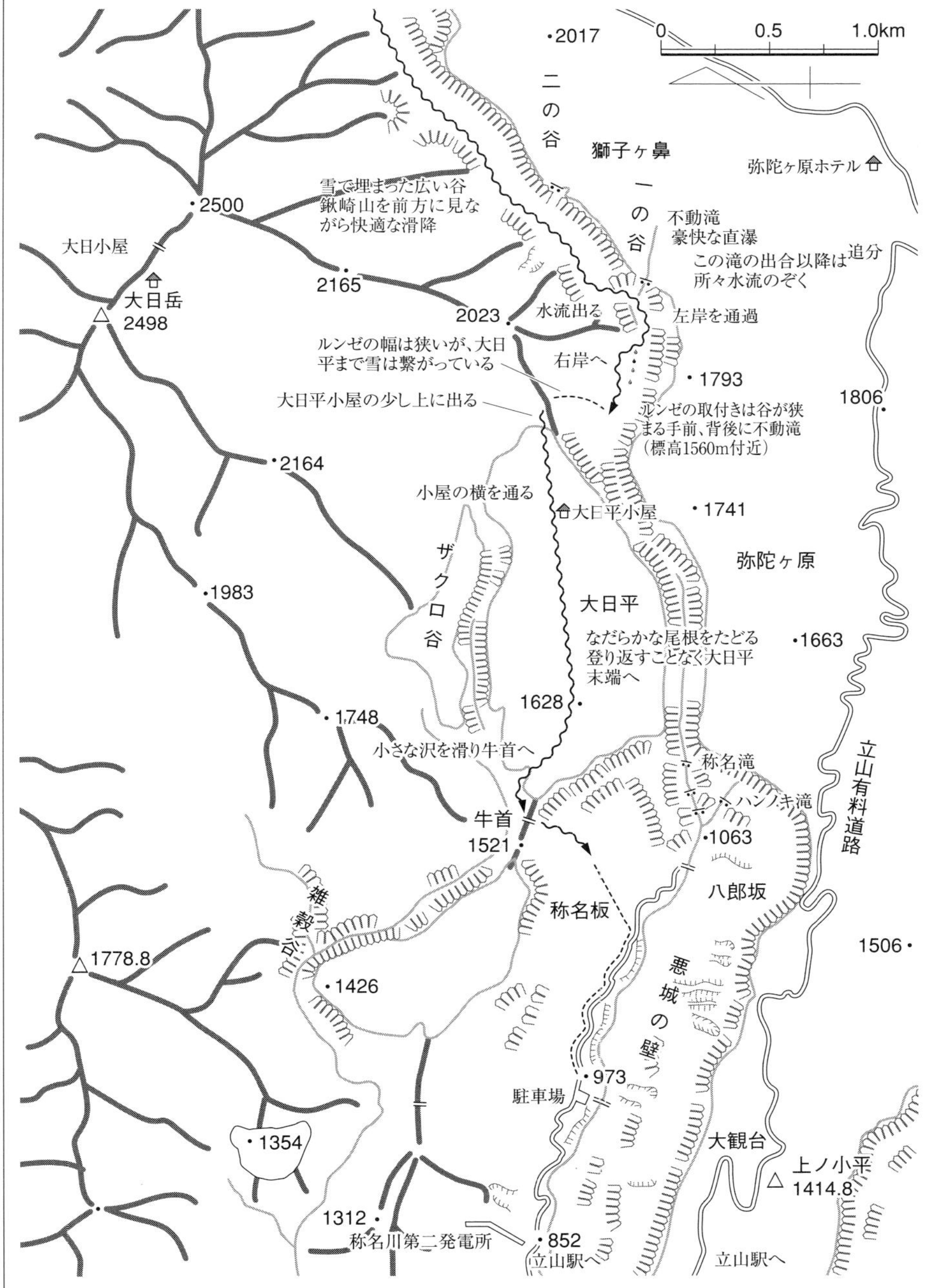

0　0.5　1.0km
•2017
二の谷
獅子ヶ鼻
一の谷
弥陀ヶ原ホテル
雪で埋まった広い谷
鍬崎山を前方に見ながら快適な滑降
•2500
大日小屋
大日岳
2498
2165
2023
不動滝
豪快な直瀑
この滝の出合以降は所々水流のぞく
追分
水流出る
左岸を通過
ルンゼの幅は狭いが、大日平まで雪は繋がっている
右岸へ
•1793
大日平小屋の少し上に出る
1806
ルンゼの取付きは谷が狭まる手前、背後に不動滝（標高1560m付近）
•2164
小屋の横を通る
大日平小屋
•1741
ザクロ谷
弥陀ヶ原
•1983
大日平
なだらかな尾根をたどる
登り返すことなく大日平末端へ
•1663
1628
•1748
小さな沢を滑り牛首へ
称名滝
立山有料道路
ハンノキ滝
牛首
1521
•1063
八郎坂
雑穀谷
称名板
1778.8
•1426
1506
悪城の壁
•973
駐車場
•1354
大観台
上ノ小平
1414.8
1312
称名川第二発電所
•852
立山駅へ
立山駅へ

No.5

奥大日岳 カスミ谷左俣

快適なロングルート

日帰り
★

概説

このルートは途中のカスミの大滝がシーズン中には雪で埋まっていることがわかり、アクセスの良さも手伝って時々滑られるようになってきた。

大日岳北面を巡る山スキールートはこの他、カスミ谷右俣、大日山谷左俣および右俣、早乙女岳を経てコット谷などがあるが、このルートは滑降の快適さの点で他を凌いでいる。

行動概略

室堂～奥大日岳～
カスミ谷左俣～小又川出合
（室堂から奥大日岳までは「大日岳からコット谷」参照）

奥大日岳の頂上は稜線から数メートル北に張り出した稜線上にあり、滑り出しは、その張り出した尾根の付け根である。ここからの滑降であれば雪庇もでておらず斜面の傾斜もそれ程ではない。比較的気楽に斜面に滑り込むことができる。

カスミ谷左俣源頭は広い斜面で、快適な滑降が楽しめ、ほとんど問題なく天狗の踊り場に着くことができる。ここは、剱岳の景色もよく、これまで滑ってきた斜面を見ながらのんびりするには格好の場所だ。ここからの斜面は傾斜が緩くなるとともに一層広くなる。デブリで荒れていない斜面は本当に快適な滑降が楽しめる。やがて、カスミ谷右俣を過ぎたあたりで両岸がやや狭くなりカスミの大滝と思われる地点に出るが、完全に埋まっている。この個所も問題なく通過し、大日山谷出合に出る。ここから先は、ところどころ水流がのぞくものの、先ほどと同様に問題なく通過できる。やがて、谷は徐々に水流がのぞくところが多くなってくる。

サンハリ谷出合付近は、私たちの山行では、いったん右岸側をたどり、サンハリ谷を過ぎたところでスノーブリッジを滑り左岸に出たが、この個所にスノーブリッジがないとサンハリ谷を徒渉せざるを得ないだろう。

サンハリ谷出合先からコット谷出合までは左岸を滑る。前方に吊り橋が見えるとコット谷は近い。

出合からは林道をたどる。この通過は雪が少なければ問題ないが、中途半端に多いと手間がかかる。林道の標高七七〇m付近で雪渓を拾えば、林道をショートカットして標高六五〇m付近にある小又川の砂防堰堤付近に直接出ることができる。

カスミ谷左俣上部

山行データ

【同行者】横田　進
【日時・天候】
二〇〇五年五月四日（快晴）
【参考タイム】
室堂（九時三〇分）奥大日岳（一一時三〇分）大日山谷出合（一二時二〇分）コット谷出合（一二時五〇分）小又川出合（一三時五〇分）
【山行適期】四月下旬～五月中旬
【グレード】
○総合　中級
○山岳技術　中級
○滑降技術　中級
【装備】基本装備、ピッケル
【アクセス】
アルペンルートは連休時は混雑により、交通に遅れが生じ、山行計画が狂うこともあるので注意したい。
できれば車を二台利用し、一台を下山場所の小又川出合に駐車しておくとよい。駐車スペースに不自由はない。そうでなければ、下山後は上市駅まであらかじめタクシーを予約する必要がある。
【滑降高度差等】
○滑降高度差　一九〇〇m
○滑降距離　九・〇km
○滑降斜面の最大傾斜　二四度
【二万五千図】剱岳
【留意事項】
○滑り出しの斜面は雪崩に注意したい。
○標高一二〇〇m付近から、ところどころ水流がのぞくので、注意して滑りたい。

ルート図　奥大日岳カスミ谷左俣

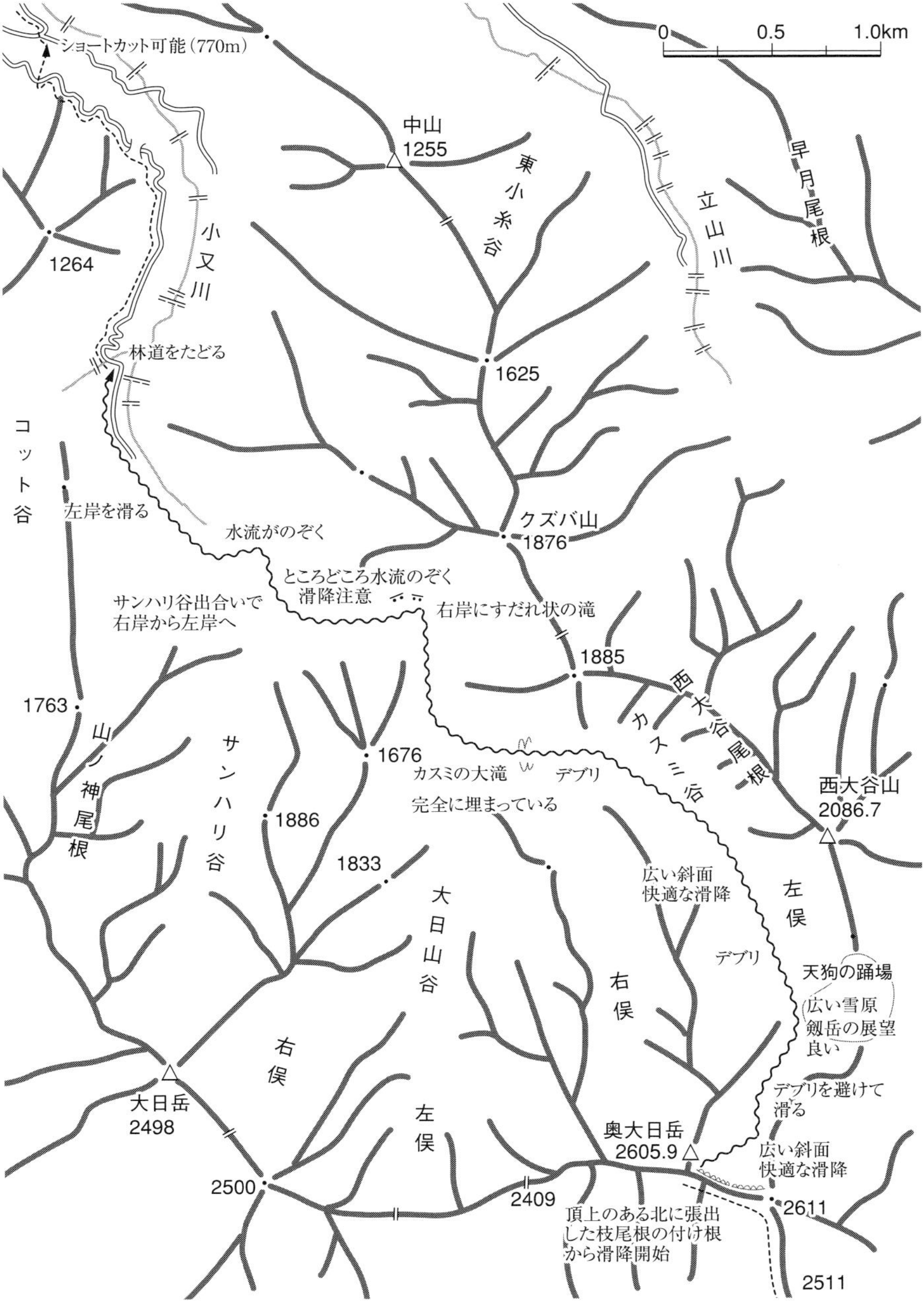

No.6 立山三山から雷鳥沢

立山周辺の入門ルート

日帰り

概説

立山三山の縦走は雷鳥沢をベースとした時のポピュラーなものの一つである。このルートは龍王岳の滑降をプラスして一日のんびり楽しむものである。

行動概略

室堂～一ノ越～浄土山～一ノ越～雄山～別山～雷鳥沢～雷鳥沢天場

室堂から一ノ越を経由して龍王岳の稜線へ向かい、稜線から龍王岳直下のU字形の谷を御山谷に向け快適に滑る。一ノ越へは二〇分ほど登り返し、今度は雄山へ向け岩尾根を登る。急ではあるが明瞭なトレースがあり迷うことはない。雄山からは夏道をたどる。最初の二〇mほどの下りは特にスキーを引っ掛けて転倒したりしないよう慎重に下りたい。この下りが終ったら、後はそれ程のところはなく、稜線漫歩となる。稜線から雷鳥沢へは剱御前小屋手前のピークから天場へ至る尾根を滑る。尾根上部はブッシュを避けて尾根を左から回り込むように滑る。下部は窪状のところを滑れば、そのまま雷鳥沢の天場に着く。

山行データ

【同行者】　星野洋子
【日時・天候】　一九九一年五月五日（快晴）
【参考タイム】　雷鳥沢（六時）龍王岳の稜線（八時三〇分）一ノ越（九時五〇分）雄山（一〇時五〇分）剱御前小屋手前のピーク（一四時二〇分）雷鳥沢（一五時二〇分）
【山行適期】　四月下旬～五月中旬
【グレード】　○総合　中級下　○山岳技術　中級下　○滑降技術　中級
【装備】　基本装備、アイゼン
【アクセス】　アルペンルートを利用する。
【滑降高度差等】　○滑降高度差　八〇〇m　○滑降距離　二・五km　○滑降斜面の最大傾斜　三一度
【二万五千図】　立山、剱岳
【留意事項】
○別山の巻き道は悪く滑落の危険性もあるので稜線を忠実にたどりたい。
○雷鳥沢のキャンプ指定地では水が補給できる。

ルート図　立山三山から雷鳥沢

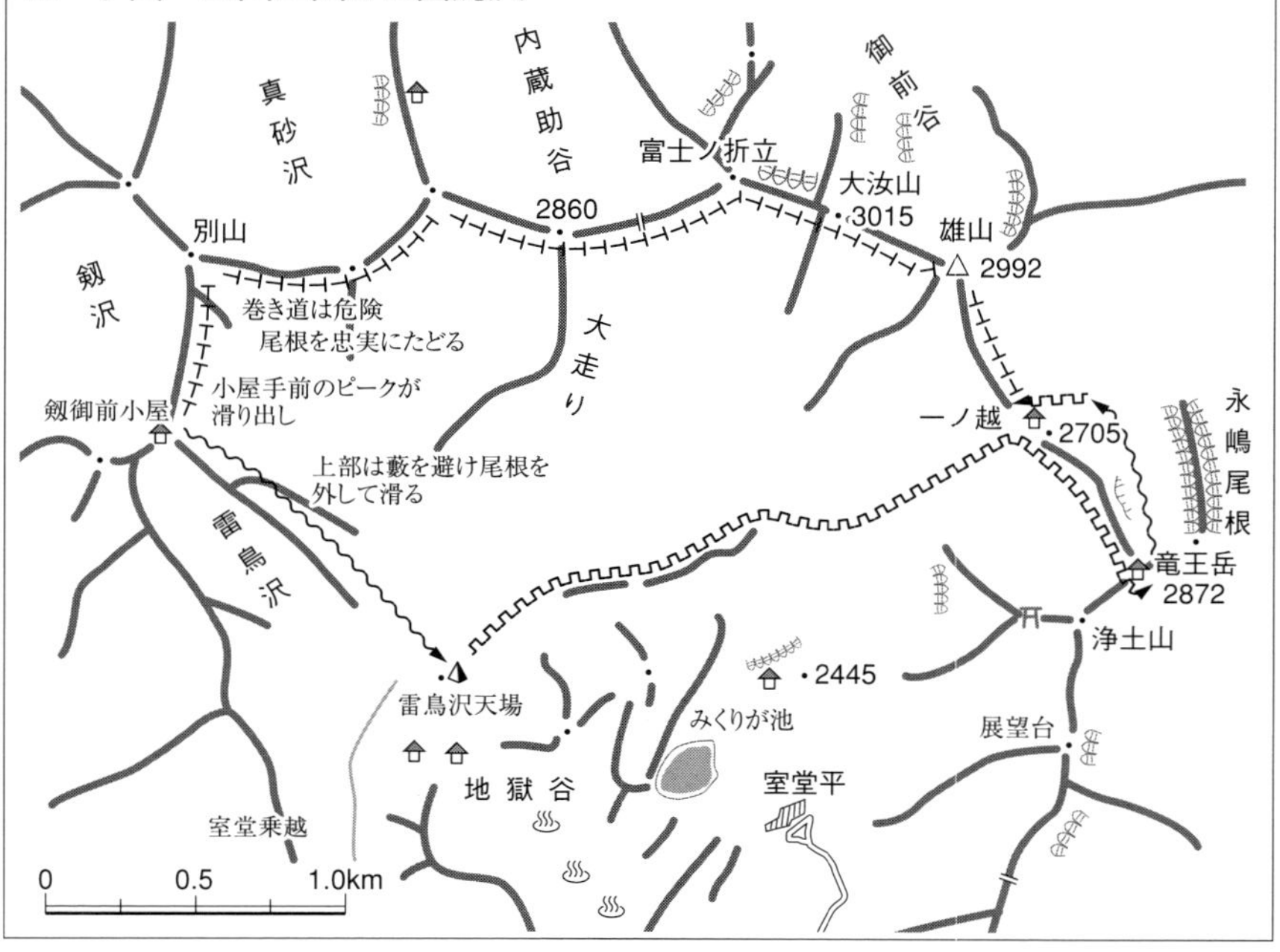

No.7

タンボ平

立山周辺の入門ルート

日帰り

概説

立山東面のタンボ平は広大な斜面であり、アクセスも良いことから多くの人たちで賑わっている。事実、東一ノ越からの滑り出しこそ急なものの、広い斜面は初心者でも比較的安全なルートの一つと言えると思う。あまりにも有名であるが、室堂周辺では初心者に適したルートとして勧めたい。

行動概略

室堂～一ノ越～東一ノ越～タンボ平～くろべたいらロープウェー駅

室堂から立山方面のトレースをたどり、一ノ越へ向かう。シーズン中は多くの人たちが歩いているので迷うことはないだろう。小一時間で一ノ越に着く。

ここから東一ノ越へはどのように行けばよいか思案するところであるが、よく見れば東一ノ越に向かう夏道に雪が残っているので分かると思う。ルートはこの夏道をたどるので、いったん、御山谷へ滑り込むように滑り、少し高度を落としてからこの斜面をスキーでトラバースする。

このトラバースはそれ程ではないが、初心者は慎重に行動したい。やがてこの斜面途中からは雪がなくなるので、スキーを脱いで東一ノ越まで歩くことになる。

東一ノ越からいよいよタンボ平の滑降となるが、上部から見た場合、斜面左は立山方面からの雪崩の危険性があるので、右斜面からタンボ沢の切れ込みが深くなる手前を滑り、くろべたいらロープウェー駅にでる。

なお、ここからさらに尾根をたどり黒部湖に滑り込めるが、滑降の興味は少ないと思われる。

タンボ平

山行データ

【同行者】なし

【日時・天候】
一九九六年四月二九日（快晴）

【参考タイム】
室堂（八時四〇分）一ノ越（一〇時）東一ノ越（一一時／一一時二〇分）くろべ平（一一時四〇分）

【山行適期】四月下旬～五月中旬

【グレード】
○総合　初級上
○山岳技術　初級上
○滑降技術　初級上

【装備】
基本装備、アイゼン（初心者同行時）

【アクセス】
アルペンルートを利用するが、特に連休時は混雑し、山行計画が狂うこともあるので注意したい。

【滑降高度差等】
○滑降高度差　九〇〇m
○滑降距離　四・〇km
○滑降斜面の最大傾斜　二六度

【二万五千図】立山、黒部湖

【留意事項】
○技術的に難しいことはないが、北アルプスの稜線での行動であることから、視界不良時や天候悪化時の行動は控えてほしい。

ルート図　タンボ平

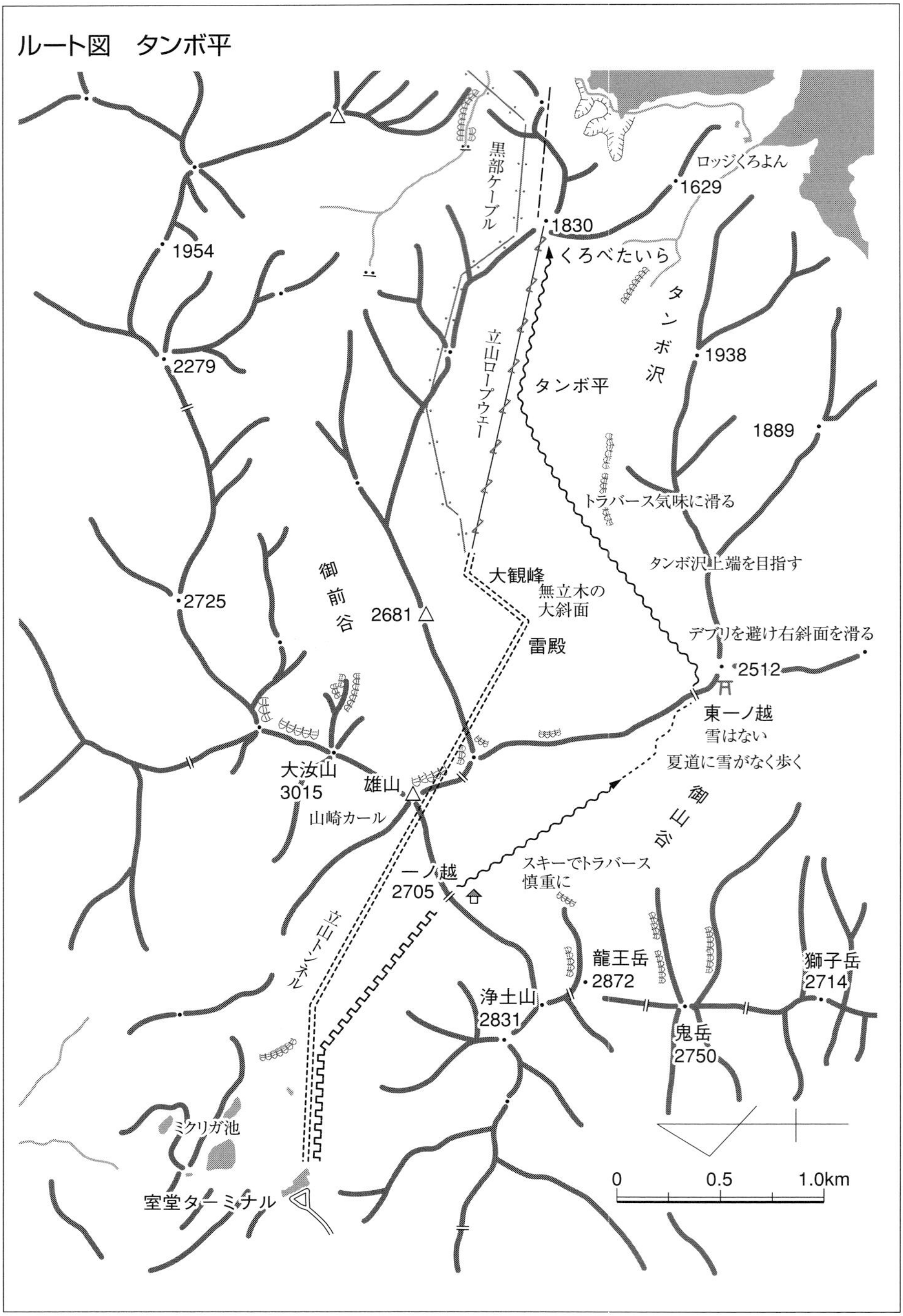

黒部ケーブル
ロッジくろよん
1629
1830
くろべたいら
1954
タンボ沢
2279
1938
立山ロープウェー
タンボ平
1889
トラバース気味に滑る
タンボ沢上端を目指す
御前谷
大観峰
無立木の
大斜面
2725
2681
雷殿
デブリを避け右斜面を滑る
2512
東一ノ越
雪はない
夏道に雪がなく歩く
大汝山
3015
雄山
山崎カール
御山谷
スキーでトラバース
慎重に
一ノ越
2705
立山トンネル
龍王岳
2872
獅子岳
2714
浄土山
2831
鬼岳
2750
ミクリガ池
室堂ターミナル
0
0.5
1.0km

No.8

立山御前谷

立山東面の眺望は抜群

日帰り

概説

御前谷は余り知られていないためか、比較的静かな山行を楽しめる。しかも、立山東面のアルペンムードを堪能できる半日ルートであることから、山行初日や最終日などに実施するとよいだろう。

行動概略

室堂～一の越～雄山～御前谷～くろべたいらロープウェー駅

室堂から一ノ越までシール又は坪足で登る。一ノ越に着くと、槍・穂高なども見えて展望が開ける。

ここからシールに替えてアイゼンを履き頂上へ向かう。頂上へは急登であるが問題になるところはない。頂上からはサル又のコルに向かう。コルまではそれ程時間はかからない。

コルからの滑降は広々とした谷であることから大変快適な滑降ができ、また、立山東面をこれほど目の当たりにしながら滑れるのはここしかないだろう。

やがて、御前谷は狭くなるので、標高二一〇〇m付近でトラバースして右の尾根に出る。ここまでくればルートの核心部は終了し、今度はそのままトラバースして送電線のある尾根に向かう。ここは樹木が少なく比較的傾斜の強い斜面であるので、雪の状態が悪いときは雪崩に注意が必要である。斜上気味にトラバースし、尾根上にある鉄塔の少し上（標高二一五〇m）に出る。

眼下には、くろべたいらロープウェー駅を指呼のうちに望むことができる。ここからは、雪の状態が良ければあっという間にロープウェー駅に着くだろう。

立山御前谷の滑降

山行データ

【同行者】　鈴木鉄也
【日時・天候】
一九九八年四月二六日（快晴）
【参考タイム】
室堂（一〇時一五分）一ノ越（一一時一〇分）サル又のコル（一三時三〇分）くろべたいらロープウェー駅（一五時二〇分）室堂（一七時）
【山行適期】　四月下旬～五月上旬
【グレード】
○総合　　中級
○山岳技術　中級
○滑降技術　中級
【装備】　基本装備、アイゼン
【アクセス】
アルペンルートを利用する。アルペンルートは連休時は混雑により、交通に遅れが生じ、山行計画が狂うこともあるので注意したい。
【滑降高度差等】
○滑降高度差　　　一二〇〇m
○滑降距離　　　　四・〇km
○滑降斜面の最大傾斜　三〇度
【二万五千図】　立山、黒部湖
【留意事項】
○サブルートは、御前谷下部から内蔵助谷に向かうものが考えられる。
○滑り出しは滑落に注意したい。滑り出しはこの他、富士の折立付近、雄山山頂付近、サル又のコル手前などがあるが、いずれも急斜面である。

ルート図　立山御前谷、立山御山谷

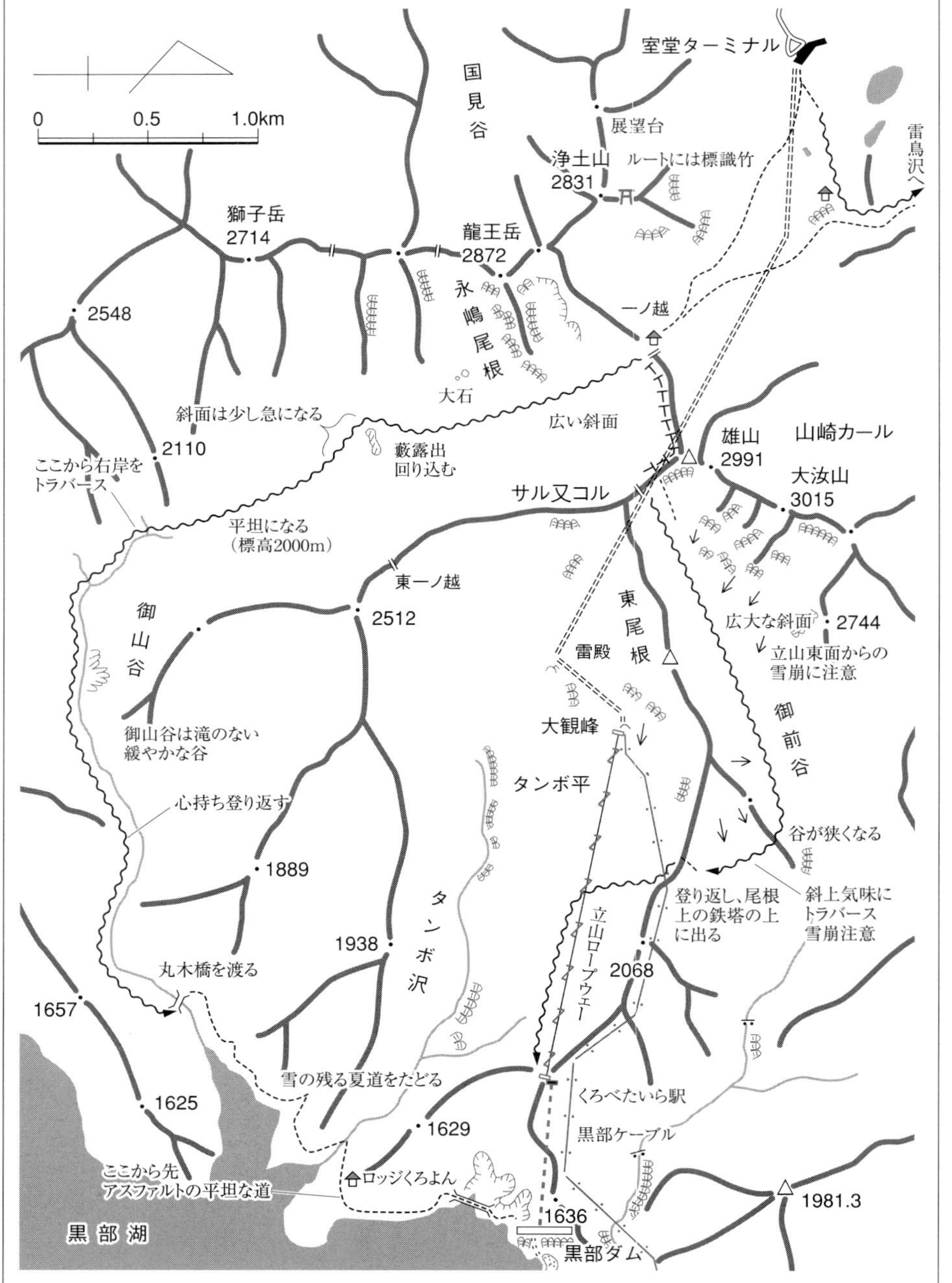

室堂ターミナル
国見谷
展望台
雷鳥沢へ
浄土山
2831
ルートには標識竹
獅子岳
2714
龍王岳
2872
2548
永嶋尾根
一ノ越
大石
斜面は少し急になる
広い斜面
藪露出
回り込む
2110
ここから右岸を
トラバース
雄山
2991
山崎カール
大汝山
3015
サル又コル
平坦になる
(標高2000m)
東一ノ越
2512
御山谷
東尾根
雷殿
広大な斜面
2744
立山東面からの
雪崩に注意
大観峰
御前谷
御山谷は滝のない
緩やかな谷
タンボ平
心持ち登り返す
谷が狭くなる
1889
登り返し、尾根
上の鉄塔の上
に出る
斜上気味に
トラバース
雪崩注意
タンボ沢
1938
立山ロープウェー
2068
丸木橋を渡る
1657
雪の残る夏道をたどる
くろべたいら駅
1625
1629
黒部ケーブル
ここから先
アスファルトの平坦な道
ロッジくろよん
1981.3
1636
黒部湖
黒部ダム
0
0.5
1.0km

No.9 立山御山谷

立山から黒部湖をつなぐ
ポピュラールート

日帰り

概説

この谷は多くの人に楽しまれ、立山周辺ではタンボ平とともに初心者に適したルートである。

しかし、あまりにも多くの人が滑っているため、ルートファインディング等の技術をほとんど必要としないのが通例であり、新鮮さに欠けるのが難点である。

行動概略

一ノ越～御山谷～黒部ダム

一ノ越から御山谷に滑り込む。広い谷には多くのシュプールが刻まれており問題はないだろう。

標高二〇〇〇mあたりからは右岸を滑る。多くの人が滑り、通常ならばルートファインディングの技術は必要ない。シュプールを追うだけである。快適ではあるが、山慣れた人には少々退屈だろう。ルートはこの先も右岸を通り、黒部湖が見えたと思ったら丸木橋に着く。丸木橋を渡り、湖岸の道を一時間強歩くと黒部ダムに着く（地図前頁）。

山行データ

【同行者】　鈴木鉄也
【日時・天候】
一九九八年四月二八日（曇り後雨）
【参考タイム】　雷鳥沢（七時三〇分）一ノ越（九時一五分／九時三〇分）丸木橋（一一時）黒部ダム（一二時二〇分）
【山行適期】　四月下旬～五月上旬
【グレード】　○総合　初級
○山岳技術　初級　○滑降技術　初級
【装備】　基本装備
【アクセス】アルペンルートを利用する。
【滑降高度差等】○滑降高度差　一二五〇m　○滑降距離五・五km　○滑降斜面の最大傾斜　二五度
【二万五千図】　立山、黒部湖
【留意事項】○標高二〇〇〇mから下部は、沢の右岸沿いに滑ることから、滑降技術が未熟であると、個所によっては川に落ちる危険がある。初心者は注意したい。

ルート図　雄谷から御山谷

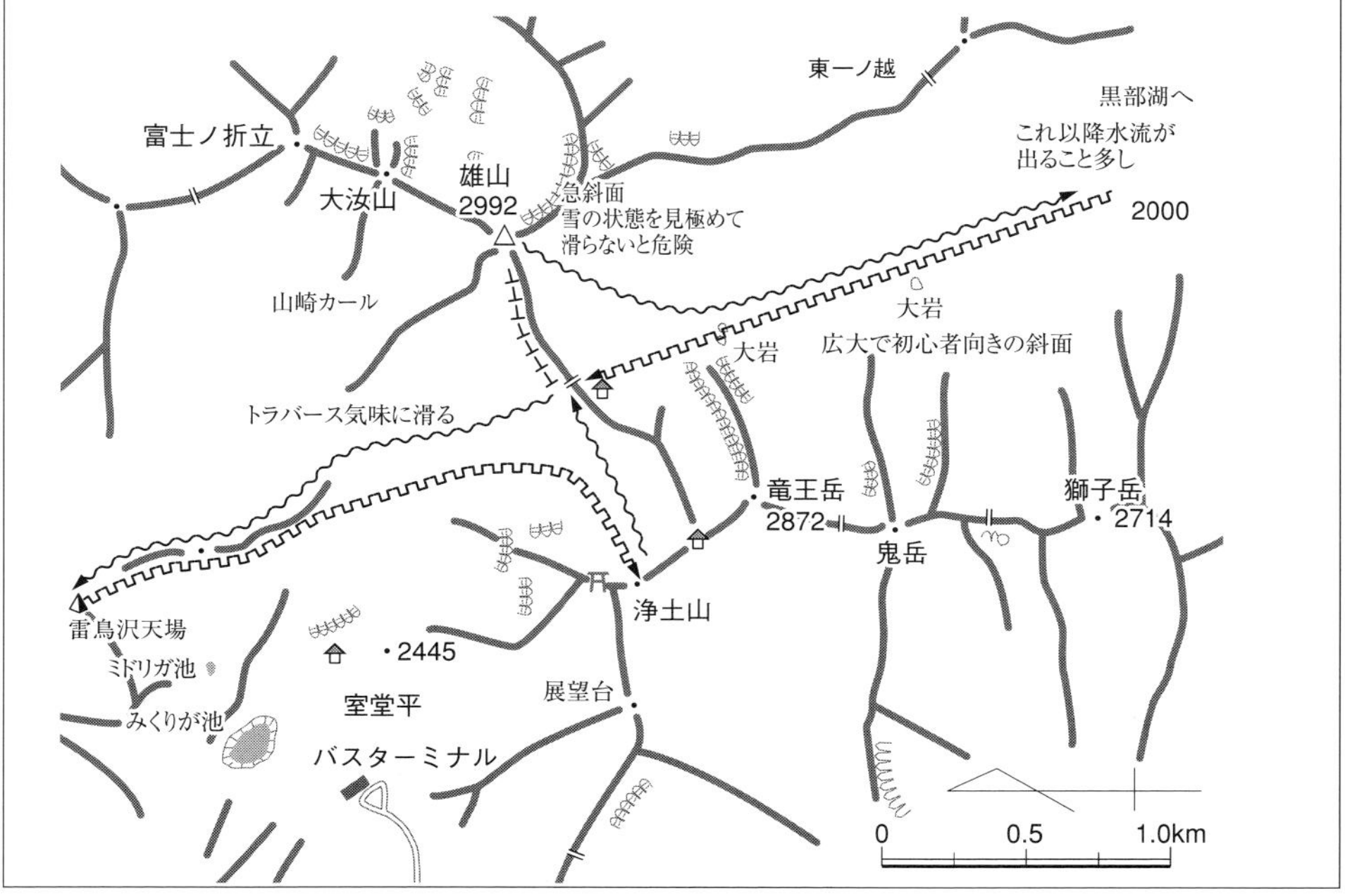

No.10 雄山から御山谷

滑降内容は剱岳長次郎谷に匹敵

日帰り

概説

御山谷は緩斜面の続く広々とした谷であり、よいリーダーに恵まれれば一ノ越から黒部湖まで快適な滑降が楽しめるため、大勢の人々で賑わっている。

このルートは雷鳥沢をベースに雄山と浄土山から御山谷を滑るものであり、滑降の内容も剱岳長次郎谷に匹敵することから、一ノ越から御山谷を滑るルートに満足できない中・上級者には好ルートといえるだろう。

行動概略

雷鳥沢～浄土山～一ノ越～雄山～御山谷標高二〇〇〇m～一ノ越～雷鳥沢

雷鳥沢からシールをつけ、雪で覆われた浄土川をわたり一ノ越方面に向かう（年により、浄土川の水流が出ていることもあり、その状況によってはルートが変わることがある）。小尾根を登り詰めれば、やがて立山山腹の広い斜面に出て室堂からのトレースに出合う。このトレースをしばらく進み、途中からトレースを右に離れ浄土山に向かう。浄土山へはU字形の谷を登ることになり、上部にいくにつれ傾斜が急になるので、シールを効かせて斜登高で登りきると浄土山に着く。浄土山からは、この先滑る雄山の斜面が観察できる。展望も申し分ない。少し休んでから登ってきたところを滑ればあっけなく一ノ越に着く。

一ノ越からはスキーをザックに固定しアイゼンをはいて雄山に向かう。岩尾根を忠実にたどれば一ノ越から一時間ほどで雄山に着く。

雄山神社横でスキーを履き、いよいよ雄山から高度差一〇〇〇mの滑降にかかる。斜面は滑り出しの高度差一五〇m程が約四一度の急斜面であり、テクニックをフルに駆使して滑る気分は申し分ない。ただし、斜面がクラストしたりして状態が良くないときは転倒がそのまま事故に結びつくので滑降は控えてほしい。無理は禁物である。また、雄山からの滑降に自信がなければサル又のコルへいったん下降してから滑ってもよいだろう。斜面の傾斜が落ちてくれば御山谷は近い。

御山谷は傾斜が緩く広い谷であり、自由気ままに滑ることができる初心者向きの斜面が続いている。

これまで滑ってきた斜面と違った楽しみがあることに気づくだろう。御山谷右岸に見える龍王岳や鬼岳もアルペン的で楽しさを増してくれる。やがて、谷の真っ只中にある大岩を過ぎ、標高二〇〇〇mまで滑ると平坦となりこの谷の核心部は終了する。このまま黒部湖へ滑り降りてもよいが、時間があれば一ノ越へ登り返してもよい。この登り返しは傾斜がゆるいので特に問題になることはないが、一ノ越まで三時間弱の辛抱である。一ノ越からは立山の山腹をトラバース気味に滑った後、朝登ってきた小尾根をたどり雷鳥沢へ滑り込むこととなる（地図前頁参照）。

山行データ

【同行者】　星野洋子

【日時・天候】
一九九一年五月四日（晴れ午後一時霧）

【参考タイム】
雷鳥沢（六時三五分）浄土山（八時四〇分）一ノ越（九時二〇分）雄山（一〇時四〇分）御山谷標高二〇〇〇m（一二時五分）一ノ越（一五時三〇分）雷鳥沢（一六時三〇分）

【山行適期】　四月下旬～五月中旬

【グレード】
○総合　中級
○山岳技術　初級上
○滑降技術　上級

【装備】　基本装備、アイゼン

【アクセス】
アルペンルートを利用する。

【滑降高度差等】
○滑降高度差　一五五〇m
○滑降距離　六・〇km
○滑降斜面の最大傾斜　三六度

【二万五千図】　立山

【留意事項】
○雄山からの滑降はこのルートの白眉であるが、その時々の状況により斜面の雪の付き方が変わるので、浄土山等で十分観察してから滑りたい。

No.11

松尾谷

立山カルデラへ誘う広い谷

日帰り

概説

立山カルデラの常願寺川源流は大規模な砂防工事で有名であり、無雪期には工事関係者だけの世界となるが、山の奥深さから積雪期には人跡未踏の地となり、その状況を知る人はほとんどいない。

はるか昔は立山温泉が営業し、ザラ峠に通ずる登山道もあり多くの人々で賑わっていたらしいが、今では夢物語となってしまった。

松尾谷は知る人は少ないが、この立山周辺では滑り込みやすいルートの一つである。

しかし、この谷の滑り出しと末端は雪が付きにくく、また、湯川谷に渡る必要があることから、湯川谷にスノーブリッジが残る雪の多い年に実施したい。

行動概略

室堂〜室堂山と国見岳のコル〜天涯ノ湯〜立山駅

室堂から室堂山方面のトレースをたどる。標高二六〇〇m付近からトレースを外れ、トラバースして室堂山と国見岳とのコルに着く。シーズン中の立山は多くのスキーヤーで賑わっており、この付近でも国見岳に登り、弥陀ヶ原方面に滑るスキーヤーに出会う。

ここから滑降に移るが、この三〇〇m下部は台地状になっており、国見谷と松尾谷を分ける地点となっている。ここはルート図どおり国見岳の岩壁基部を雪崩に注意してトラバース気味に滑るか、いったんこの台地に滑り込みトラバースするかのどちらかであるが、国見岳からデブリがたくさん出ていれば、少し上り返すことも覚悟で後者を選んだほうがよいと思われる。

松尾谷の滑り出しは、国見岳から松尾谷に延びている尾根からであるが急傾斜であり、斜面に雪が付きづらいことから、かなり苦労するかもしれない。

ここは、雪の状況を見定めつつ滑り出し地点を探すこととなるが、恐らく標高二三〇〇m付近から滑り出すのがよいと思われる。また、この地点に雪がついていないと、下降にロープが必要になるかもしれない。

この下降が悪い場合は、国見谷か、あるいは国見谷のもう一つ下流の湯川谷支流にルートを求めざるを得ないだろう。また、これらのルートであれば、湯川谷の徒渉も必要なく比較的安全に立山カルデラに滑り込める。

松尾谷は上部が急であるものの、斜面は広いので快適な滑りが楽しめる。ただ、天狗山方面からの雪崩に注意し、谷の上部はなるべく斜面の左側を滑りたい。松尾谷の下部は緩く広い斜面となり、のんびり滑ることができ、谷の右岸側にルートをとれば、堰堤を左に見て、松尾谷下部の台地に滑り込む。

ここは樺の台地であり、いままで滑ってきた松尾谷の眺めがよい。スキーを履いたままで歩きを交えながら磁石を頼りに湯川谷に向かう。ここは、残雪量が多ければ湯川谷にかかる大きな堰堤をめざして台地末端に滑り込む。湯川谷にスノーブリッジが残っていればこれを渡ったほうが良いが、これができないときは泥鰌池から工事現場へ向かう橋を渡る。この橋は冬期間の保全のため板がはずされているので、慎重に渡りたい。

また、橋を渡る自信がなければ、先ほどの地点まで戻って渡渉点を探

室堂から展望台方面へ（青島靖）

すこととなる。湯川谷本流の水量は多いものの、通常であれば徒渉可能と考えられるが、注意して渡ってほしい。ここを渡り切り、砂防工事用の作業道に出ると、ここも広い台地になっている。作業道に沿ってつけられた電柱を頼りにしばらく進むと、湯川谷に注ぐ小さな沢を入れるので、これを過ぎたらすぐに湯川谷に下降する。ここは、地図には道の記号があり、これにほぼ沿って進むこととなるが、下降点は分かりづらいかも知れない。下降点は眼下に砂防ダムがあるので、これを確認してほしい。ここを下れば湯川谷左岸を縫うように進むことになる。

立山カルデラから松尾谷を正面に見る（青島靖）

　なお、ここから天涯の湯までは途中に赤いガレがあり、雪の状態によってはルートも変わり、少し手間取るかもしれない。

　なお、本山行では弥陀ヶ原へ登り返したが、一般的には湯川谷左岸につけられた広い道を進み、ケーブルに突き当たったらこのレールの上を滑り立山駅に続く林道に出る。

　この林道はいささか長いものの危険な個所はなく、のんびり歩くことができる。立山駅までは立山砂防工事の象徴的存在である白岩堰堤や滝が連続する美しい鬼ケ城谷などを仰ぎ見ることができ、単調な林道歩きとはいえ、周囲の景色を十分楽しんでほしい。

山行データ

【同行者】なし
【日時・天候】一九九六年四月二七日（晴れ）
四月二八日（快晴）
【参考タイム】
第一日
室堂（一〇時）室堂山と国見岳とのコル（一〇時四〇分）松尾谷・水谷隧道（時間不詳）
第二日
水谷隧道・弥陀ヶ原（追分）（一一時）
松尾谷から立山駅へ林道をたどれば日帰りできる。
【山行適期】四月下旬～五月上旬
【グレード】
○総合　中級上
○山岳技術　上級
○滑降技術　中級
【装備】基本装備、アイゼン、ピッケル、補助ロープ
【アクセス】アルペンルートを利用する。
【滑降高度差等】
○滑降高度差　一四〇〇m
○滑降距離　七・五km
○滑降斜面の最大傾斜　三六度
【二万五千図】立山、小見
【留意事項】
○大雨の後は、湯川谷の渡渉は不可能になるので十分注意したい。
○地図には記載はないが、白岩堰堤の下から立山駅へ向かう林道がある。連休時は途中までしか車はいらないが、歩くには全く問題ない。立山駅まで歩くと三時間半程度かかるので、車が二台あれば、林道の途中に車をデポすると楽である。
（地図九九頁）

ルート図　松尾谷

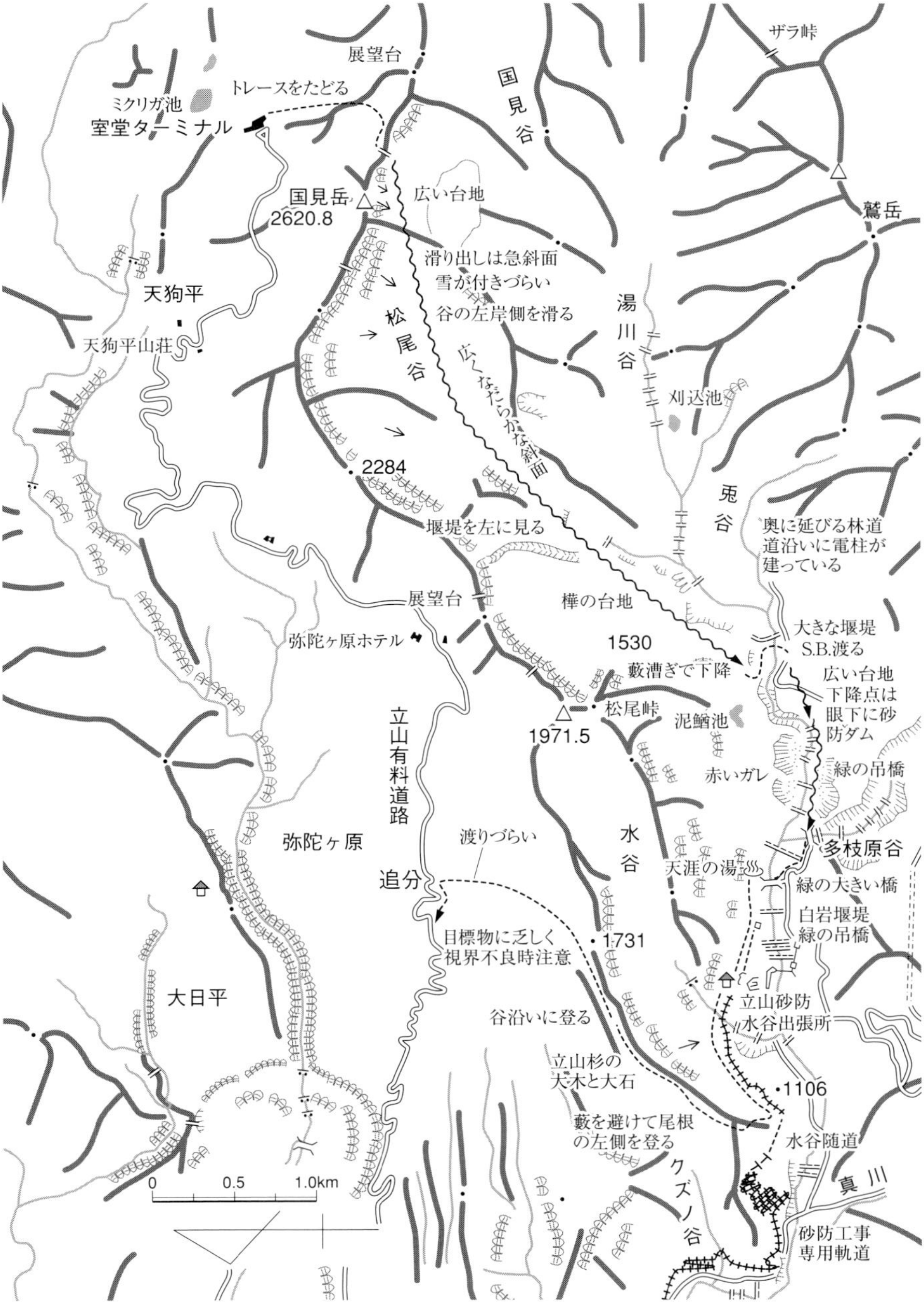
展望台
ザラ峠
国見谷
ミクリガ池
トレースをたどる
室堂ターミナル
国見岳
2620.8
広い台地
鷲岳
滑り出しは急斜面
雪が付きづらい
谷の左岸側を滑る
湯川谷
天狗平
天狗平山荘
松尾谷
広くなだらかな斜面
刈込池
2284
兎谷
堰堤を左に見る
奥に延びる林道
道沿いに電柱が
建っている
展望台
樺の台地
弥陀ヶ原ホテル
1530
大きな堰堤
S.B.渡る
藪漕ぎで下降
広い台地
下降点は
眼下に砂
防ダム
松尾峠
1971.5
泥鰌池
赤いガレ
緑の吊橋
立山有料道路
水谷
多枝原谷
弥陀ヶ原
渡りづらい
天涯の湯
追分
緑の大きい橋
白岩堰堤
緑の吊橋
目標物に乏しく
視界不良時注意
1731
大日平
立山砂防
水谷出張所
谷沿いに登る
立山杉の
大木と大石
1106
藪を避けて尾根
の左側を登る
水谷随道
0
0.5
1.0km
クズノ谷
真川
砂防工事
専用軌道

No.12

立山カルデラ上部周遊

雷鳥沢ベースの静かなルート

1泊2日

概説

龍王岳と鬼岳のコルを源頭とする広い谷は常願寺川真川上流湯川谷の一支流であり、立山カルデラに流れ込んでいる一般には馴染みの薄い谷である。

しかし、この谷を滑降し上手くルートを採ると、雷鳥沢から日帰りで一周できる。滑降内容も申し分なく、立山周辺では好ルートの一つに数えられるだろう。

行動概略

雷鳥沢～一ノ越～御山谷～
龍王岳と鬼岳のコル～国見谷～
国見岳と室堂山のコル～弥陀ヶ原

早朝、雷鳥沢を出発し、一ノ越に向かう。ルートはほぼ浄土川沿いである。一ノ越からは広大な御山谷の上部を滑ると、あっという間に龍王岳から派生する永嶋尾根の末端に着く。そのままトラバース気味に鬼岳と龍王岳のコルから続く谷に滑り込む。ここからコルまでは標高差二〇〇mにも満たないので、労せずしてコルに達することができる。コルからは岩がところどころ露出しているので、すぐに滑降を開始するわけにはいかないが、それもわずかで広い雪面の広がる伸びやかな谷となる。

この谷の滑降は大変快適である。しかも、普段みることの少ないカルデラの景色を楽しむことができ、なぜこの斜面が今まで顧みられていないのか不思議なくらいである。

谷が狭くなり、斜面の傾斜が増す手前でスキーを脱ぐ。ここは標高二〇五〇m地点であり、ここから国見岳と室堂山とのコルに向けて登り返すこととなる。ここからコルまでは途中、広々とした台地状の地形となっており、休むには格好の場所だろう。喧噪の真っ只中にある立山周辺で誰ひとり見ることのない静けさは、一番の贅沢かもしれない。

この台地からは斜面の傾斜が徐々に強くなり、シール登高は難しくなる。私たちの山行では、最後は坪足で登らざるを得ず、コルまではかなりきつい登りを強いられた。

コルからは一般ルートと合流し、縦横無尽につけられたスキーのトレースをたどって弥陀ヶ原に向かう。人の滑ったところは滑りづらく、また弥陀ヶ原まではトラバースの連続なので面白いものではないが、天気が良ければのんびり滑ることができるだろう。

また、視界が悪い場合は直接バス道路に出ることもできるが、いずれにせよ道路の両側は雪壁となっているので落ちないように注意したい。

雷鳥沢に定着した場合、弥陀ヶ原からはバスに乗り室堂に出て戻ることとなるが、室堂からは通常、バスターミナルから室堂小屋横に出て浄土川へ滑り込めば比較的短時間で戻ることができる。

山行データ

【同行者】　鈴木鉄也
【日時・天候】
一九九七年四月二七日（快晴）
【参考タイム】
雷鳥沢（六時一〇分）一ノ越（七時三〇分／八時一五分）龍王岳と鬼岳とのコル（一〇時一五分）国見岳と室堂山とのコル（一三時）弥陀ヶ原（一四時一〇分）室堂（一五時一五分）雷鳥沢（一五時三五分）
【山行適期】　四月下旬～五月中旬
【グレード】
○総合　中級
○山岳技術　中級
○滑降技術　中級
【装備】
基本装備、ピッケル、アイゼン
【アクセス】
アルペンルートを利用する。
【滑降高度差等】
○滑降高度差　一六〇〇m
○滑降距離　八・〇km
○滑降斜面の最大傾斜　三〇度
【二万五千図】　立山
【留意事項】
○雷鳥沢の天場は水が補給できる。
○龍王岳と鬼岳とのコルからの滑降は、浄土山からの雪崩に注意したい。
このため、多量の降雪があった場合等は山行を控えたい。
○国見岳北斜面のトラバースは滑落に注意したい

ルート図　立山カルデラ上部周遊

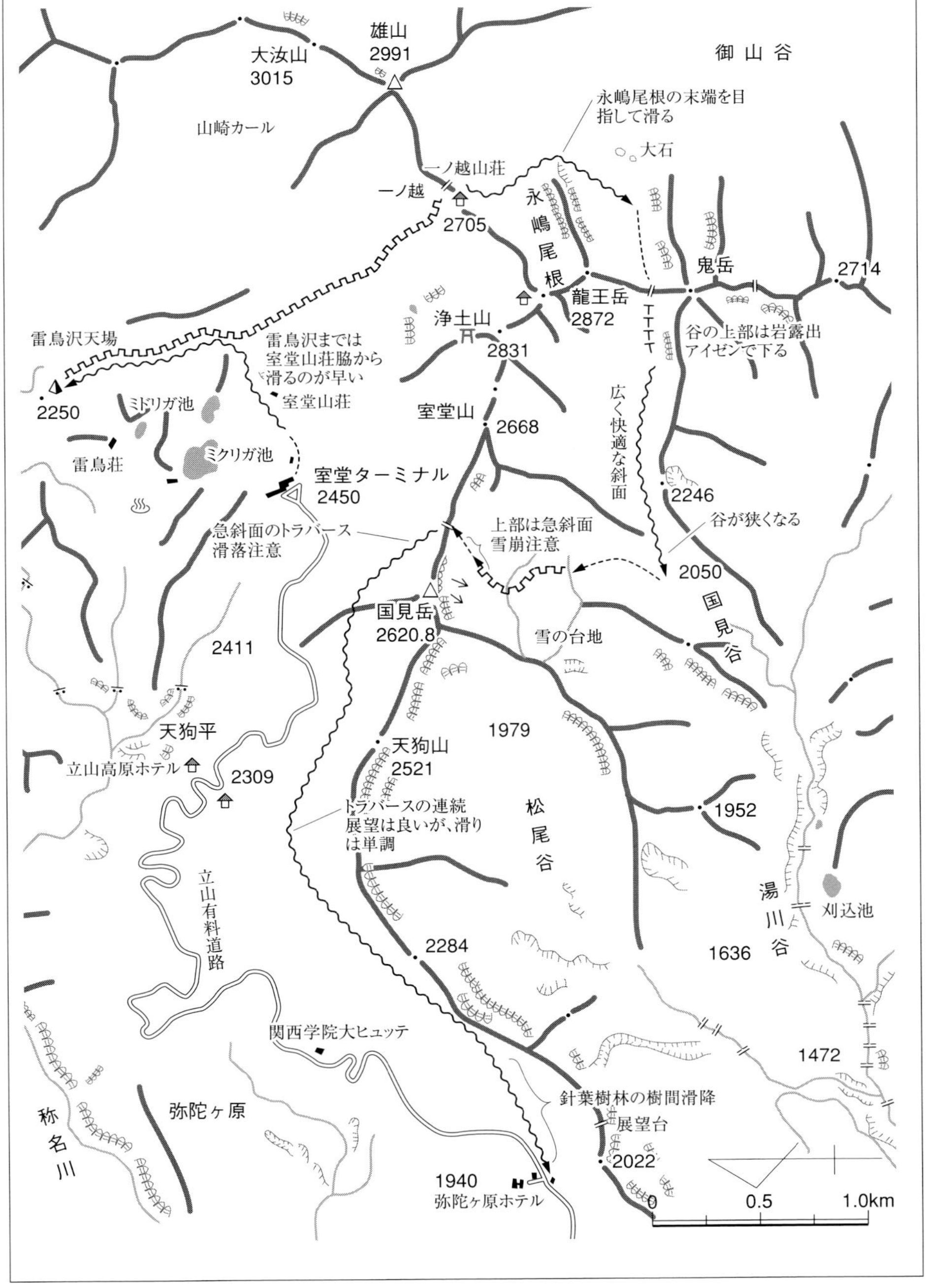
雄山
2991
大汝山
3015
御山谷
山崎カール
永嶋尾根の末端を目
指して滑る
大石
一ノ越山荘
一ノ越
2705
永
嶋
尾
根
鬼岳
2714
龍王岳
2872
浄土山
2831
谷の上部は岩露出
アイゼンで下る
雷鳥沢天場
雷鳥沢までは
室堂山荘脇から
滑るのが早い
室堂山荘
2250
ミドリガ池
室堂山
2668
広く快適な斜面
雷鳥荘
ミクリガ池
室堂ターミナル
2450
2246
谷が狭くなる
急斜面のトラバース
滑落注意
上部は急斜面
雪崩注意
2050
国見岳
2620.8
国見谷
雪の台地
2411
天狗平
1979
天狗山
2521
立山高原ホテル
2309
1952
トラバースの連続
展望は良いが、滑り
は単調
松尾谷
立山有料道路
湯川谷
刈込池
2284
1636
関西学院大ヒュッテ
1472
針葉樹林の樹間滑降
展望台
称名川
弥陀ヶ原
2022
1940
弥陀ヶ原ホテル
0
0.5
1.0km

No.13

立山カルデラ一周

快適な斜面をつなぐ周遊ルート

1泊2日
★

概説

立山カルデラは滑降後の下山方法をどうするかが難点であることから、なかなか実施しにくい山域であり、一般的な下山ルートは軌道をたどるものと考えられている。

しかし、余り知られてはいないが、湯川谷沿いに林道があり、これをたどれば容易に立山駅へ下山できる。

立山カルデラの砂防工事現場から立山駅まで三時間半程度の歩きが必要となるが、国見谷の滑降などは室堂を起点とすれば日帰りでも可能であり、もう少し多くの人に滑られてもよい山域であると考えられる。

ここで紹介するルートは国見谷と鳶谷の滑降を組み合わせることにより、カルデラの外周を巡るものである。

もちろん、内容は申し分なく、充実した山行が期待できる。

ただ、五色ヶ原は平坦な雪原であり、視界不良時は行動不能になることから、天候には十分留意する必要がある。

行動概略

第一日

室堂～室堂山～国見谷～ザラ峠～五色ケ原～鳶谷一六三〇m

立山室堂から室堂山の展望台に向けて出発する。踏み跡やシュプールで荒れた斜面を登り、小一時間ほどで国見谷展望台に着く。国見谷への滑り出しであるが、クラストしていることもあることから、雪質に留意して滑降に移りたい。

国見谷の源頭は広大な斜面となっており、それに続く谷の中間部も広く、立山周辺でも最も快適な滑降が楽しめる谷だろう。

本山行では標高一八五〇m付近で滝が出ていたが、左岸の草付から小さく巻いて、比較的労せずに通過できた。なお、雪の多い年であれば埋まっているかもしれない。この滝から湯川谷出合まではすぐである。

これから登る湯川谷の本流は傾斜も緩く広々としており、正面に望む獅子岳はその形から室堂からみる雄山のような雰囲気である。シールでザラ峠へ向かう。

途中、一九八〇m付近からみる鷲岳の北壁の岩壁がそびえる様は絶景である。ここからは傾斜が増すが、斜面は地図から想像する以上に広く、そのままシール登高し、最後は少し藪を漕ぎザラ峠に着く。

ザラ峠からしばらく夏道をたどり、五色ヶ原の端からシールで鳶山へ向かう。五色ヶ原は夏道とほぼ同様なルートをたどり、鳶山に着く。鳶山からは二五五〇mのコルまで滑り、鳶谷の滑り出しである二五八〇mのピークまでハイマツを漕ぐ。

二五八〇mのピークに着くと、これから滑ろうとする西斜面（左沢）上部は斜面一面ハイマツに覆われており、このピークから直接滑降できないことが分かるだろう。また、南西面（右沢）も途中の斜面に雪が付いておらず滑降できない可能性が高い。

このため、南西面の斜面を少し滑ってから西面を高度差で五〇mから一〇〇mほどハイマツを漕ぎ、そこから左俣の滑降を開始するが、この個所も視界が確保できないと行動不能となるので注意したい。

源頭は地図でみるとおり、標高二三五〇mから二二〇〇m付近は特に広大で素晴らしい斜面である。鳶谷はその後も広く、上部のハイマツ漕ぎの労を補ってあまりある快適な滑降が楽しめる。右岸尾根の登り返しポイントをチェックしながら天場である鳶谷標高一六三〇mまで滑るのに、それ程時間はかからないだろう。

第二日

鳶谷一六三〇m～立山カルデラ砂防工事現場（湯川谷）～立山駅

鳶谷はこの先も雪に埋まっているが、ここから一九一二mの三角点やや東を目指して雪の詰まったルンゼを登る。このルンゼは高度差三〇〇mほどであり、稜線までしっかり雪があることから、特に問題なく稜線にでることができる。

ちなみに鳶山から西南西に延び

ザラ峠への登り（青島靖）

るこの尾根は、その上部に大鳶・小鳶の立山カルデラ特有の崩壊壁を北西面に有し、部分的にナイフエッジ状となっているところもあるが、このあたりまで高度を落とせば尾根の北斜面も傾斜が落ち、地形も単純になることから、滑降にはまったく問題ない。本山行で滑った谷や多枝原池付近に滑り込む谷は、いずれも稜線から雪が十分に付いており、多枝原谷の橋のある標高一四〇〇mまで快適な滑降が楽しめる。

標高一四〇〇mの多枝原谷付近まで滑ると、砂防ダムや林道など周囲に多くの人工物がある樺の台地となっている。平坦な地形と相まって、人工物がたくさんできて年々様子が変わるためにルート採りは難しいが、一三九四mの標高点付近の幸田文の石碑のある小屋を目指して進む。小屋からはそのまま北に進み、支谷に沿って湯川谷沿いにつけられた林道に滑り込み、これをたどる。

湯川谷標高一一二〇m付近の本流に掛かる橋の対岸には温泉（天涯の湯）があるので、一浴びするのもよいだろう。

この橋のたもとから、さらに湯川谷左岸沿いにしばらく林道をたどった後、雪で埋まったケーブルの線路をスキーで滑り降りる。

滑り降りたところは、立山駅へ続く林道であり、ここから三時間半ほどの歩きを強いられるものの、危険なところもなく、のんびり景色を楽しみながら立山駅へ向かうこととなる。

なお、途中で仰ぎ見る美しく峻険な鬼ヶ城谷や、立山砂防工事の象徴的存在である白岩砂防堰堤は一見の価値がある。

山行データ

【同行者】青島靖、崎田律子、鈴木高

【日時・天候】
二〇〇四年五月二日（快晴）
五月三日（曇り時々小雨）

【参考タイム】
第一日
室堂（八時）室堂山展望台（八時五〇分）湯川谷出合（一〇時一〇分）ザラ峠（一三時一五分）鳶山（一五時）鳶谷一三六〇m（一五時五〇分）
第二日
鳶谷一三六〇m（八時）一九一二mの三角点東（九時一五分）湯川谷標高一一二〇m付近の橋（一〇時三五分／一一時三〇分）立山駅（一五時一五分）

【山行適期】四月下旬～五月上旬

【グレード】
○総合　上級
○山岳技術　上級
○滑降技術　中級

【装備】
基本装備、ピッケル、アイゼン、赤布

【アクセス】
アルペンルートを利用する。
この場合、立山駅からケーブルカーとバスを乗り継ぐか、便があれば、富山駅前から直通バスを利用することもできる。
なお、ゴールデンウィーク時は混雑により室堂到着がかなり遅れる場合がある。

【滑降高度差等】
○滑降高度差　二八〇〇m
○滑降距離　一〇・五km
○滑降斜面の最大傾斜　三二度

【二万五千図】立山、小見

【留意事項】
○国見谷の滑降は時間的に早いことから雪面が堅いことが予想される。
このため、滑落には十分注意したい。
○行動中、視界の確保が難しくなった場合、国見谷からカルデラ工事現場に向けて滑ることを勧める。
○五色ケ原はだだっ広い雪原で視界不良時は行動不能である。なお、ゴールデンウィーク時は五色ヶ原山荘が営業していることから、緊急の場合等に利用することは可能である。

ルート図　立山カルデラ一周2-1

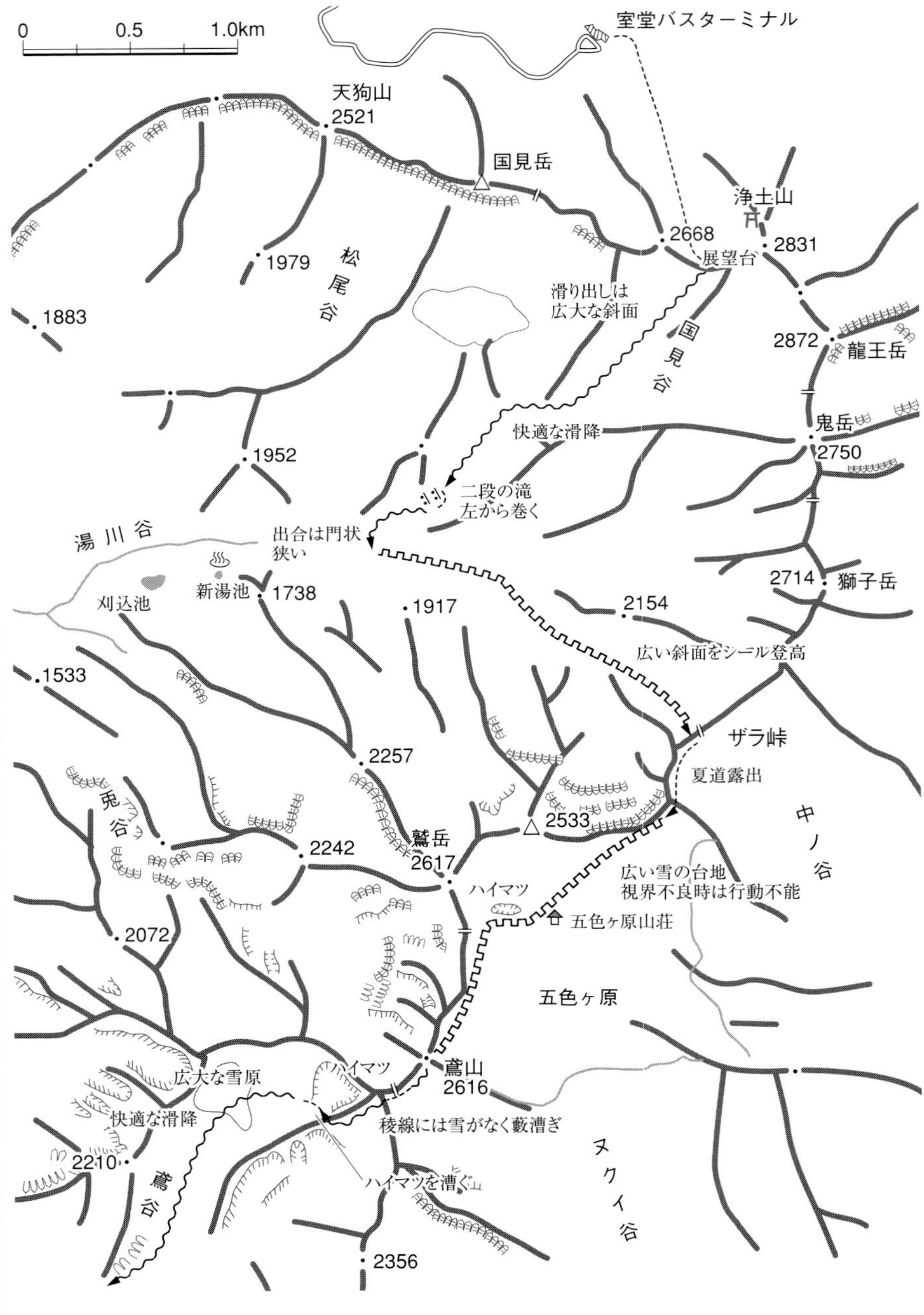
0
0.5
1.0km
室堂バスターミナル
天狗山
2521
国見岳
浄土山
2668
2831
展望台
1979
松尾谷
1883
滑り出しは
広大な斜面
国見谷
2872
龍王岳
鬼岳
2750
快適な滑降
1952
二段の滝
左から巻く
湯川谷
出合は門状
狭い
新湯池
1738
刈込池
2714
獅子岳
1917
2154
広い斜面をシール登高
1533
ザラ峠
夏道露出
2257
中ノ谷
兎谷
2533
鷲岳
2617
2242
広い雪の台地
視界不良時は行動不能
ハイマツ
五色ヶ原山荘
2072
五色ヶ原
広大な雪原
ハイマツ
鳶山
2616
快適な滑降
稜線には雪がなく藪漕ぎ
2210
鳶谷
ハイマツを漕ぐ
ヌクイ谷
2356

ルート図　立山カルデラ一周2-2

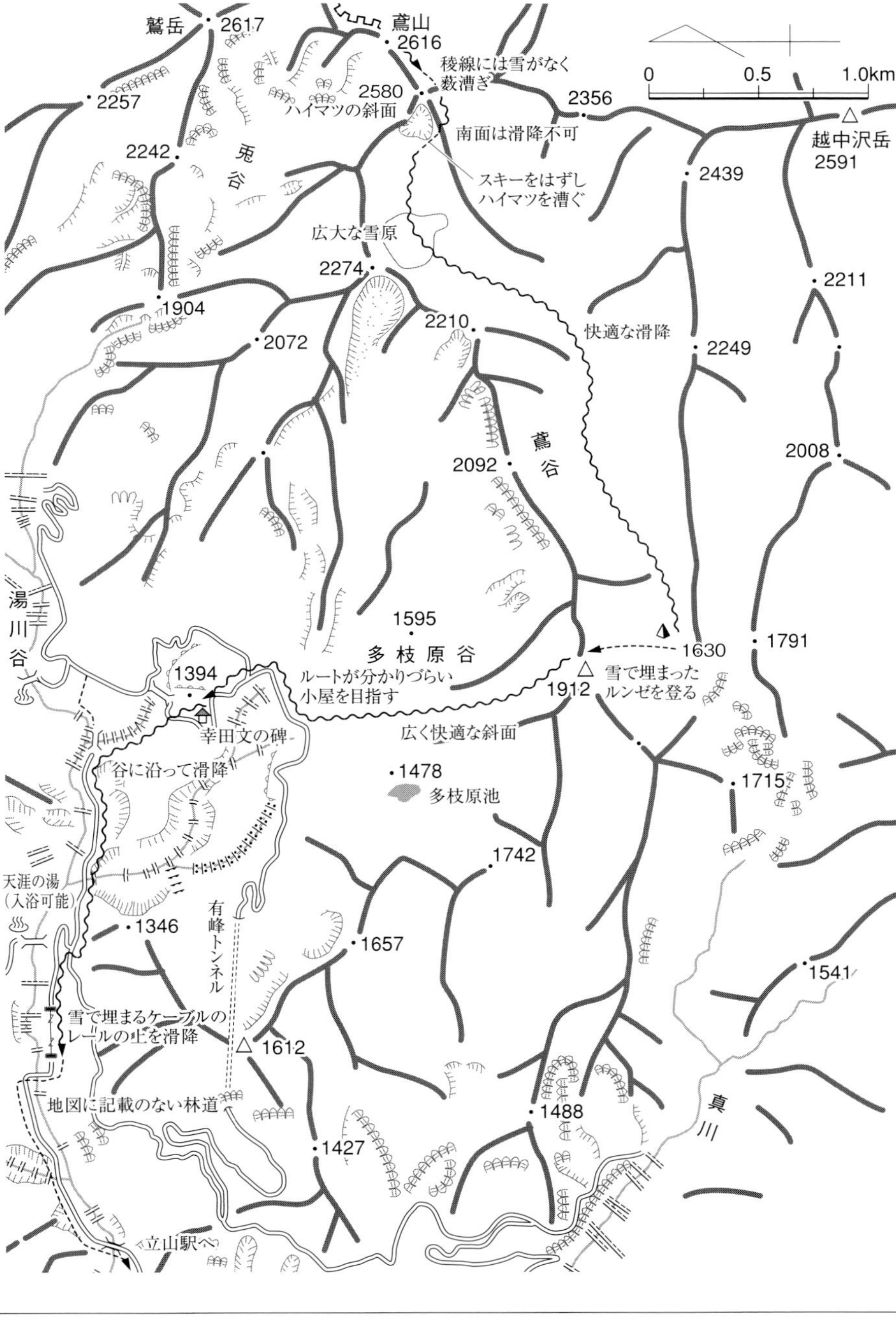

No.14

薬師岳 スゴ一ノ谷右俣

快適な斜面を滑るロングルート

2泊3日
★

概説

北アルプス薬師岳は黒部側の金作谷などのカール群や主稜線がよく滑られているが、その北面や西面は滑降後の下山方法に一考を要することなどから滑られていない。しかし、これらの谷は広く、快適でスケールの大きな滑降が期待できる。中でも、これらの谷の一つであるスゴ一ノ谷の各支谷は、いずれも薬師岳らしい快適な滑降が可能である。本ルートは、スゴ一ノ谷右俣から丸山に継続滑降するものであり、快適な滑降が期待できる。また、丸山についても不遇な山ではあるが、地図で見るとおり展望抜群のスキー向きの山である。

　ただし、全体を通じて広い尾根を行動するので、成否は視界が確保されることと的確なルートファインディングが必要であることから、山行を実施するにあたっては十分な山岳経験が不可欠である。

行動概略

第一日

和佐府～飛越トンネル～
北ノ俣岳分岐～太郎平

　神岡からスーパー林道をたどり、最奥の集落である和佐府を経由し飛越トンネル手前まで車で入る。

　トンネル手前から稜線に取り付くと、しばらくで針葉樹林帯となる。寺地山のピークをショートカットし、いったん下って北ノ俣岳の登りにかかる。鞍部から少し登った標高二〇五〇m付近に北ノ俣避難小屋がある。ここからは、前方に北ノ俣岳を見ながらの登高となる。

　北ノ俣岳の分岐からは二五七六mの標高点（岩が露出）を右に見て太郎小屋に向けて広い緩斜面を滑る。地図からは、分岐から太郎平小屋まではすぐと思われるが、緩く長い登りがあって、思いの外時間がかかる。

　幕営は太郎平小屋脇である。

第二日

太郎平～薬師岳～北薬師岳～
スゴ一ノ谷～丸山～真川スゴ谷橋

　クラストした斜面の滑降を避けるため遅めに出発する。薬師岳への主稜線は山スキーヤーが多く斜面が荒れている。薬師峠までいったん下って薬師平に向けて広い斜面を登る。薬師平からは稜線西側をたどり、薬師岳山荘からは稜線東側をたどる。薬師岳頂上手前で稜線西側の夏道をたどると薬師岳頂上に着く。頂上は主稜線を太郎平へ向けて滑る人や金作谷を滑って登り返す人たちで賑やかである。

　頂上でしばらく休んだ後、北薬師岳に向かう。ここからは立山方面から縦走する人に会うくらいで急に静かになる。北薬師岳までは頂上から一時間ほどであり、特に痩せたところもないことから問題となるところはない。北薬師岳からは、稜線の雪を拾ってしばらく下ったところからスゴ一ノ谷右俣の滑降を開始する。

ルート概念図

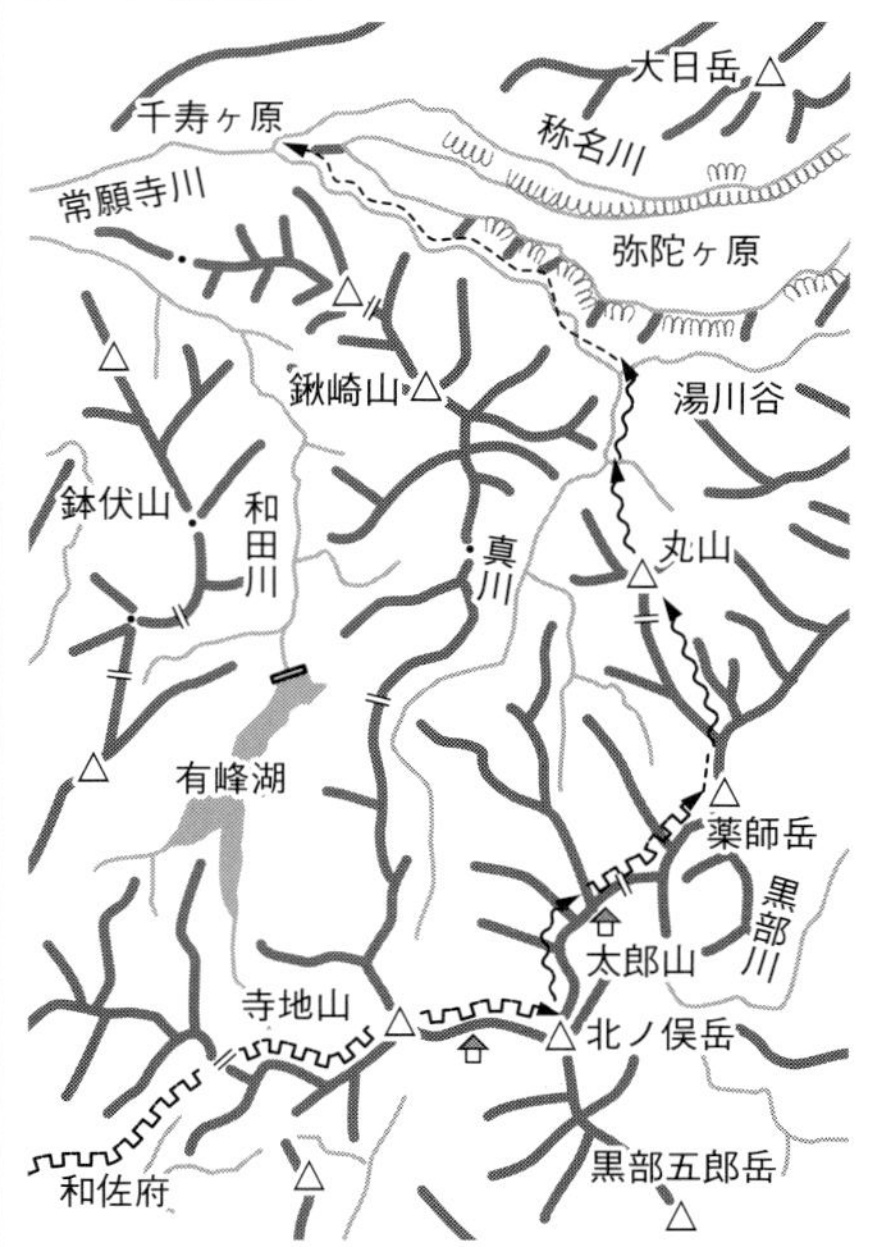

滑降開始地点は鳶谷とスゴ一ノ谷の境であることから、鳶谷に入り込まないよう、丸山から延びる尾根を見極めて滑る。また、滑り始めてしばらくは斜面下部の様子が分からないので慎重に滑りたい。しばらく滑ると谷の下部が見渡せる。この斜面は傾斜も三〇度前後のフラットな広い斜面であることから本当に快適な滑降が楽しめる。やがて、標高二三〇〇m付近まで滑ると谷らしくなるが、谷そのものは大変広くデブリもないので引続き快適な滑降が楽しめる。

スゴ一ノ谷右俣

　この谷の滑降のポイントは標高一八五〇m付近にある滝（地図に記載がある）の通過であり、地図から見ると標高二〇〇〇m付近で左岸を大きく巻けばよいと考えられるが、雪が多い年は滝の手前まで滑って右岸を巻いた方がよいだろう。

　この滝を通過するとまた快適な斜面が続く。標高一七〇〇m付近で谷を離れ、左岸台地に滑り込む。ここからシールで丸山手前のコルを経由し、丸山をめざして登り返す。樹林がまばらになると頂上は近い。

　頂上は、地図からも推測できるとおり、立山から薬師の稜線にかけての展望が素晴らしい。これまで滑ってきたスゴ一ノ谷右俣も指呼のうちに望むことができる。丸山は北アルプスで最も展望のよい山の一つであり、長居したくなるところだ。

　丸山からの滑降は針葉樹が混じり、地形も取り立てた特徴はない。このため視界があれば真川の水力取入口あたりをめざして滑るが、視界が確保されていてもルートファインディングは難しい。

　ルートは色々な採り方ができると思うが、標高一六四五mの標高点を左に見て、標高一四五〇m付近で明瞭な谷に滑り込むのが一番良いだろう。この谷の滑降も大変快適である。この谷を滑り抜けると林道に出合うので、これをたどってスゴ谷橋に着く。

第三日
スゴ谷橋～湯川谷出合～立山駅

林道は真川右岸に沿って忠実に湯川谷方面に延びているので、天場から真川を目指して滑り込む。林道は比較的広いので、湯川谷出合手前で落石に注意する他は特に問題もなく一時間程でたどり着くことができる。

湯川谷に出たら橋を渡り立山駅に向けて本流右岸沿いの林道を歩く。この歩きはかなり長いので、時間があれば、なるべくのんびり歩きたい。湯川谷出合から立山駅まで、通常であれば三時間弱ぐらいだろう。

山行データ

【同行者】　崎田律子、山下明子
【日時・天候】　二〇〇六年五月三日（快晴）、五月四日（快晴）、五月五日（晴れ）
【参考タイム】
第一日
和佐府（七時）飛越トンネル手前（九時四五分）北ノ俣岳分岐（一七時）太郎平小屋（一七時五〇分）
第二日
太郎平小屋（八時）薬師岳（一二時）北薬師岳（一三時）丸山（一六時一五分／四五分）スゴ谷橋（一七時四五分）
第三日
スゴ谷橋（七時三〇分）湯川谷出合（八時二五分）立山駅（一二時五〇分）
【山行適期】　四月下旬～五月上旬
【グレード】　○総合　上級　○山岳技術　上級　○滑降技術　中級
【装備】　基本装備、アイゼン、赤布
【アクセス】　車を利用し、双六渓谷沿いのスーパー林道を経由して飛越トンネル手前まで入る。駐車スペースの心配はない。下山後、車を回収する。なお、本山行時は残雪が多かったことから、和佐府から歩いた。
【滑降高度差等】
○滑降高度差　二八〇〇m
○滑降距離　一三・〇km
○滑降斜面の最大傾斜　三二度
【二万五千図】　下之本、有峰湖、薬師岳、立山、小見
【留意事項】
○ルートファインディングが難しいので、安易に入山すべきではない。
○連休時、雪の多い年は北ノ俣避難小屋は使用できないことがある。
　また、主稜線での幕営は太郎平小屋（連休時は営業）周辺であり、トイレも小屋のものを使用する。夏場と違い、薬師峠ではないので注意したい。
○大雨で湯川谷出合下流の橋が流された場合は軌道をたどる。本山行時は、鬼ヶ城谷出合先の堰堤を過ぎて対岸に渡ったところから軌道に上がり、これをしばらくたどった。軌道は思いの外歩きやすく、スイッチバックのところにはたいてい夏道がある。

ルート図　薬師岳スゴーノ谷右俣3-1

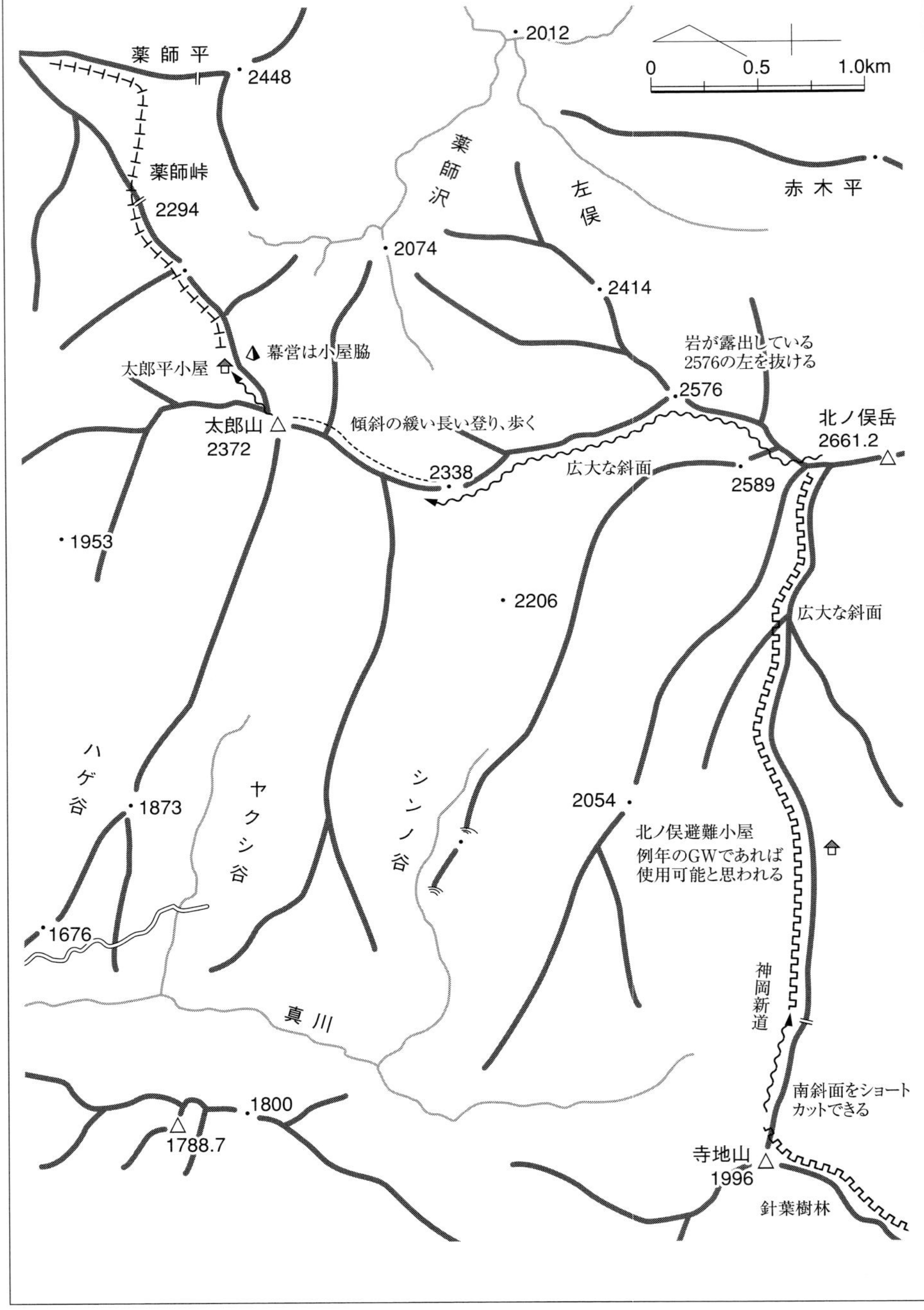

2012
0
0.5
1.0km
薬師平
2448
薬師沢
左俣
赤木平
薬師峠
2294
2074
2414
岩が露出している
2576の左を抜ける
幕営は小屋脇
太郎平小屋
2576
北ノ俣岳
2661.2
太郎山
2372
傾斜の緩い長い登り、歩く
2338
広大な斜面
2589
1953
2206
広大な斜面
ハゲ谷
1873
ヤクシ谷
シンノ谷
2054
北ノ俣避難小屋
例年のGWであれば
使用可能と思われる
1676
神岡新道
真川
南斜面をショート
カットできる
1800
1788.7
寺地山
1996
針葉樹林

ルート図　薬師岳スゴーノ谷右俣3-2

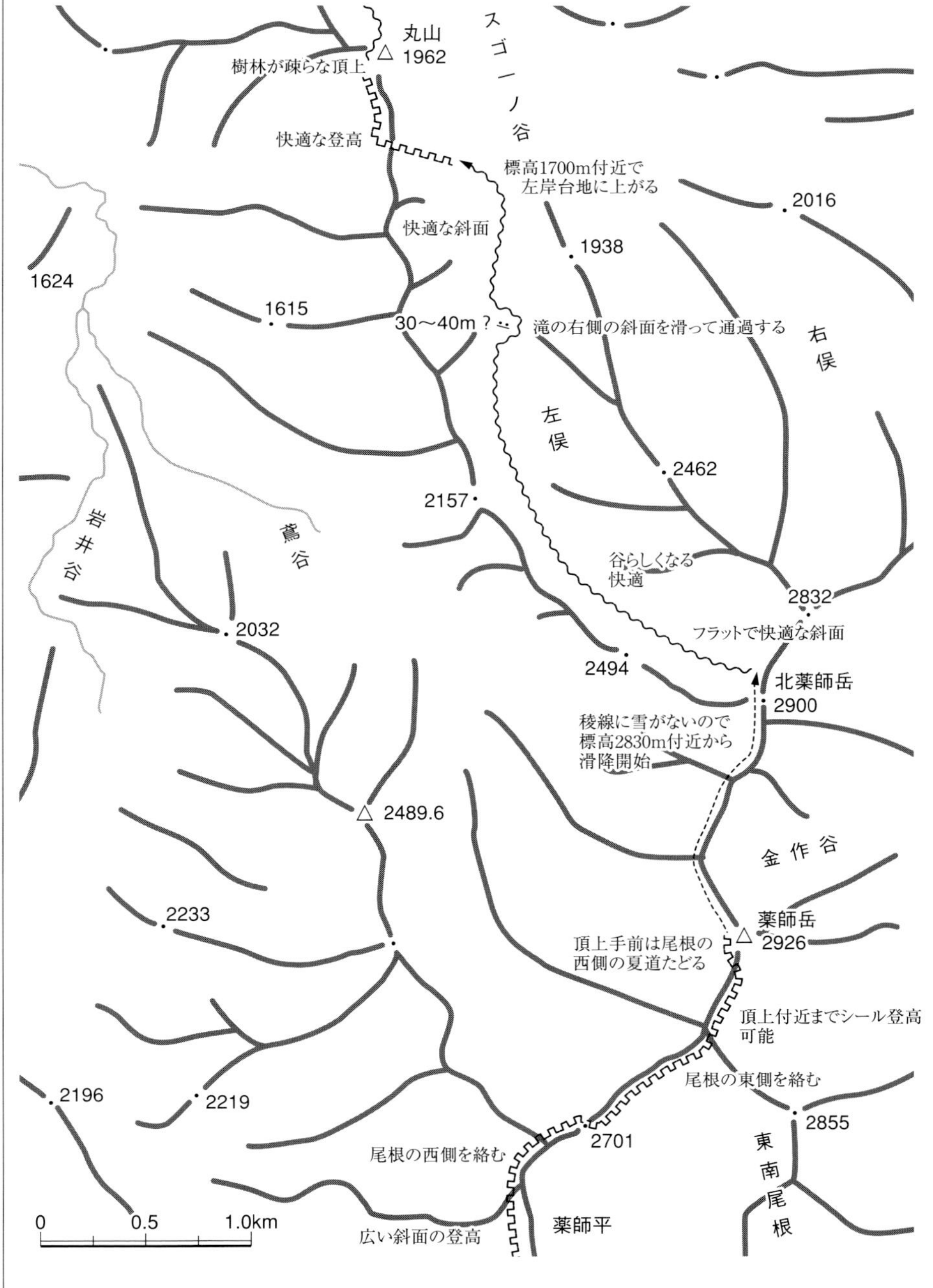
丸山
1962
樹林が疎らな頂上
スゴーノ谷
快適な登高
標高1700m付近で
左岸台地に上がる
2016
快適な斜面
1938
1624
1615
30〜40m？
滝の右側の斜面を滑って通過する
右俣
左俣
2462
2157
岩井谷
鳶谷
谷らしくなる
快適
2832
2032
フラットで快適な斜面
2494
北薬師岳
2900
稜線に雪がないので
標高2830m付近から
滑降開始
2489.6
金作谷
2233
薬師岳
2926
頂上手前は尾根の
西側の夏道たどる
頂上付近までシール登高
可能
尾根の東側を絡む
2196
2219
2855
2701
東南尾根
尾根の西側を絡む
0
0.5
1.0km
薬師平
広い斜面の登高

ルート図　薬師岳スゴーノ谷右俣3-3

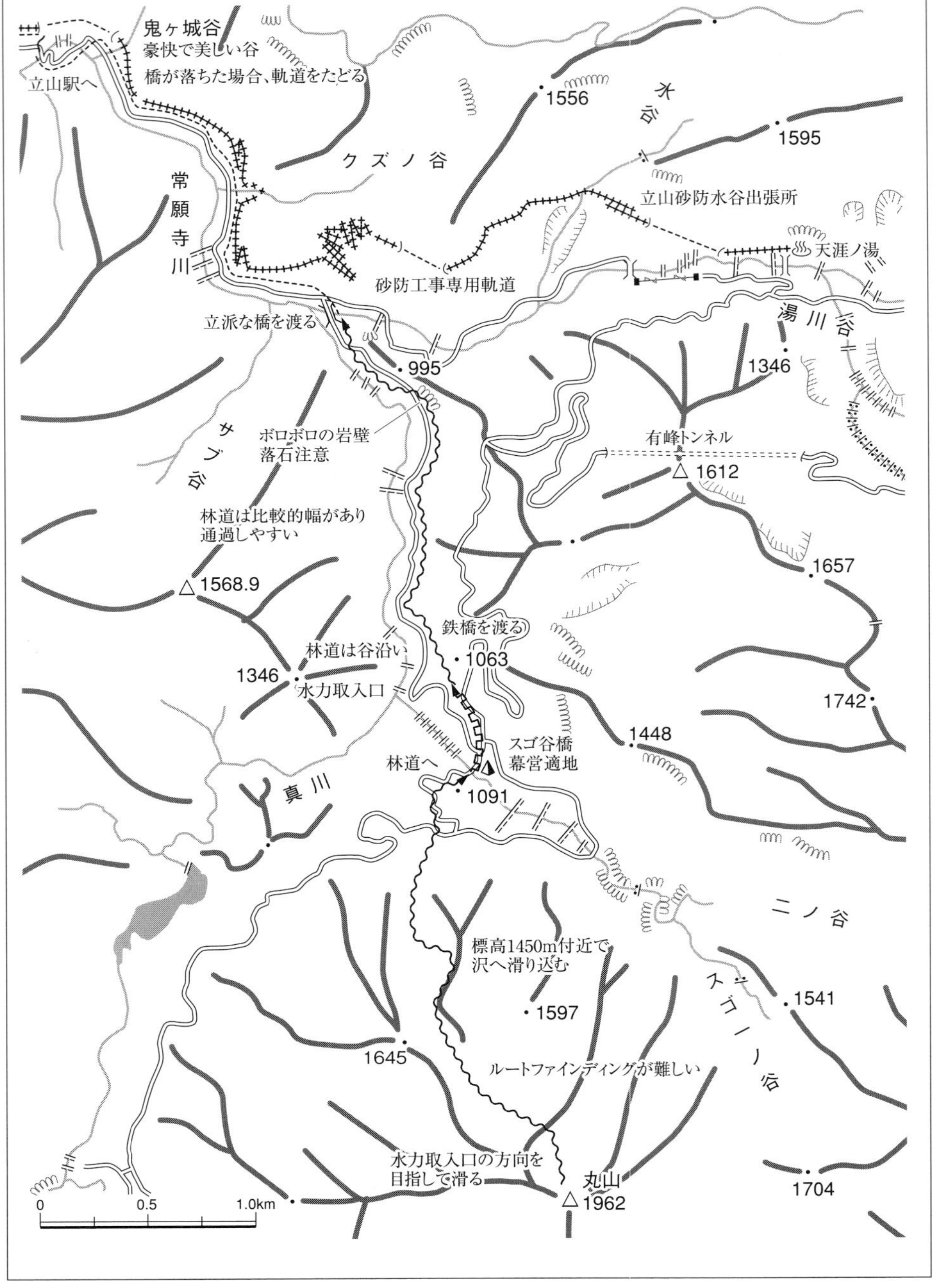
鬼ヶ城谷
豪快で美しい谷
橋が落ちた場合、軌道をたどる
立山駅へ
1556
水谷
1595
クズノ谷
常願寺川
立山砂防水谷出張所
天涯ノ湯
砂防工事専用軌道
立派な橋を渡る
湯川谷
995
1346
ボロボロの岩壁
落石注意
有峰トンネル
サブ谷
1612
林道は比較的幅があり
通過しやすい
1657
1568.9
鉄橋を渡る
林道は谷沿い
1063
1346
水力取入口
1742
1448
スゴ谷橋
幕営適地
林道へ
1091
真川
二ノ谷
標高1450m付近で
沢へ滑り込む
1597
スゴノ谷
1541
1645
ルートファインディングが難しい
水力取入口の方向を
目指して滑る
丸山
1962
1704
0
0.5
1.0km

No.15

薬師岳鳶谷

北アルプス屈指の大斜面

2泊3日

概説

鳶谷は薬師岳の東面に位置し、薬師岳周辺では傾斜も適度で最もスケールの大きい谷である。この谷は太郎小屋をベースに、その上部を滑り登り返す形で時々滑られているようだが、下部まで滑られることは殆どないと考えられる。本ルートはこの谷の核心部を滑り切り、丸山へ継続し立山駅へ下山するものである。滑りの快適さは言うまでもないだろう。

行動概略

第一日

飛越トンネル～北ノ俣避難小屋

一日目は飛越トンネル経由で北ノ俣避難小屋又は太郎小屋まで入る。（「薬師岳スゴ一ノ谷右俣」参照）

第二日

北ノ俣避難小屋～太郎小屋～薬師岳稜線二九〇〇m～鳶谷標高一八三〇m～丸山に延びる尾根標高二一五〇m付近

（頂上の肩までは「薬師岳スゴ一ノ谷右俣」参照）

鳶谷は頂上付近からその手前の肩（標高二九〇〇m）までの稜線から滑り込む。谷はこの肩で大きく二分されており、どちらを滑っても構わないように思われるかもしれないが、下部の谷の広さを考えると右側の本峰寄りの谷を滑ったほうが快適である。

滑り出しの斜面はスケールが大きく傾斜も適度であり快適な滑降が期待できる。地図上で滝が連続する地点も滝は完全に埋まっており快適に滑降できる。

この地点を滑り終えたら、右岸の尾根を注意深く観察し標高一八三〇mまで滑る。ここは、左岸の尾根から幅の狭いルンゼが二本入っており、その間の尾根の末端が谷筋に延びている。

その右岸がこれから登るルンゼである。また、本山行ではその先に滝の瀬音が聞こえていたので、例年であればこの地点を通り過ぎた場合でも、標高一七二〇m付近の滝に出て、通り過ぎたのが分かるものと考えら

薬師岳稜線の登高、奥に本峰を望む

鳶谷の滑降、前方は鍬崎山

丸山下部から真川水力取入口を望む

山行データ

【同行者】　横田進
【日時・天候】　二〇一一年五月四日（晴れ）、五月五日（晴れ）、五月六日（晴れ）
【参考タイム】
第一日　和佐府～北ノ俣避難小屋（七時間三〇分）
第二日
北ノ俣避難小屋（三時）北の俣岳（六時）薬師峠（七時三〇分）薬師岳の肩標高二九〇〇m（一〇時三〇分）鳶谷標高一八三〇m（一一時三〇分）丸山に延びる尾根標高二一五〇m（一四時）
第三日
丸山に延びる尾根標高二一五〇m～立山駅（七時間）
【山行適期】　四月下旬～五月上旬
【グレード】　総合　上級
山岳技術　上級
滑降技術　中級
【装　備】　基本装備、アイゼン、赤布
【アクセス】　車を利用し、双六谷沿いのスーパー林道を経由して飛越トンネル手前まで入る。駐車スペースの心配はない。
【滑降高度差等】
○滑降高度差　二四〇〇m
○滑降距離　一一・五km
○滑降斜面の最大傾斜　二六度
【二万五千図】下之本、有峰湖、薬師岳、立山、小見
【留意事項】
（「スゴ一ノ谷右俣」参照）

れる。

　ここからは右岸尾根のルンゼを登り詰める。ルンゼは傾斜があるので、積雪の状況により、スキーを担いだほうが早いかもしれない。長い行動の最後の登りであるので、かなり辛いものとなる。稜線に着いたら、風を避けることができる灌木のある平坦な場所で幕営するとよい。快適である。

第三日

丸山に延びる尾根標高二一五〇m付近～丸山～真川スゴ谷橋～湯川谷出合～立山駅

　本山行では、丸山まではそのまま尾根を歩いたが、スキーのメリットはあまりない。時間に余裕があり、滑りを楽しみたいなら、標高二一一〇m辺りから一ノ谷右俣に滑り込み、丸山へ登り返すのも一つの方法だろう。

（丸山から立山駅までは「スゴ一ノ谷右俣」参照）

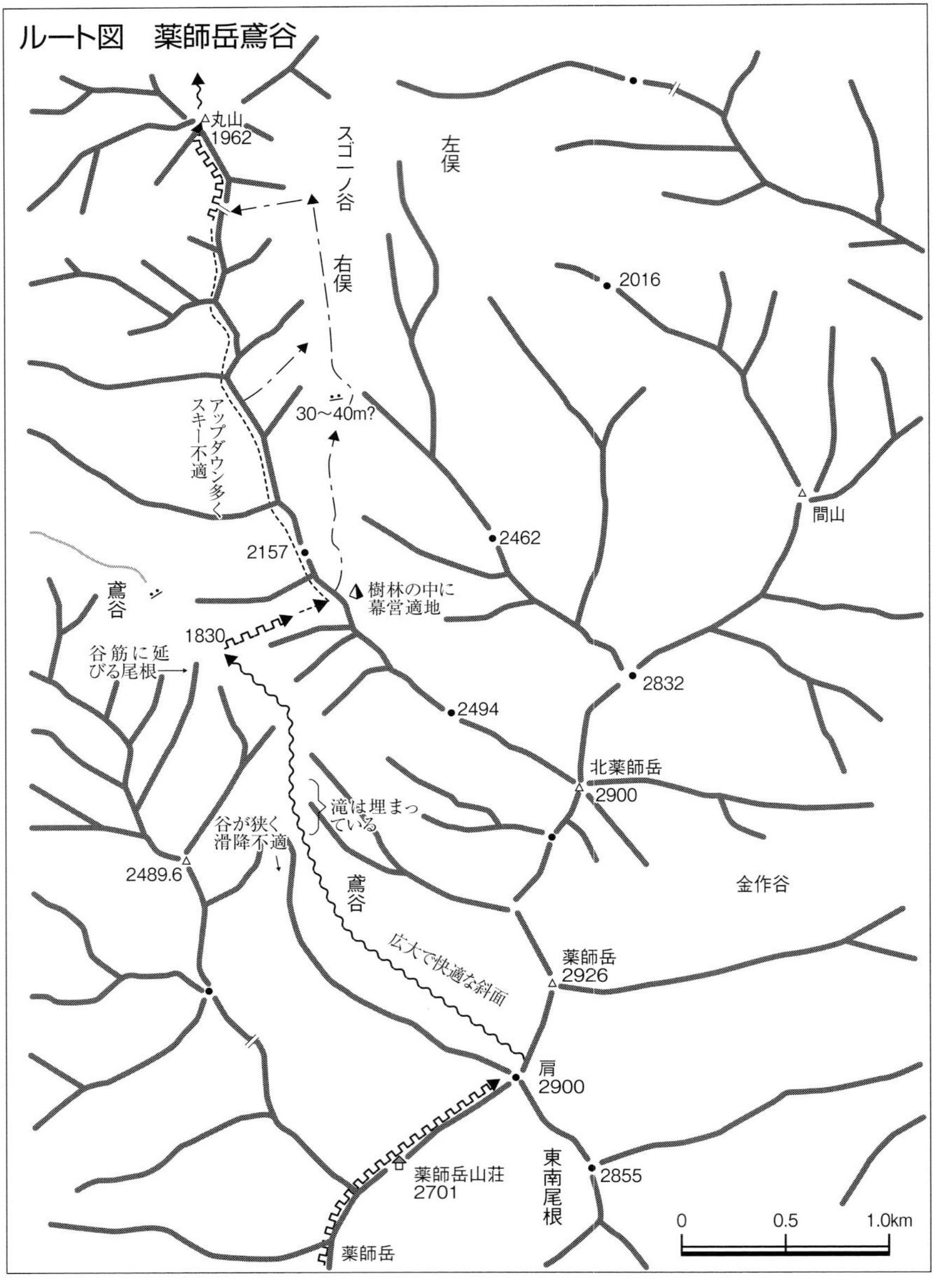

Column

インターネットと笠ヶ岳穴毛谷

―時には危険なネットの情報―

インターネットで「山スキー　穴毛谷」をキーワードで検索すると、たくさんの記録が出てきます。さて、皆さんはこれらの情報をどのように利用していらっしゃるのでしょうか。ちなみに、この検索で最初に出てくる50件を調べると、山スキーの山行実施日は次のようになっていました。

山行実施時期	山行回数
4月上旬	1
中旬	2
下旬	2
5月上旬	3
中旬	1
下旬	1

皆さんは2006年4月9日に発生した山スキーヤーの穴毛谷での雪崩遭難とこれらの情報についてどのように考えますか。

インターネットは便利である反面、情報を正しく解釈できないと、このような惨劇につながる危険性があります。もともと穴毛谷は雪崩の巣であり、上記の山行実施時期のうち、一般的に考えて本当に適切といえるのは5月中旬以降の二つのみです。ゴールデンウィーク時でも、雪崩について細心の注意を払わないと危険なことになります。

とりわけ、4月上旬に実施することは不適切と言わざるを得ません。遭難者がこのネットの情報を見て穴毛谷へ入ったかどうかは定かではありませんが、もし、このようなことを知っていれば、おそらく命を失うことはなかったでしょう。

剱岳東大谷（青島靖）

Column

18度則と権現岳の雪崩

―雪崩は予期せぬところまでやってくる―

能生川に沿って山に分け入ると、右手に特異な形をした鉾ヶ岳が見えてきます。無雪期には、権現岳から継続すると日帰りのちょっとスリリングな縦走コースになります。

さて、この山に取り付くには、山麓の柵口（ませぐち）集落からですが、途中、至るところに大きな柵が目につき、一目で雪崩柵であることが分かります。

ちなみに、「柵（ませ）」とは「まぜ」、即ち「交ぜ」、「雑ぜ」であり、「異質・異種のものを加えて一緒に存在させる」ということから、地滑りと雪崩の両方が起きるという意味があるとのことです（小川豊「崩壊地名」）。それを裏付けるように、ここでは昭和22年の地すべり、昭和61年の権現岳の雪崩などで、多くの人命が失われています。

昭和61年の権現岳の雪崩は、標高900m地点から約2㎞流れ下り、柵口の集落上部の人家まで達したということですから、住民ですら我が家が雪崩で埋まるとは夢にも思わなかったでしょう。事実、柵口からみる鉾ヶ岳や権現岳は、傾斜の緩い水田が彼方まで広がった先で急激に隆起し、人目にはとても雪崩が集落まで到達するとは考えづらいと思います。

一方、高橋喜平の「雪崩のデブリ末端から発生地点を見上げた角度は20度以内になっており、これに安全係数10%を考慮して、自分のいる地点から雪崩発生地点を見上げた仰角が18度以内ならば雪崩は到達しない」という「18度則」が知られています。

そこで、この経験則に従うと一体どこまで雪崩が到達可能なのか地図で検討してみました。その結果、昭和61年の雪崩のように権現岳東壁スラブ標高900mを発生点とすると、到達可能と考えられる場所は能生川までと推定され、柵口の集落をほぼ埋め尽くす可能性があるという結果が出ました。

この結果は昭和61年の権現岳の雪崩も18度則の範疇にあることを示していますが、このことはまた、雪崩の到達可能距離が一般的に想像するより遥かに長いということを改めて私たちに認識させるものでもあります。

大山林道から鉾ヶ岳（後藤正弘）

4 矢代・妙高・火打山周辺 山域概要

◆豊富な積雪量で本邦でも屈指の山スキーエリア◆

自然条件など

妙高山塊及び矢代山地は豊富な積雪に恵まれ、特にその主峰である火打山は高度差二〇〇〇mに及ぶ滑降が可能であり、本邦屈指の山スキーエリアである。

取付きは、雨飾山を除く妙高山塊では一般的に笹ケ峰や妙高国際スキー場のリフトあるいはゴンドラからであり、矢代山地においては山麓の集落からである。山行適期は矢代山地北部の比較的低い山々、例えば青田南葉山などでは三月からであり、妙高山塊の主稜線からのルートについては四月頃からとなる。

なお、妙高国際スキー場の高速リフトは標高一八五五m付近まで延びており、笹ケ峰の林道が除雪されていない時期は重要な交通機関となるが、四月になると営業されなくなることが往々であるので、山行に当たっては必ず現地に確認をとりたい。

また、このリフト終点から三田原山に至るノーマルルートは多くの人が利用しているが、シブタミ川を渡る地点から、この谷を渡り支尾根に出る地点は雪崩やすい危険箇所であり、高速リフトの営業期間と併せ、十分に注意したい。

また、焼山については以前と比べると噴煙の量も多く火山活動が活発であることから、頂上周辺の立ち入りは禁止となっている。

ルート概要

矢代山地

知られざるスキーの別天地

この山域は一般的にはあまり知られていないが、矢代川沿いの集落から青田南波山や籠町南波山を往復するものをはじめ、大毛無山から粟立山や中ノ岳、大毛無山の南に位置する容雅山北桑沢など、快適なルートが多数存在する魅力ある山域である。

中でも、大毛無沢から容雅山を経て北桑沢を滑るルートは、高度差のある大きな斜面を有し、雪質もよいことから、この山域を代表するものと考えられる。

なお、これらの山行の起点となっていたＡＲＡＩスキーリゾートは二〇〇六年七月に会社を解散し、閉鎖していたが、二〇一七年一二月から「ロッテアライリゾート」として営業を再開する予定である。

妙高山周辺

アクセスの良さが魅力

この山域の要ともいうべき三田原山は妙高外輪山の最高峰であり、その地形的特徴から各ルートの通過点的な要素が強い。しかし、この山を到達点として考えた場合、火打山と妙高山を結ぶ接点でもあり幾つかの魅力あるルートが存在する。

具体的には、妙高国際スキー場から頂上往復や頂上から山麓の池ノ峰付近へ滑るものが知られているが、これ以外にも妙高山外輪山一周、積雪が十分あり黒沢が滑降可能ならば頂上からこれを経由して笹ケ峰へ直接滑るものが考えられる。

また、妙高山東面のルートは赤倉スキー場から前山（又は本峰）、燕温泉あるいは藤巻尾根（休暇村妙高）から神奈山往復等がある。

火打山・焼山周辺

本邦屈指の山スキーエリア

山スキーエリアとして全国的にも知られており、多くの山スキーヤーを迎えている。中でも多くの人で賑わっているのは高谷池ヒュッテや黒沢池ヒュッテのある火打山南面であり、笹ケ峰から本峰往復や妙高国際スキー場から三田原山を経て本峰を往復するもの、本峰から惣兵落谷や高谷尻沢などが滑られている。

また、火打山東面や焼山北面台地へのルートはいずれも本峰から滑降可能であり充実した滑降内容を持っている。よく知られたルートとしては、澄川、澄川から容雅山北桑沢、影火打を経て焼山北面台地、新建尾根から奥の院などがある。特に焼

濁俣川右俣兎平

山北面台地は火砕流でできた広大で日本離れしたスケールの斜面であり、この山域の象徴的存在といえるだろう。

さらに、これら以外にも知られていないものの、この山域の真価を発揮する卓抜した滑降内容を持つものとしては、乙見尾根、濁俣川右俣、一ノ倉川がある他、一般的ではないものの濁俣川左俣（中間ルンゼ）や火打山直登ルンゼなどがある。

なお、焼山山頂付近は立入禁止だが、火打山から南面の谷を継続する等のルートを採れば、充実した山行が期待できると考えられる。

天狗原山周辺

静かな山行が魅力

天狗原山及び金山は、昔から山スキーに適した山々として知られている。しかし、東面を滑る場合は笹ケ峰からのアプローチが長いこと、西面のルートは一般的には知られていないことから、シーズンと言えども静寂さを保つ山域である。

具体的には、金山谷や裏金山谷などが滑られている。

矢代・妙高・火打山周辺概念図

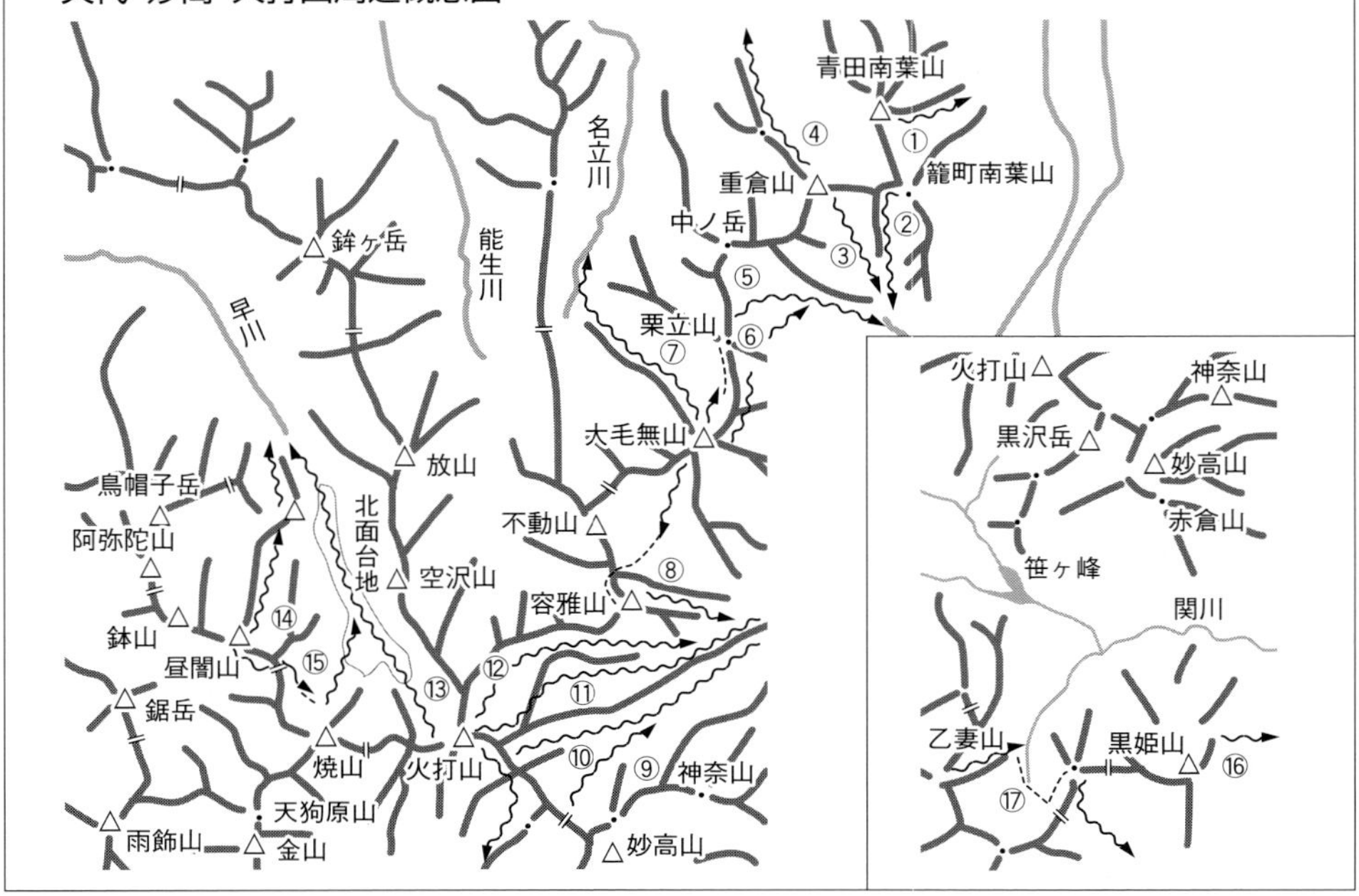

No.1

青田南葉山

展望のよい初心者ルート

日帰り

概説

青田南葉山は矢代山地末端の低山であるが、小粒ながらも快適な滑降を楽しめる。また、妙高・矢代等の山脈だけでなく、日本海を隔てて望む能登半島、佐渡島など、素晴らしい展望を満喫できる。

行動概略

青田～～青田南葉山（往復）

青田バス停からほぼ青田川沿いにつけられた林道をたどる。林道が峠にさしかかる手前、標高三〇〇mあたりから林道を外し峠に出る。ここから小さな尾根が幾つも派生している複雑な地形の中をなるべく尾根筋に進むと、平坦で広々とした国見平に出る。右にはキャンプ場を見る。前方にはこのルート最大の高度差三〇〇mの斜面が望まれる。この斜面を登ると傾斜は落ち、広い尾根を進む。ここから頂上までは広い尾根が続くので、視界不良時は退路を確保し慎重に進みたい。ほとんど登り返しもなく頂上に着く。帰りは快適であるが、上部は迷いやすいので慎重に滑りたい。ルート中央の大きな斜面は、初心者には少し急であるが、広さも十分にある。峠に出たら、ほぼ忠実に林道をたどる。

山行データ

【同行者】岩穀、高村高也、藤田英明【日時・天候】一九九六年三月三〇日（曇り時々雨）【参考タイム】青田（一〇時）峠（一一時三〇分）青田南葉山（一三時四五分）青田（一五時二〇分）【滑降高度差等】○滑降高度差　八五〇m　○滑降距離　五・五km　○滑降斜面の最大傾斜二七度【山行適期】二月下旬～三月中旬【グレード】○総合　初級　○山岳技術　初級○滑降技術　初級上【装備】基本装備【アクセス】青田～高田駅間はバス（くびき野バス）があり、便数は少ないものの利用可能である。【二万五千図】重倉山

ルート図　青田南葉山

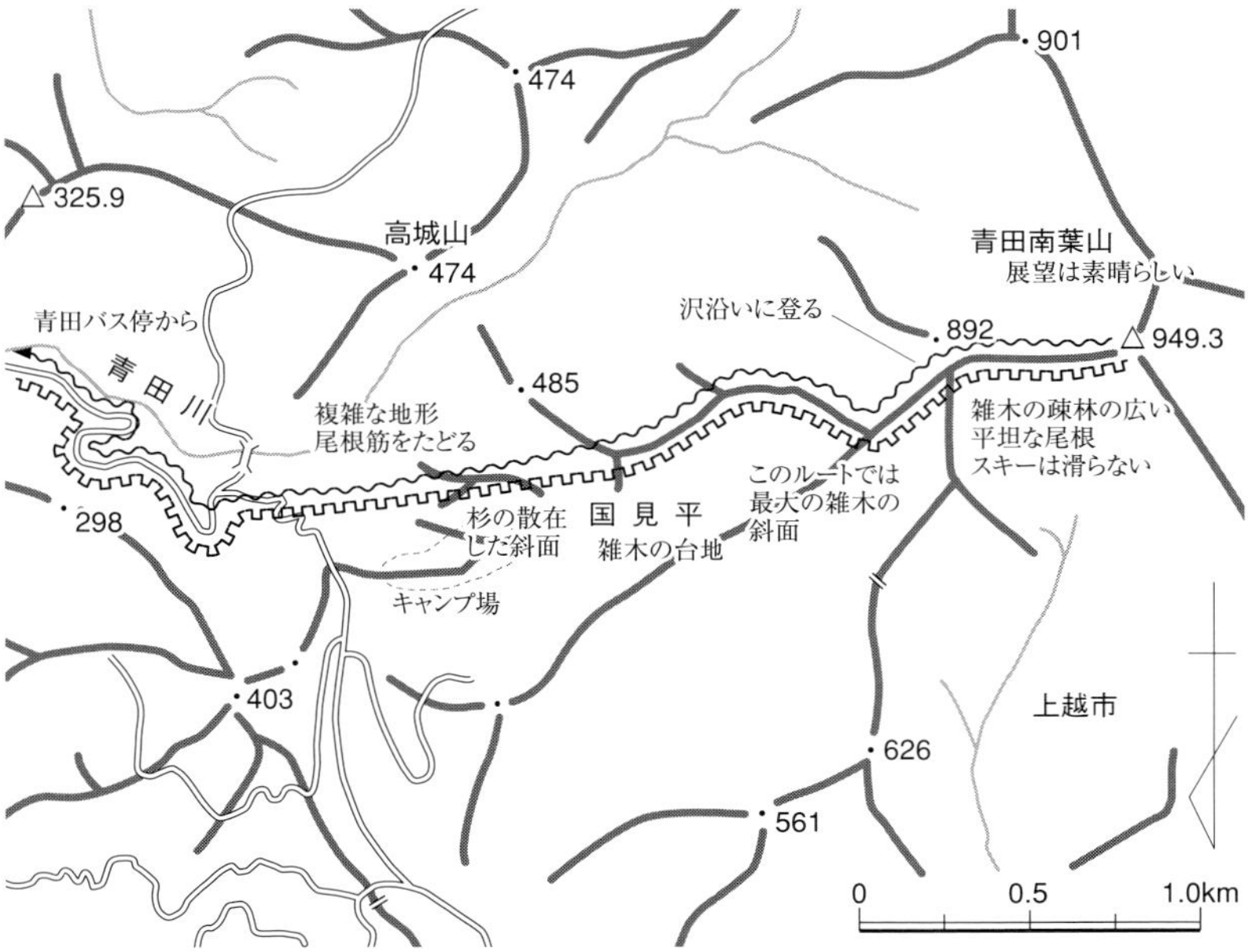

No.2

籠町南葉山

矢代山地の入門ルート

日帰り

概説

昔から山スキーの別天地とされる矢代山地は青田南葉山をその北端とし、妙高三山の一つである火打山に連なる長大で積雪量の豊富な山域である。

籠町南葉山はその一座であり、標高が低いことから大きなスケールの滑りは望めないが、頂上から延びるこの尾根は初心者に適度な内容を有しており、山スキーの入門ルートとして訪れる価値は十分あると思われる。

行動概略

西野谷～杉尾根～頂上（往復）

西野谷の万内砂防公園手前から、石高谷右岸沿いにつけられた林道をたどる。この林道はしばらくで対岸を通っている。ここから少し進み、藪の少ない広い斜面に取り付き林道をショートカットする。林道に再び出てからは、ショートカットすることもあるが、ほぼ忠実にこれをたどる。林道はいったん杉尾根の末端に出て、一度左からこれを小さく巻くようになる。

この手前あたりからは杉の植林地となるが、標高五七〇mあたりは伐採された快適そうな斜面が眼下に広がっている。本山行では滑らなかったが、この斜面の下部にも林道があるので、帰りはこの斜面を滑り、下に延びている林道に出ることができるかもしれない。

さて、林道はこの先ほぼ水平に延びて、籠町南葉山から南東に延びている尾根の中腹に抜けている。このため、杉尾根稜線付近に至る林道をたどるが、斜面が広いためはっきりしない。しばらく緩やかな斜面をトラバース気味に進み雑木の斜面となると、主稜線へは思いの外近い。稜線から頂上までは小さなアップダウンがあり、また思ったほど広くないので、右側に張り出した雪庇に注意して登る。たどり着いた頂上は南北に細長く、稜線の一ピークといった感じである。

来たところをシールのまま戻り、先ほど主稜線に出たところからシールを外して滑り始める。滑り出しからしばらくは、斜面は広く快適である。傾斜が比較的緩いので、初心者には格好の斜面だろう。

山行当時は視界が効かなかったので、しばらく登ってきた時のトレースをたどり、標高七〇〇mあたりでこれを離れ、トラバースして杉尾根の稜線に出る。ここから林道までの区間も楽しい滑降ができる。林道に出たら取り付きの斜面を除き、ほぼ忠実にこれをたどるが、傾斜が緩くスキーを履いたままで歩くこともあるので、思ったより時間が掛かる。

今朝、林道をショートカットするために取り付いた斜面は、このルート最後の快適な斜面であり、この滑りが終わると林道を忠実にたどるだけとなる。

石高谷の橋を渡ると傾斜がなくなるので、あとはのんびりスキーを履いたまま歩いて西野谷に戻る。

山行データ

【同行者】なし
【日時・天候】二〇〇二年三月一六日（小雨）
【参考タイム】西野谷（七時）頂上（九時四五分）西野谷（一一時）
【山行適期】二月下旬～三月下旬
【グレード】
○総合　初級
○山岳技術　初級
○滑降技術　初級
【装備】基本装備
【アクセス】
西野谷から新井駅まではバスの便がある。タクシーの利用も考えられる。
【滑降高度差等】
○滑降高度差　七〇〇m
○滑降距離　五・五km
○滑降斜面の最大傾斜　九度
【二万五千図】重倉山
【留意事項】
○上部は斜面が広いので、東側に雪庇が張り出しているものの、このルートよりもう少し頂上寄りから滑降することも可能だろう。
○西野谷からロッテアライリゾートへ向かう途中に「友楽里館」という温泉がある。帰りに立ち寄るのもよいだろう。車ならば西野谷から直ぐである。

ルート図　籠町南葉山・重倉山南東斜面

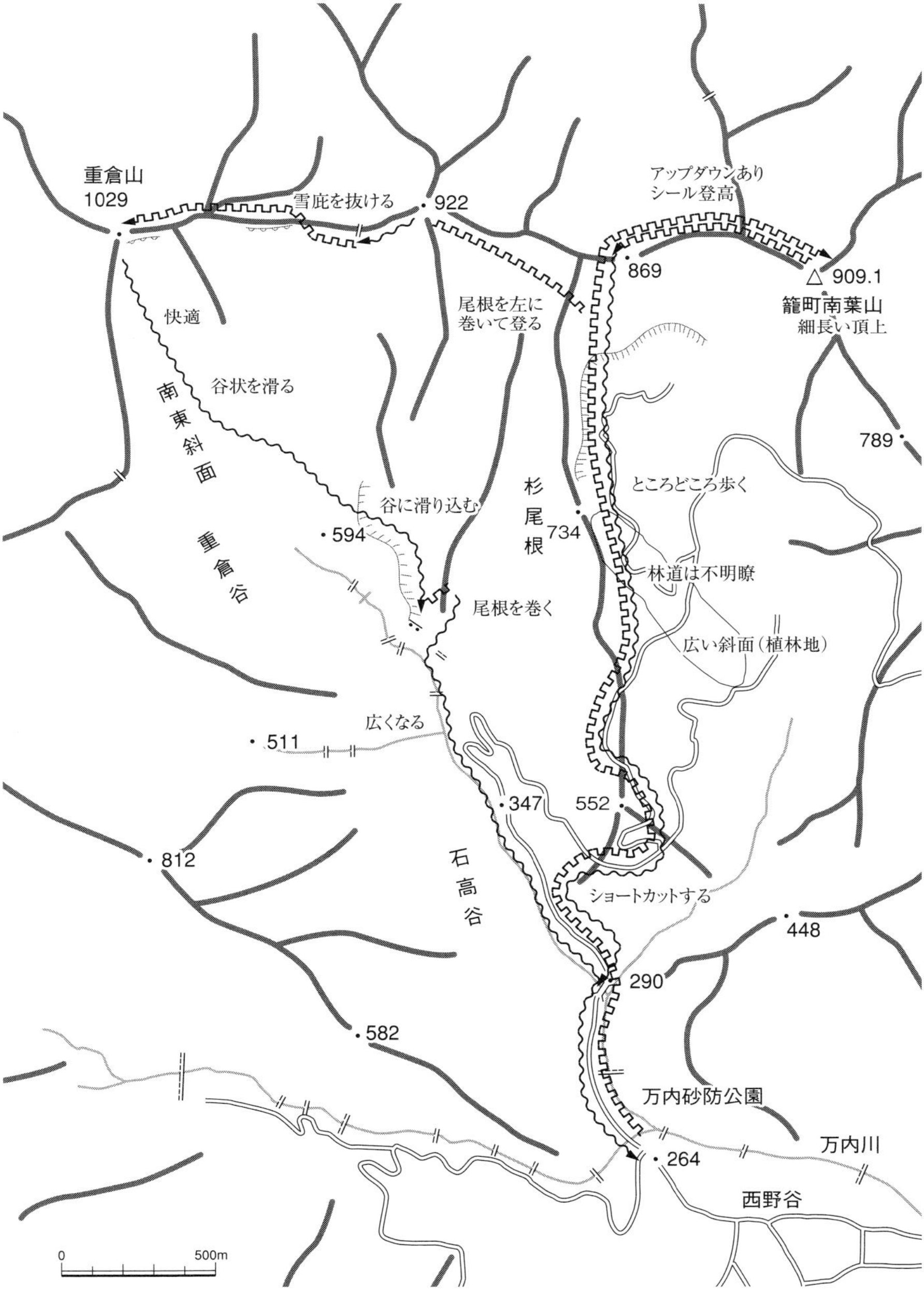

重倉山
1029
雪庇を抜ける
922
アップダウンあり
シール登高
869
909.1
籠町南葉山
細長い頂上
快適
尾根を左に
巻いて登る
谷状を滑る
南東斜面
789
杉尾根
734
ところどころ歩く
谷に滑り込む
594
重倉谷
林道は不明瞭
尾根を巻く
広い斜面（植林地）
広くなる
511
347
552
812
石高谷
ショートカットする
448
290
582
万内砂防公園
万内川
264
西野谷
0
500m

No.3 重倉山南東斜面

矢代山地屈指の大斜面

日帰り
★

概説

重倉山の南東斜面は矢代山地でも特筆される大きなスキー向きの斜面を有している。

残念ながら、斜面末端から直接西野谷へ滑り込むのは、谷に滝があるため不可能だが、斜面のスケール故に、この山域では一度は滑ってみたいルートの一つであろう。

行動概略

西野谷～杉尾根～頂上～
南東斜面～西野谷

西野谷から杉尾根を登る（詳細は「籠町南葉山」参照）。稜線手前で尾根の左側をトラバースし、籠町南葉山から延びる主稜線に出る。ここからは、広い尾根をたどり、頂上手前で雪庇の小さいところを選んで抜けて頂上に出る。なお、平坦で広い頂上は視界がないとルートファインディングが難しいので注意したい。

頂上からの南東斜面の滑降は、稜線に雪庇が出ているため、注意して滑り出し地点を探したい。慎重を期すなら、頂上から中ノ岳側へ少し下った地点からが良いだろう。眼下に広がる南東斜面は左側がやや尾根状となっており、谷状になっている右側と比べて藪がやや濃く、斜面末端は無立木の傾斜の緩い台地となっている。

このため、この南東斜面は、快適な右側の谷状斜面を経由した後、やや左に向きを変えて、台地末端に滑り込む。広い斜面はもちろん快適な滑降が楽しめる。台地末端手前で左の谷に滑り込み、少し滑ると台地末端に懸かる滝に出合う。この滝は下降できないことから左の支尾根を登り返し、隣の谷に出る。本山行のように残雪量が多ければ、この谷を滑り抜けて重倉谷右岸に沿って西野谷へ向かう。

しかし、時期が遅かったり、残雪量が少ない年は、谷を滑り抜けることは不可能かも知れない。この場合は、早めに杉尾根側へエスケープした方が賢明であり、場合によっては杉尾根まで登り返した方が滑降内容を考えるとよいかもしれない。

なお、重倉谷は途中、地図では二箇所ばかり対岸へ渡ることが可能となっているが、実際には徒渉しない限り、そのようなところはない。

ここからの重倉谷左岸のトラバースは斜面の傾斜が緩くそれ程危険ではないのが救いである。重倉谷が石高谷と名前を変えたあたりで杉尾根へ向かう林道が出合うと広い斜面となり、あとはのんびりと西野谷へ滑るだけである。

振り返れば今滑ってきた南東斜面が正面に望まれ、このルートの良さがよく分かると思う。斜面下部での判断は求められるが、比較的短時間で内容のある滑降が楽しめることから、好ルートの一つと考えて良いだろう（地図前頁）。

山行データ

【同行者】　なし
【日時・天候】
二〇〇六年三月二四日（晴れ）
【参考タイム】
西野谷（六時一〇分）主稜線（八時一〇分）重倉山（九時一〇分／四〇分）南東斜面台地末端（一〇時）西野谷（一〇時四〇分）
【山行適期】　三月上旬～下旬
【グレード】
○総合　　初級上
○山岳技術　初級上
○滑降技術　初級
【装備】　基本装備
【アクセス】
上越からの場合、国道一八号線のハイウェーオアシスあらい南の交差点を右折し西野谷へ。万内砂防公園手前に車を止める。駐車スペースは確保されている。
なお、西野谷からバスの利用が可能である。
【滑降高度差等】
○滑降高度差　七七〇m
○滑降距離　四・五km
○滑降斜面の最大傾斜　二〇度
【二万五千図】　重倉山
【留意事項】
○残雪量の多い方が快適でかつ危険も少ないルートであるので、早い時期の実施が望ましい。

No.4

重倉山北尾根

中級山岳の滑降の楽しさがわかる味わい深いルート

日帰り ★

概説

重倉山は籠町南葉山と中の岳の間に位置し、南東斜面にスキー向きの大きな斜面を有する山である。

このルートは西面から北尾根を往復するものであり、頂上までの登りは一〇〇〇ｍに満たないものの滑降距離が長い特徴がある。

このため、滑降の派手さこそ余りないが、比較的長時間の快適な滑降が可能である。また、このルートは途中、滑降に適した大斜面を有することから、ややもすれば単調になりがちな里山のスキーにアクセントを与えてくれている。

行動概略

横畑〜つぐらっこ山〜頂上（往復）

横畑の「桑取湯ったり村」に車を止めて出発する。取付きは、この右横から橋を渡って奥に延びる林道である。少し進み、右手の斜面をショートカットする。林道に出た先は立派な小屋があり、左手には水芭蕉が咲くのか、残雪の下から遊歩道が顔を出している。ここから林道を忠実に進む。傾斜は緩く幅も広いので、通過は問題ない。

やがて林道が終わったあたりから右手の尾根に取り付く。緩く広い尾根であり、視界がないと苦労しそうな尾根である。前方には真っ白な斜面を有するつぐらっこ山（九四四・七ｍ）が望め、それを目指して登る。つぐらっこ山手前の斜面は傾斜を増すが、それも長くは続かない。

このピークに着くと展望が開け、矢代や妙高の眺めがよい。ここから重倉山まではかなりの距離があるが、登りはここで殆ど終わったも同然である。ここからはいったん下り、登り返して広々とした重倉山頂上に着く。隣の中の岳は藪が殆どないのに比べ、重倉山は比較的あることから、里山の低山の雰囲気があり、それがのんびりとした気分にさせてくれる。

頂上からはいったんシールを外し尾根を滑る。広い尾根は快適な滑降が楽しめる。いったん下ったら再度シールを貼って登り返すが、それほどの労はない。つぐらっこ山からはまたシールを外して滑る。このピーク先の比較的大きな斜面の滑降も快適である。この斜面を滑った後、尾根右側の大きな斜面に滑り込む。この斜面は三角形の大斜面で、上から滑ってくると分かりづらいが、その最上部から滑降すれば快適な滑降が期待できる。斜面の位置を登高時によく確認しておきたい。この斜面を標高七〇〇ｍあたりまで滑った後、左手の小さな沢筋に滑り込み、北尾根側面をトラバースする。尾根はなだらかで広いので、このトラバースも快適な滑降が楽しめる。登ったときのトレースが出合ったしばらく先の六二〇ｍの標高点付近を経由して林道に出る。林道からはほぼ忠実にこれをたどり、今朝取り付いた「桑取湯ったり村」に戻る。

山行データ

【同行者】　後藤正弘、後藤トシ子
　設楽なつ子

【日時・天候】
二〇〇二年三月一七日（晴れ）

【参考タイム】
湯ったり村（七時二〇分）つぐらっこ山（一〇時）頂上（一一時二〇分／五〇分）つぐらっこ山（一二時三〇分）湯ったり村（一四時）

【山行適期】　三月上旬〜下旬

【グレード】
○総合　初級上
○山岳技術　初級上
○滑降技術　初級

【装備】　基本装備

【アクセス】
国道八号線から桑取川に沿って横畑へ。桑取湯ったり村に車を止める。駐車スペースは十分にある。

【滑降高度差等】
○滑降高度差　九七〇ｍ
○滑降距離　七・五km
○滑降斜面の最大傾斜　一九度

【二万五千図】　重倉山

【留意事項】
○積雪量が例年並みであれば、どこから登ってもよいのであるが、それだけに視界がないと苦しい山行となるので注意したい。
○山行の帰りに「桑取湯ったり村」での一浴を勧める。気持ちの良い温泉である。

ルート図　重倉山北尾根

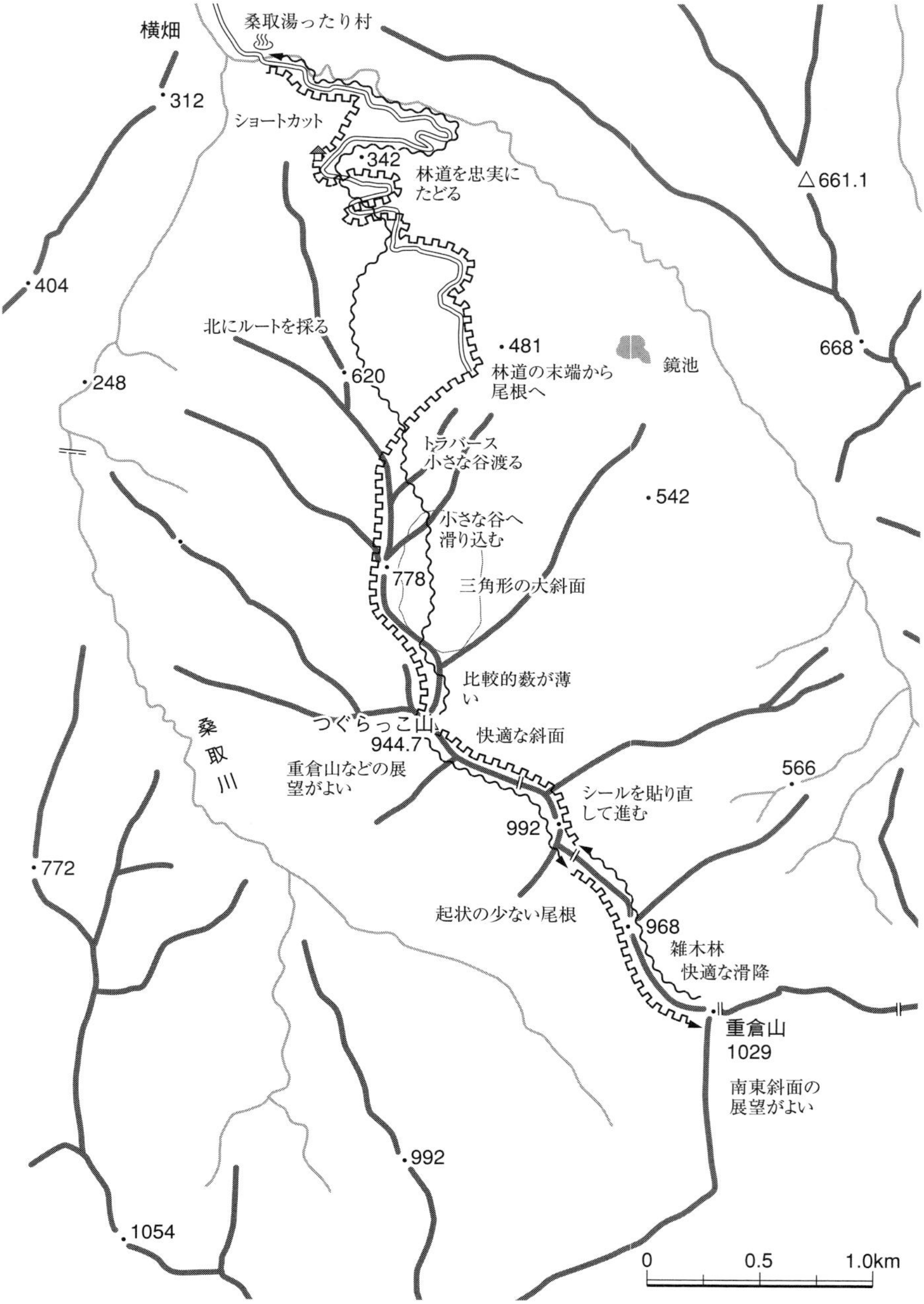
横畑
桑取湯ったり村
312
ショートカット
342
林道を忠実にたどる
△661.1
404
北にルートを採る
481
鏡池
668
248
620
林道の末端から尾根へ
トラバース小さな谷渡る
542
小さな谷へ滑り込む
778
三角形の大斜面
比較的薮が薄い
つぐらっこ山
944.7
快適な斜面
桑取川
重倉山などの展望がよい
566
シールを貼り直して進む
992
772
起状の少ない尾根
968
雑木林
快適な滑降
重倉山
1029
南東斜面の展望がよい
992
1054
0
0.5
1.0km

No.5

大毛無山から神葉沢、流浜谷

快適な流浜谷

日帰り
★

概説

大毛無山の北に位置する粟立山は目立たない一ピークであるが、スキーに適した斜面を持つ。

流浜谷は粟立山を巡るルートの一つであり、大毛無山から継続すると快適な滑降ができる。このルートは、これに神葉沢を加えたものであり、矢代山域の中でも推奨できるものの一つである。

行動概略

ARAIスキーリゾート手前～要山～大毛無山～神葉沢～粟立山～流浜谷～西野谷

ARAIスキーリゾート手前から要山へ続く尾根に取り付き、リフトの山頂駅を目指す。春先なら、ここまで四、五時間程度であろう。

山頂駅から主稜線にでて、大毛無山を目指す。一三九〇mの枯木のある小ピークを過ぎてさらに稜線をたどると、頂上直下正面に雪庇が出ているので、これを右から回り込んで頂上に出る。ゴンドラ山頂駅から四十分程で山頂に立てる。

頂上から神葉沢を滑る。この沢は中間部が深い谷となっており、積雪の状態が不安定だと雪崩に注意しなければならないが、上部の斜面は広く快適な滑りが期待できる。本山行では林道に出たらこれを忠実にたどったが、時間と天候が許せばもう少し滑って登り返すのもよいだろう。なお、林道の通過は斜面が急なため、雪が堅い場合や積雪の状態が不安定な場合は滑落や雪崩に注意し慎重に行動したい。大毛無山と粟立山とのコルに着けばほっとできるだろう。

ここからは、稜線東側に小さな雪庇が出ているので、これを崩して稜線にでる。尾根は広いので通過は問題はないが、視界不良時は方向を見失いやすいので注意したい。粟立山を過ぎ、その北西のピークから流浜谷へは幾つかのルートの採り方があると思うが、いったん紫雲谷の北斜面を滑った後、右へトラバースして重倉山との稜線付近に出た後にこの谷に滑り込む。この谷は大変広く快適な滑降が期待できる。

万内川との合流地点が近くなると、水流がのぞくところもあるので注意したい。合流点手前でスノーブリッジを渡り流浜谷の右岸に出て、広々とした万内川にでる。万内川はその右岸を途中でスノーブリッジをつたいながら滑る。また、標高四八〇m付近に大きな堰堤があるが、これは右から簡単に越すことができる。

大毛無山山頂（後藤正弘）

堰堤から先は林道を滑ることになるが、山行の終了点である西野谷まで引き続き快適な滑降が待っている。たどり着いたところは西野谷の端で、左手に万内砂防公園の四阿が見える。

山行データ

【同行者】後藤正弘、設楽なつ子
【日時・天候】二〇〇四年三月一三日（晴れのち雨）
【参考タイム】スキー場山頂駅（九時）大毛無山頂上（九時五〇分）粟立山と大毛無山のコル（一一時）西野谷（一三時三〇分）
【山行適期】三月上旬～中旬
【グレード】
○総合　中級下
○山岳技術　中級下
○滑降技術　初級上
【装備】基本装備
【アクセス】車が二台あれば、一台は取付きに、もう一台は西野谷に置きたい。なお、西野谷から新井駅へのバスの便がある。タクシーの利用も考えられる。
【滑降高度差等】
○滑降高度差　一二七〇m
○滑降距離　六・五km
○滑降斜面の最大傾斜　二八度
【二万五千図】関山、重倉山
【留意事項】
○視界不良時は行動を控えたい。特に主稜線で視界を失うと厄介である。
○記録はARAIスキーリゾート営業時のものである。

ルート図　大毛無山から神葉沢、流浜谷

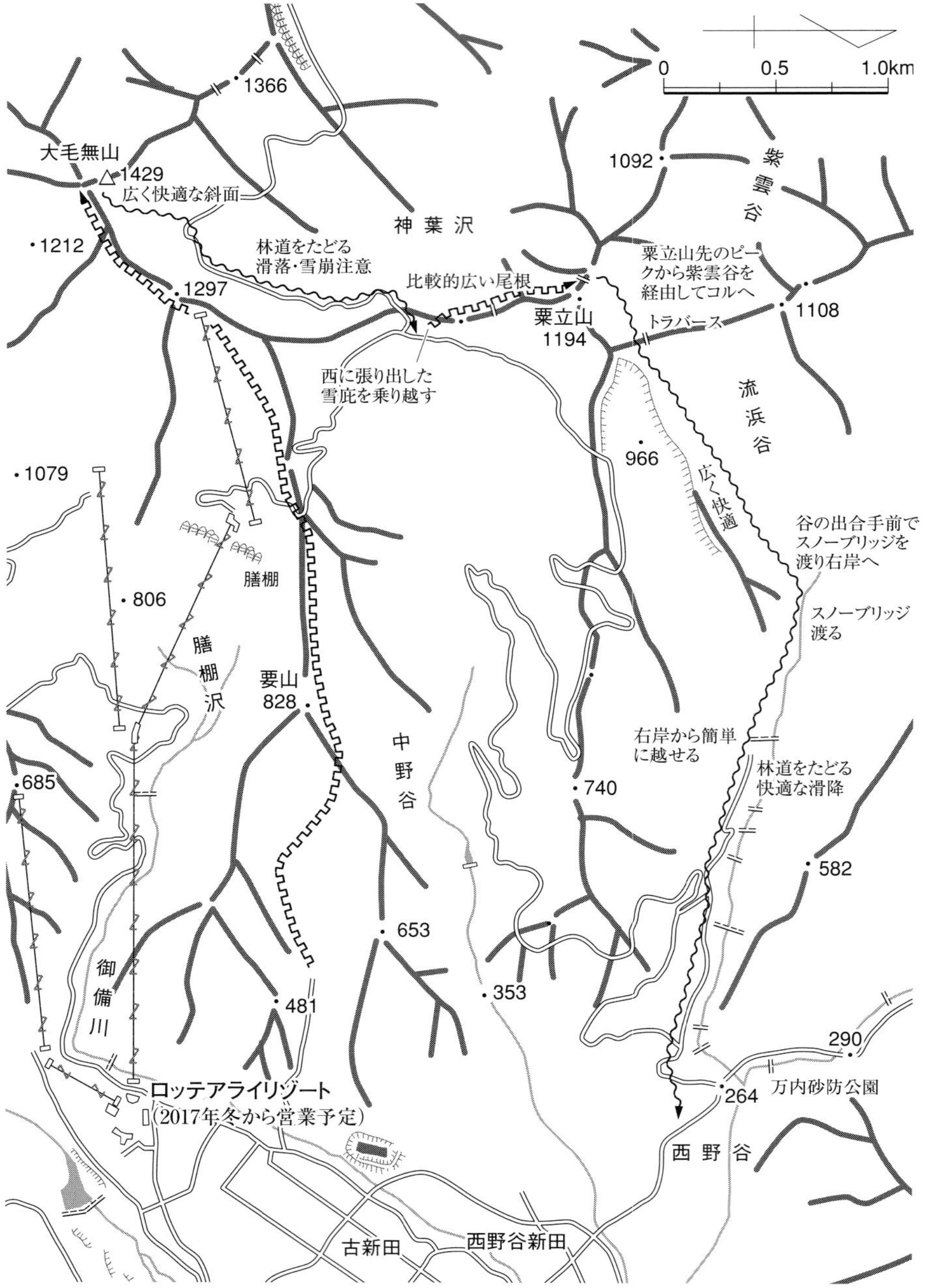
0
0.5
1.0km
1366
大毛無山
1429
広く快適な斜面
•1212
林道をたどる
滑落・雪崩注意
1297
神葉沢
比較的広い尾根
1092
紫雲谷
粟立山先のピー
クから紫雲谷を
経由してコルへ
粟立山
1194
トラバース
1108
西に張り出した
雪庇を乗り越す
流浜谷
966
広く快適
•1079
膳棚
806
膳棚沢
谷の出合手前で
スノーブリッジを
渡り右岸へ
スノーブリッジ
渡る
要山
828
中野谷
右岸から簡単
に越せる
林道をたどる
快適な滑降
685
740
582
653
御備川
481
353
290
ロッテアライリゾート
(2017年冬から営業予定)
264
万内砂防公園
西野谷
古新田
西野谷新田

No.6

粟立山

登り返しのない快適ルート

日帰り
★

概説

大毛無山周辺は昔から山スキー適した場所として知られてきたが、このルートも矢代の他のルートと同様、滑りの内容は申し分ないものであり、いったん滑り始めれば、途中で登り返すところもなく、最後まで快適な滑降に終始できる。

危険なところは余りないので、一定程度の滑降技術があれば経験者の同行のもとに初心者でも安心して楽しめるだろう。

行動概略

ARAIスキーリゾート手前〜
要山〜粟立山下部〜西野谷

ARAIスキーリゾート手前から要山へ続く尾根に取り付き、リフトの山頂駅を目指す。春先なら、ここまで四、五時間程度であろう。

ARAIスキーリゾートの山頂駅から、粟立山に続く尾根を滑る。

尾根は広く、まずまずの滑りができる。少し滑ると部分的に藪が出て滑りづらいが、これも直ぐに終わる。眼下には垂涎ものの素晴らしい斜面が谷に向けて広がっている。

ここからは、林道沿いに粟立山の斜面をトラバースする。林道のトラバースといっても積雪量が豊富であることから林道を滑っている感覚からはほど遠い、極めて快適な滑降である。粟立山から尾根に出ると、尾根中央が窪んだような複雑な地形となっている。後方を見ると、大きな雪庇が張り出した粟立山が真っ白に輝いている。ここからは、窪んだ尾根の中央を滑り、そのまましばらく尾根の北側をトラバース気味に滑ると、眼下に杉の植林地が見える。また、この杉の植林地がある地点は尾根の北側から南側に林道が移っている。

この先、ルートは稜線から北西に重倉谷方面に延びる斜面を滑るのであるが、藪が少し濃いため、やや分かりづらい。いったん、植林地に滑り込み、雑木の斜面を左に進み、少し滑り降りると、下部に流浜谷の堰堤が見え、滑降に快適な素晴らしい斜面が続いていることが分かる。

この斜面は、積雪量が少ない年は部分的に雪が切れているところもあるので注意が必要だが、予想もしないような快適な滑降が堰堤まで続く。堰堤からは、谷の右岸につけられた林道をたどり、最後まで快適な滑降に終始して西野谷に着く。

粟立山を望む

山行データ

【同行者】　設楽なつ子
【日時・天候】　二〇〇二年三月一六日（晴れ）
【参考タイム】　ARAIスキーリゾートリフト上（一四時五〇分）西野谷（一六時）
【滑降高度差等】
○滑降高度差　一〇〇〇m
○滑降距離　五・五km
○滑降斜面の最大傾斜　二四度
【山行適期】　三月上旬〜下旬
【グレード】
○総合　初級上
○山岳技術　初級上
○滑降技術　初級上
【装備】　基本装備
【アクセス】
西野谷からは新井駅へのバスの便がある。タクシーの利用も考えられる。
【二万五千図】
重倉山、関山
【留意事項】
○西野谷からスキー場（廃業）に行く途中に「友楽里館」という温泉がある。帰りに立ち寄るのもよいだろう。車ならば西野谷から直ぐである。
○記録はARAIスキーリゾート営業時のものである。

ルート図　栗立山

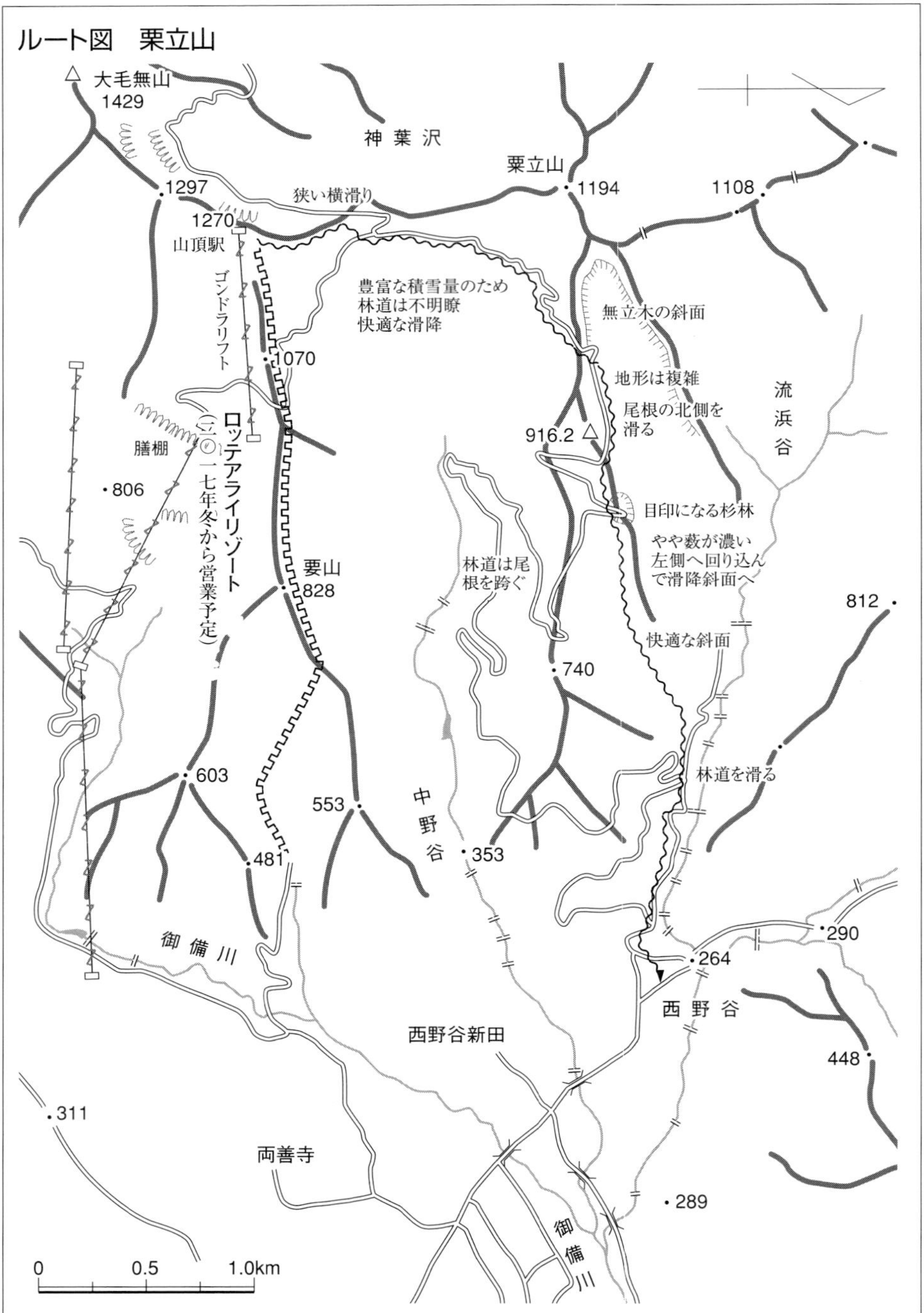

大毛無山
1429
神葉沢
栗立山
1194
1108
1297
狭い横滑り
1270
山頂駅
ゴンドラリフト
豊富な積雪量のため
林道は不明瞭
快適な滑降
無立木の斜面
1070
地形は複雑
流浜谷
尾根の北側を
滑る
916.2
膳棚
ロッテアライリゾート
（二〇一七年冬から営業予定）
806
目印になる杉林
やや薮が濃い
左側へ回り込んで滑降斜面へ
要山
828
林道は尾根を跨ぐ
812
快適な斜面
740
603
林道を滑る
553
中野谷
353
481
御備川
290
264
西野谷
西野谷新田
448
311
両善寺
289
御備川
0
0.5
1.0km

No.7
大毛無山北西尾根
東飛山への静かなルート

日帰り

概説

大毛無山を起点とすれば、幾つかのルートを見つけることができるだろう。このルートもそのうちの一つであり、大きな斜面はないものの、概ね快適な滑降が期待できる。

ただ、ルートファインディングが難しく、予想以上に時間がかかる。

行動概略

ARAIスキーリゾート手前〜要山〜大毛無山〜紫雲谷出合〜東飛山

（大毛無山までは「大毛無山から神葉沢、流浜谷」参照）

頂上は妙高や海谷の展望に優れている。ここから一三五〇mの小ピークまでは小さなアップダウンが続き、雪庇の張り出し方も複雑であり、部分的に薮の濃いところもあることから、シールのままで下る。一三五〇mのピークはその先が崖となっている。ここでシールを外し、南西に滑り込む。ここは稜線を南に外して滑った方が快適である。高度差で五〇mほど滑ったら、適当なところで北西に向きを変え、一二三二mの標高点の基部へトラバース気味に滑り込む。眼下には快適そうな広い斜面が見えるが、この斜面を滑りすぎるとルートに採る林道を見失う恐れがあることから、なるべくこの斜面の北側の縁を滑るようにする。一三五〇mからこのあたりまでは特にルート採りが難しく、十分注意して滑りたい。私たちの山行では比較的急な谷を滑り林道に出たが、八五〇mあたりまでこの斜面を滑り、林道に出る方が一般的だろう。林道に出たら、これをしばらく忠実にたどる。

標高七五〇m付近は林道が分岐しており、間違って入りやすいので注意したい。また、七〇〇m付近にはキャンプ場があり、屋根がのぞいている。このキャンプ場を過ぎると杉の植林地となる。このまま忠実に林道をたどってもよいし、適当にショートカットしてもよい。いずれにせよ、五五〇m付近で林道を外れ、名立川の神葉沢出合に向け滑り降りる。

出合には橋が懸かっており、これを渡る。橋から先、一km程は林道がデブリで埋まっている。滑落や雪崩に注意し通過したい。これを過ぎ、標高四〇〇mあたりまで滑ると、あとはのんびり林道をたどる。

なお、本山行では紫雲谷出合から先は除雪されており、東飛山までの三km程はスキーは使えなかった。

大毛無山頂で（後藤正弘）

山行データ

【同行者】塩見慶子

【日時・天候】二〇〇三年三月一六日（晴れ）

【参考タイム】
スキー場リフト上（九時）大毛無山頂（九時四〇分／五〇分）神葉沢出合（一二時四〇分）紫雲谷出合（一三時四〇分）

【山行適期】三月上旬〜四月上旬

【グレード】
○総合　中級
○山岳技術　中級
○滑降技術　初級上

【装備】基本装備

【アクセス】
東飛山からは路線バスがあるが、これを利用する場合は日帰りは難しい。

【滑降高度差等】
○滑降高度差　一一〇〇m
○滑降距離　一一・五km
○滑降斜面の最大傾斜　二八度
（沢を滑らなければ一七度）

【二万五千図】湯川内、関山、槇

【留意事項】
○神葉沢出合から暫くは、滑落の他雪崩にも十分注意が必要である。
○記録はARAIスキーリゾート営業時のものである。

ルート図　大毛無山北西尾根

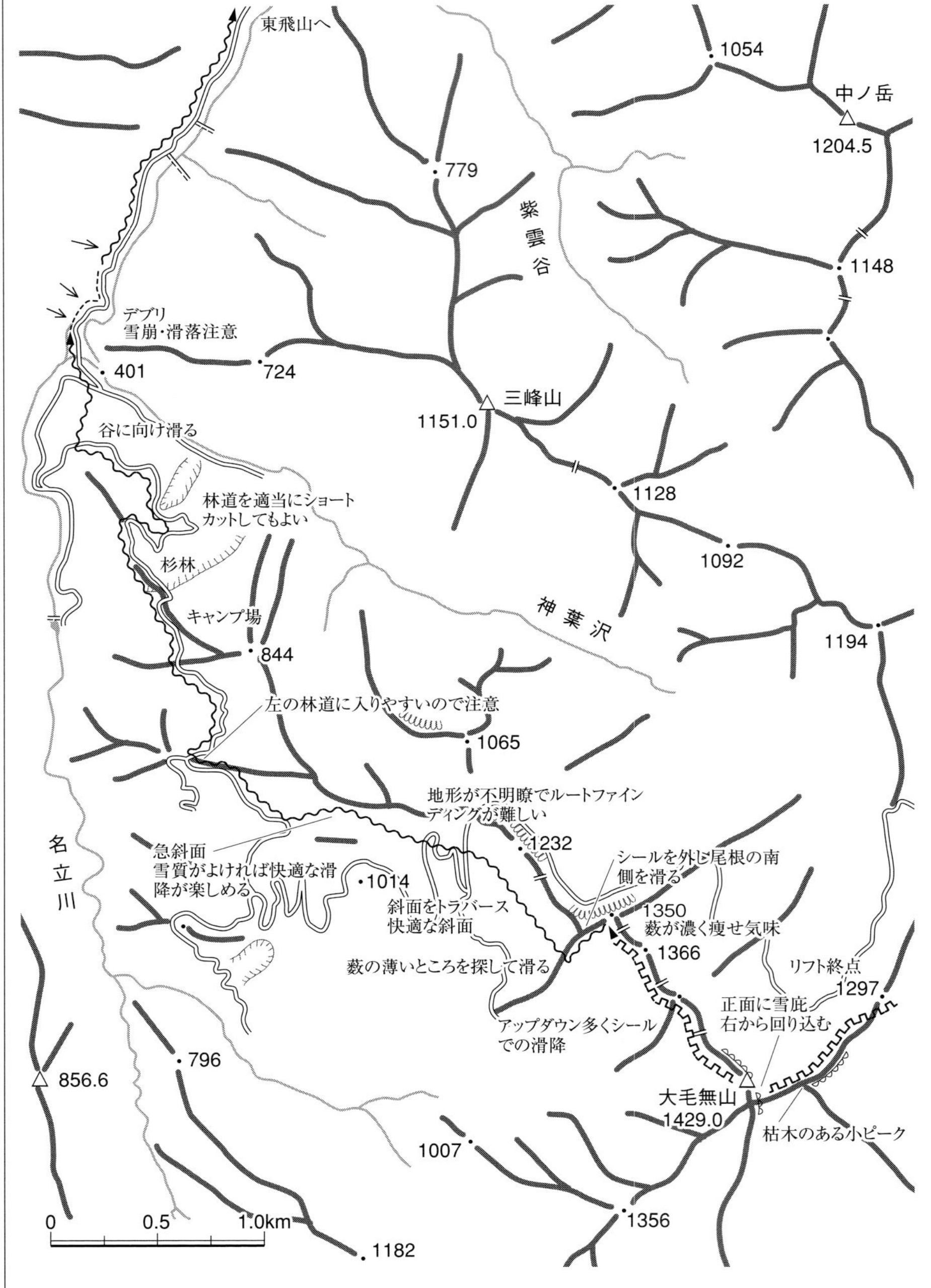

東飛山へ
1054
中ノ岳
1204.5
779
紫雲谷
1148
デブリ
雪崩・滑落注意
401
724
三峰山
1151.0
谷に向け滑る
1128
林道を適当にショートカットしてもよい
1092
杉林
神葉沢
キャンプ場
844
1194
左の林道に入りやすいので注意
1065
地形が不明瞭でルートファインディングが難しい
名立川
急斜面
雪質がよければ快適な滑降が楽しめる
1232
シールを外し尾根の南側を滑る
1014
斜面をトラバース
快適な斜面
1350
藪が濃く痩せ気味
1366
藪の薄いところを探して滑る
リフト終点
1297
正面に雪庇
右から回り込む
アップダウン多くシールでの滑降
796
856.6
大毛無山
1429.0
枯木のある小ピーク
1007
0
0.5
1.0km
1356
1182

No.8

容雅山北桑沢

快適な容雅山北桑沢の滑降

1泊2日
★

概　説

容雅山は矢代山地の奥深くに位置し、一般的には知られていない山であるが、この山を源頭とする北桑沢は矢代山地でも屈指の滑降が期待できる。ロッテアライリゾートが営業すれば、日帰りも可能である。

行動概略

ARAIスキーリゾート～
大毛無沢～容雅山～北桑沢～岡沢

（大毛無山までは「大毛無山から神葉沢、流浜谷」参照）

大毛無山山頂から大毛無沢の滑降が始まる。この沢は特に上部が広く雪質が良ければ快適であろう。主に左岸にルートを採り下部斜面に滑り込む。中間部から下は谷の切れ込みが徐々に深くなってくるので、谷底を滑らず、左岸斜面をトラバース気味にルートを採る。滑り降りたところは悪水沢の出合で、心持ち下ったところから対岸の沢に取り付く。

この沢は少し登ると八八〇m付近で分岐する。大差はないが、右の沢を登った方が傾斜が緩く、シールで登るにはよいだろう。いずれにしても、一三〇〇m付近で合流し、容雅山直下の比較的急な登りとなる。

頂上は妙高や海谷方面の山々の展望に優れている。頂上からの滑降は、東側に雪庇が出ていることから、東に延びる尾根を注意深く捜してコルに滑り込む。このコルが北桑沢の一般的な滑り出しである。ここから見る北桑沢は純白の広大な斜面が遙か彼方まで続いている。斜面の方角や地形的特徴から雪質も素晴らしく、快適なスキーが楽しめる。

北桑沢（後藤正弘）

標高八〇〇m付近まで滑ってくると、雪の少ないときは沢沿いに滑り降りることは難しくなるので、右岸の台地に登り澄川との出合いを目指す。澄川出合でスノーブリッジを渡り対岸に出る。ここから第三発電所までは、雪が多ければそのまま澄川に沿いに滑ることも可能だが、一般的には澄川右岸を登り返し、燕尾根末端の送水管沿いに滑る。第三発電所からは林道に沿っていったん五〇m程登り返し、スキーで岡沢へ向かう。

ここからは、雪質などの条件がよく、滑ることができれば比較的短時間で岡沢に出ることができるが、途中で除雪してあれば、かなり長い道程を歩かねばならず時間がかかる。

山行データ

【同行者】　塩見慶子
【日時・天候】
二〇〇三年三月一五日（晴れ）
【参考タイム】
リフト上（九時一〇分）大毛無山（九時四〇分／一〇時）容雅山（一三時四五分／一四時一〇分）澄川出合（一五時一〇分）第三発電所（一六時一〇分）岡沢（一七時一〇分）
【山行適期】　三月上旬～中旬
【グレード】
○総合　中級
○山岳技術　中級
○滑降技術　中級
【装備】　基本装備、補助ロープ
【アクセス】　帰りは一般的には岡沢からタクシーを利用する。
【滑降高度差等】
○滑降高度差　一八五〇m
○滑降距離　一五・〇km（岡沢まで）
○滑降斜面の最大傾斜　二五度
【二万五千図】　関山、湯川内
【留意事項】
○視界がないとルートファインディングが困難になる。特に容雅山は、東側に雪庇がでており視界不良時は危険である。
このため山行の実施に当たっては、視界が十分確保されることが条件となる。
○積雪が少ないときは澄川を徒渉しなければならなくなるので、山行を控えたい。
○記録はARAIスキーリゾート営業時のものである。

ルート図　容雅山北桑沢

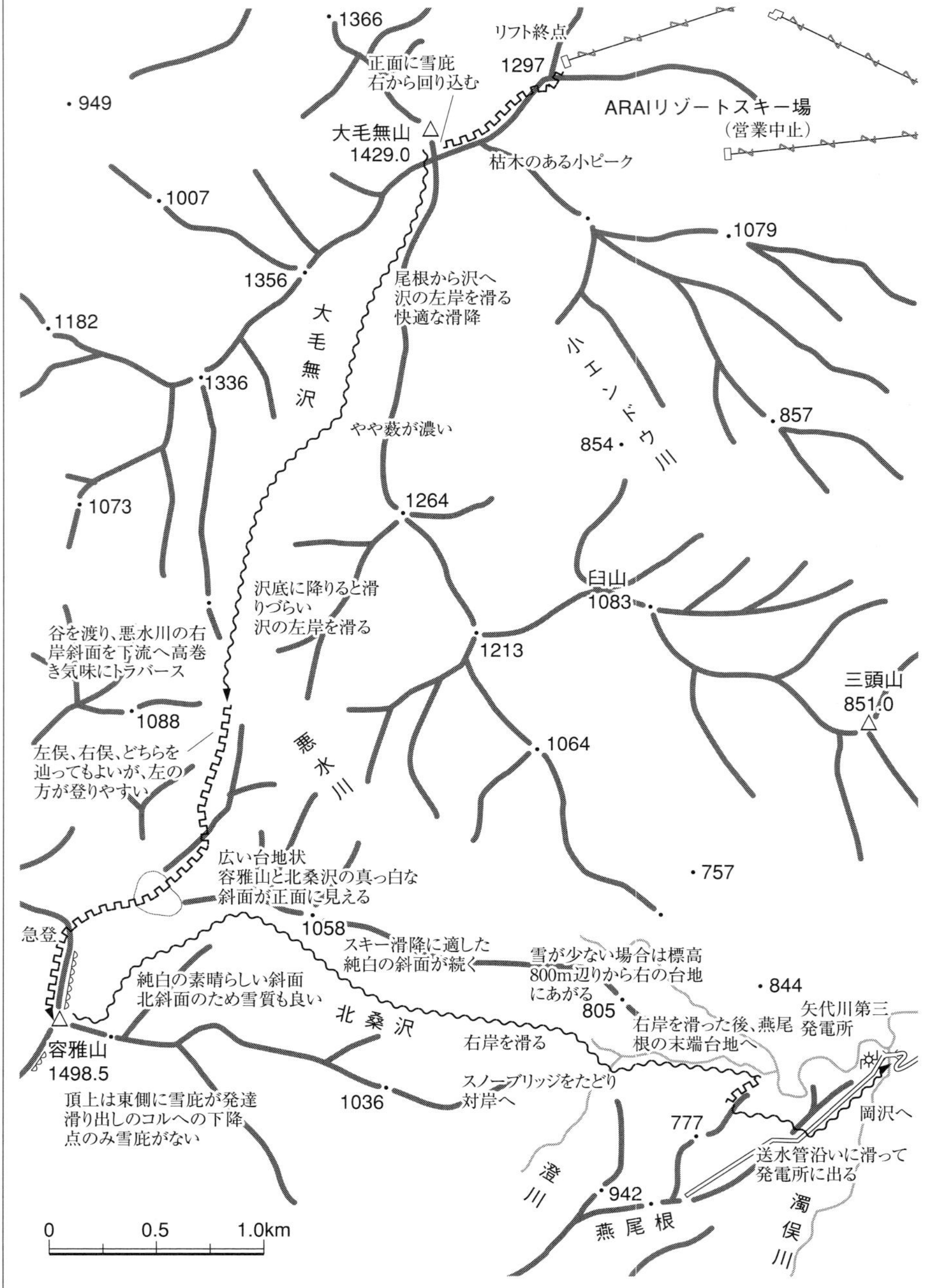
1366
リフト終点
1297
正面に雪庇
右から回り込む
949
ARAIリゾートスキー場
（営業中止）
大毛無山
1429.0
枯木のある小ピーク
1007
1079
1356
尾根から沢へ
沢の左岸を滑る
快適な滑降
1182
大毛無沢
小エンドウ川
1336
857
やや薮が濃い
854
1073
1264
臼山
1083
沢底に降りると滑
りづらい
沢の左岸を滑る
谷を渡り、悪水川の右
岸斜面を下流へ高巻
き気味にトラバース
1213
三頭山
851.0
1088
左俣、右俣、どちらを
辿ってもよいが、左の
方が登りやすい
悪水川
1064
広い台地状
容雅山と北桑沢の真っ白な
斜面が正面に見える
757
急登
1058
スキー滑降に適した
純白の斜面が続く
雪が少ない場合は標高
800m辺りから右の台地
にあがる
844
純白の素晴らしい斜面
北斜面のため雪質も良い
805
矢代川第三
発電所
北桑沢
右岸を滑った後、燕尾
根の末端台地へ
容雅山
1498.5
右岸を滑る
スノーブリッジをたどり
対岸へ
1036
頂上は東側に雪庇が発達
滑り出しのコルへの下降
点のみ雪庇がない
777
岡沢へ
送水管沿いに滑って
発電所に出る
澄川
942
燕尾根
濁俣川
0
0.5
1.0km

No.9

濁俣川左俣

緊迫感溢れる中間ルンゼ滑降

日帰り
参考記録

概説

火打山東面は澄川がよく滑られているが、その他のルートは殆ど滑られていない。中でも、濁俣川左俣は遡行図では大きな滝がないにもかかわらず、滑降されたという記録はない。

本邦屈指の積雪量を誇るこの山域で、この谷が滑られていないのは常々不思議に思っていた。

行動概略

笹ヶ峰～黒沢ヒュッテ～燕尾根～矢代川第三発電所

笹ヶ峰から黒沢橋を渡り、富士見平に出る。標高二一〇〇m手前の広い平坦地から黒沢岳の東斜面を、やや下りながら黒沢池へ向かう。黒沢ヒュッテで休憩をとり、いよいよ滑降を開始する。

ここから見る濁俣川左俣は広大な斜面となっている。いったん滑り始めれば、火打山東面特有の桁外れに広大な斜面が展開し、その滑降の快適さは我を忘れるほどだ。当初は、左俣左沢にルートに採る。やがて沢らしい地形となり、これを避けて左側の台地を滑ると滝に出る。ここから見る滝は、側壁が立っていたので右沢に向かう。幸い、ここから右沢までは時間はそれ程かからなかった。右沢の源頭に着くと、この谷から瀬音が聞こえており、この沢も滑降困難と考えられた。このため、私たちは眼下に広がる右沢と左沢との中間ルンゼを滑ることにした。

ここから垣間見る中間ルンゼは、上部は振子状の斜面で滑降可能と分かったが、下部斜面は急であり状況は分からなかった。雪が切れていれば滑降不能かもしれないが、思い切って滑り込む。ルンゼ上部は正面の急斜面を避けて、右側から回り込むようにしてガスの切れ間を見ながら慎重に滑り、ルンゼ下部の滑り口に着く。ここから傾斜はさらに急になり、四〇度を遥かに超え、いよいよ狭くなってきた。しかも、下部斜面は途中二箇所ほどクレバスがあった。しかし、幸い小さかったことから大事に至らなかった。これを過ぎると斜面は広くなったものの、石やデブリが散乱し滑りづらくなった。石や崩壊した氷片が右側壁から時々落ちてくる。緊張感の途切れる暇はない。しかし、下部は緩やかになっており、その先も滑降可能であることが分かった。慎重にここを過ぎると、ようやく左沢と右沢との出合に着く。

振り返れば、先程下降しようとも考えた左沢は四、五〇mのすだれ状の滝を、その左の大倉山北壁には高さ一五〇mはあろうかという直瀑をそれぞれ懸けていた。ここからは、雪に埋まった広くなだらかな左俣を快適に滑る。標高一一五〇mあたりで左俣から右俣へ向かう。右俣に出たらそのまま燕尾根の南に広がる台地を滑る。広い台地は緩斜面の連続であり、標高九〇〇m付近で発電所の巡視道を登った他は快適に滑り矢代川第三発電所に着く。発電所から林道を登り返した後、標高五二〇m付近まで滑り岡沢へ向かった。

山行データ

【同行者】　鈴木鉄也、荒木佐子
【日時・天候】
一九九七年四月一九日（晴れ後霧）
四月二〇日（晴れ）
【参考タイム】
第一日
笹ヶ峰（七時四五分）黒沢ヒュッテ（一二時二〇分）下燕基部（天場）（一五時三〇分）
第二日
天場（九時四五分）矢代川第三発電所（一〇時五〇分）岡沢（一三時一五分）
【山行適期】　四月上旬～中旬
【グレード】　一般的でない
【装備】
基本装備、補助ロープ、アイゼン、ピッケル
【アクセス】　「濁俣川右俣」参照。
【滑降高度差等】
○滑降高度差　一六〇〇m
○滑降距離　一〇・〇km
○滑降斜面の最大傾斜　三五度
【二万五千図】　妙高山、湯川内、関山
【留意事項】
○本山行では、途中で視界がなくなったことから二日間を要したが、本来であれば笹ヶ峰から日帰り可能である。

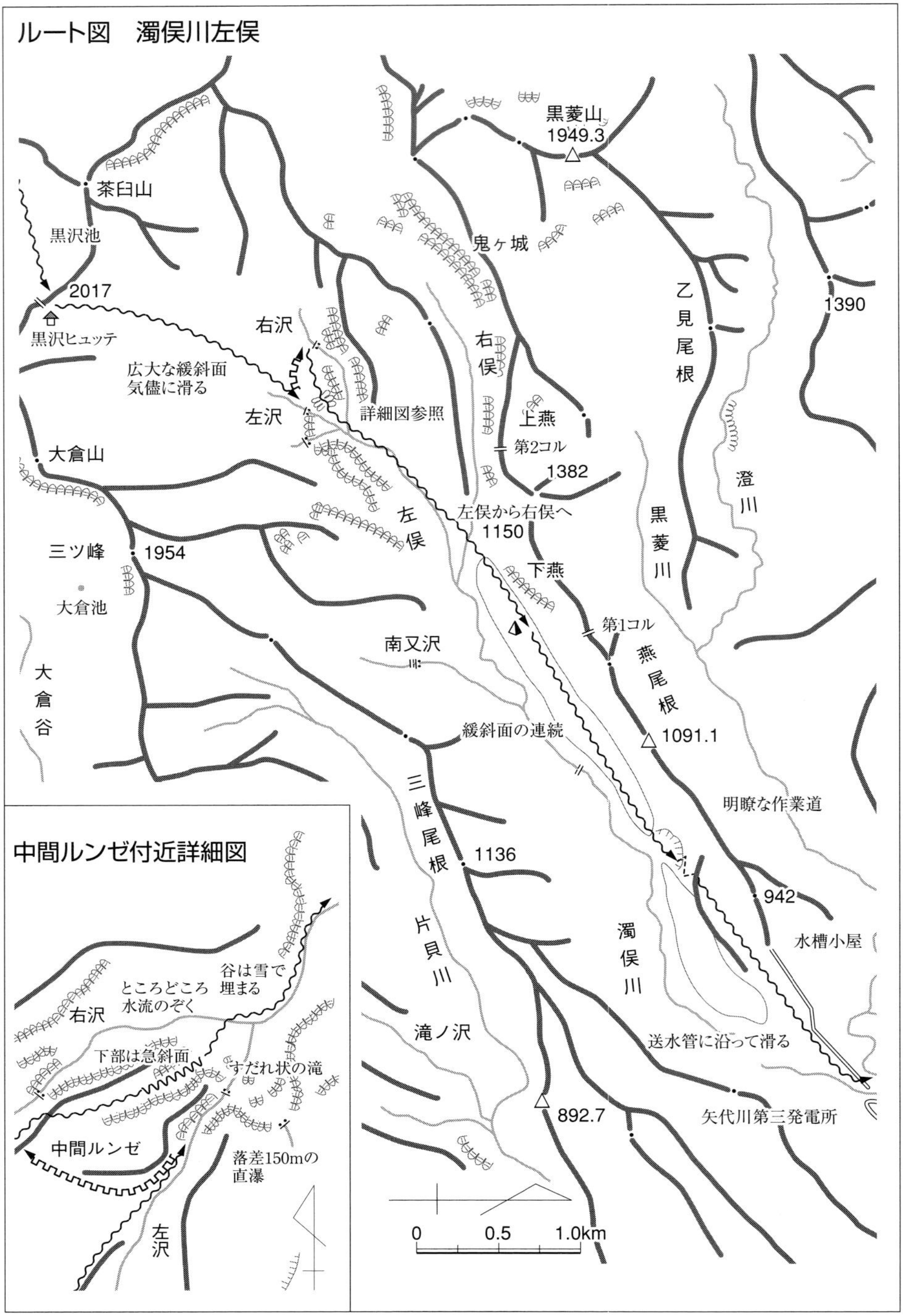
ルート図　濁俣川左俣
黒菱山
1949.3
茶臼山
黒沢池
2017
黒沢ヒュッテ
鬼ヶ城
乙見尾根
1390
右沢
右俣
広大な緩斜面
気儘に滑る
左沢
詳細図参照
上燕
第2コル
大倉山
1382
澄川
黒菱川
左俣
左俣から右俣へ
1150
三ツ峰
1954
下燕
大倉池
第1コル
南又沢
燕尾根
大倉谷
緩斜面の連続
1091.1
明瞭な作業道
三峰尾根
1136
942
片貝川
濁俣川
水槽小屋
滝ノ沢
送水管に沿って滑る
892.7
矢代川第三発電所
0
0.5
1.0km
中間ルンゼ付近詳細図
谷は雪で
埋まる
ところどころ
水流のぞく
右沢
下部は急斜面
すだれ状の滝
中間ルンゼ
落差150mの
直瀑
左沢

No.10 濁俣川右俣

登り返しがほとんどない快適ルート

日帰り ★

概説

このルートは余り知られてはいないものの、火打山東面の澄川等と同じく本邦屈指のロングルートである。しかも、滑り出せば全体を通じて登り返しは高度差五〇m程しかなく、スキーの速さと快適さを実感できる好ルートである。

行動概略

笹ヶ峰～天狗の庭～濁俣川右俣～矢代川第三発電所

笹ヶ峰駐車場を早朝に出発して高谷池に着く（笹ヶ峰から高谷池までは「火打山から澄川」参照）。高谷池からは火打山に続くトレースをたどる。二一四七mの標高点付近でトレースを離れ、右へトラバース気味に進んで滑り出しである標高二一五〇m付近の稜線に出る。

ここから見下ろす兎平は火打山東面特有の広大で素晴らしい斜面となっている。稜線の直ぐ先が雪庇状になっていることから、これを避けて滑降を開始する。広大な斜面はどこを滑ってもよいが、やや左寄りに滑り、鬼ヶ城の岩壁直下の斜面を滑る。鬼ヶ城の岩壁を見ての滑降は、日本離れした素晴らしいロケーションの中で本当に快適であり、距離にして一・五km程であるものの、あっという間に滑ってしまう。やがて、この広い斜面が終わると前方が急に狭くなり、傾斜も急に増す。濁俣川右俣のゴルジュの始まりである。

鬼ヶ城直下の斜面は急傾斜で危険なため、尾根を挟んで右側の斜面を滑る。ここも急斜面であり転倒は許されないが、高度差は一〇〇m程であるので一気に抜ける。この箇所は、もう少し東側（地図で一八〇〇mと記入のある斜面）から滑り込んだ方が簡単であるが、この場合は標高一九〇〇mあたりでその滑り出しの斜面に出る必要がある。それでもかなりの急斜面である。ここを過ぎ、しばらく滑ると土石を巻き込んだデブリで覆われた斜面となる。左岸側は岩壁が発達し、落石が多く注意が必要である。状態によってはこの箇所は滑降不能であるので、ゴルジュが終了するあたりまで足早にスキーを担いで下った後、安全と思われるところまで滑り切る。ゴルジュ帯を抜けきれば一息つける。振り返り見るゴルジュ帯は、壮観で日本離れした様相を呈している。

これ以後、広い緩斜面となり快適に滑る。やがて、標高一〇五〇mあたりの左俣出合の手前で左岸の台地に上がる。ここからは燕尾根南面に広がる台地を滑る。ここも快適な斜面が続き、標高八八〇m付近で巡視道を登る他は、標高七〇〇mあたりまで快適な滑降が楽しめるだろう。

これより先は、時期が遅かったり雪の少ない年は残雪が少なくなるので、途切れ途切れの残雪を拾って眼下に見える矢代川第三発電所へ向かうこととなる。

山行データ

【同行者】　神村文男、沼野　隆

【日時・天候】　二〇〇〇年五月五日（晴れ）

【参考タイム】

笹ヶ峰（五時一〇分）高谷池（九時二〇分）稜線（標高二一五〇m）（一〇時／一〇時二〇分）矢代川第三発電所（一三時）林道ゲート（一三時一五分）

【山行適期】　四月中旬～五月上旬

【グレード】

○総合　中級

○山岳技術　中級

○滑降技術　中級

【装備】　基本装備、アイゼン

【アクセス】

○笹ヶ峰までの林道の除雪は、五月連休前までに終了する。除雪の状況は、その年の積雪量で異なり、早い場合は四月中旬に終了することもある。除雪終了以前の入山は妙高国際スキー場から一泊二日となる。この場合、ゲレンデ最上部の高速リフトの稼働も確認したい。

○帰路は第三発電所からタクシーの利用が便利である。また、携帯電話は燕尾根末端、矢代川第三発電所ゲート付近からでも使用可能である。

ただし、タクシーが第三発電所まで入るには、第一発電所のゲートが開いていることが条件であり、タクシーがそこまで入らないと分からないので注意が必要である。

【滑降高度差等】

○滑降高度差　一五〇〇m

○滑降距離　一〇・〇km

○滑降斜面の最大傾斜　二〇度

【二万五千図】　湯川内、妙高山、関山

【留意事項】

○ゴルジュ帯は迅速に通過したい。

ルート図　濁俣川右俣

滑降ルート上部

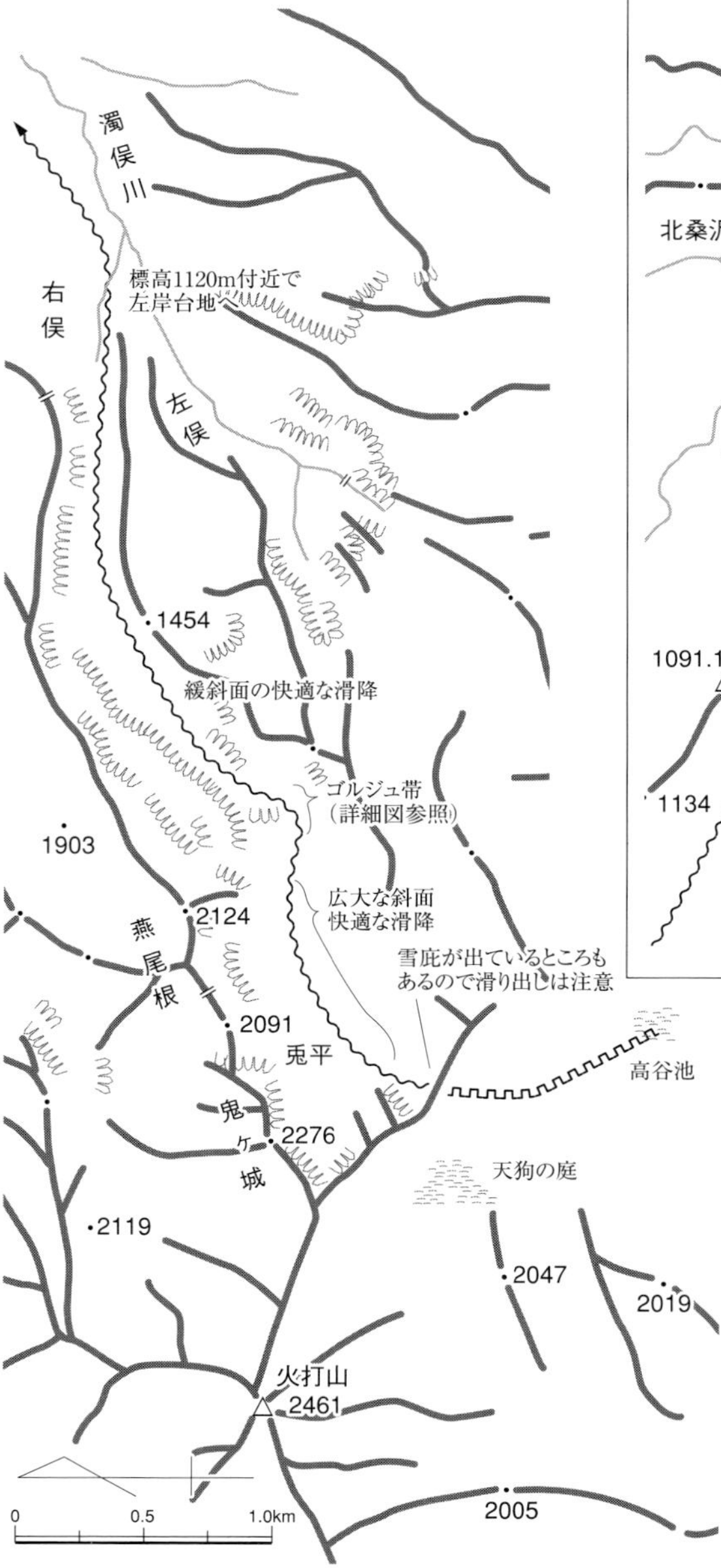

滑降ルート下部

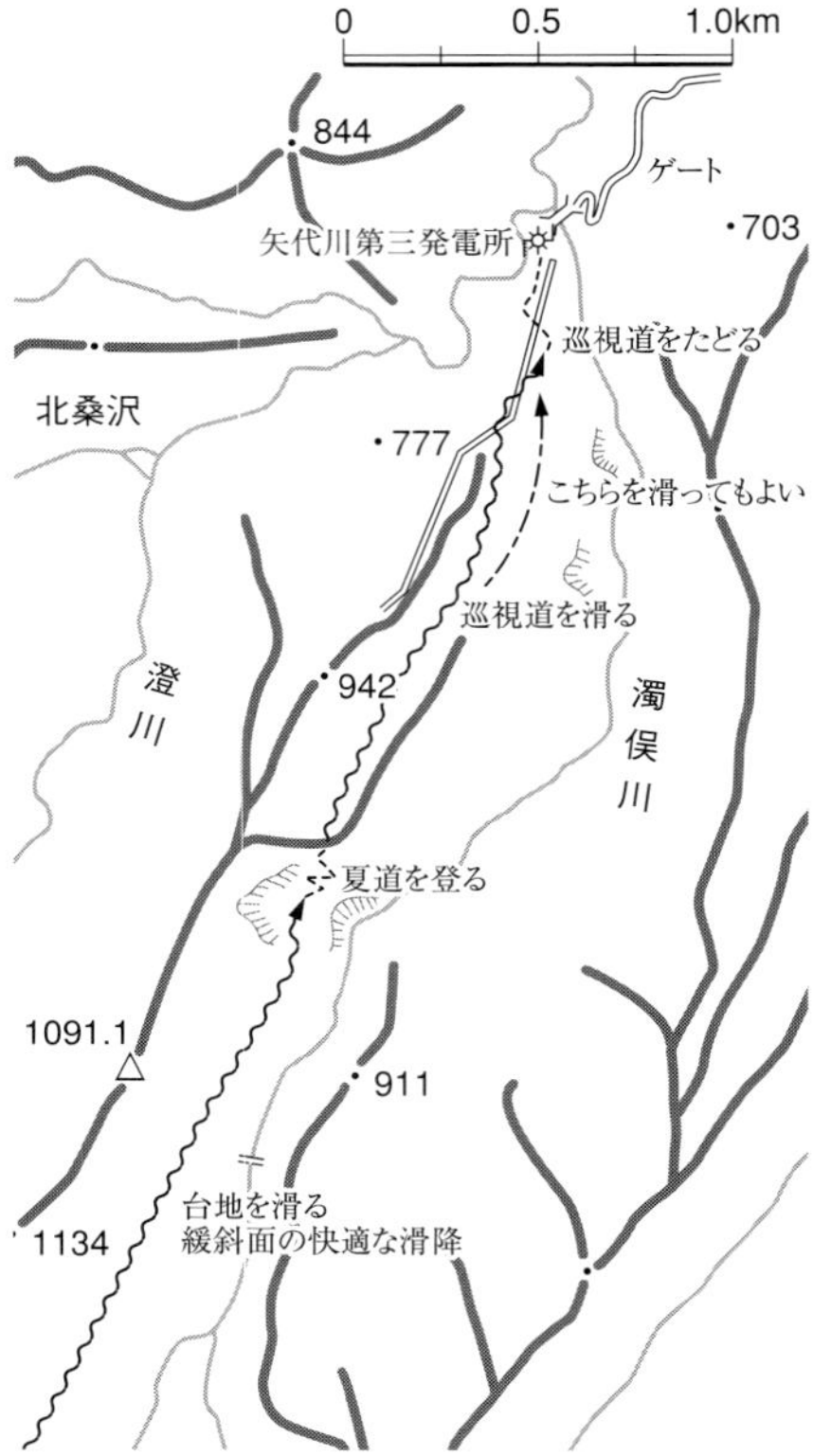

ゴルジュ帯詳細図

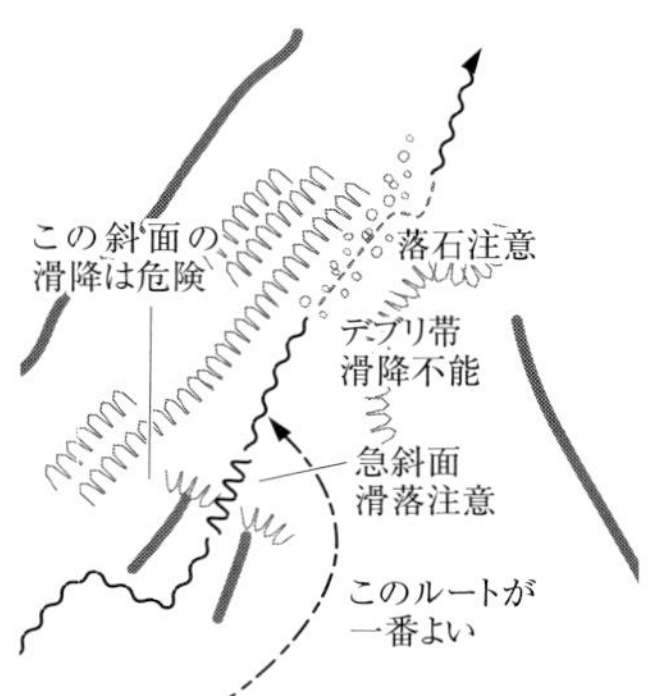

No.11

乙見尾根

妙高山塊の一押しルート

日帰り
★

概説

火打東面を巡るルートは、頂上から滑ればその何れもが高度差二〇〇〇mの滑降が可能であり、南面とは比較にならない大きなスケールの滑りが楽しめる。

特にこのルートは、黒菱山手前から八〇〇mの高度差を一気に滑降でき、スケールが大きく変化に富んでいることから本邦屈指の素晴らしいルートである。

あまり知られていないが、上級者はぜひ訪れて頂きたいルートの一つである。

行動概略

笹ヶ峰～火打山～黒菱山～ハンノキ平～燕尾根～矢代川第三発電所

（笹ヶ峰から火打山までは「火打山から澄川」参照）

火打山頂上から標高二三〇〇mの肩までは多くの人々が滑っているので、斜面は広いものの荒れており滑りづらい。

これ以後はトレースを外し、澄川源頭の尾根筋を滑る。部分的にスキーを履いたまま歩いたり少し登ったりするので、ここから黒菱山手前まではツアー的な要素の濃い内容となっている。途中、標高二一五〇mあたり、四コル手前は稜線に大きな雪庇が張り出しているので、これを目一杯左から回り込んでさらに尾根筋を滑る。黒菱山手前の美しい斜面は快適そのものである。

この広い斜面から黒菱山へ滑り込む。黒菱山からは、滑るほど傾斜を増していく斜面は高度感があるとともに、右へ寄りすぎると尾根の右側が切れ落ちているので、滑落等の危険性も大きくなる。黒菱山からほぼ真北にルートを採ると、眼下にブッシュがあるので、これを右に見て滑るのがポイントである。この斜面は滑降技術もそれなりに必要であるが、広い斜面は素晴らしい滑りが楽しめる。

やがて傾斜が緩くなり、右側のブッシュがなくなったところで、右へトラバースしてハンノキ平の上端にでる。

ハンノキ平は広大な台地で、先程と違った雰囲気の素晴らしい滑降を楽しめる。ただし、このハンノキ平末端側面は雪がついていないことが多いため、途中から黒菱川へ滑り込む。滑り込む地点は標高一二〇〇mあたりであり、ここから振り返り見るハンノキ平の光景は、さながら焼山北面台地をそのまま小さくしたような雰囲気がある。また、滑り込んだ黒菱川も、最初はやや狭いが直ぐに広くなり、快適な滑降が楽しめる。

黒菱川から燕尾根の一コルに取り付く地点は、谷が一段と広くなるところである。燕尾根の主稜線までは、それほど高度差はないので時間はかからない。燕尾根標高一一三四m標高点からは途中、スキーを履いたまま歩くところもあるが、広い緩斜面を快適に滑降し第三発電所に着く。

山行データ

【同行者】　後藤正弘

【日時・天候】
二〇〇一年五月四日（晴れ後曇り）

【参考タイム】
笹ヶ峰（五時四〇分）高谷池ヒュッテ（九時）火打山（一〇時三〇分／四〇分）ハンノキ平標高一二〇〇m（一三時）一コル（一三時四〇分）第三発電所（一四時五〇分）第一発電所（一六時一〇分）

【山行適期】　四月中旬～五月上旬

【グレード】
○総合　上級
○山岳技術　中級上
○滑降技術　上級

【装備】　基本装備、アイゼン

【アクセス】
笹ヶ峰までの林道の除雪は、五月連休前までに終了する。除雪の状況は、その年の積雪量で異なり、早い場合は四月中旬に終了することもある。除雪終了以前の入山は妙高国際スキー場から一泊二日となる。この場合、ゲレンデ最上部の高速リフトの稼働も確認したい。
帰路は「濁俣川右俣」参照。

【滑降高度差等】
○滑降高度差　二〇三〇m
○滑降距離　一一・〇km
○滑降斜面の最大傾斜　三六度

【二万五千図】　笹ヶ峰、湯川内、関山

【留意事項】
○黒菱山北面の斜面は雪崩れやすい。滑る際はクラストの有無を含め積雪の状態を確実に把握したい。
○連休時は積雪量が多いと燕尾根末端まで滑降可能だが、例年であれば上部で雪はなくなると予想される。この場合は巡視路をたどる。

ルート図　乙見尾根2-1

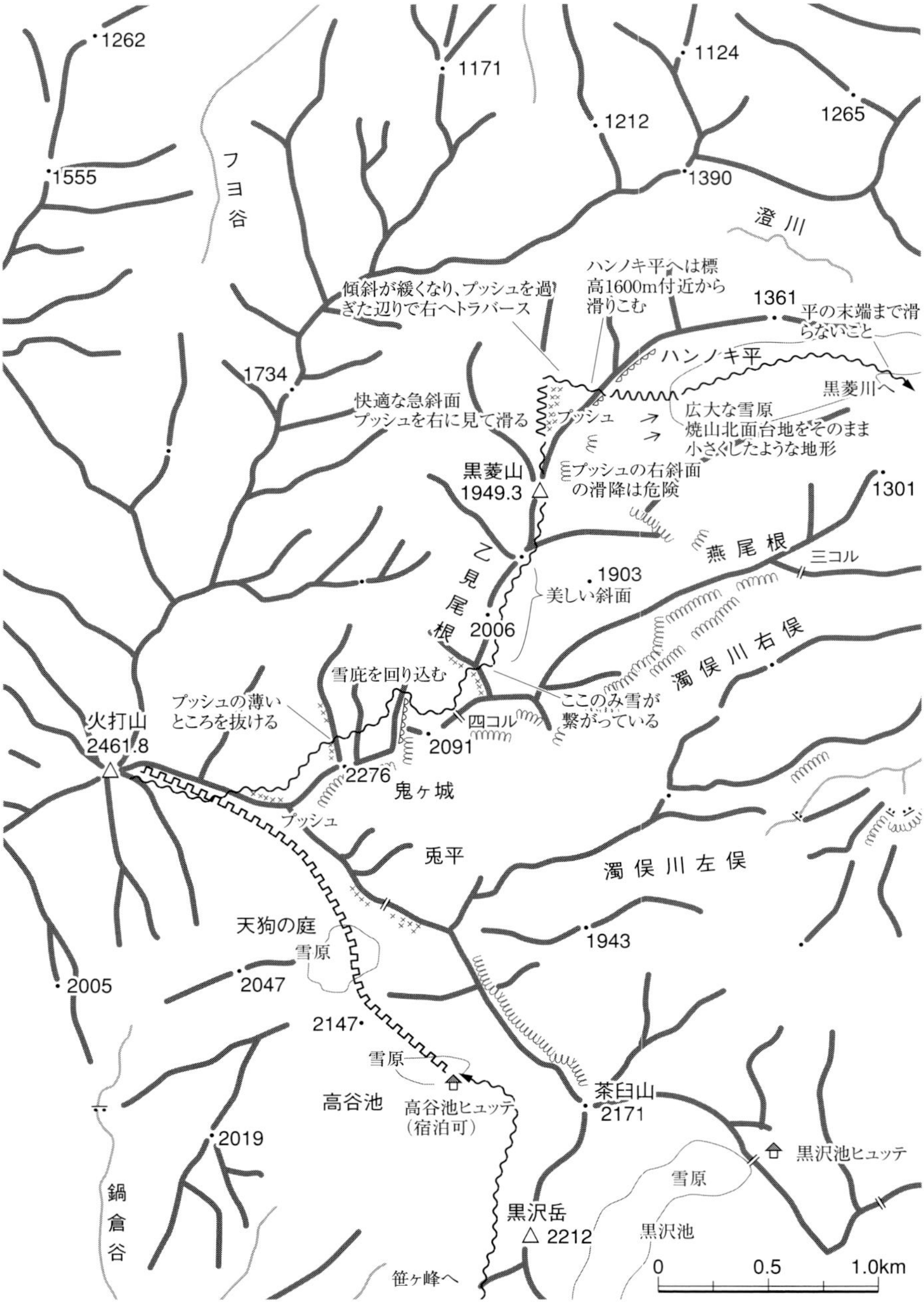
1262
1171
1124
1265
1212
1390
1555
フヨ谷
澄川
傾斜が緩くなり、プッシュを過ぎた辺りで右へトラバース
ハンノキ平へは標高1600m付近から滑りこむ
1361
平の末端まで滑らないこと
ハンノキ平
黒菱川へ
1734
快適な急斜面
プッシュを右に見て滑る
プッシュ
広大な雪原
焼山北面台地をそのまま小さくしたような地形
黒菱山
1949.3
プッシュの右斜面の滑降は危険
1301
乙見尾根
燕尾根
三コル
1903
美しい斜面
2006
濁俣川右俣
雪庇を回り込む
ここのみ雪が繋がっている
プッシュの薄いところを抜ける
火打山
2461.8
四コル
2091
2276
鬼ヶ城
プッシュ
兎平
濁俣川左俣
天狗の庭
雪原
1943
2005
2047
2147
雪原
高谷池
高谷池ヒュッテ
（宿泊可）
茶臼山
2171
黒沢池ヒュッテ
2019
雪原
鍋倉谷
黒沢岳
2212
黒沢池
0
0.5
1.0km
笹ヶ峰へ

容雅山から見る火打山乙見尾根（後藤正弘）

ルート図　乙見尾根2-2

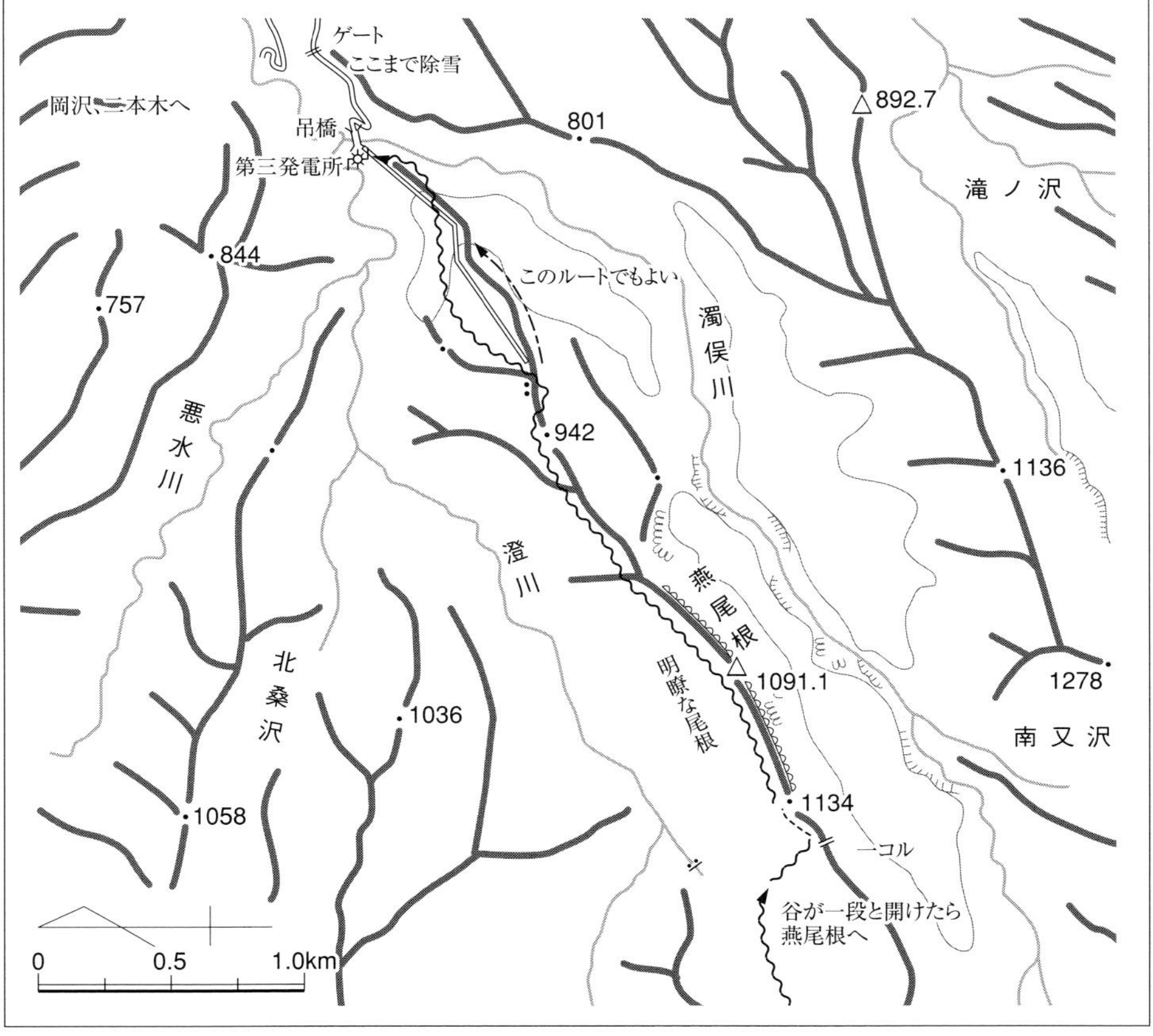

No.12

火打山から澄川

快適なロングルート

1泊2日
★

概説

火打山周辺は本邦を代表する山スキーエリアであり、シーズンになると多くの人たちで賑わっている。

しかし、大半の人たちが笹ヶ峰方面からの頂上往復に終始するだけで、この山域の真価を発揮する火打山東面に眼を向ける人は少ないのは誠に残念である。

行動概略

第一日

笹ヶ峰～高谷池～火打山～高谷池

笹ヶ峰の駐車場手前の看板があるところから先行トレースに導かれて雑木林の緩斜面を登ると一時間ほどで黒沢橋に着く。橋を渡り、尾根の末端を左に回りこみ、振子状の斜面を登って支尾根に出た後、この尾根を登ればやがて尾根は広く平坦となり、富士見平に着く。富士見平は晴れていれば火打山の展望が開け、気持ちの良いところだ。これより夏道と同じルートをたどり、黒沢岳の西面をトラバースして高谷池ヒュッテに向かう。

高谷池ヒュッテのある高谷池も火打山の展望が良いところだ（高谷池ヒュッテは四月下旬から営業を開始する。また、それ以前でも使用できる）。高谷池ヒュッテから天狗の庭にかけては迷いやすいので注意が必要である。天狗の庭から火打山の登りはシールが気持ちよく効くが、最後の登り一〇〇mはきついのでゆっくり登りたい。

火打山山頂は一等三角点があるだけに抜群の展望である。帰りは頂上直下の平坦地でスキーを履き滑降を開始するが、尾根を外して南斜面を滑れば比較的安全で一番快適な滑降ができるだろう。ベースとなる高谷池には、登りの苦労からは考えられない程あっさりと着いてしまう。

第二日

高谷池～火打山～澄川～燕尾根～矢代川第三発電所

澄川の滑り出しは火打山の肩であり、ここから高度差三五〇mほどが広大な振子状の斜面となっている。傾斜もかなりあり、滑降テクニックを駆使して滑る爽快さはなかなかである。

やがて、火打山頂上からの沢を入れると谷の傾斜は緩くなり、黒菱川出合まで緩斜面が続く。途中、ところどころデブリが出ているが、谷全体を埋めるようなものはなく谷幅も広いので快適な滑降が続く。黒菱川出合からはところどころ水流がのぞくので、スノーブリッジを渡り対岸を登り返して燕尾根に出る。あとは忠実にこの尾根を滑るだけである。条件が良ければ矢代川第三発電所まで比較的快適な滑降が楽しめる。

山行データ

【同行者】西垣みとり、杉沢尚之

【日時・天候】
一九八八年四月二三日（晴れ）
四月二四日（曇りのち雨）

【参考タイム】
第一日
笹ヶ峰（八時三〇分）高谷池（一二時／一三時三〇分）火打山（一六時）高谷池（一六時四〇分）
第二日
高谷池（八時三〇分）火打山の肩（一〇時）黒菱川出合（一二時）燕尾根一〇九一mピーク（一三時）矢代川第三発電所（一三時三〇分）

【山行適期】四月中旬～下旬

【グレード】
○総合　中級
○山岳技術　中級
○滑降技術　中級

【装備】基本装備

【アクセス】
笹ヶ峰へ車が入るのは例年であれば四月下旬である。それ以前であれば妙高杉の原スキー場のゴンドラを利用し高谷池へ向かう。四月になると妙高国際スキー場の高速リフトが稼働していないことが往々であるので注意したい。
帰りは、第三発電所先の林道、或いは岡沢からタクシーを利用する。

【滑降高度差等】
○滑降高度差　二四五〇m
○滑降距離　一三・五km
○滑降斜面の最大傾斜　二七度

【二万五千図】妙高山、湯川内、関山

【留意事項】
○笹ヶ峰を早朝に発てば日帰りも可能である。
○積雪が少ないと澄川下部の通過は厳しいので、中止も含め判断したい。

ルート図　火打山から澄川2-1

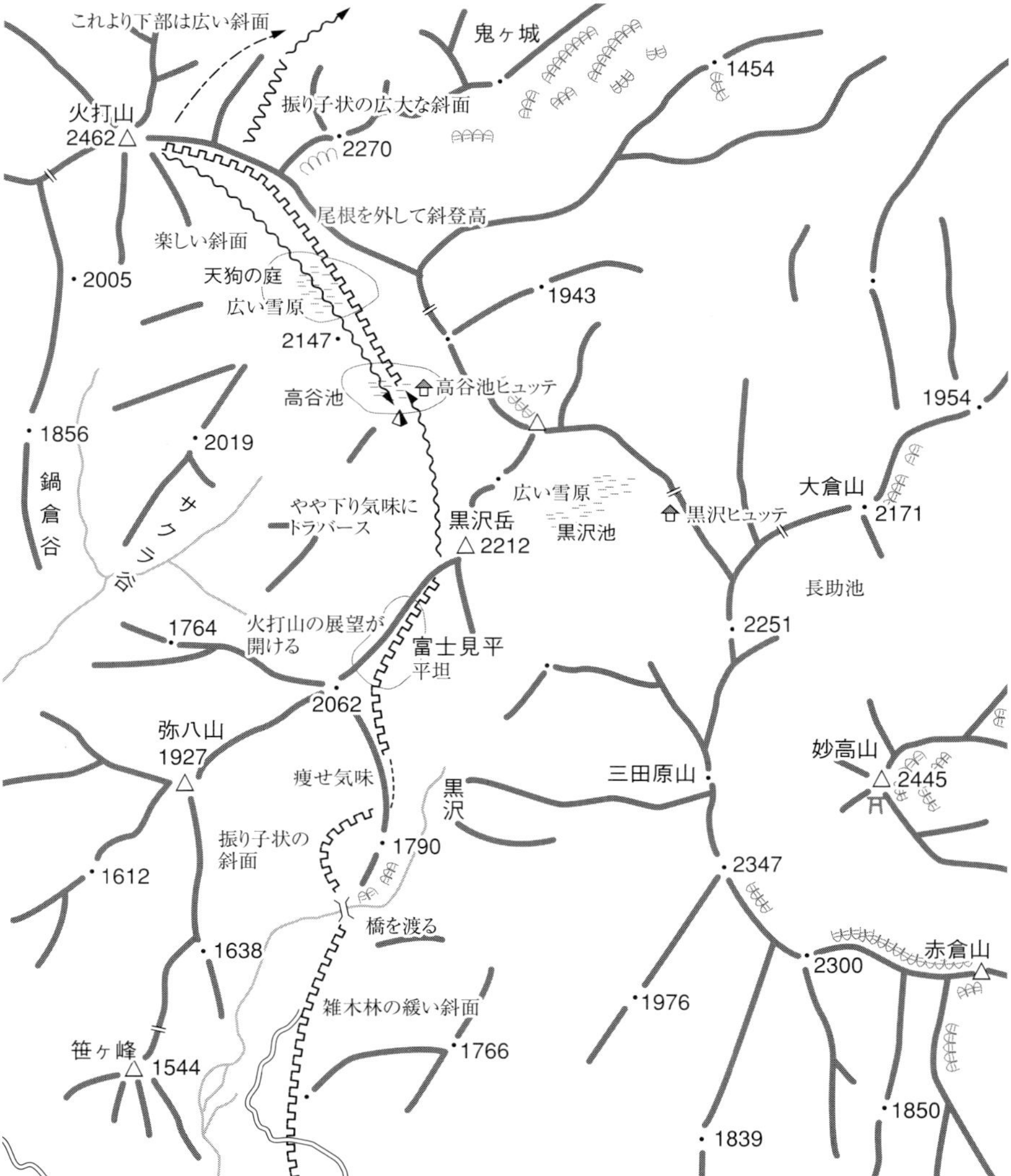

これより下部は広い斜面
鬼ヶ城
1454
振り子状の広大な斜面
火打山
2462
2270
尾根を外して斜登高
楽しい斜面
2005
天狗の庭
広い雪原
1943
2147
高谷池
高谷池ヒュッテ
1954
1856
2019
鍋倉谷
サクラ谷
広い雪原
やや下り気味にトラバース
黒沢岳
2212
黒沢池
黒沢ヒュッテ
大倉山
2171
長助池
1764
火打山の展望が開ける
富士見平
平坦
2251
2062
弥八山
1927
痩せ気味
黒沢
三田原山
妙高山
2445
振り子状の斜面
1790
1612
2347
橋を渡る
1638
赤倉山
2300
雑木林の緩い斜面
1976
笹ヶ峰
1544
1766
1850
1839
看板
1334
1685
1660
P
笹ヶ峰
乙見湖
杉野沢へ
0
0.5
1.0km

ルート図　火打山から澄川2-2

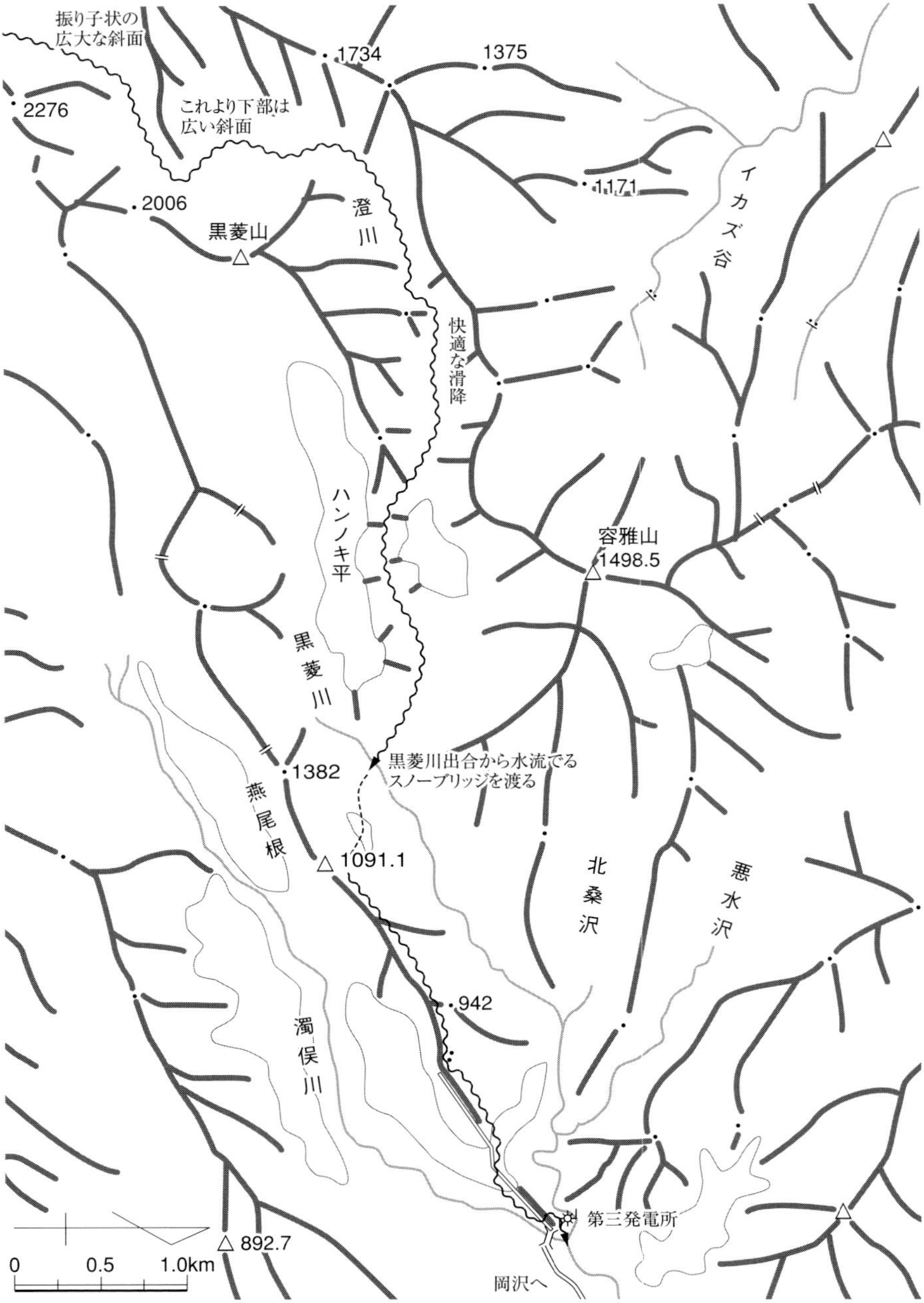
振り子状の
広大な斜面
1734
1375
2276
これより下部は
広い斜面
1171
2006
黒菱山
澄
川
イ
カ
ズ
谷
快
適
な
滑
降
ハ
ン
ノ
キ
平
容雅山
1498.5
黒
菱
川
黒菱川出合から水流でる
スノーブリッジを渡る
1382
燕
尾
根
1091.1
北
桑
沢
悪
水
沢
942
濁
俣
川
第三発電所
892.7
0
0.5
1.0km
岡沢へ

No.13 影火打から焼山北面台地

日帰り

概説

火打山から焼山北面台地へ滑り込むルートとして一般的に知られているものは、新建尾根からのものと、このルートだろう。

この影火打のルートは、火打山頂上から谷を継続して広大な焼山北面台地へ滑り込むもので、ルート採りは「絶妙」の一言である。

行動概略

笹ヶ峰〜高谷池〜頂上〜焼山北面台地〜笹倉温泉

（笹ヶ峰から火打山までは「火打山から澄川」参照）

火打山頂上ではこれからたどるルートが複雑なため、十分観察したい。稜線はハイマツで覆われているのでスキーを担いで少し下り、火打山と影火打とのコルの手前、標高二三五〇m付近の南斜面でスキーを履く。コルから影火打の北方直下にある台地へ滑り込み、スキーを履いたまま少し歩き、トラバースして滑降する谷に出る。このトラバースは、雪の状態によっては転倒が許されないので注意したい。

谷の源頭に出ると、比較的広い振子状の斜面となっている。快適な滑りができるが、それ程長く続かない。この谷は下部に滝があり滑降不能となるため、標高二一三〇m付近で右の尾根に移る。広い尾根は滑り易く、そのまま隣の谷の源頭に出る。このあたりのルート採りが本山行の核心で、視界不良時はルートファインディングが難しい。引続き滑るこの谷は上部は急であるが、滑るにつれ広くなる。やがて谷は左からキレット方面からの谷を入れ右に曲がり、少し滑ると焼山北面台地内院に出る。

台地の滑り出しは、両側がU字形の谷で画されやや狭いが、前方には広大な斜面が広がっており、賽の河原を渡る地点まで直ぐである。賽の河原はこのあたりでは最も深い谷であり、両岸に雪庇が出ているので、渡る地点を探しながら滑る。

一三二五m付近でこれを渡り、しばらく傾斜のない斜面を北東に進むとアマナ平に出る。アマナ平からはしばらくスキーを履いたまま歩き、一一〇〇m、九八一m、八九二mの小ピークのそれぞれ西斜面を絡んで滑ると林道に出る。林道はこのあたりまで来れば明瞭であり、雪が途切れるところまで滑降し笹倉温泉に着く。

火打山頂上から影火打と焼山

山行データ

【同行者】　神村文男

【日時・天候】　二〇〇〇年五月六日（晴れ）

【参考タイム】　笹ヶ峰（五時三〇分）高谷池（一〇時一〇分）火打山頂上（一二時二五／四五分）賽の河原（一四時三〇分）笹倉温泉（一六時三〇分）

【山行適期】　三月中旬〜五月上旬

【グレード】

○総合　中級

○山岳技術　中級上

○滑降技術　中級

【装備】　基本装備、アイゼン

【アクセス】

笹ヶ峰までの林道の除雪は、五月連休前までに終了する。除雪の状況は、その年の積雪量で異なり、早い場合は四月中旬に終了することもある。除雪終了以前の入山は妙高国際スキー場から一泊二日となる。この場合、ゲレンデ最上部の高速リフトの稼働も確認したい。

【滑降高度差等】

○滑降高度差　一八〇〇m

○滑降距離　一一・〇km

○滑降斜面の最大傾斜　三一度

【二万五千図】　湯川内、妙高山

【留意事項】

○積雪が多ければ、黒沢をたどり富士見平に直接でることもできる。

○賽の河原を渡る地点は標高一三二五m付近に限られている。ここは雪が少なく雪面が切れていると渡るのに苦労する。

○アマナ平からは、小ピークの西を絡むと自ずと標高八三〇m付近で林道に出る。林道は標高八〜七〇〇m付近は急斜面のトラバースとなるので滑落に気を付けたい。

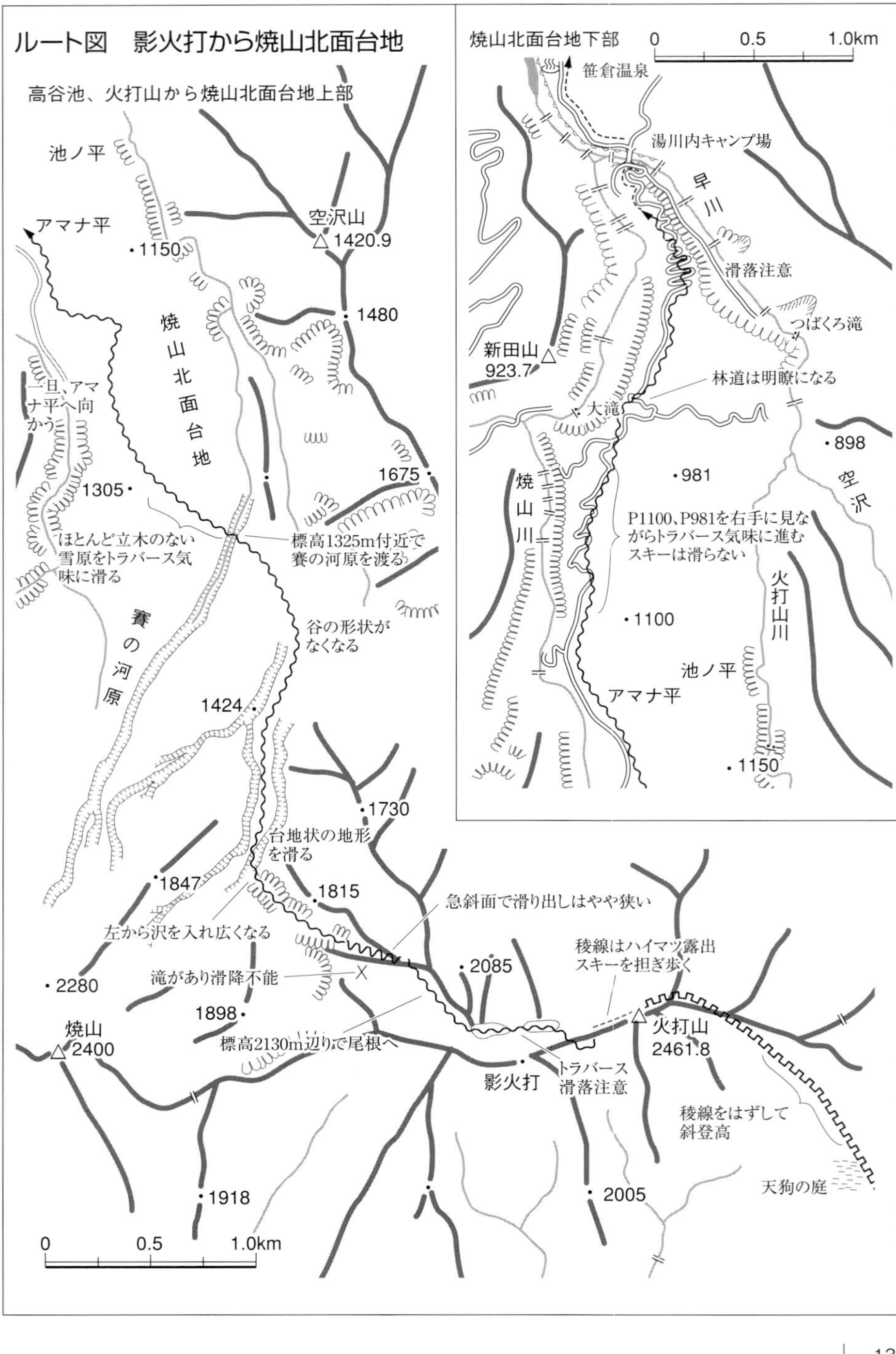
ルート図　影火打から焼山北面台地
高谷池、火打山から焼山北面台地上部
池ノ平
アマナ平
・1150
空沢山
△1420.9
・1480
焼山北面台地
一旦、アマナ平へ向かう
1305・
1675・
ほとんど立木のない雪原をトラバース気味に滑る
標高1325m付近で賽の河原を渡る
賽の河原
谷の形状がなくなる
1424・
・1730
台地状の地形を滑る
・1847
・1815
左から沢を入れ広くなる
急斜面で滑り出しはやや狭い
・2280
滝があり滑降不能
・2085
稜線はハイマツ露出
スキーを担ぎ歩く
1898・
焼山
△2400
標高2130m辺りで尾根へ
火打山
2461.8
影火打
トラバース
滑落注意
稜線をはずして
斜登高
天狗の庭
・1918
・2005
0　0.5　1.0km
焼山北面台地下部
0　0.5　1.0km
笹倉温泉
湯川内キャンプ場
早川
滑落注意
つばくろ滝
新田山
923.7
林道は明瞭になる
大滝
・898
・981
空沢
焼山川
P1100、P981を右手に見ながらトラバース気味に進む
スキーは滑らない
火打山川
・1100
池ノ平
アマナ平
・1150

No.14

昼闇山一ノ倉川

知られざる快適ルート

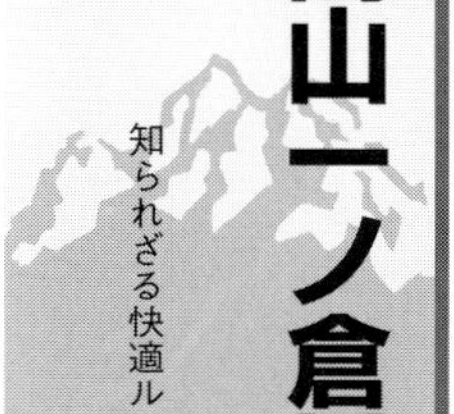

日帰り
★

概説

昼闇山から高松山の稜線を源頭とする一ノ倉川は、その源頭に山麓からも白さが際立つ広大な斜面を有し、焼山川に合流している。

この谷は下部がゴルジュであるため記録を見ないが、滑り出しの斜面は前述の如く広大なスケールを有しており、ゴルジュを抜ければそのまま新田山に継続し、焼山温泉まで快適な滑降が期待できる日帰り可能な好ルートである。

行動概略

笹倉温泉～焼山北面台地～昼闇山～一ノ倉川～新田山～焼山温泉

笹倉温泉先の湯川内キャンプ場に車を置いて焼山北面台地に取り付き、急斜面につけられた九十九折りの林道をたどる。林道は途中、右手が切れ落ちているところもあり、注意したい。

焼山温泉から続く林道を忠実にたどるとアマナ平にでる。これを過ぎると、いよいよ焼山北面台地の平坦な地形となり、視界が良ければ焼山山頂まですっきりと見渡すことができるだろう。焼山北面台地一六〇〇m付近から斜上気味にトラバースするが、水無谷手前の谷は深く、両岸とも雪庇が出ている。雪庇の張り出しの少ないところを選びこの谷を渡る。渡り終えたら、広い斜面を一五〇mほどの高度差を滑り降り、標高一五八〇mあたりから尾根に登り返し、昼闇山から高松山にのびる稜線を目指す。

稜線からの一ノ倉川への滑り出しは、昼闇山北東のピークあるいは比較的傾斜の緩い高松山付近から滑るのが一番楽しめるだろう。いずれにしても標高一三五〇m付近で合流し、いよいよ谷らしい地形となった一ノ倉川を忠実に滑ることとなる。谷は広く傾斜も適度なことから、快適な滑降が楽しめる。

やがて谷は、左から二〇m程度の滝を入れ、標高九八〇m付近で急に狭くなる。一ノ倉川のゴルジュの始まりである。しかし、狭いというものの滑るには支障はない。また、ゴルジュは左岸は切り立っているものの右岸はエスケープできる箇所がある。

なお、本山行では、標高九〇〇mあたりで滝が出ていたが、幸い右岸を簡単に小さく巻くことができた。例年の積雪量であれば、この滝も雪に埋まっているだろう。しばらく滑ると前方は突然広々とした河原となり、思いの外あっけなくゴルジュを抜けてしまう。そのまま滑り、スノーブリッジを右岸から左岸へ渡ると新田山に抜ける林道と出合う。

ここは広々として、本当に気分の良いところだ。ここから新田山のコルまでは、斜上する林道を忠実に登るものと、少し滑って新田山のコルやや手前に向けて直登するものとの二つの方法がある。

新田山のコルからは、その北斜面を滑る。雪が少なくなるとルート採りは難しいが、なるべく北側の杉林を目指して滑ればよい。焼山温泉までの滑降は快適である。

山行データ

【同行者】
鈴木　高、崎田律子、横田　進

【日時・天候】
二〇〇四年四月一七日（霧）
四月一八日（快晴）

【参考タイム】
第一日　笹倉温泉（六時三〇分）焼山北面台地一六〇〇m付近（一三時三〇分）
第二日　天場（七時三〇分）昼闇山東峰（九時五〇分）焼山温泉（一三時三〇分）

【山行適期】　四月上旬～中旬

【グレード】
○総合　中級　○山岳技術　中級
○滑降技術　中級

【装備】　基本装備、ピッケル

【アクセス】
車の利用が一般的であり、車は焼山温泉スキー場か湯川内キャンプ場付近に駐車可能。なお、糸魚川駅から焼山温泉及び笹倉温泉へのバスの利用も可能である。

【滑降高度差等】
○滑降高度差　一六〇〇m
○滑降距離　七・五km
○滑降斜面の最大傾斜　三二度

【二万五千図】　湯川内

【留意事項】
○焼山北面台地をたどるため、視界不良時は行動が困難である。
一泊する場合は、退路の確保を常に念頭に入れておきたい。
○一ノ倉川ゴルジュ及び新田山のコルに続く林道の通過は落石に注意したい。

ルート図 昼闇山ー ノ倉川

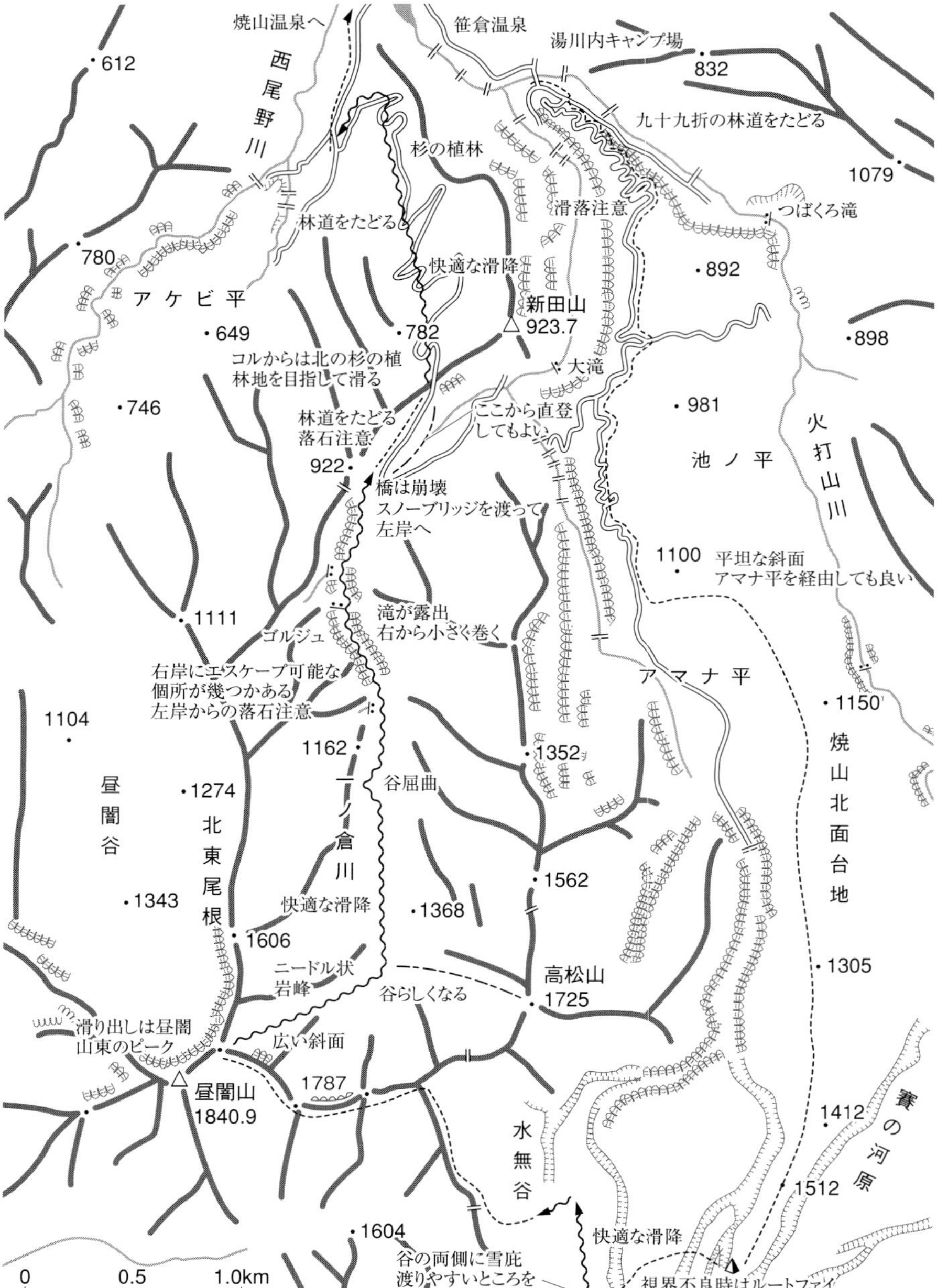
焼山温泉へ
西尾野川
笹倉温泉
湯川内キャンプ場
832
612
九十九折の林道をたどる
杉の植林
1079
つばくろ滝
滑落注意
林道をたどる
780
快適な滑降
892
新田山
923.7
アケビ平
649
782
898
コルからは北の杉の植林地を目指して滑る
大滝
746
林道をたどる
落石注意
ここから直登してもよい
981
火打山川
池ノ平
922
橋は崩壊
スノーブリッジを渡って左岸へ
1100
平坦な斜面
アマナ平を経由しても良い
1111
滝が露出
右から小さく巻く
ゴルジュ
右岸にエスケープ可能な個所が幾つかある
左岸からの落石注意
アマナ平
1104
1150
1162
1352
焼山北面台地
昼闇谷
1274
谷屈曲
一ノ倉川
北東尾根
1562
1343
快適な滑降
1368
1606
1305
ニードル状岩峰
高松山
1725
谷らしくなる
滑り出しは昼闇山東のピーク
広い斜面
昼闇山
1840.9
1787
1412
賽の河原
水無谷
1512
1604
快適な滑降
0
0.5
1.0km
谷の両側に雪庇
渡りやすいところを探して渡る
視界不良時はルートファインディングが困難

No.15

昼闇山から焼山北面台地

1泊2日

概　説

海谷・妙高山域で特筆すべき大斜面といえば焼山北面台地であろう。この台地はもっとも広いところで幅三km、距離一〇km、標高差は二〇〇〇mと広大で日本離れしたスケールがある。

しかも、標高一二〇〇mまでは火砕流の影響からか無立木の斜面であり、この斜面の素晴らしさは筆舌に尽くしがたい。広い斜面だけに滑降内容に変化が乏しいきらいはあるが、一度は滑ってみたいルートである。

行動概略

第一日

焼山温泉～アケビ平～昼闇山肩

焼山温泉スキー場から早川と西尾野川に挟まれた台地につけられた林道をたどる。四〇分ほどたどると小広い平坦地となっており、アケビ平と東海谷山稜の全容が望むことができる。ここより、さらに林道をたどり西尾野川のスノーブリッジを渡るとアケビ平だ。アケビ平は鬱蒼とした杉林となっており視界が得られにくい。標高七五〇mあたりで昼闇谷に下りる。昼闇谷は妙高特有のU字形の谷で雪崩の心配がなければこの谷を詰める。この谷を半ばまで詰めると谷は浅くなり開けてくるので、右の尾根に取り付く。この尾根は登るほどに急になり、稜線手前一五〇mほどからはピッケルなしでは不安なくらいだ。稜線に出ると、しばらく小広い尾根となっている。

第二日

昼闇山肩～昼闇山～焼山北面台地～笹倉温泉

昼闇山肩からしばらく歩くと直ぐに尾根が痩せ、頂上まで痩せ尾根が続く。この部分はトラバースが続くところであるので、意外と時間がかかるだろう。昼闇山頂上からは尾根も広く問題となるところはない。特に一七八七mの標高点あたりからスキーを履けば楽しい滑降が楽しめる。鞍部からはいったん水無谷へ下り、焼山北面台地に斜上気味にトラバースして賽ノ河原とその手前の谷に挟まれた焼山北面台地の滑降斜面に出る。

なお、水無谷先の谷には雪庇が出ているので一番雪庇の張出しの少ない標高一七五〇mあたりで渡るが、このあたりは視界不良時はルートファインディングが難しい。深い谷は賽ノ河原とこの谷だけなので、深い谷が二本目となったら賽ノ河原とみてよい。

焼山北面台地からの滑降はアマナ平を経由して、一一〇〇m、九八一m、八九二mのそれぞれのピークを左から巻いて滑ると笹倉温泉から延びる林道に出るので、これをたどり笹倉温泉に向かう。いったんスキーを履けば外すこともなく、日本離れしたスケールの滑降が楽しめる。ただし、台地末端の林道の通過は、初心者の場合は滑落の危険があるので注意したい。

山行データ

【同行者】なし
【日時・天候】
一九八三年三月二九日（晴れ）
三〇日（晴れ）
【参考タイム】
第一日
焼山温泉（七時）昼闇山（一三時三〇分）
コル（一四時五五分）
第二日
コル（七時三〇分）一ノ谷（八時）賽ノ河原手前林道（九時五〇分）笹倉温泉（一一時五五分）
【山行適期】三月下旬～四月中旬
【グレード】
○総合　中級上
○山岳技術　中級上
○滑降技術　初級上
【装備】基本装備、ピッケル、アイゼン
【アクセス】
車の利用が一般的であり、車は焼山温泉スキー場か湯川内キャンプ場付近に駐車可能。なお、糸魚川駅から焼山温泉及び笹倉温泉へのバスの利用も可能である。
【滑降高度差等】
○滑降高度差　一五〇〇m
○滑降距離　一一・〇km
○滑降斜面の最大傾斜　一五度
【二万五千図】湯川内
【留意事項】
○天場は退路確保のためにも昼闇山の肩とした。
○サブルートとしては吉尾平を経由するものが考えられる。この場合の幕営地は吉尾平又は昼闇山と鉢山とのコル辺りがよいだろう。このルートの方が一般的であろう。

ルート図　火打山から焼山北面台地

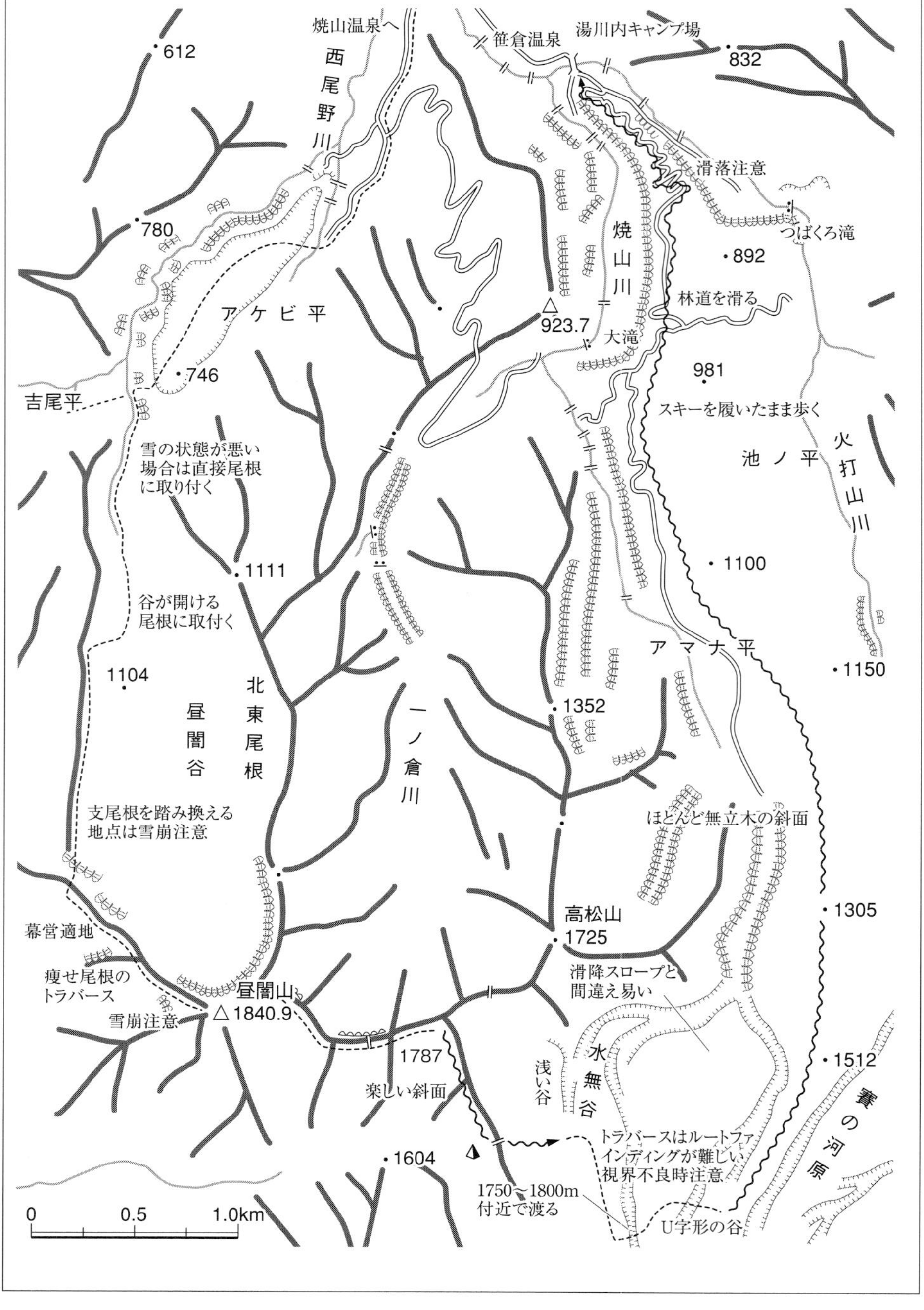
焼山温泉へ
西尾野川
笹倉温泉
湯川内キャンプ場
612
832
滑落注意
つばくろ滝
780
892
焼山川
林道を滑る
アケビ平
923.7
大滝
746
981
吉尾平
スキーを履いたまま歩く
雪の状態が悪い
場合は直接尾根
に取り付く
池ノ平
火打山川
1111
1100
谷が開ける
尾根に取付く
アマナ平
1104
1150
昼闇谷
北東尾根
1352
一ノ倉川
支尾根を踏み換える
地点は雪崩注意
ほとんど無立木の斜面
幕営適地
高松山
1725
1305
痩せ尾根の
トラバース
滑降スロープと
間違え易い
昼闇山
△1840.9
雪崩注意
1787
水無谷
浅い谷
1512
楽しい斜面
賽の河原
トラバースはルートファ
インディングが難しい
視界不良時注意
1604
1750～1800m
付近で渡る
U字形の谷
0
0.5
1.0km

No.16

黒姫山東尾根

パウダースノーを狙って滑りたい快適なルート

日帰り
★

概説

黒姫山は大橋へのルートが知られているが、滑降内容は思いの外乏しい。これに対して、近年よく滑られるようになった東尾根は、樹林帯の滑降であることから雪質もよく快適な滑りが期待できる。

黒姫のスキー場から短時間で稜線に立てるだけでなく、稜線から東尾根を経由して直接スキー場に戻ってくることもできることから、厳冬期でも比較的気軽に実施できるのも魅力である。

行動概略

黒姫高原スノーパーク～頂上手前（標高二〇二〇m）～東尾根～黒姫高原スノーパーク

黒姫高原スノーパークのリフトを二基乗り継ぎ、一一五六mの標高点に出る。ゲレンデはさらに上へ延びているが、リフトは運転を休止している。ここからこのゲレンデ右横の斜面を登る。一時間ほどでリフトの終点に着く。

この先でケルンを見送り、樺の広い斜面を登る。やや急だが、登り易い斜面である。この斜面を更に登っていくと、標高一七〇〇m付近から針葉樹林の中の登りとなる。やがて正面に雪原となった箇所が出てくるが、ここはなるべく左からこの斜面を避けて登りたい。この雪原を過ぎると稜線は近い。

東尾根の滑り出しは標高二〇二〇m付近である。これから先、頂上までは東面に雪庇が発達していることに加え、やや藪が濃く、シュカブラもあることから歩きづらい。このため東尾根の滑り出し地点から頂上まではシールで往復せざるを得ず、思いの外時間がかかるので、滑降だけが目的なら頂上まで往復する必要はないだろう。

標高二〇二〇m付近から、雪庇の張り出しのないところを選んで滑降に移る。ほぼ真東に滑ればよいが、樹林が視界の邪魔をするのと地形的特徴が乏しいことから思いの外ルート採りが難しい。晴れていれば野尻湖の樅ケ崎を目指して滑ればよいだろう。

また、滑り出しは急斜面なので、雪質のチェックは十分に行ってほしい。

ルートは標高一三九六mの台地を目指して滑り、雪の状態が安定していればその手前からリフト横の沢に滑り込む。雪質がよいことからパウダーの滑りを存分に楽しめるだろう。沢を抜けるとゲレンデの前山第三ペアリフトの降り口付近であり、スキー場のロッジは近い。

山行データ

【同行者】設楽なつ子、横田　進

【日時・天候】二〇〇六年一月二八日（曇りのち晴れ）
一月二九日（快晴）

【参考タイム】
第一日
営業リフト終点（九時五〇分）リフト終点（一〇時五五分）稜線（標高二〇二〇m）（一三時）黒姫山（一四時）稜線（標高二〇二〇m）（一四時四五分／一五時）（往路戻る）スキー場（一五時四五分）
第二日
稜線（標高二〇二〇m）（一三時）（東尾根経由）スキー場（一三時四五分）

【山行適期】一月下旬～三月上旬

【グレード】
○総合　中級下
○山岳技術　初級上
○滑降技術　中級

【装備】基本装備

【アクセス】車またはスキー場までバスを利用する。

【滑降高度差等】
○滑降高度差　一一五〇m
○滑降距離　四・〇km
○滑降斜面の最大傾斜　三四度

【二万五千図】信濃柏原

【留意事項】
○積雪の状況により、スキー場がゲレンデからの登山を許可しないことがあるので注意したい。
○このルートは三月に入っても滑降可能ではあるが、雪質の良い厳冬期に滑ることを勧めたい。
○視界不良時は、黒姫のスキー場に向けて往路を戻ることを勧める。この斜面も快適である。

新雪の滑降

ルート図　黒姫山東尾根

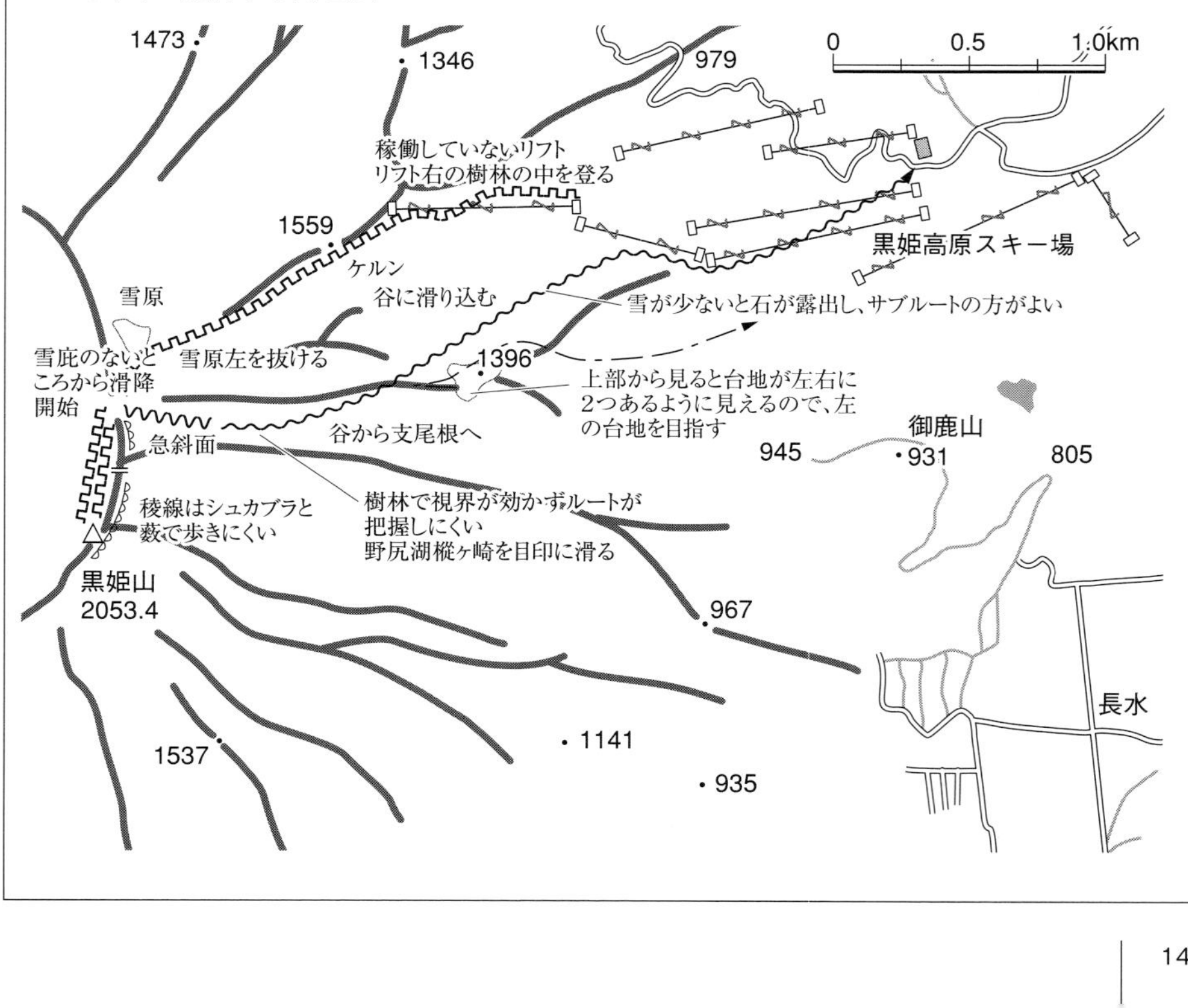
1473
1346
979
0　0.5　1.0km
稼働していないリフト
リフト右の樹林の中を登る
1559
ケルン
黒姫高原スキー場
雪原
谷に滑り込む
雪が少ないと石が露出し、サブルートの方がよい
雪庇のないところから滑降開始
雪原左を抜ける
1396
上部から見ると台地が左右に2つあるように見えるので、左の台地を目指す
谷から支尾根へ
御鹿山
945
931
805
急斜面
稜線はシュカブラと薮で歩きにくい
樹林で視界が効かずルートが把握しにくい
野尻湖樅ヶ崎を目印に滑る
黒姫山
2053.4
967
長水
1537
1141
935

No.17

乙妻山・佐渡山

快適な北斜面の滑降

1泊2日
★

概説

大橋から乙妻山北東斜面を滑るこのルートは近年、よく滑られるようになった。その理由としては、雪質のよい大きな斜面を有することと、アクセスが比較的よいことが挙げられるだろう。

有名になったとはいえ、条件がよければ日帰りも可能で、快適な滑りができる好ルートである。

行動概略

大橋～氷沢川～乙妻山（往復）

第一日

大橋～佐渡山～氷沢川～乙妻山北斜面基部

鳥居川に懸かる大橋が取付きである。ここは車が駐車できるが、スペースは十分でなく、場合によってはもう少し戸隠寄りの戸隠イースタンキャンプ場付近に車を駐車せざるを得ない場合がある。

大橋からはトレースのたくさん残る林道をたどる。林道は斜面の傾斜が増す手前、標高一二八〇m付近で分岐しており、左の林道に入って小さな沢を渡る。林道はその後さらに北斜面に延びるものと分岐するが、そのままトラバース気味に進む。そして小さな沢を渡り、枝尾根に取り付く。ここを登り切ると標高一五八〇mのコルに着く。ここから、空荷で佐渡山を往復する。佐渡山へは特に危険なところはなく、比較的快適な滑りが期待できる。

コルに戻り、氷沢川源頭に滑り込む。ルートはその時々の積雪量により変化すると考えられるが、概ね高妻山を源頭とする谷の先まで氷沢川の右岸を滑り、標高一三九〇m付近で左岸の台地からトラバースすることとなる。たどり着いた滑降斜面を有する谷末端は広く、幕営適地である。

第二日

乙妻山北斜面基部～乙妻山～大橋

幕営地から雑木林の緩斜面を登る。一六〇〇m付近になると雑木は疎らとなり、正面にスキー滑降に適した真っ白な斜面を有する乙妻山山頂が見える。ここからは、この斜面を忠実に登る。登り切ったところは乙妻山南東の肩二一三〇m付近で、ここから傾斜の緩い尾根を登って頂上に着く。頂上は頸城や北アルプス北部の他、戸隠や黒姫山などの展望に優れ、特に鋭鋒の高妻山は見応えがある。

頂上からは直接、登ってきた斜面を滑り降りてもよいが、かなりの急斜面なので、一般的には先程稜線に出たところまで戻って滑り込む。広い斜面の滑降は大変快適であるが、斜面を左寄りにルートを採る方が快適でスケールの大きな滑降が楽しめる。正味二〇分強で幕営地に着く。

ここからは昨日のトレースをたどり佐渡山のコルに戻る。コルまでは傾斜も緩く気分のよい登高である。コルからは佐渡山の斜面を右に巻くようにしていったん滑り、登ってきた尾根の一つ隣の斜面を滑る。この斜面の下部はカラマツの植林地で快適な滑りが楽しめ、大橋までは予想以上に早く着ける。

山行データ

【同行者】　小林義雄

【日時・天候】
二〇〇三年三月二二日（曇り）
三月二三日（快晴）

【参考タイム】
第一日
キャンプ場駐車場（八時一五分）佐渡山のコル（一一時）佐渡山（一一時五〇分）佐渡山のコル（一二時一五分）氷沢川滑降斜面出合（一三時一〇分）
第二日
幕営地（八時三〇分）頂上（一一時一五分／四五分）幕営地（一二時三〇分／一三時一〇分）佐渡山のコル（一四時二〇分／四五分）大橋（一五時一〇分）

【山行適期】　三月中旬～五月上旬

【グレード】　○総合　中級
○山岳技術　中級　○滑降技術　中級

【装備】　基本装備

【アクセス】　大橋まで車を利用する。駐車スペースは限られているので注意したい。

【滑降高度差等】
○滑降高度差　一八〇〇m
○滑降距離　一〇・五㎞
○滑降斜面の最大傾斜　三〇度

【二万五千図】　高妻山

【留意事項】
○氷沢川の水量は少なく、徒渉するとしても問題はないと考えられる。
○笹ケ峰林道が除雪されれば、笹ケ峰からも取付くことができる。

ルート図　乙妻山・佐渡山

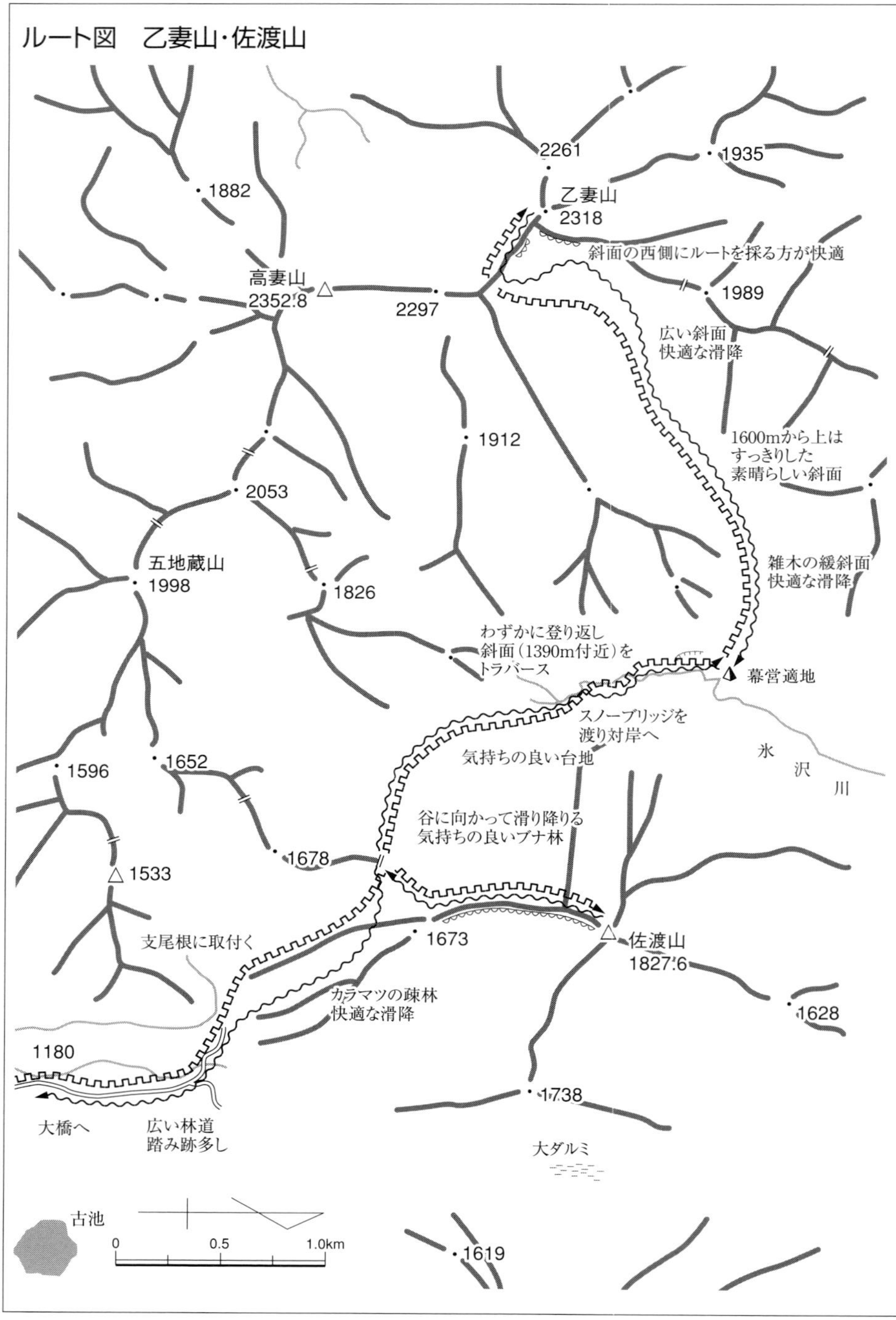
2261
1935
1882
乙妻山
2318
斜面の西側にルートを採る方が快適
高妻山
2352.8
2297
1989
広い斜面
快適な滑降
1912
1600mから上は
すっきりした
素晴らしい斜面
2053
五地蔵山
1998
1826
雑木の緩斜面
快適な滑降
わずかに登り返し
斜面（1390m付近）を
トラバース
幕営適地
スノーブリッジを
渡り対岸へ
気持ちの良い台地
氷
沢
川
1596
1652
谷に向かって滑り降りる
気持ちの良いブナ林
1678
1533
1673
佐渡山
1827.6
支尾根に取付く
カラマツの疎林
快適な滑降
1628
1180
1738
大橋へ
広い林道
踏み跡多し
大ダルミ
古池
0
0.5
1.0km
1619

5 海谷・放山・姫川周辺 山域概要

◆雪稜登攀も楽しめる山域◆

自然条件など

東海谷山稜・放山周辺

雪稜登攀と山スキーのフィールド

東海谷山稜・放山周辺の山域は、西に東海谷山稜、東に空沢尾根、鉾ケ岳、南に焼山北面台地が位置し、雪稜登攀と山スキーに絶好のフィールドである。

この山域の特徴の一つ目は、山行のベースとなる山麓の焼山温泉や笹倉温泉でも三月上旬で三~四mに及ぶ豊富な積雪量があることであり、これによりブッシュが殆ど隠れ狭い山域ながらも多くの快適なルートが存在する反面、三月までは天候に恵まれることが稀であることに相まって、ルートファインディングが難しいことである。

なお、この山域は総じて標高が低いものの、積雪量に恵まれていることから山行適期は一般的には三月上旬から四月中旬であり、気象条件や雪質等から考えると三月末から四月上旬までが最も適している。また、三月中旬からは日毎に雪解けが進み、ルートの状況もそれにつれて刻々と変化するので注意したい。

特徴の二つ目は独特の地形であり、平坦であるかあるいは懸崖であることが多く、その中間的地形は少ないことである。

例えば東海谷山稜は、積雪期にはヒマラヤ襞をかける急峻な岩峰であり、火砕流の影響を受けた焼山北面台地は雪の砂漠と化してしまう。また、地元では昔から山スキー向きの山として知られてきた放山はこの山域でも特に複雑な地形となっており、平坦な地形に加え地図上では判断しがたい支稜が複雑に入り組んでいる。

アクセスを一変させた林道とスキー場

東海谷・吉尾平へのメインルートとしてられてきたアケビ平は、植林の杉が伸びて山スキーに向かなくなった反面、砂場から大山林道が前烏帽子岳の山腹を巻いて吉尾平に延びた。このことから吉尾平へは、車を利用する限り砂場からの方が快適な滑降が楽しめるだけでなく、比較的残雪量の少ない遅い時期でもこの林道をたどることによりスキーで確実にアクセスできるようになった。

また、放山北東斜面にシャルマン火打スキー場ができて多くの人々を迎えるようになった。このことは、この山自体のアクセスを一変させただけでなく、周囲の山々、特に空沢尾根能生谷側のこれまであまり記録を見ない山々の山行に大きな影響を与えている。なお、スキー場からフィールドへ出ることを規制する動きがあるので、山行前に事前に確認をとりたい。

小谷温泉・姫川周辺

人気の雨飾山と大渚山、姫川周辺は低山ながら充実した滑降が期待できる

小谷温泉は雨飾山及び大渚山の登山口となっており多くの登山者を迎えている。このうち雨飾山で一般的に滑られているルートは、その山容から限られており、天狗原山や金山方面を目的に山行が実施されることは稀である。また、大渚山は雨飾山や北アルプスの展望に優れ、クラシックルートも存在することから、地味な山ながら人気のある山である。

さらに、姫川周辺の中級山岳も積雪量が豊富なことから充実した滑降が期待できる。

ルート概要

東海谷山稜・放山周辺

○東海谷山稜

このエリアでもっとも代表的なルートは吉尾平であろう。

ここは周囲を東海谷の峻峰が取り囲み、素晴らしい景観の中で緩斜面主体の快適な滑降が楽しめる。また、あまり知られていないが、見滝あた

りから尾根をたどり烏帽子岳を往復するルートも面白い。このルートは比較的安全に烏帽子岳頂上に立てるので、その意味からも見逃せないものであろう。

その他これらのエリアの前衛峰として前烏帽子岳と新田山がある。前烏帽子岳は一〇〇〇m程の低山であるが、東面に大きな斜面を有している。また、新田山は笹倉温泉の裏山といった感じの低山であるが、傾斜も適度で広い斜面を有し、初心者でも快適な滑降を楽しむことができる。

○昼闇山、空沢山、放山周辺

昼闇山周辺で代表されるルートは昼闇谷であろう。この谷は海谷屈指の大斜面を有し、比較的多くの山スキーヤーを迎えている。その他に昼闇山肩から小鉢尾根と昼闇谷の中間斜面の滑降も快適であると聞いている。

放山周辺は笹倉温泉から放山を往復するものを除き、これまで省みられることのないエリアであったが、シャルマン火打スキー場ができて状況は一変した。

まず、放山周辺では北尾根から南又橋へ出るルートが手軽で快適な滑降が楽しめ、アクセスや安全性等も勘案すると、東海谷も含めたこの山域の中でも推奨したいものの一つである。

また、海谷屈指の大きな斜面を有している空沢山北東尾根は、以前はアクセスの問題から実施しにくいルートであったが、スキー場を起点とすることにより実施しやすくなった。空沢山周辺はその他に丸倉谷や空沢山から笹倉温泉へ滑降することもでき、いずれも快適な滑降が期待できる。

鉾ケ岳については、未だに未踏の険谷を有する峻峰であるが、雪の状況を的確に把握できる豊富な経験があれば、湯沢川から頂上を往復することが可能である。鉾ケ岳はその地形故に滑降記録はほとんどないと考えられるが、十分検討すればその他にも幾つかのルートを拓くことが可能であろう。

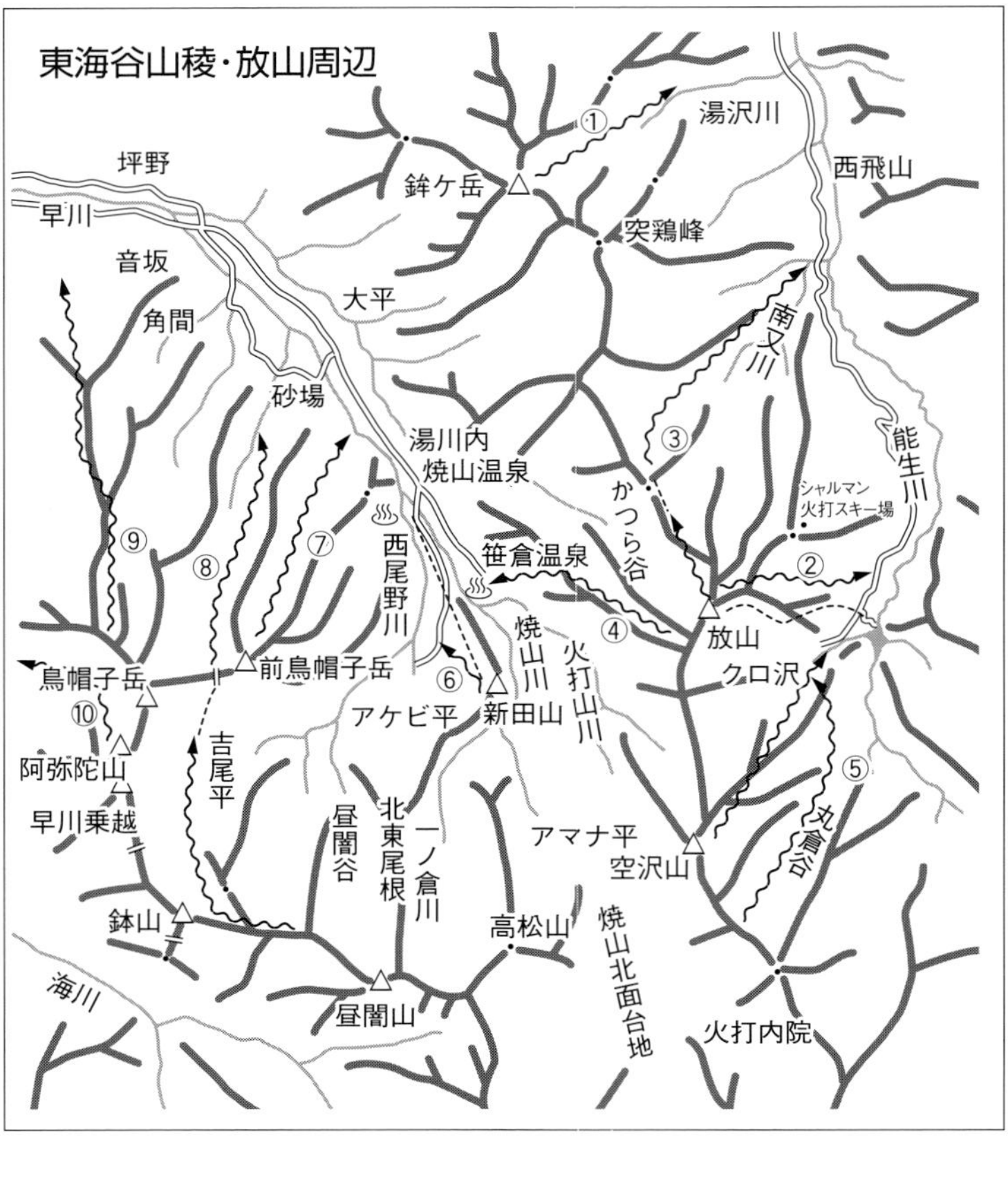

小谷温泉・姫川周辺

○青海黒姫山

日本海に面した急峻な山であり、一見するとスキーには向かない山と考えがちであるが、積雪量に恵まれていることから、大沢からのルートの他、注意深く観察すれば幾つかのルートを採ることも可能である。

○明星山

ロッククライミングで有名な急峻な山であり南壁が知られているが、北面に目を向ければ幾つかのルートが存在する。なお、取り付きは一般的には岡からとなる。

○赤禿山

目立たない低山であるが、明星山南壁の展望に優れており、厳冬期でも比較的実施しやすい初心者向きの山である。

○頸城駒ケ岳

西海谷山稜の端に位置するこの山は、山寺あるいは梶山あたりから、岩壁の隙間を抜けて頂上を往復するルートがある。厳冬期は、「十一面のカネコロ」（「カネコロ」は「つらら」の意味）という百数十mの氷瀑を見ながらの山行が可能であるが、滑降内容そのものは余り期待できない。

また、元湯ノ沢については滑降可能と記した文献もあるが、余程条件に恵まれない限り快適な滑降は望めず、むしろルートとしては対象外と考えられる。

○雨飾山周辺

雨飾山は人気があることから登山者で賑わっているが、ほとんどが南面の小谷温泉からであり、北面の梶山からの登山者は見ることはほとんどない。また、雨飾山の山容から一般的に滑られているルートは荒菅沢と南尾根に限られる。このうち、南尾根は上部が岩稜となっており、頂上手前のP2から滑られている。この他にも本書で紹介した北斜面を滑るものや天狗原山大倉沢、浅海沢上部から小谷温泉を繋ぐものなどがあり、探せば幾つか見出すことができるだろう。

○大渚山

昔から小谷温泉からの往復がクラシックルートとして知られているが、この他にも大草連から頂上経由で南斜面の浅い谷を滑るもの、頂上から北斜面を滑り大網集落へ抜けるものなどがある。

特に、南斜面の浅い谷を滑るルートがおすすめである。

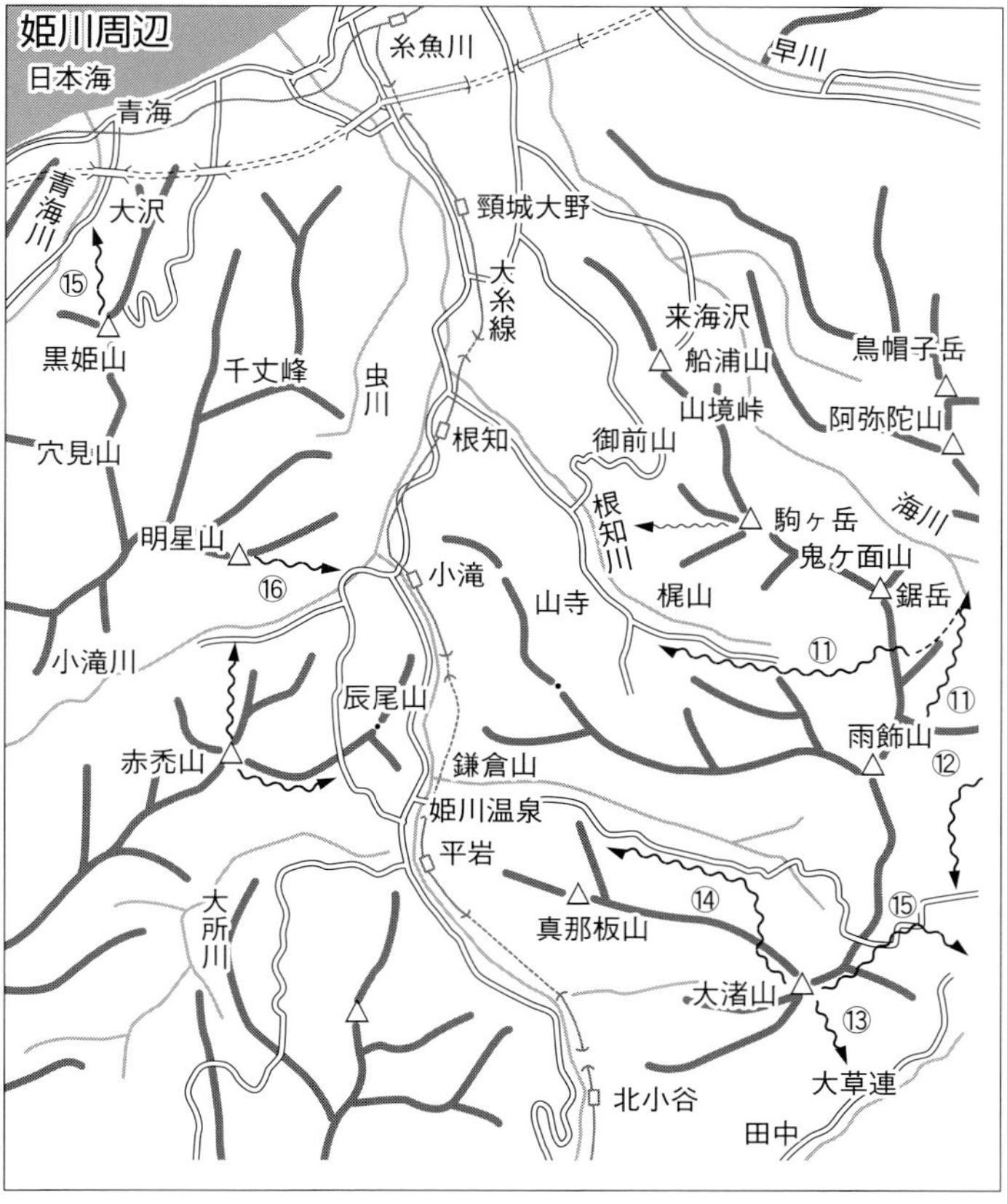

No.1

鉾ケ岳湯沢川

頸城の峻峰を滑る
知られざるルート

日帰り

概説

鉾ケ岳は標高が低いものの、急峻な独立峰であることから、一般的には山スキーの対象とは思われていないと思われるが、豊富な積雪量と急峻な地形故に東面の湯沢川ゴルジュ帯は雪で埋まり、鉾ケ岳では唯一の一般的なルートとなっていると思われる。

このため、山行を実施するには、雪崩の危険性が低くかつゴルジュ帯の雪渓が崩落する前の時期の入山が前提となることから、その年々の残雪の状態を的確に把握しうる豊富な知識と経験が必要である。

行動概略

柵口～湯沢川～頂上～柵口

三角屋根の作業小屋の手前で車を降り、林道をたどるとすぐに二分する。眼前には湯沢川に懸かる堰堤が見える。林道から湯沢川の河原に出るには、残雪が多ければ砂防ダムの左脇を直接越すことができるが、一般的には対岸に渡っている林道をたどり湯沢川を徒渉した後に越す。堰堤先では登路を右岸にとる。左岸に懸かる白滝六〇mを横目に見送り、遡行することわずかで谷はデブリや土砂に埋まる。ここから標高七三〇mまでは両岸ともスラブが発達し、剱岳の谷をそのまま小さくしたような感じの谷を歩く。右岸には不安定なブロックが残るので十分注意して迅速に行動しなければならない。特にゴルジュ帯の最狭部は谷がここで終ったかのような様相を呈しており、雪渓下に二〇mほどの滝が存在しているように思える。クレバスができて通過が難しいようだと、ここで退却せざるを得ないだろう。この部分は雪渓の状態に注意しつつ、急な雪面を左岸よりに慎重に登る。また、ゴルジュ帯左岸にある程度のブロックが残っていれば、雪崩の危険性が高く入山は控えるべきである。

ここを登り終えると、突鶏峰から権現谷を入れいったん平坦となるが、すぐ先で谷は急激にせり上がっている。ここも右岸からのブロックの崩壊に注意し、なるべく左岸寄りにルートを採りたい。

ここを過ぎると谷は穏やかになり、突鶏峰北西のピークに突き上げる沢を入れる（標高七三〇m）。ここから大沢岳付近の稜線まですっきりと見渡せ斜面も荒れていない。これから先、ルートは金冠の岩峰を横目に大沢岳方面にいったん出るか、標高九五〇mあたりから鉾ケ岳本峰に直接出るかのどちらかであるが、本山行では前者を採った。稜線に出ると尾根は広く緩やかであり、大沢岳を経由して、ところどころ夏道をたどりながら頂上に向かう。頂上には無人小屋があり、この時期には十分使用できる。頂上からの滑降は突鶏峰に向かう尾根沿いに少し下りたところで、滑り出しからデブリは殆どなく快適な斜面が続く。標高七三〇mの地点まで一気に滑ってしまうだろう。これから先、もう少し下まで滑ることができるが、ゴルジュ帯はスキーを脱がざるを得ず、登った時と同様、迅速に行動したい。

山行データ

【同行者】　小平　彰、中村　実

【日時・天候】
一九九四年四月二三日
（曇り一時晴れのち雨）

【参考タイム】
取付き（五時二〇分）ゴルジュ帯最狭部（六時）標高七三〇m（六時四五分）鉾ケ岳（八時一五分／四〇分）標高七三〇m（九時）取付き（一〇時五分）

【山行適期】　四月中旬

【グレード】
○総合　中級
○山岳技術　中級
○滑降技術　初級上

【装備】　基本装備、ピッケル

【アクセス】
車の利用が原則ではあるが、能生駅からバスの利用も可能である。

【滑降高度差等】
○滑降高度差　六〇〇m
○滑降距離　一・五km
○滑降斜面の最大傾斜　三三度

【二万五千図】　槇

【留意事項】
○湯沢川は水量が少ないため、通常ならば徒渉で登山靴を濡らすことはない。また、雪崩の危険性が高いことから、遅くとも午前中までには山行を終了したい。

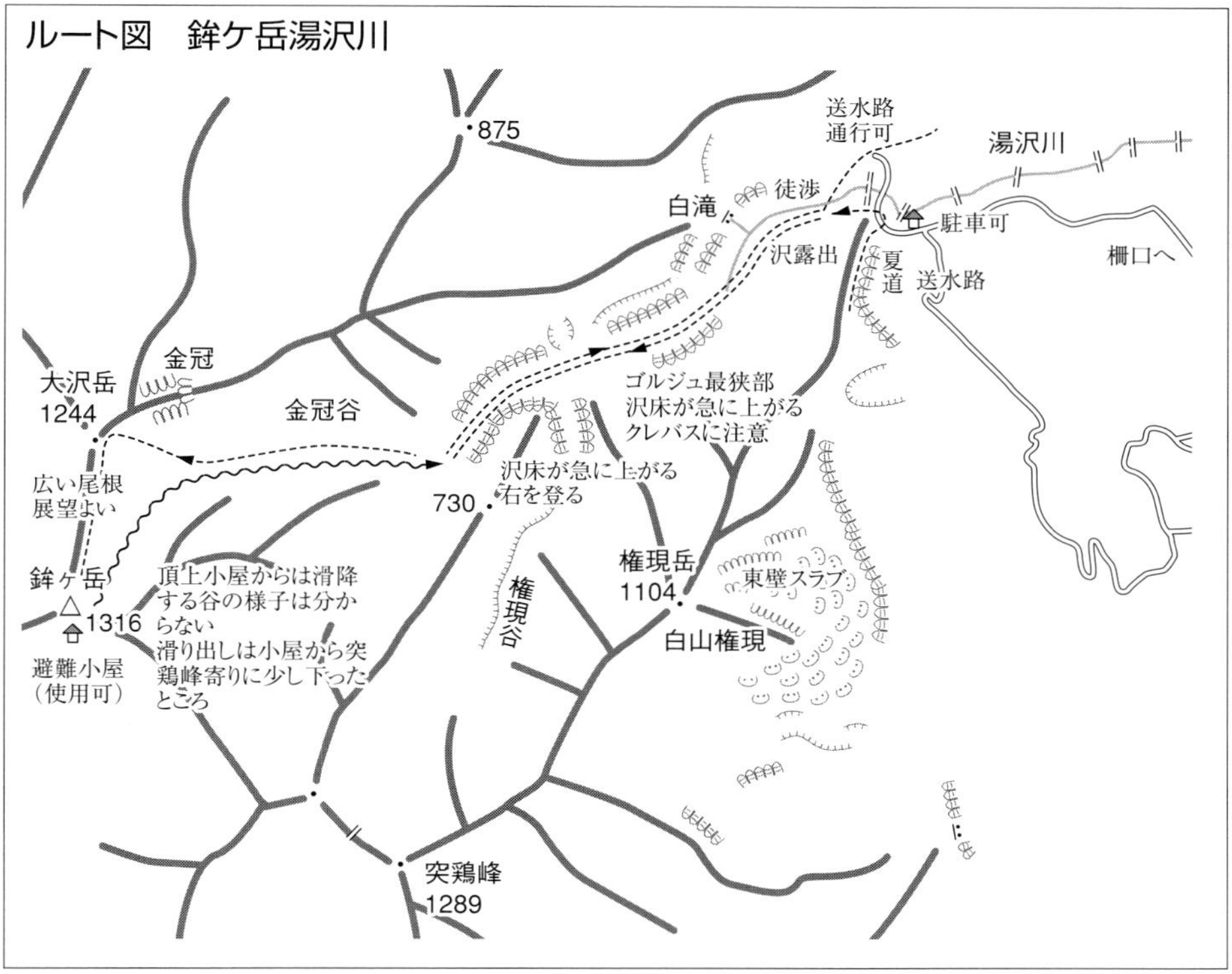
ルート図　鉾ケ岳湯沢川
875
送水路
通行可
湯沢川
徒渉
白滝
駐車可
沢露出
夏道
送水路
柵口へ
金冠
大沢岳
1244
金冠谷
ゴルジュ最狭部
沢床が急に上がる
クレバスに注意
沢床が急に上がる
右を登る
730
広い尾根
展望よい
権現岳
1104
東壁スラブ
鉾ケ岳
1316
頂上小屋からは滑降
する谷の様子は分か
らない
滑り出しは小屋から突
鶏峰寄りに少し下った
ところ
権現谷
白山権現
避難小屋
(使用可)
突鶏峰
1289

湯沢川上部（青島靖）

No.2 放山東斜面

スキー場から短時間で楽しめる

日帰り

概説

放山東斜面は、放山頂上やや手前から西飛山ダム付近に延びている広い尾根で、斜面の傾斜も適度であることから快適な滑降が期待できるだけでなく、シャルマン火打スキー場を起点とすれば短時間で実施できる。

ただし、積雪が多すぎると林道の通過が難しくなることから、ある程度積雪が少なく状態のよい時に実施したい。

行動概略

シャルマン火打スキー場～頂上～西飛山ダム～スキー場

シャルマン火打スキー場のリフトを降り、そのまま尾根の右側を進む。山頂に続く尾根はいったん高度を落とすので、そのまま鞍部まで滑り込んでシールを貼る。

ここからは、広く複雑な尾根を左手に頸城の山々を見ながら進む。尾根を忠実に進んでもよいが、頂上手前から尾根を右にはずして進む方が体力的には楽かもしれない。いずれにせよ、頂上まで小一時間ほどあれば十分だろう。南北に長く平坦な頂上は素晴らしい展望である。

放山山頂から、滑り出し地点を探すため、ほぼ尾根沿いに滑る。尾根の右側は雪庇が出ているところもあるので見つけづらいが、下り一方の尾根が、わずかに高度を上げる標高一〇〇〇m付近が滑り出しである。

この滑り出しは、これから滑る尾根をやや外しているため、いったん右にトラバース気味に滑って尾根の中央に出る。このあたりから高度差三〇〇m程は特に素晴らしい斜面で、快適な滑降が楽しめる。

やがて、この斜面は徐々に藪が濃くなり、地形も複雑になってくる。林道に出る地点を誤ると厄介なので方向を見定めて滑る。林道へ滑り込む地点は左の沢と林道が出合う地点であるので、下部はこのことに留意してルートを採る。

放山山頂付近

林道へ滑り込む地点は、沢が滝を懸けて出合っており、その先が岩壁となっている。林道はその下を縫うようにつけられている。本山行では雪のない路肩を歩けたが、積雪が多いと通過は危険であり、少し下って登り返すしかないだろう。

ここを過ぎると、それ程危険な箇所はない。ただ、林道はほぼ水平につけられていることから、スキーはあまり滑らない。林道の傾斜が増し、ストックで漕がなくとも滑るようになると、除雪した道路に出る。出た地点は道路がヘアピン状になっている標高五〇〇m付近であり、スキー場はそのすぐ上である。

山行データ

【同行者】なし

【日時・天候】二〇〇一年四月二八日（晴れ）

【参考タイム】シャルマン火打スキー場（九時）頂上（九時五〇分）林道（一〇時三〇分）シャルマン火打スキー場（一一時二〇分）

【山行適期】三月中旬～四月中旬

【グレード】
○総合　初級
○山岳技術　初級
○滑降技術　初級上

【装備】基本装備

【アクセス】
車を利用する。国道八号線から能生川に沿って西飛山を経由してシャルマン火打スキー場へ。車はスキー場に駐車する。

【滑降高度差等】
○滑降高度差　七〇〇m
○滑降距離　五・〇km
○滑降斜面の最大傾斜　二四度

【二万五千図】湯川内

【留意事項】
○視界不良時は、滑り出しの斜面の特定が難しいので注意したい。
○シャルマン火打スキー場はコース外へ出ることを許可しないことも考えられるので、山行に当たっては事前に確認したい。

ルート図　放山東斜面、放山北尾根

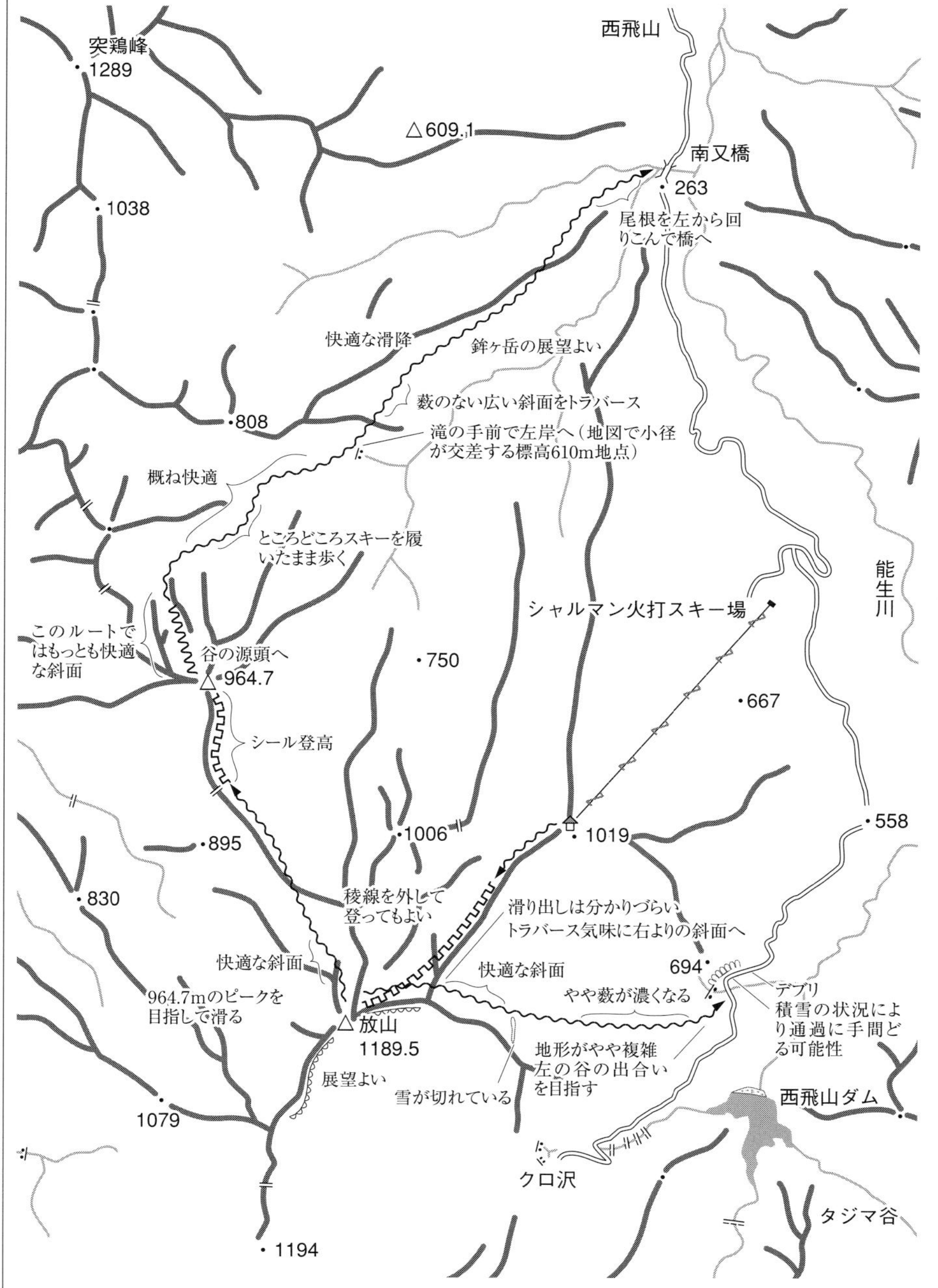
突鶏峰
1289
△609.1
西飛山
南又橋
263
尾根を左から回りこんで橋へ
1038
快適な滑降
鉾ヶ岳の展望よい
藪のない広い斜面をトラバース
808
滝の手前で左岸へ（地図で小径が交差する標高610m地点）
概ね快適
ところどころスキーを履いたまま歩く
能生川
シャルマン火打スキー場
このルートではもっとも快適な斜面
谷の源頭へ
△964.7
750
667
シール登高
558
895
1006
1019
830
稜線を外して登ってもよい
滑り出しは分かりづらいトラバース気味に右よりの斜面へ
快適な斜面
快適な斜面
694
964.7mのピークを目指しで滑る
やや藪が濃くなる
デブリ
積雪の状況により通過に手間どる可能性
△放山
1189.5
地形がやや複雑
左の谷の出合いを目指す
展望よい
雪が切れている
西飛山ダム
1079
クロ沢
タジマ谷
1194

No.3 放山北尾根

快適な初心者向けルート

日帰り ★

概説

放山は地味ながら地元では山スキー向きの山として知られてきた。特に、北東斜面にスキー場ができたことから、短時間で頂上に立てるため、多くの人がこの山で山スキーを楽しむようになった。事実、このスキー場を起点とすれば、幾つかの快適なルートを見い出すことができる。ここで紹介するルートは、その中の一つであり、地図からは想像できないほど快適なルートである。

行動概略

シャルマン火打スキー場～頂上～南又橋

（シャルマンスキー場から放山頂上までは「放山東斜面」参照）

放山頂上から北北西にルートを採ることになるが、地形が複雑であるため、九六四・七mのピークを右からやや回り込むように目指して滑る。途中、標高一一〇〇mあたりのやや急な斜面は、短いものの楽しい滑りが楽しめる。この斜面が終わると、九六四・七mのピーク手前までは傾斜がゆるくスキーを履いたまま歩くところもあるが、ここも総じて快適である。九六四・七mのピークへはシールを貼り直して登ることとなる。

たどり着いた九六四・七mのピークからは、この先の南又谷支流の状況が分からないだけに北北東に延びる広い尾根を滑るか否か迷うところであるが、そのまま鉾ケ岳に続く尾根を少し滑ると素晴らしい斜面にでる。

ルートに採る南又谷支流の源頭である。この斜面は高度差二〇〇mほどであるが、地図からその素晴らしさを推測するのは困難であろう。この斜面に続き、そのまま傾斜の緩い小さな谷を時にはスキーを履いたままの歩きも交えて忠実に滑るが、積雪量が多いことから総じて快適である。

南又谷源頭

やがて、標高六〇〇mの地点で滝が出るので、スキーを履いたまま左岸へエスケープして尾根に出る。広々とした斜面をトラバースし、尾根の中央にいったん出てから南又橋へ方角を見定めて滑り降りる。下部は杉の植林地もあるが、広くブッシュの少ない尾根は鉾ケ岳の素晴らしい景観をほしいままに、大変快適な滑降が楽しめる。この山行の締めくくりである尾根の末端を左から回り込むように滑ると、最後まで快適な滑降に終始して南又橋の終了点に出る（地図前頁）。

山行データ

【同行者】青島 靖、三宅雄一、横田 進

【日時・天候】二〇〇一年四月八日（晴れ）

【参考タイム】リフト上（一〇時）頂上（一〇時四〇分）九六四・七mピーク（一一時四〇分）南又橋（一二時三〇分）

【山行適期】三月中旬～四月中旬

【グレード】
○総合　初級
○山岳技術　初級上
○滑降技術　初級

【装備】基本装備

【アクセス】
車を利用する。国道八号線から能生川に沿って西飛山を経由してシャルマン火打スキー場へ。車はスキー場に駐車する。車が二台あれば一台を南又橋に駐車すれば帰りは楽である。電車を利用する場合は、行きは能生駅からスキー場までタクシーを利用し、帰りは西飛山からバスの利用が考えられる。

【滑降高度差等】
○滑降高度差　一〇二〇m
○滑降距離　五・八km
○滑降斜面の最大傾斜　二二度

【二万五千図】槇、湯川内

【留意事項】
○ルート全体を通じて滑落等の危険はないが、地形が複雑なため十分視界がある時に実施したい。
○シャルマンスキー場はコース外へ出ることを許可しないことも考えられるので、山行に当たっては事前に確認したい。

No.4

笹倉温泉から放山、空沢山

快適な空沢山北東尾根

日帰り

概説

空沢山は、火打山から北西に延びる一つのピークに過ぎず、目立たない低山であることから不遇を囲っている。しかし、豊富な積雪とスキーに適した広い尾根が存在することから、この山は充実した滑降が楽しめる。

このルートは笹倉温泉を起点として日帰りで一周するものであり、滑降高度差が一六〇〇mにも及ぶことから北アルプスのルートを凌ぐこの山域屈指のものである。ただし、ルートファインディングが難しいことから、視界不良時は中止すべきことを申し添えたい。

行動概略

笹倉温泉〜焼山北面台地〜空沢山〜西飛山ダム〜放山〜笹倉温泉

笹倉温泉から除雪された林道をたどり焼山北面台地の末端を目指す。林道は火打山川に懸かる橋まで除雪されている。この橋から林道をたどり焼山北面台地に取り付く。林道は斜面の傾斜が増す標高七〇〇mあたりから九十九折につけられており、適当にショートカットしながら登る。やがて斜面が平坦になり、林道が八九二mのピークを右から巻くようになると正面に焼山の展望が開けてくる。ここから八九二mと九八一mのピークの鞍部を乗っ越し、火打山川を標高九〇〇mの地点で慎重に徒渉し、空沢山から直接延びる尾根に取り付く。この尾根の取付きまでは広い焼山北面台地をトラバースするので、視界不良時のルートファインディングはかなり苦労しそうである。

空沢山からは、いよいよ今回のハイライトである空沢山北東尾根の滑降を開始する。この斜面はいかにもこの山域らしい広くて藪の少ない斜面であり、能生谷やや左の方角を目指して自由気ままに滑り降りる。クロ沢まで高度差八五〇m、秀いでたルートが多数存在するこの周辺山域でも最も素晴らしい斜面の一つである。

クロ沢出合からは、すぐ上流が二俣となっており、そのどちらにも二〇〜三〇mぐらいの滝が懸かっている。放山に取付くには、クロ沢のスノーブリッジを渡り、雪崩に注意しながら能生谷に沿った林道をしばらく進む。やがて西飛山ダムへ降りる道が出合うあたりで放山に取り付く。なお、ここでシャルマン火打スキー場へ向かう場合は、そのままこの林道をたどる。

ここから放山までは特に問題となるところはないが、放山山頂付近は複雑な支稜が入り組んでおり、笹倉温泉へ下る尾根を見つけるのがかなり難しい。目一杯、火打山川側の尾根にルートを採るのがポイントである。また、一〇七九mの標高点付近は平坦な雪原なのでこれを目印にすればよい。放山の肩から笹倉温泉のまでは高度差七五〇m、下部は植林の杉が伸びたとはいえ、初心者向きの楽しい滑降の連続である。

山行データ

【同行者】　新村貞男、室井和子

【日時・天候】
一九九一年四月一三日（曇りのち雨）

【参考タイム】
笹倉温泉（五時四五分）空沢山（一〇時一五分）クロ沢出合（一一時三〇分）放山（一五時五分）笹倉温泉（一六時四五分）

【山行適期】　三月中旬〜四月中旬

【グレード】
○総合　中級上
○山岳技術　中級上
○滑降技術　初級上

【装備】　基本装備、赤布

【アクセス】
車を利用した場合は、笹倉温泉付近に車を止める。糸魚川駅から笹倉温泉へのバスの利用も考えられるが、この場合は一泊二日となる。

【滑降高度差等】
○滑降高度差　一六〇〇m
○滑降距離　六・六km
○滑降斜面の最大傾斜　二四度

【二万五千図】　湯川内

【留意事項】
○ルート全体を通じて滑落するようなところはないが、反面、ルートファインディングが難しい。
特に、空沢山北東尾根、放山山頂付近は視界不良時には注意したい。
○放山に登り返さない場合は、そのまま林道をたどりシャルマン火打スキー場へ向かうが、残雪量が多いときは通過が厳しくなる。

ルート図　笹倉温泉から放山、空沢山

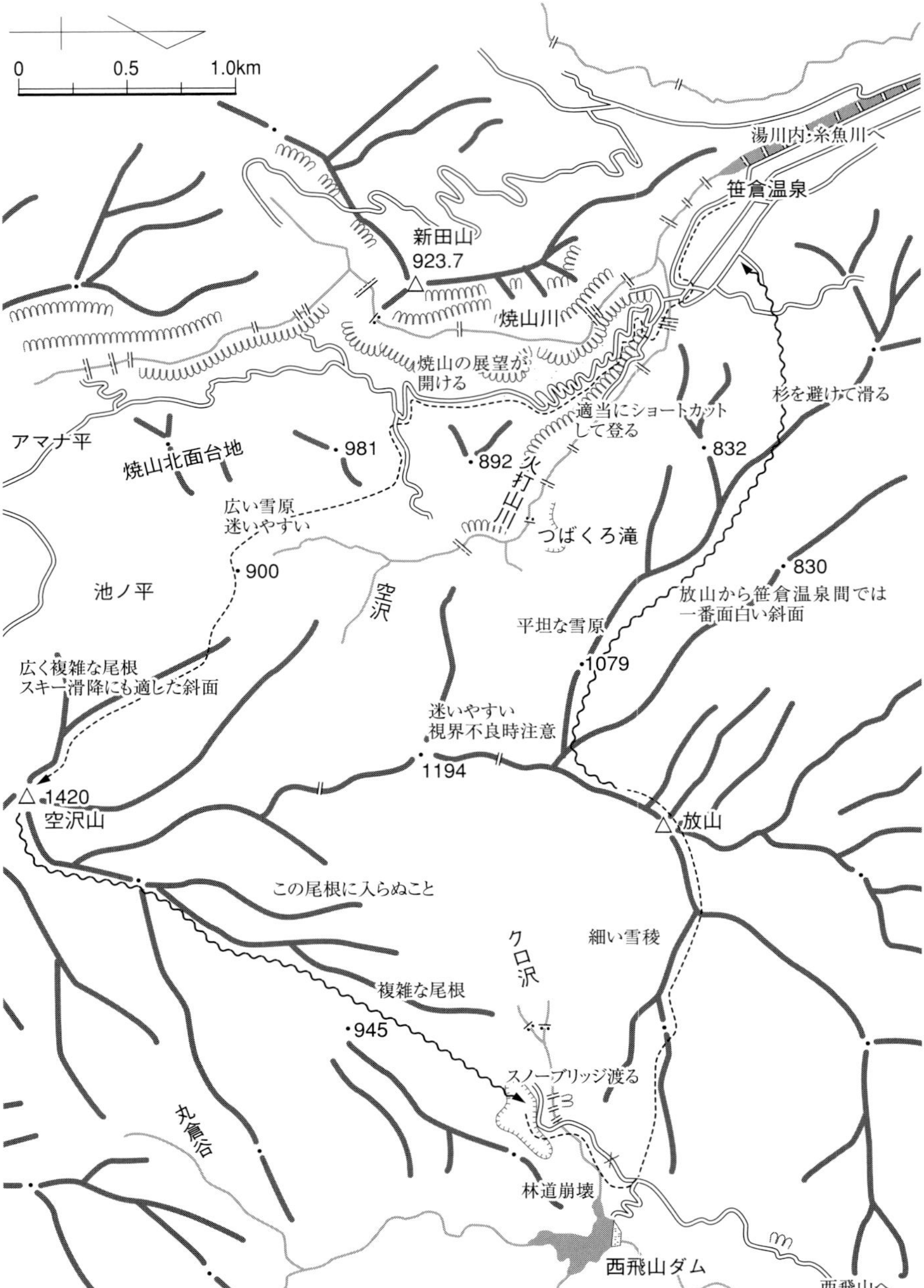
0
0.5
1.0km
湯川内・糸魚川へ
笹倉温泉
新田山
923.7
焼山川
焼山の展望が
開ける
適当にショートカット
して登る
杉を避けて滑る
アマナ平
焼山北面台地
981
892
832
火打山川
つばくろ滝
広い雪原
迷いやすい
900
池ノ平
空沢
830
放山から笹倉温泉間では
一番面白い斜面
平坦な雪原
1079
広く複雑な尾根
スキー滑降にも適した斜面
迷いやすい
視界不良時注意
1194
1420
空沢山
放山
この尾根に入らぬこと
細い雪稜
クロ沢
複雑な尾根
945
スノーブリッジ渡る
丸倉谷
林道崩壊
西飛山ダム
西飛山へ

No.5 丸倉谷

斜面の積雪状況を見定めて滑りたい

日帰り

概説

小火打山は、シャルマンスキー場から空沢尾根を見た場合、白さがとりわけ目立ち、山姿は名の如く火打山に似ている。

丸倉谷はこのピークを源頭とする谷であり、これまで記録がない可能性の高い谷である。しかし、放山から見たとおりスキーに向いており、シャルマン火打スキー場からだと丁度よい日帰りルートとなる。

ただし、小火打山直下の斜面は遅い時期はセラック状となり、谷の下部も滝が出ると想定されるので、状況を見極めて滑りたい。

行動概略

シャルマン火打スキー場～小火打山手前～丸倉谷～スキー場

シャルマン火打スキー場から広い尾根をたどり放山に出る（シャルマンスキー場から放山までは「放山東尾根」参照）。放山は細長く広い頂上で眺めがよい。時期が遅いと稜線は薮が出て歩きづらい箇所もあるが、それ程長く続かない。

放山からはアップダウンを交え徐々に高度を下げる。尾根は非常に広く、視界不良時は行動不能となるので注意したい。

西側に小さな谷が入り、これを左から回り込むようになると、尾根はゆっくりと高度を上げ始める。ここまで来れば空沢山は近い。知らず知らずのうちに空沢山を過ぎ標高一五五〇mまで来ると、尾根上に三角形の岩峰が聳えている。尾根はこの手前で急になるので、シートラーゲンしてこれを回り込み、一六七五mの標高点にでる。

小火打山にこだわらなければ、この地点から滑降を開始する。

出だしの斜面は大変広く、素晴らしい滑りが楽しめる。標高一三五〇m付近まで滑ると、谷は左に曲がり極めて狭くなる。ここは、滝場となっているかもしれないが、シーズンであれば埋まっており、谷は傾斜が増すが、広い斜面であるので、引き続き快適な滑りが楽しめる。

本山行では一一〇〇m付近で滝が出ており、谷筋は通行不能なため、左からスキーを履いたまま小さく巻いてこれを抜けた。この後も谷は快適な滑降に終始するが、標高八〇〇m付近で右岸からのデブリで斜面が荒れているので左岸の斜面に上がる。谷は出合まで滑降できそうだが、興味の薄いものとなるので、ここから空沢山北東尾根をトラバースしクロ沢に出る。ここも概ね快適な滑降が楽しめる。

クロ沢は、一面デブリで覆われ、上流には二つの滝が両門状に懸かっている。これから先は荒れた林道をたどるが、ダム手前で完全に崩落した箇所があり、不安定な雪渓を渡らざるを得ない。ここを過ぎれば険しい箇所もなく、忠実に林道をたどりスキー場に戻る。

山行データ

【同行者】　なし

【日時・天候】　二〇〇一年四月二八日（晴れ）

【参考タイム】　シャルマンスキー場リフト上（八時四五分）一六七五m標高点（一三時）クロ沢出合（一四時五分）スキー場（一五時五五分）

【山行適期】　三月下旬～四月中旬

【グレード】
○総合　中級
○山岳技術　中級
○滑降技術　中級

【装備】　基本装備、ピッケル

【アクセス】
車を利用する。国道八号線から能生川に沿って西飛山を経由してシャルマンスキー場へ。車はスキー場に駐車する。

【滑降高度差等】
○滑降高度差　一三〇〇m
○滑降距離　七・五km
○滑降斜面の最大傾斜　三〇度

【二万五千図】　湯川内

【留意事項】
○本山行では積雪が例年と比べ格段と多かったことから、例年であればこの時期の滑降はできないと考えられる。
○小火打北斜面の積雪の状況がよければ、是非小火打から滑りたい。快適な滑降が期待できる。
○丸倉谷は左岸が穏やかなので、仮に滝が出てきてもエスケープルートの確保は問題ないと考えられる。
○シャルマンスキー場はコース外へ出ることを許可しないことも考えられるので、山行に当たっては事前に確認したい。

ルート図　丸倉谷

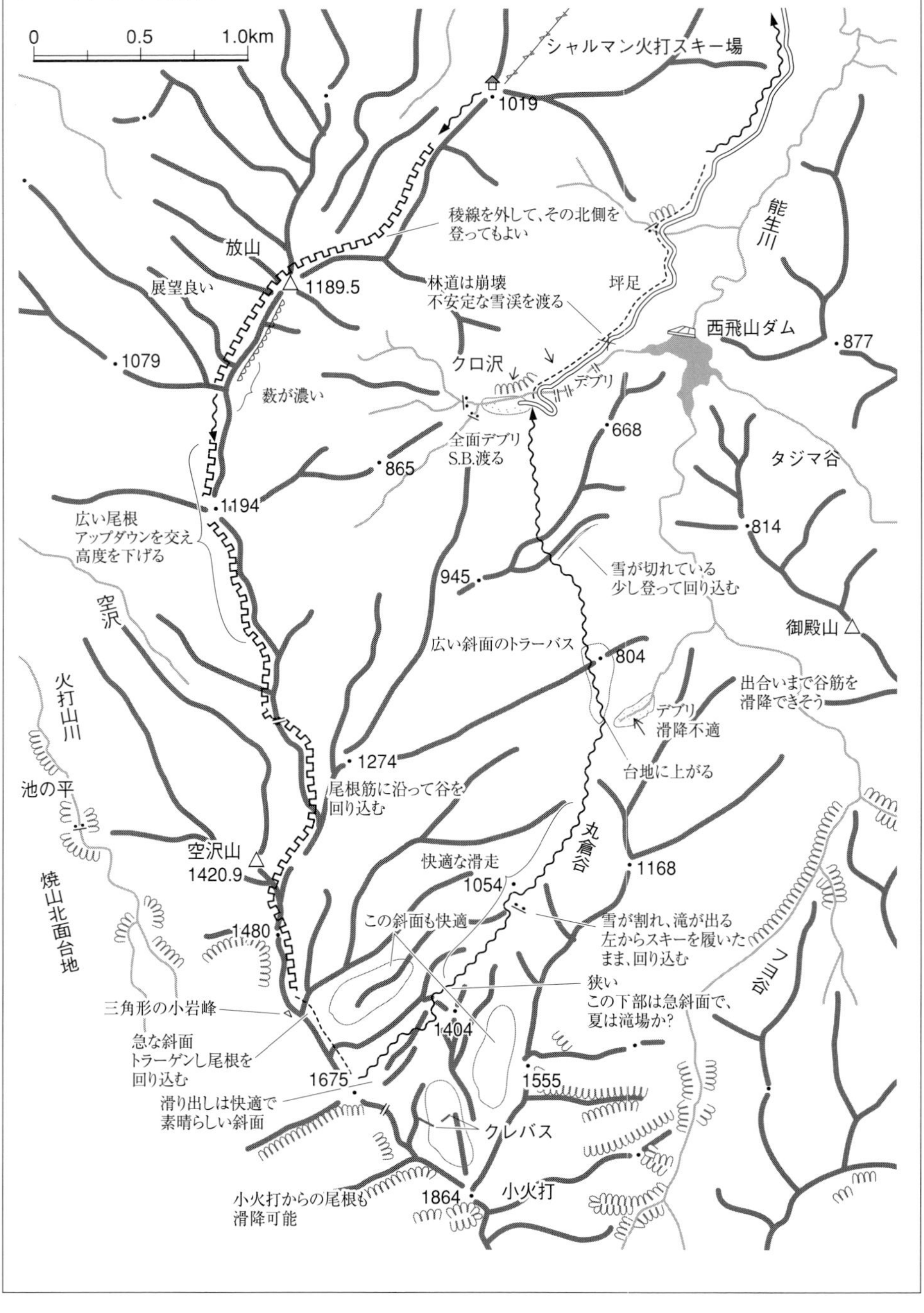
0
0.5
1.0km
シャルマン火打スキー場
1019
稜線を外して、その北側を
登ってもよい
放山
1189.5
展望良い
林道は崩壊
不安定な雪渓を渡る
坪足
能生川
西飛山ダム
877
1079
クロ沢
デブリ
藪が濃い
668
全面デブリ
S.B.渡る
865
タジマ谷
1194
広い尾根
アップダウンを交え
高度を下げる
814
945
雪が切れている
少し登って回り込む
空沢
御殿山
広い斜面のトラバース
804
火打山川
出合いまで谷筋を
滑降できそう
デブリ
滑降不適
1274
台地に上がる
池の平
尾根筋に沿って谷を
回り込む
丸倉谷
空沢山
1420.9
快適な滑走
1168
1054
焼山北面台地
この斜面も快適
雪が割れ、滝が出る
左からスキーを履いた
まま、回り込む
1480
フヨ谷
狭い
この下部は急斜面で、
夏は滝場か？
三角形の小岩峰
1404
急な斜面
トラーゲンし尾根を
回り込む
1675
1555
滑り出しは快適で
素晴らしい斜面
クレバス
小火打からの尾根も
滑降可能
1864
小火打

No.6

新田山

笹倉温泉の裏山的存在
快適な入門ルート

日帰り
★

概説

新田山は笹倉温泉の裏山といった山である。高さは一〇〇〇mに満たない山であり、登頂そのものの魅力は少ないが、快適な滑降が可能な広く傾斜の適度な斜面が連続し、山そのものがスキー場といっても過言ではない。

焼山温泉から三、四時間ほどで往復できるので、山行の最終日あるいは入門ルートとして滑るには最適な山である。

行動概略

焼山温泉〜頂上（往復）

焼山温泉スキー場から早川と西尾野川に挟まれた台地に付けられた林道を行く。林道はやがて杉の植林地に入る。林道右手前方に砂防ダムがあるが、その手前左手に雑木の疎林の斜面が広がっている。ここはちょうど左手の小沢が途切れるところであり、林道の傾斜がわずかに増す手前でもある。

新田山の取り付きはこの斜面であり、ここから頂上南へ抜ける林道が続いている。はじめはこの林道をたどるが迂回しているため、しばらくたどったら南東に方向を決めてシールで登る。斜面は藪が薄く傾斜も適度なので帰りの滑りは快適であると分かると思う。斜面の傾斜が少し緩くなると頂上は近い。

頂上は焼山川側が懸崖となっているので、雪庇を踏み抜かないようにしたい。頂上からは往路を戻る。危険な箇所もなく、快適な滑降が楽しめる点で山スキーの入門ルートとしておすすめである。

山行データ

【同行者】　新村貞男

【日時・天候】
一九九一年三月一七日（雪のち曇り）

【参考タイム】
焼山温泉（九時一五分）頂上（一二時〇五分）焼山温泉（一三時三五分）

【山行適期】　二月下旬〜四月上旬

【グレード】
〇総合　初級
〇山岳技術　初級
〇滑降技術　初級

【装備】　基本装備

【アクセス】
焼山温泉から糸魚川駅へバスが出ており、利用可能である。
車を利用する場合は、焼山温泉スキー場に駐車する。

【滑降高度差等】
〇滑降高度差　五四〇m
〇滑降距離　二・七km
〇滑降斜面の最大傾斜　二二度

【二万五千図】　湯川内

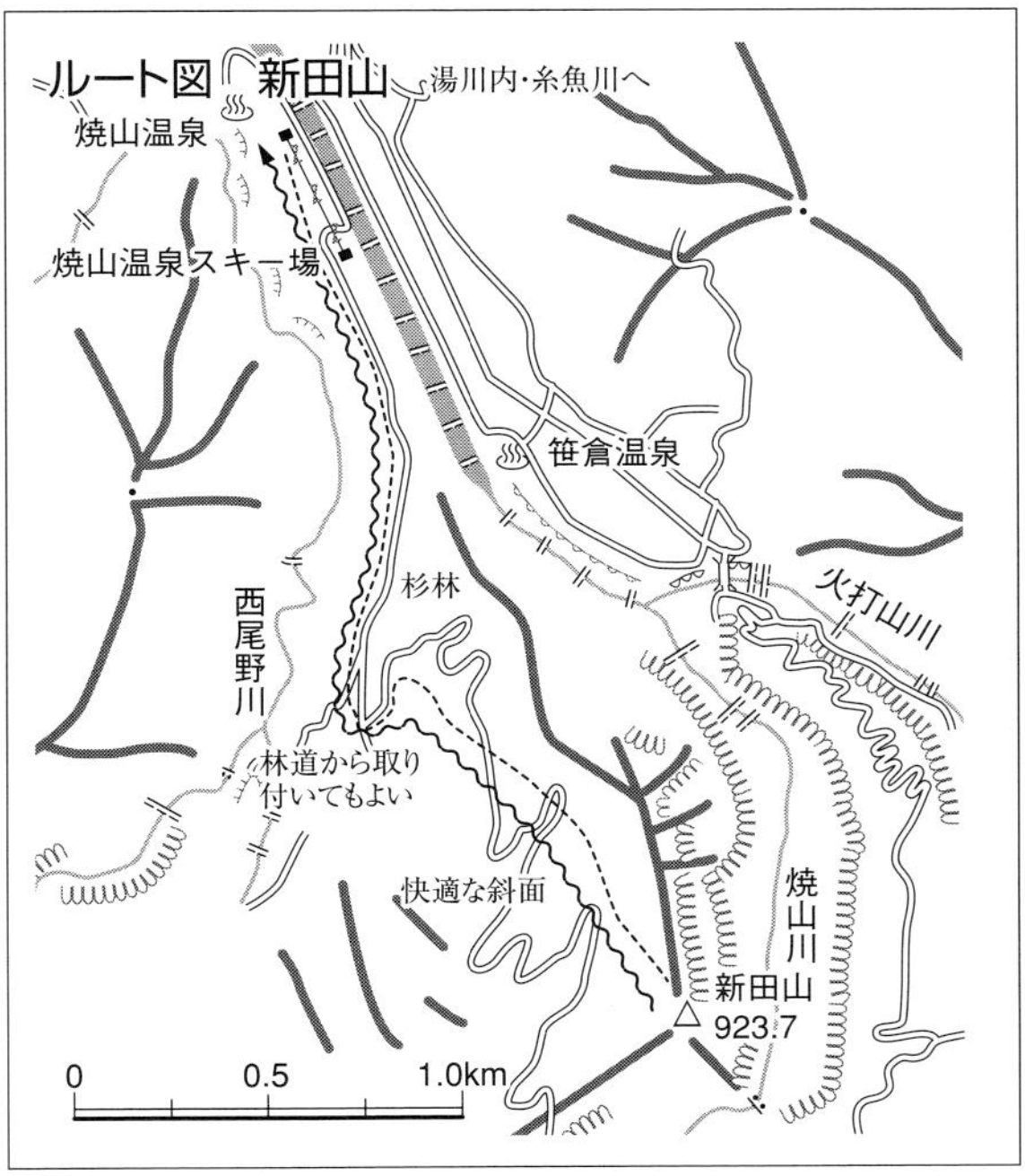

No.7

前烏帽子岳

東面に大きな斜面を有する東海谷山稜の展望台

日帰り

概説

前烏帽子岳は吉尾平から見ると目立たない一ピークであるが、スキーに適した大きな斜面を東面に持つことと、東海谷山稜のよき展望台という特徴を有している。アケビ平の植林の杉が伸びて山スキーに向かなくなったことを考えると、初心者向けのルートとしてだけでなく、東海谷山稜登攀後の下山時のルートとして見直すべきではないかと思う。

行動概略

焼山温泉～吉尾平～頂上～焼山温泉

焼山温泉スキー場から早川と西尾野川に挟まれた台地の林道を行く。四〇分ほど歩くと小広い平坦地となっており、アケビ平と東海谷山稜の全容を望むことができる。さらに林道をたどり、西尾野川のスノーブリッジを渡るとアケビ平だ。アケビ平は杉の植林地となっており、杉が伸びて前方が見えないため快適ではない。

昼闇谷を渡る地点は標高七五〇m地点である。昼闇谷を大きく回りこむようにして渡り、さらにトラバースしてもう一本沢を渡る。そして吉尾平末端に取り付く。少し登ると林道に出る。この林道を前烏帽子岳方面に進み、一本目の沢は橋を、二本目の沢はスノーブリッジを渡る。二本目の沢を渡り終えたら、前烏帽子岳に向けて緩い斜面を登る。普通なら小一時間程で頂上に立てるだろう。頂上は眼前に烏帽子岳東壁が迫り、東海谷山稜の眺めがよい。

ここからスキーを履き、眼下北東に広がる田圃を目指して滑降を開始する。出だしは稜線に小さな雪庇が出ているので、支稜を心持ち下ったところから東斜面に滑り込む。この斜面は湯川内からもはっきり望める大きな斜面であり、上部は急傾斜であるものの快適な滑降ができ、このルートでは特筆されるものである。

この斜面を一気に滑ると平坦になる。この斜面はまだ続いているが、このまま滑り降りると谷に入ってしまうので、大山林道が出合う手前からトラバース気味にこの斜面の北端を目指し隣の尾根に出る。広くスキーに適したこの尾根を北西に向けて快適に滑るが、しばらく滑ると崖になり行き詰まるので、この崖沿いに進み、下降しやすいところを見つけてさらに滑り降りる。

滑り降りた斜面の下部は不明瞭ではあるが林道がある。雪の少ないときは、これを利用して滑り降りることとなるが、雪が多ければ前方の小さな沢を目掛けて滑り込んだ後、尾根をトラバース気味に進む。眼下に砂防ダムが見えたら、これを目指して滑る。林道からは雪の状態にもよるが、ほぼ忠実にこれをたどり焼山温泉に向かう。

前烏帽子岳付近（後藤正弘）

山行データ

【同行者】加藤 満、中村 実

【日時・天候】一九九三年四月一〇日（快晴）

【参考タイム】焼山温泉（六時）アケビ平（七時）吉尾平の林道（九時四〇分）前烏帽子岳（一一時一〇分／一一時四〇分）焼山温泉（一四時二〇分）

【山行適期】三月上旬～四月上旬

【グレード】

○総合　初級上

○山岳技術　初級上

○滑降技術　初級上

【装備】基本装備

【アクセス】車を利用した場合は、焼山温泉スキー場の駐車場に車を止める。糸魚川駅からバスの利用も考えられる。

【滑降高度差等】

○滑降高度差　七二〇m

○滑降距離　三・五km

○滑降斜面の最大傾斜　二八度

【二万五千図】湯川内

【留意事項】

○滑降を重視した場合、頂上直下からの滑降は林道まで一旦滑り切ってもよい。

○頂上からの滑降は雪崩に注意したい。

ルート図　前島帽子岳

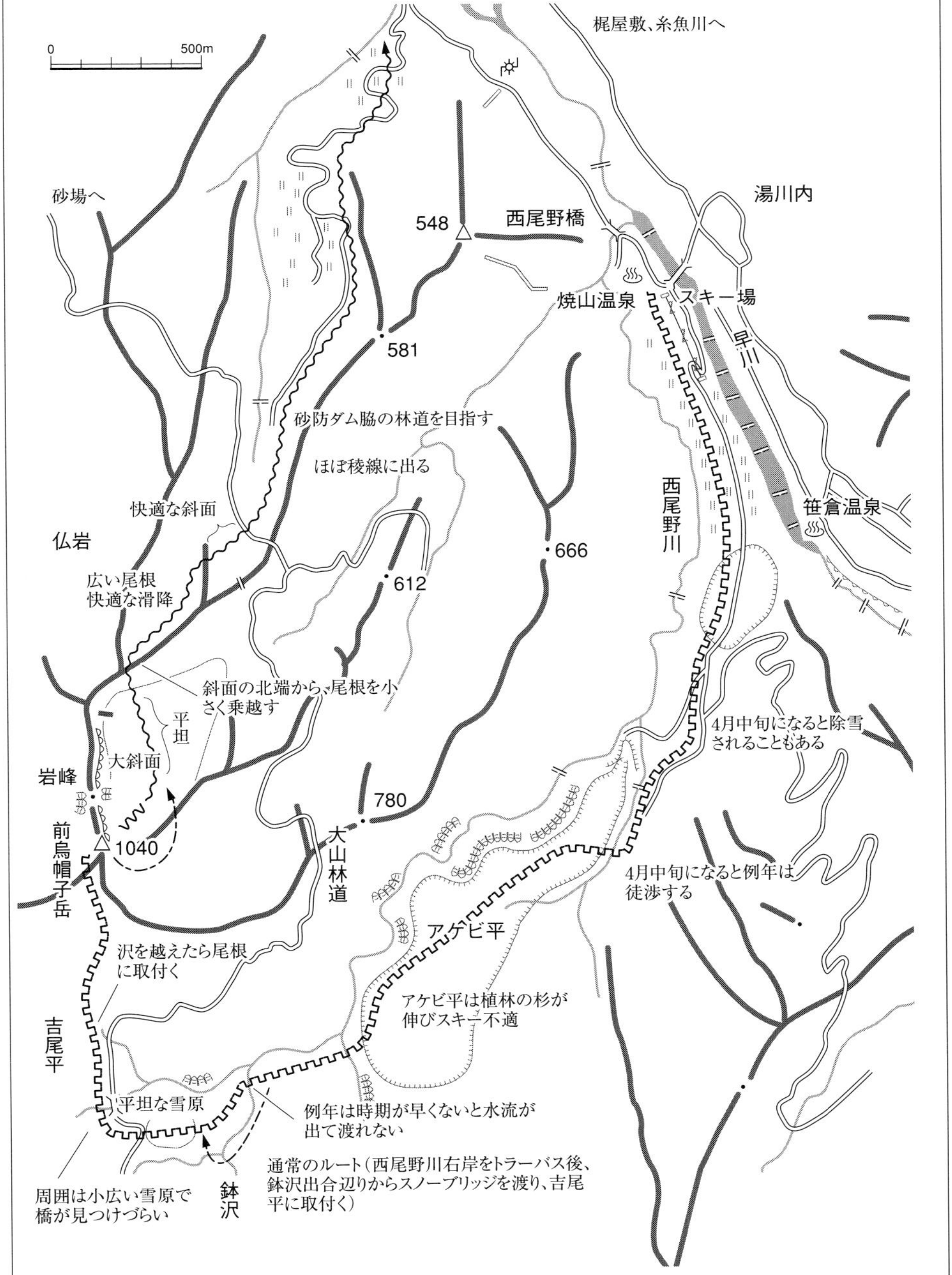
0
500m
梶屋敷、糸魚川へ
砂場へ
548
西尾野橋
湯川内
焼山温泉
スキー場
早川
581
砂防ダム脇の林道を目指す
ほぼ稜線に出る
快適な斜面
笹倉温泉
仏岩
666
西尾野川
612
広い尾根
快適な滑降
斜面の北端から、尾根を小さく乗越す
平坦
4月中旬になると除雪されることもある
大斜面
岩峰
780
前烏帽子岳
1040
大山林道
4月中旬になると例年は徒渉する
アケビ平
沢を越えたら尾根に取付く
アケビ平は植林の杉が伸びスキー不適
吉尾平
平坦な雪原
例年は時期が早くないと水流が出て渡れない
通常のルート（西尾野川右岸をトラーバス後、鉢沢出合辺りからスノーブリッジを渡り、吉尾平に取付く）
周囲は小広い雪原で橋が見つけづらい
鉢沢

No.8 吉尾平

吉尾平は山スキーの別天地

日帰り

概説

吉尾平は、岩峰の屹立した東海谷の山々に囲まれた広大な台地であることから、日本の山とは思えない一種独特の雰囲気がある。このような地形的特徴から、吉尾平は山スキーの別天地として昔から知られ、アケビ平からのルートがクラシックルートとして知られてきた。

しかし、アケビ平は杉が伸びスキーに向かなくなったこと、砂場から吉尾平の奥まで林道が延びたこと、さらにはこの林道の途中に小屋ができたことから、砂場から取り付く方が快適な山行ができるようになった。

行動概略

砂場～烏帽子岳と前烏帽子岳のコル～吉尾平～昼闇山と鉢山のコル～砂場

砂場奥の四七一mの標高点付近に車を置き林道をたどる。わずかで大山林道の分岐に着き、これをスキーで登り始める。大山林道をたどることわずかですぐ上流に大岩のある橋（仏沢）を渡る。このまま林道をたどり前烏帽子岳東面を回り込んで小屋に出てもよいが、ここから林道を離れ右岸の斜面に取り付く。杉林で視界は余り効かないことと、思いの外複雑な地形に戸惑うかもしれないが、仏岩の左上部をたどり、前烏帽子岳北面から北へ延びる主稜線（それ程顕著な尾根ではない）すぐ下のなだらかで浅い谷を詰める。そして、この谷のかなり上部から、前烏帽子岳を右からぐるっと巻くようにして小さな谷を二本ほど渡り、前烏帽子岳西斜面基部をトラバース気味に登るとコルに出る。

コルからは、いったん右寄りに回り込むようにして小さな沢を滑り林道に出て、そこから林道を左へ少したどると小屋に着く。小屋は前烏帽子岳から延びる支尾根の末端、標高八二〇m地点にあり、そのすぐ近くには季節になると水芭蕉の咲く平坦な雪原がある。

小屋から林道をたどり、鉢沢の出合う手前の不明瞭な尾根状のところから吉尾平上部に向けて登る。登るにつれ藪も薄くなり、東海谷の山々の景観を楽しみながら快適な登高となる。鉢山と昼闇山のコルから先も広い斜面が続いており、そのままシール登高し、標高一六〇〇m付近に出る。

帰りは、特に吉尾平上部の斜面はスケールの大きな滑りが楽しめる。小屋の手前から烏帽子岳と前烏帽子岳のコルを目安に標高一〇〇〇m付近をトラバースし、直接烏帽子岳東稜一一〇〇m付近に出る。

この先でシールを外し、前烏帽子岳西斜面の基部を目指す。後は、登ってきたトレースをほぼたどって取り付きに戻る。帰りはスキーの快適さと速さを実感できるだろう。

山行データ

【同行者】　蟹江健一、設楽なつ子、横田　進

【日時・天候等】
二〇〇一年四月二一日（晴れ）
二二日（晴れ後曇り）

【参考タイム】
第一日　砂場取り付き（一四時三〇分）小屋（一六時三〇分）
第二日　小屋（六時三五分）昼闇山肩（標高約一六〇〇m）（九時二〇分／一〇時二〇分）烏帽子岳東稜標高一一〇〇m（一二時）砂場（一二時四〇分）

【山行適期】　三月中旬～四月上旬

【グレード】
○総合　初級上
○山岳技術　初級上
○滑降技術　初級上

【装備】　基本装備

【アクセス】　車を利用する。砂場から取付きまでの道は分かりづらい。林道が四七一mの標高点を通ることがポイントであるが、初めて訪れるとなれば途中で地元の人に聞かざるを得ない。

【滑降高度差等】
○滑降高度差　一三〇〇m
○滑降距離　五・八km
○滑降斜面の最大傾斜　一四度

【二万五千図】　越後大野、湯川内

【留意事項】
○避難小屋は、埋まっていることも考えられる。小屋周辺の積雪量はシャルマン火打スキー場上部と同程度であることから、これを参考としたい。
○吉尾平から昼闇山と鉢山のコルに抜ける地点は雪崩やすいので、できるだけ小鉢寄りに登りたい。特に、鉢山の左右両端の斜面の雪の状態には気を配りたい

ルート図　吉尾平

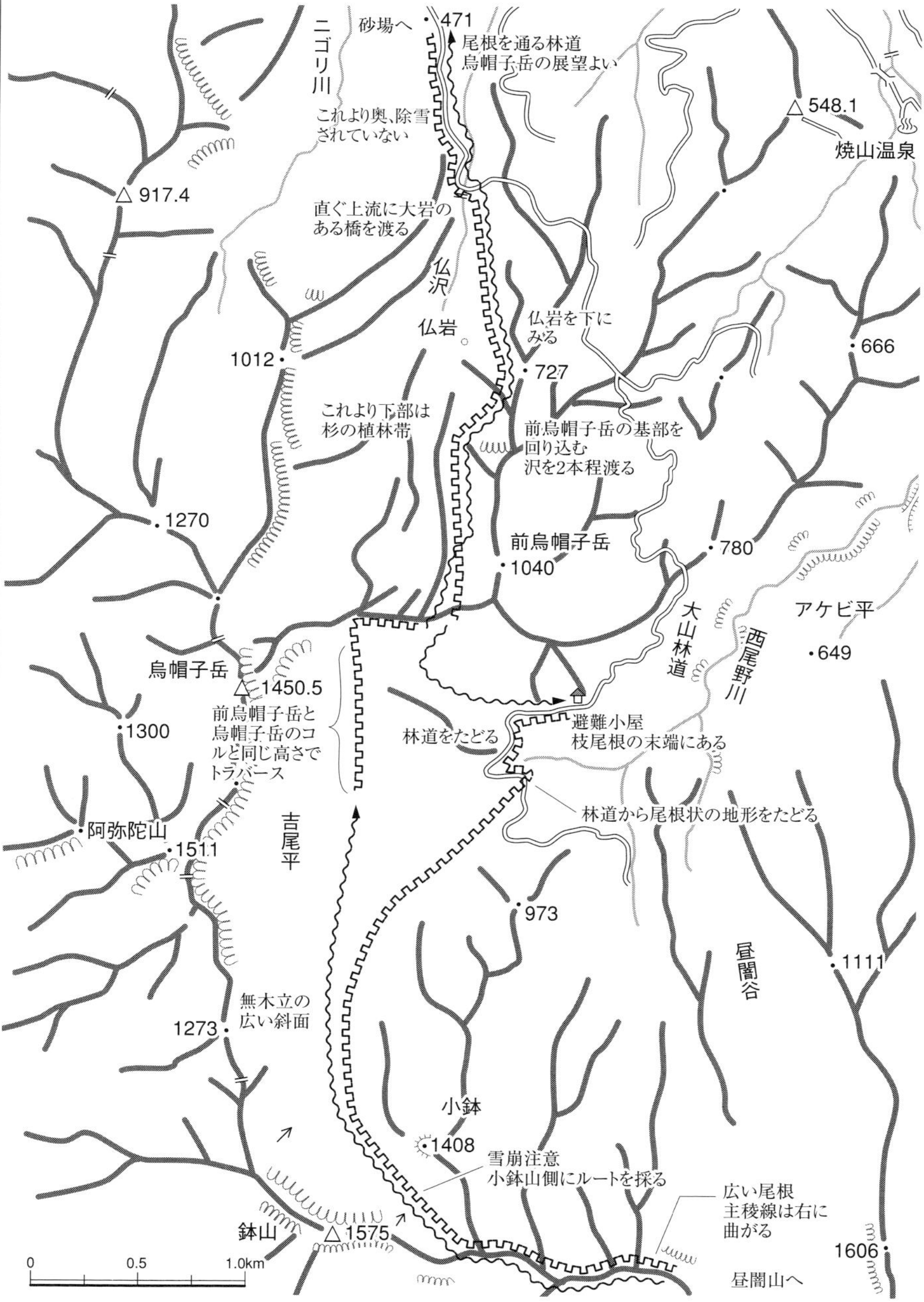

砂場へ
471
ニゴリ川
尾根を通る林道
烏帽子岳の展望よい
これより奥、除雪
されていない
548.1
焼山温泉
917.4
直ぐ上流に大岩の
ある橋を渡る
仏沢
仏岩
仏岩を下に
みる
666
1012
727
これより下部は
杉の植林帯
前烏帽子岳の基部を
回り込む
沢を2本程渡る
1270
前烏帽子岳
780
1040
アケビ平
大山林道
西尾野川
649
烏帽子岳
1450.5
前烏帽子岳と
烏帽子岳のコ
ルと同じ高さで
トラバース
1300
林道をたどる
避難小屋
枝尾根の末端にある
林道から尾根状の地形をたどる
阿弥陀山
1511
吉尾平
973
昼闇谷
1111
無木立の
広い斜面
1273
小鉢
1408
雪崩注意
小鉢山側にルートを採る
広い尾根
主稜線は右に
曲がる
鉢山
1575
0
0.5
1.0km
1606
昼闇山へ

No.9

烏帽子岳北尾根

東海谷山稜の峻峰を滑る

日帰り

概説

海谷の峻峰、烏帽子岳は吉尾平から二段四〇〇mの岩壁を屹立させ、見るもの誰をも魅了するだろう。ここで紹介するルートは烏帽子岳北面を滑るもので、派手さは余りないが最も確実に頂上に登れる変化に富んだルートである。

行動概略

見滝～北尾根～頂上（往復）

見滝先の四三一・九mの標高点付近から進行方向正面の急斜面を登っている林道を目指し、これをたどる。林道を忠実にたどると、やがて杉の植林地となっている。ここは尾根末端の台地であり、杉が伸びているため視界は効かないが、ここから林道を離れ滝のかかる沢を左手に見ながら南東に進みこの植林地を抜ける。

ここからは左手の斜面に取り付き尾根に出る。尾根はやせ気味となりアップダウンを繰り返しながら続いている。この尾根を忠実にたどることわずかで八二九mの標高点を持つ広々とした杉の植林地に着く。九一七・四mのピークに登るには、この雪原を登った後に藪の薄い支尾根に取り付くものと、いったん、四〇m程下り北西に延びる尾根に取り付くものの二通りあるが、積雪の状態が悪く雪崩の危険性が高い場合は後者のルートを採りたい。九一七・四mのピークからは広く迷いやすい尾根を登る。確実に目印を付け、帰路に迷わないようにしたい。正面には一二七〇mの真っ白なピークが望め、下山時の滑降の核心部であることが容易に想像できる。九一七・四mのピークから一二七〇mのピークまでは、このルートで最も登り甲斐のあるところであり、忠実に右手の稜線を目指すものと、標高一〇五〇mあたりから直接ピークを目指すものの二通りある。雪崩の危険性が低ければ後者のルートを採りたい。一二七〇mのピークは東面が思いの外急斜面で雪庇も出ているので注意してほしい。一二七〇mのピークから少し下り、北烏帽子岳（タカンビシ尾根の一三五〇mピーク）に登る。ここは広い雪の斜面である。眼下には山麓からもはっきりそれと分かるニゴリ川の振子状の広大な斜面が広がっている。

北烏帽子岳からはスキーをデポし、烏帽子岳山頂に向かう。頂上直下は四五度の急斜面となる。積雪の状態によってその難易は変化するが、稜線を右から回り込めばそれ程苦労なく安全に登ることができる。

帰りはほぼ往路を滑ることとなるが、一二七〇mのピークからの滑降は、稜線を外して左手にこの稜線を見ながら標高八〇〇mあたりまで滑り九一七・四mのピークを登り返したほうが面白いだろう。全体的には距離も長く変化に富んだ滑降が楽しめる。

山行データ

【同行者】　新村貞男、室井和子

【日時・天候】
一九九二年四月一一日（曇り一時雨）

【参考タイム】
見滝先標高四一〇m（八時一〇分）台地末端（八時五〇分）標高一二七〇m（一二時三〇分）烏帽子岳（一四時）標高一二七〇m（一四時四〇分）見滝先標高四一〇m（一七時五〇分）

【山行適期】　三月中旬～四月上旬

【グレード】
○総合　中級
○山岳技術　中級
○滑降技術　中級

【装備】　基本装備、ピッケル、赤布

【アクセス】
梶屋敷から早川沿いに車で入り谷根へ向かう。谷根からは雪の状態や道路の除雪状況で車をどこに止めるか迷うところであるが、見滝の先の四三一・九mの三角点付近まで入れればベストである。
糸魚川或いは梶屋敷から笹倉温泉又は焼山温泉行きのバスの利用も考えられる。

【滑降高度差等】
○滑降高度差　一〇〇〇m
○滑降距離　五・五km
○滑降斜面の最大傾斜　二五度

【二万五千図】　梶屋敷、越後大野

【留意事項】
○他の海谷のルートと同様、ルートファインディングが難しい。また、サブルートを採ろうとしても大半のルートはよりグレードが上がることから、基本的には往路を戻る。このため、登高時は迷いやすいところに目印を付け、確実に下山できるようにしたい。

ルート図　鳥帽子岳北尾根

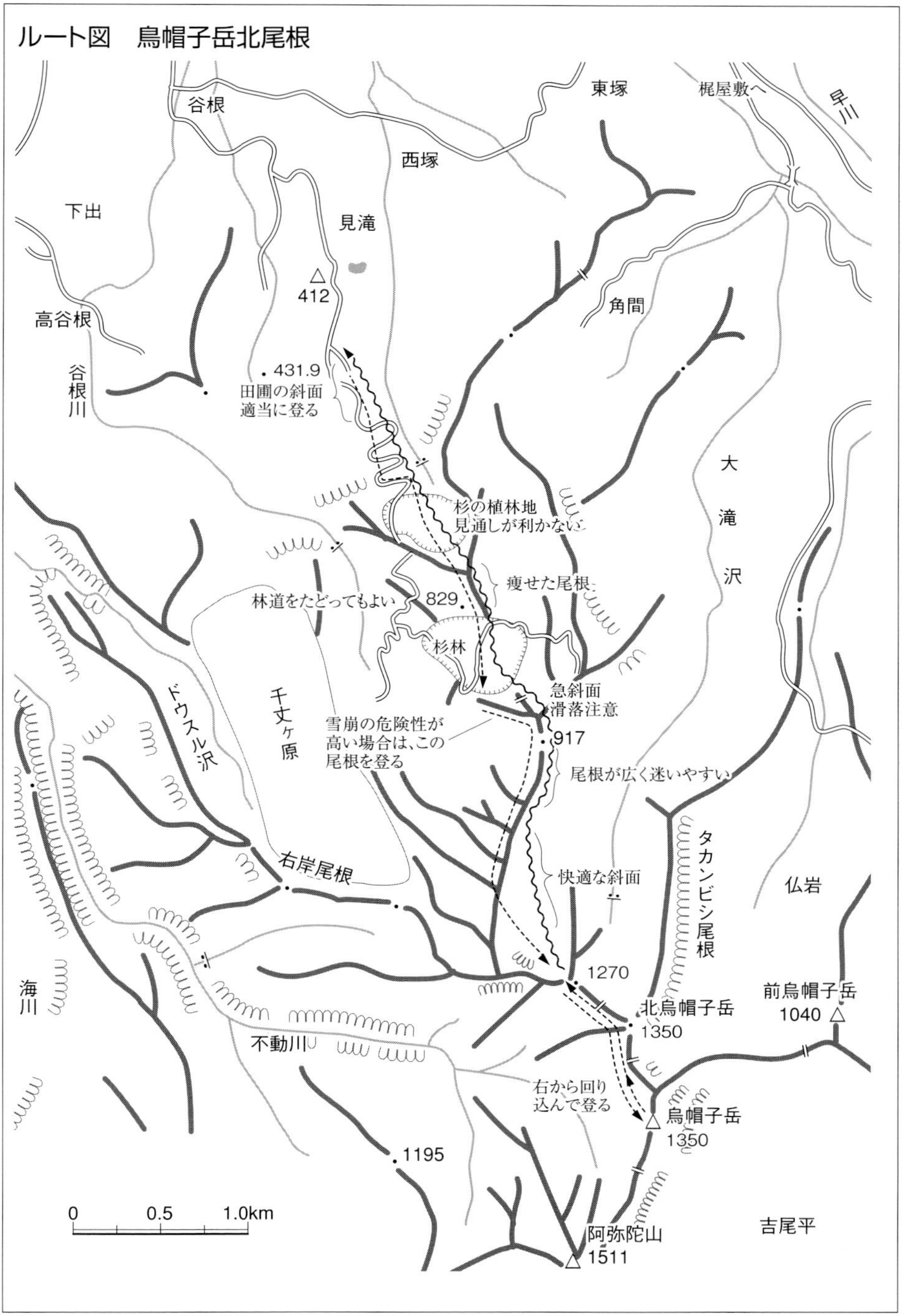

谷根
東塚
梶屋敷へ
早川
西塚
下出
見滝
412
角間
高谷根
431.9
田圃の斜面
適当に登る
谷根川
大滝沢
杉の植林地
見通しが利かない
痩せた尾根
林道をたどってもよい
829
杉林
急斜面
滑落注意
ドウスル沢
千丈ヶ原
雪崩の危険性が
高い場合は、この
尾根を登る
917
尾根が広く迷いやすい
タカンビシ尾根
右岸尾根
快適な斜面
仏岩
1270
海川
北烏帽子岳
1350
前烏帽子岳
1040
不動川
右から回り
込んで登る
烏帽子岳
1350
1195
0
0.5
1.0km
阿弥陀山
1511
吉尾平

No.10

不動川本谷

山スキーの可能性を実証

日帰り
参考記録

概説

海川支流の不動川は阿弥陀山をその源とし、昼なお暗い圧倒的なゴルジュ帯を有し、渓谷登攀では本邦屈指の険谷として知られているが、これを山スキーの対象として捉え滑降されたことは恐らく皆無だろう。

実際滑ってみると、阿弥陀山頂上直下からの滑降が可能であるだけでなく、地図から想像するよりも快適な滑降が楽しめる。出だしは五〇度ほどの雪壁、いつ雪崩れてもおかしくないだけでなく、通過可能かどうか分からないゴルジュ、高度差二〇〇mの岩壁の下降、海川の渡渉など、もちろん一般的なルートではないが、山スキーの可能性を実証するものとして、また、海谷を巡るもののなかでは常識を覆す記録として、あくまでも参考記録として紹介したい。

なお、この山行は同行していただいた青島靖氏の協力なくして実現しなかったことも申し添えたい。

行動概略

第一日

御前山～阿弥陀山～不動川左俣～海川徒渉点手前（岩屋）

御前山集落奥の海谷渓谷入口からシールで登り始める。山境峠へは難なく到着した。山境峠からは、正面に仰ぐ千丈ヶ岳南西壁や、海谷渓谷奥に聳える鉢山が威圧的である。ここから夏道と思われるところをスキーでトラバース気味にルートを採るが駒ノ川で行き詰まり、そのまま海川へ下降する。海川に降りると、谷全体が雪渓で埋もれており、デブリがあちこちに出ているものの、シールで快適に登ることができた。

御前山集落から約三時間で取入口高地に到着し、右岸から回り込むようにして阿弥陀沢出合手前にたどりつく。ここは広々として、先ほどの海川とは対照的に明るく、何時までも長居したくなるところだ。これからたどる阿弥陀沢左俣も上部まですっきり見渡せる。しばらく休んでからこの谷に取付く。この谷は、左に岩壁が発達していることから、落石やブロックの崩壊に注意して登る。中間部はデブリが多く登りづらい。

阿弥陀沢左俣のコルからは細い雪稜となって頂上に続いているので坪足で登る。頂上手前で稜線を不動川側にはずして登り、頂上に到着した。

頂上からは、直下北側は七〇度程の雪壁となっている。ザイルをつけて東へわずかに下ったコルに向かう。

コルから見る不動川左俣はデブリは出ておらず奇麗な谷である。間近に見る烏帽子岳の峻峰も素晴らしい。しかし、出だしは相当な傾斜で、滑降斜面の途中の状態が確認できない。一四時過ぎ、滑降を開始する。慎重に斜滑降で斜面を確認しながら滑ると、すぐにこのルートで最も急な五〇度くらいの斜面に着く。ここを滑りきると、傾斜も落ちて二俣先までは地図からは想像できないほど快適な滑降が楽しめた。

二俣を過ぎ、標高八〇〇m付近まで来ると、予想通りデブリが谷を埋め尽くし、快適な滑降が望めなくなってきた。仕方なくしばらくスキーを担ぐ。デブリが少なくなったところでスキーを履くが、その後スキーの着脱を数回繰り返した。しかし、標高七〇〇mあたりからは一時ほどのデブリの量はなくなり、結構滑ることができた。また、計画当初はこの上の廊下の通過はブロックの崩落が危惧されたが、幸いそのようなこともなく通過した。

やがて、ゴルジュもところどころ水流がでてきた。アブキ河原まで滑降可能かどうか微妙だが、何とか雪が繋がっている。やがて谷は右から一五～二〇mほどの高さの直瀑を入れる。ここから先へ少し行くと、いよいよ谷は前方が明るくなり、アブキ河原が近いと思われた。しかし、谷も大きく口を開け、水流が至るところ出てきた。もう少しでアブキ河原なので左岸を伝って滑る。既に対岸へは徒渉しない限り渡れなくなっていた。やがて谷は右に曲がったところで左岸沿いに行くことは難しく

不動川上部と烏帽子岳（青島靖）

なった。結局、アブキ河原までの滑降を諦めて左岸の尾根に登り、アブキ河原上のコルに立つ。

時刻は一七時を過ぎ、日没まで時間がないことは明白だったが、ここから海川まで高度差二〇〇ｍの断崖に付けられている道を下る。といっても廃道であり、思い出したようにフィックスロープや踏み跡がでてくるといった方が正確である。結局この下降は数回の懸垂下降を交え、岩壁基部にたどり着いた頃にはすっかり暗くなってしまった。

ここから海川の徒渉点へ急ぐ。しかし、真っ暗な中で徒渉点を探すのは不可能に近く危険でもあるため、途中で見つけた岩屋でビバークせざるを得なかった。

第二日

岩屋～来海沢集落

岩屋を七時に出発。海川の徒渉点へ向かう。徒渉点にはコンクリートの礎石があり、夏場には橋が架けてあるのかもしれない。私たちが対岸に渡るには、その横を飛び石づたいに渡らねばならなかった。しかし、間隔があるので空荷で飛び越し荷物を回収する。ここを飛び越せない場合は、海川の水量が多いだけ厳しい渡渉をしいられるだろう。雪が多ければ、アブキ河原上のコル（岩壁の下降点）から尾根を伝い、藪こぎ覚悟で直接、粟倉に出る方法もあると考えられる。

海川を渡った後、船浦山基部の残雪をたどり、ようやく第二発電所に着く。ここからスキーを履き林道に沿って来海沢に向かった。

山行データ

【同行者】青島　靖

【日時・天候】
二〇〇〇年四月七日（快晴）
八日（晴れのち曇）

【参考タイム】
第一日目
御前山（六時一〇分）山境峠（六時五五分）取入口高地（九時一〇分）阿弥陀山（一三時一五分／一四時一五分）アブキ河原上のコル（一七時二〇分）岩屋（一九時三〇分）
第二日目
岩屋（七時二〇分）来海沢（八時三〇分）

【山行適期】　四月上旬

【グレード】　一般的でない

【装備】　基本装備、ザイル、アイゼン、ピッケル、ハーネス

【アクセス】
○御前山まで車が入る。できれば車を二台利用し、一台は来海沢に置きたい。

【滑降高度差等】
○滑降高度差　一二〇〇ｍ
○滑降距離　七・五㎞
○滑降斜面の最大傾斜　三二度
（ただし、出だしの高度差一〇〇ｍは五〇度程度）

【二万五千図】　越後大野

【留意事項】
○滑降を実施するには、滑り出しの斜面がセラック状になっていないこと、そのときの雪質が安定していること、アブキ河原まで残雪がつながっていることなどが前提条件となる。

このため、滑降可能かどうかは、その年々の積雪量に左右されるほか、滑降可能期間も極めて短いと考えられる。その意味で、単に滑降技術が優れているだけではこのルートを実施することは不可能であり、雪崩の知識をはじめとした山岳技術や豊富な山岳経験も必要である。
○アブキ河原のコルから海川への下降は、アイゼンが有効である。

なお、この下降はルートファインディングが難しいので、事前に偵察しておくべきだろう。ポイントは、コル以外の場所から岩壁を下降することは不可能なこと、コルから少し下降すると大きな岩があり、その岩と岩壁の間のチムニーを下降した後、フィックスロープのある泥バンドを（上からみて）右にトラバースすることである。
○海川の徒渉は場合により困難となると考えられ、この場合は遠回りして粟倉へ向かうしかない。
○本山行では、不動川の本流ということで左俣を滑降したが、右俣も滑降可能だろう。この場合、本峰からの滑降が可能であるが、左俣中間部はかなりの傾斜があると考えられる。

ルート図　不動川本谷

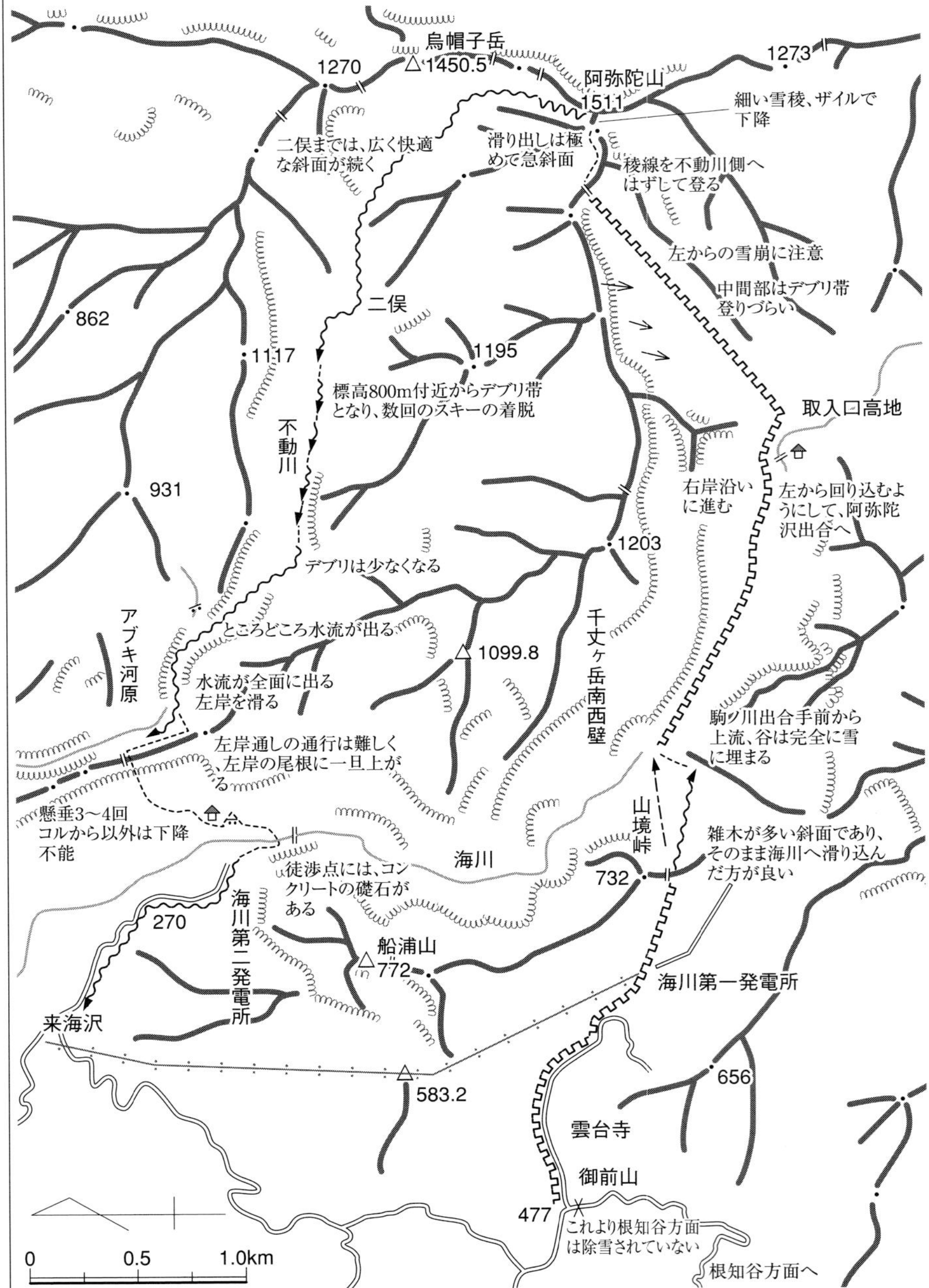

烏帽子岳
1450.5
1270
阿弥陀山
1511
1273
細い雪稜、ザイルで
下降
二俣までは、広く快適
な斜面が続く
滑り出しは極
めて急斜面
稜線を不動川側へ
はずして登る
左からの雪崩に注意
中間部はデブリ帯
登りづらい
二俣
862
1117
1195
標高800m付近からデブリ帯
となり、数回のスキーの着脱
取入口高地
不動川
931
右岸沿い
に進む
左から回り込むよ
うにして、阿弥陀
沢出合へ
1203
デブリは少なくなる
アブキ河原
ところどころ水流が出る
1099.8
千丈ヶ岳南西壁
水流が全面に出る
左岸を滑る
駒ノ川出合手前から
上流、谷は完全に雪
に埋まる
左岸通しの通行は難しく
、左岸の尾根に一旦上が
る
懸垂3～4回
コルから以外は下降
不能
山境峠
雑木が多い斜面であり、
そのまま海川へ滑り込ん
だ方が良い
海川
732
徒渉点には、コン
クリートの礎石が
ある
270
海川第二発電所
船浦山
772
海川第一発電所
来海沢
583.2
656
雲台寺
御前山
477
これより根知谷方面
は除雪されていない
根知谷方面へ
0
0.5
1.0km

No.11 海川西俣右沢

雨飾山北面の周遊ルート

日帰り

概説

雨飾山は荒菅沢などの南斜面が滑られているが、北面は空白域となっている。

鉱度倉沢の登りは急斜面であることから余り勧められないが、小谷温泉側から黒沢を経由すれば技術的にも無理はない。人気のなさ、雨飾山上部からの快適な滑降、日本離れした海谷渓谷の景観は、変化に富んだ期待どおりの山行を約束してくれる。

行動概略

梶山～梶山新湯～鉱度倉沢～海川西俣右俣～鋸岳と雨飾山のコル～梶山新湯～梶山

梶山先の橋を渡った四一八mの標高点付近まで車で入り、林道を忠実にたどり梶山新湯を目指す。林道は特に危険なところもなく梶山新湯に続いている。梶山新湯からは雨飾山に続く薬師尾根が見えるが、その左の堰堤の連続した谷にはいる。これが鉱度倉沢である。堰堤を脇から問題なく通過し、しばらく綺麗な雪面の谷を登る。

一〇五〇m付近で右から小さな谷を見送り、さらに登ると二俣となる。右俣をたどるが、二俣手前からは主に右側壁から落ちてくるデブリで斜面は荒れている。また、この谷は登るにつれて急になる。

右俣は標高一五〇〇m付近でやや左に折れ、一六〇〇m付近の急斜面左を抜けている。正面右の五〇度ほどの斜面（地図では岩壁の記号）を登るより傾斜が緩いので、やや狭いがこれをたどる。

谷はなおも続いているが、この山行では標高一七五〇m付近と思われるところで左へトラバースし、斜面の傾斜が緩くなったところから滑降を開始した。

眼下には浅い谷の黒沢の源頭が見えるので、これを右から回り込み海川西俣右俣の滑り出し地点（標高一六〇〇m）に出る。雨飾山山頂付近から続くこのあたりの斜面は、遠目にも目立つ素晴らしい大斜面である。右から沢が出合う標高一一五〇mあたりまでは快適な滑降ができる。これ以後、谷はデブリが出て、標高一〇六〇m付近で海川西俣左沢が入ると、ところどころ水流ものぞくが、この山行では問題なく通過できた。

二〇mの滝が出る標高一〇一三m手前まで滑り、いったん登り返して標高一〇五〇m地点から左岸の尾根に取り付く。登りやすい尾根であり、海谷の素晴らしい景観を楽しみながら、三五〇mほど登り返したあたりでスキーを履く。ここから一二九〇mの鋸岳と雨飾山のコルに向け、スキーでトラバースする。小さな沢が出合うたびに高度を落とさざるを得ないが、なるべく落とさないように滑ると、登り返しもなくコルに着く。

さらにスキーでのトラバースが続くが、鉱度倉沢手前の沢のデブリを越えることを除けば極めて快適な滑降が楽しめる。梶山新湯からは引き続きスキーで滑り、ふりむき峠までわずかではあるがスキーを担いで登る。峠からの林道の滑降は、登りの時に期待したとおり快適である。

山行データ

【同行者】　横田　進

【日時・天候等】
二〇〇五年四月一六日（曇り一時小雨のち晴）

【参考タイム】　梶山（六時五〇分）梶山新湯（九時五分）雨飾山標高一七〇〇m（一三時四〇分）海川一〇一三m付近（一五時）鋸岳と雨飾山のコル（一七時一〇分）梶山新湯（一七時三〇分）梶山（一八時一〇分）梶山

【山行適期】　四月中旬

【グレード】　○総合　中級上
○山岳技術　中級上　○滑降技術　中級

【装備】　基本装備、ピッケル

【アクセス】　車利用。糸魚川から国道一四八号線を南下。根知谷に沿って梶山へ。除雪の終了点まで車で入る。

【滑降高度差等】
○滑降高度差　一七〇〇m
○滑降距離　一一・〇km
○滑降斜面の最大傾斜　二四度

【二万五千図】　越後大野、雨飾山

【留意事項】
○鉱度倉沢上部は急であるので、登りは小谷温泉側からを勧める。
○鉱度倉沢は中間部がデブリで荒れており、滑降には向かない。
○滑降斜面上部はブッシュもほとんどないことから、視界不良時はルートファインディングが難しい。
○平年の積雪量だと西俣の滑降は、もう少し上流で登り返す可能性がある。

ルート図　海川西俣右沢

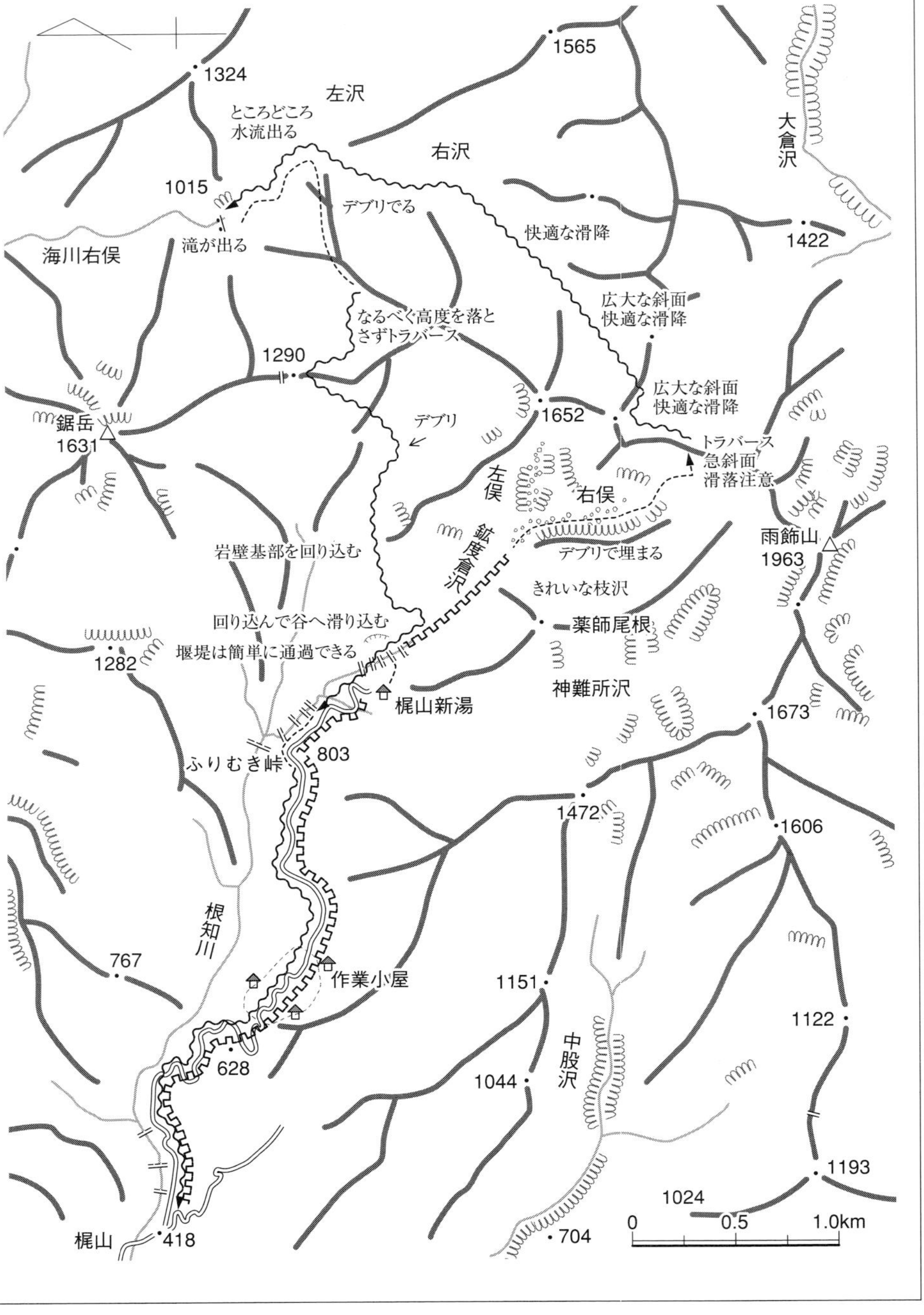
1324
1565
左沢
ところどころ
水流出る
大倉沢
右沢
1015
デブリでる
滝が出る
快適な滑降
1422
海川右俣
広大な斜面
快適な滑降
なるべく高度を落と
さずトラバース
1290
広大な斜面
快適な滑降
鋸岳
1631
1652
デブリ
トラバース
急斜面
滑落注意
左俣
右俣
雨飾山
1963
鉱度倉沢
デブリで埋まる
岩壁基部を回り込む
きれいな枝沢
回り込んで谷へ滑り込む
薬師尾根
堰堤は簡単に通過できる
1282
梶山新湯
神難所沢
1673
803
ふりむき峠
1472
1606
根知川
767
作業小屋
1151
1122
中股沢
628
1044
1193
1024
0
0.5
1.0km
梶山
418
704

No.12
天狗原山・大倉沢

雨飾山を正面に
登り返しのない快適大斜面

日帰り
★

概説

この谷の初トレースは、青島靖、横田進両氏による金山山頂から直接滑り込んだものと考えられる。しかし、このルートは源頭部の岩壁帯を抜けるもので一般的な内容ではない。本ルートは一旦、天狗原山から浅海沢を滑り、尾根を越えて大倉沢へ滑り込むものである。

正面に秀麗な雨飾山を見ながら滑るロケーションと、一旦滑り始めればシールでの登り返しのない斜面の快適さは、「素晴らしい」の一言である。

行動概略

栃木亭～天狗原山～大倉沢～栃木亭

取付きとなる小谷温泉・栃ノ樹亭は、シーズンともなれば雨飾山へのスキーツアーをする人々で賑わっている。

ここから、乙見峠に向かう林道をたどる。

乙見峠へ向かう林道は、大海川の橋を渡り暫く行くと、通常ならデブリが出ているだろう。少し緊張した通過を余儀なくさるかもしれない。これを過ぎ一〇五五ｍの標高点を過ぎたあたりでブナタテ尾根に取り付く。標高一三〇〇ｍ付近で尾根に出るが、少し登ると尾根は複雑な地形となる。

このため、もし視界不良で退却を余儀なくされた場合、複雑な地形故、下山は難しくなるので注意したい。

天狗原山に着くと、晴れていれば火打山や焼山の展望がよい。暫くゆっくり休むとよいだろう。

天狗原山からの滑降は、一旦金山とのコルやや下部に向けて滑った後、浅海沢に向けて滑り込む。快適な斜面である。短時間で浅海沢標高一九八〇ｍ付近に達し、標高一九六〇ｍのコル目指して、スキーを履いたまま、浅海沢右岸をトラバースする。

コルについて大倉沢を見ると、谷底まで滑降に最適な美しい斜面が彼方まで広がっているのが分かる。大倉沢の谷底まで、高度差一五〇ｍを一気に滑る。快適の一言である。谷底に着いて振り返ると、谷の源頭は至るところ岩壁となっており、金山から直接滑り込むのは、なかなか難しいことが分かる。

ここからは、思い思いに広い谷を

栃ノ木亭

浅海沢源頭

大倉沢上部

雨飾山を正面に見ての滑降（大倉沢下部）

滑る。核心部の標高一五〇〇m付近まで本当に快適である。また、滑れば滑るほど大きくなる雨飾山はあくまでも美しく、このルートの大きな魅力の一つだろう。

標高一五〇〇mを過ぎると、地図上ではゴルジュの記号が出てくる。谷は、以前より狭くはなるが、相変わらず快適な斜面が続く。天狗原山から一時間ほどで黒沢出合手前に到着できる。ここは出合に黒い滝が懸かっている。ここまで来たら雨飾山方面からのトレースも出てきて、また谷は広くなる。また、傾斜がないので、ところどころスキーを履いたままで歩くところもでてくる。

標高一一五〇m付近でスノーブリッジを渡って、大海川右岸の雪原に出る。雨飾山方面からのシュプールが沢山あるので、それをたどるだけである。標高一一二七m付近で林道に上がり、後はシュプールだらけのこの林道を滑る。

天狗原山から栃ノ木亭まで、わずか二時間で下山できるのは、何よりもこのルートの快適さを示す事実だろう。

山行データ

【同行者】　崎田律子
【日時・天候】　二〇〇八年四月六日（快晴）
【参考タイム】　栃の樹亭（六時）天狗原山（一三時一〇分／一三時三〇分）標高一六〇〇mコル（一四時）黒沢手前（一四時三〇分）栃の樹亭（一五時三〇分）
【山行適期】　四月上旬～中旬
【グレード】　総　合　中級
山岳技術　中級　滑降技術　中級
【装　備】　アイゼン
【アクセス】　取付きの小谷温泉栃ノ木亭までは車を利用する。
【滑降高度差等】
○滑降高度差　一二〇〇m
○滑降距離　七・〇km
○滑降斜面の最大傾斜　二三度
【二万五千図】　雨飾山、妙高山
【留意事項】
○ブナタテ尾根は地形が複雑な故、スキー滑降に不向きである。
○このルートは谷を滑るため、ルートの状況は大倉沢のデブリの出方に大きく左右される。

ルート図　天狗原山·大倉沢

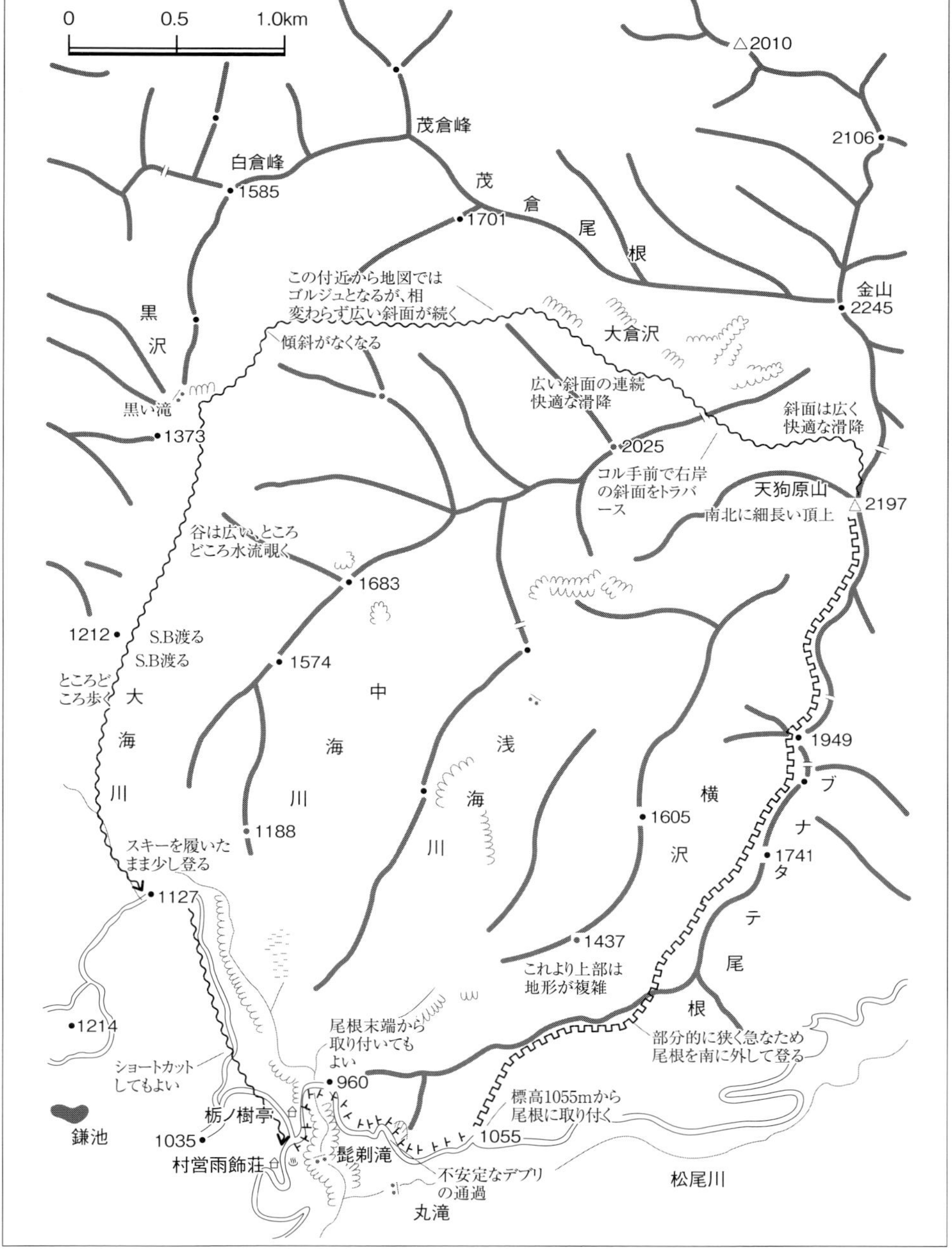

0
0.5
1.0km
△2010
2106
茂倉峰
白倉峰
1585
茂
倉
尾
根
1701
金山
2245
この付近から地図では
ゴルジュとなるが、相
変わらず広い斜面が続く
黒
沢
傾斜がなくなる
大倉沢
広い斜面の連続
快適な滑降
斜面は広く
快適な滑降
黒い滝
1373
2025
コル手前で右岸
の斜面をトラバ
ース
天狗原山
△2197
南北に細長い頂上
谷は広い、ところ
どころ水流覗く
1683
1212
S.B渡る
S.B渡る
1574
ところど
ころ歩く
大
海
川
中
海
川
浅
海
川
1949
ブ
ナ
タ
テ
尾
根
横
沢
1605
1741
1188
スキーを履いた
まま少し登る
1127
1437
これより上部は
地形が複雑
1214
尾根末端から
取り付いても
よい
部分的に狭く急なため
尾根を南に外して登る
ショートカット
してもよい
960
標高1055mから
尾根に取り付く
栃ノ樹亭
鎌池
1035
1055
村営雨飾荘
髭剃滝
不安定なデブリ
の通過
松尾川
丸滝

No.13

大渚山南斜面

手軽な快適ルート

日帰り

概説

大渚山で一番快適な斜面を求めようとすれば頂上から大草連へ向けて浅い谷を滑るルートであろう。

小ぢんまりしているが、手軽で楽しい滑降が楽しめるとともに不思議と人を見かけないことから、大渚山を巡るルートの中では一番勧められるものである。

行動概略

大草連～大渚山（往復）

（大草連から頂上までは「大渚山から大網へ」を参照）

頂上から先ほど登ってきた尾根の分岐まで戻り滑降を開始する。稜線直下は斜面が比較的急なこともあり雪が切れていることもあるので、登ってきた尾根を絡んで滑る。眼下にはこのルートの中間部を除き、標高一〇〇〇mあたりの雪原まではっきり望め、この斜面の大まかな内容がわかる。

上部の標高一三〇〇mあたりまでは雑木の疎林の中を快適に滑り、標高一三〇〇mから一一五〇mの中間部は斜面中央部の藪を避けて登路の尾根側に逃げて比較的藪の少ないところを滑る。下部の一一五〇mから一〇〇〇mあたりは平坦な雪原になりのんびり滑るが、以後、林道をたどることから、林道を探しながら雪原の右端を滑る。林道からはこれをたどり、朝登ってきたトレースにでたら忠実に滑り降りる。

派手さはないものの、滑降内容は思いの外充実しており、日がな一日のんびり楽しむにはよいルートである。

山行データ

【同行者】石田　彰、中村　実

【日時・天候】一九九三年三月二一日（晴一時曇り）

【参考タイム】大草連（五時三五分）稜線（一〇時五分／一〇時四〇分）大草連（一二時四〇分）

【山行適期】三月上旬～四月上旬

【装備】基本装備

【アクセス】車を利用し大草連まで入る。車は大草連に二、三台駐車できる。

【グレード】
○総合　初級
○山岳技術　初級
○滑降技術　初級

【滑降高度差等】
○滑降高度差　七七〇m
○滑降距離　二・八km
○滑降斜面の最大傾斜　二五度

【二万五千図】越後平岩、雨飾山

ルート図　大渚山南斜面

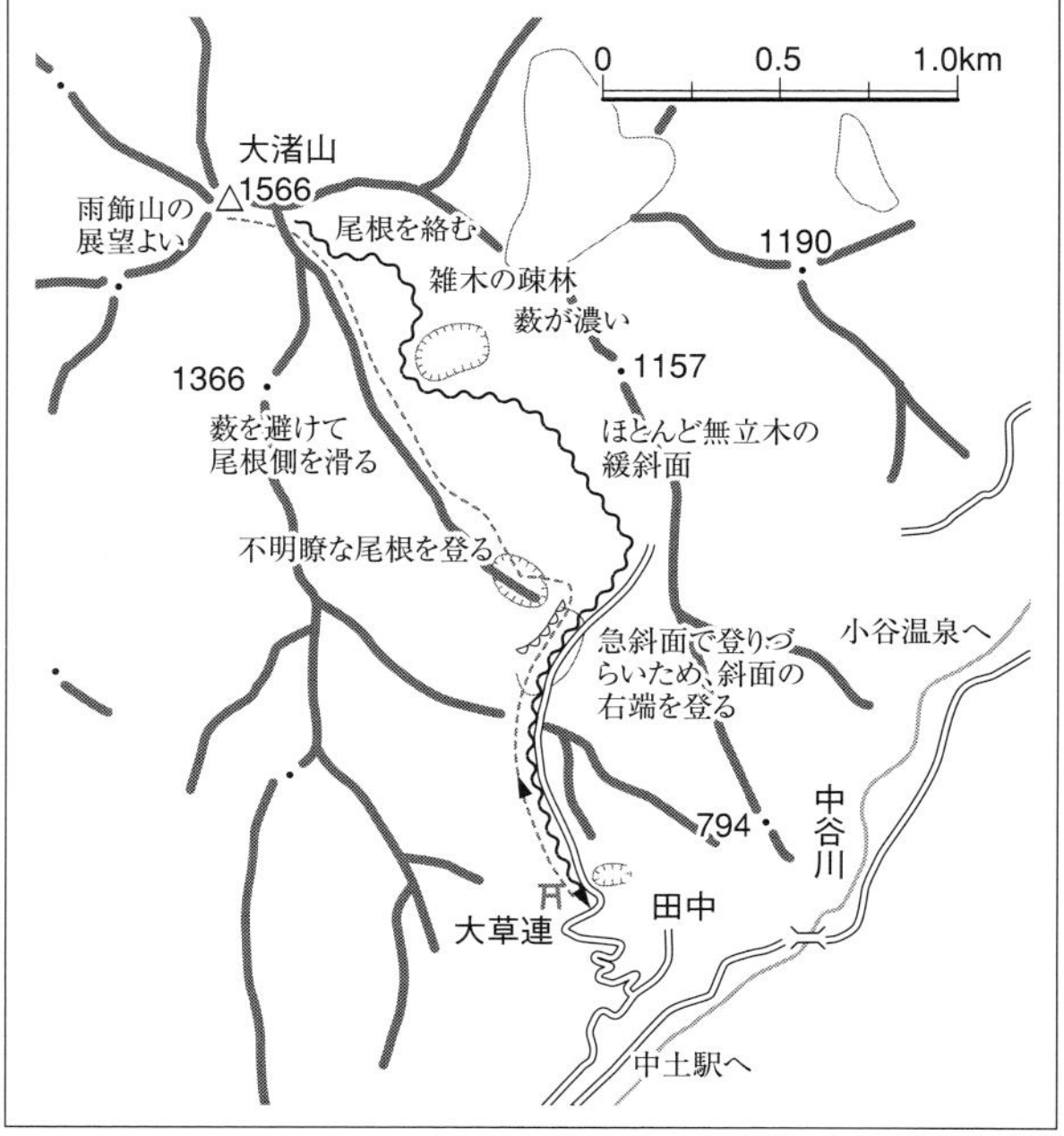

No.14

大渚山から大網へ

大渚山のクラシックルート

日帰り

概説

大渚山は昔から山スキーの山として知られており、大渚山を巡るどのルートも、雨飾山の眺望に優れている。このルートは北面を滑るもので大きな斜面もなく派手さはないが、長い距離を滑ることに特徴がある。

行動概略

大草連～大渚山～横川林道～大網

大草連から階段状の田圃の斜面を登る。わずかで集落を抜け、杉の林に入る。このあたりは雪の状態によっては藪が邪魔になり登りづらいかもしれない。なるべく大草連から北北東に延びる小道に出て、それをたどりたい。この小道ははじめは狭いが徐々に広くなる。忠実にこれをたどると杉のある小尾根を抜け、上部の木が伐採された広い斜面に出るので、ここからこの斜面を登る。この斜面は始めはシール登高に適しているが、上部はかなり急であり、スキーでの登高は難しい（標高一〇〇〇mあたり）。ここは先ほどの小道をさらに進み、この斜面の右端を登るか、カンジキで直登したほうがよいだろう。

この斜面を登りきると台地状になり、一息入れるのにちょうど良い。この先は平坦な杉の植林を抜け、広く不明瞭な尾根を登る。進行方向右下には雑木の疎らなスキーに適した斜面が望まれる。また、登るにつれ展望が開けてくる。この尾根は徐々に傾斜が増し稜線直下は急斜面となるのでゆっくり登りたいところだ。稜線に出れば雨飾山の展望が突然開け、その美しさに思わず見入ってしまうだろう。

頂上はここから少し左へ行ったところで、雨飾山のほか北アルプスの展望にも優れている。

頂上からルートに採る斜面は杉の植林地となっている西又は北斜面である。どちらを採っても構わないが、西斜面を滑った場合はいったん頂上から北西に延びる尾根に出て（標高一二五八mあたり）、北斜面のルートと合流することとなる。北斜面を滑る場合は、東側にルートを採るほど急斜面となるので注意したい。この山行では西斜面経由で北斜面を滑るルートを採ったが、どちらにしても共通する北斜面下部は小さな枝沢が入り組んでおり、なるべく効率的に滑り込もうとすると思いの外ルート採りが難しい。前方に見える枝沢をルートに採り、横川林道に出るのがポイントである。

林道に出た後は、これを忠実にたどるだけであるが、雪崩れ易い箇所もあるので注意したい。また、時間が遅くなった場合や視界不良時はルートファインディングが思いの外難しい箇所もあるので注意したい。林道は笹野手前まで滑ることができ、後は平岩まで歩く。

山行データ

【同行者】廣田優子、中村　実
【日時・天候等】
一九九二年三月二〇日（晴れのち曇り）
　　　　二一日（雪）
【参考タイム】
第一日
大草連（八時）頂上（一三時一〇分／一四時三〇分）横川林道（一八時三〇分）
第二日
横川林道（一一時一五分）平岩（一七時）
（参考タイムは初心者同行時のものである。通常ならば日帰りできる）
【山行適期】三月上旬～四月上旬
【グレード】
○総合　初級上
○山岳技術　初級上
○滑降技術　初級
【装備】基本装備
【アクセス】
帰りのことを考えると、中土駅からタクシーで大草連に入るのがよいと考えられる。自家用車を利用した場合は、通常であれば大草連に二、三台駐車できる。
【滑降高度差等】
○滑降高度差　一一〇〇m
○滑降距離　一一・〇km
○滑降斜面の最大傾斜　二二度
【二万五千図】雨飾山、越後平岩
【留意事項】
○大渚山へは小谷温泉から取り付くこともできる。

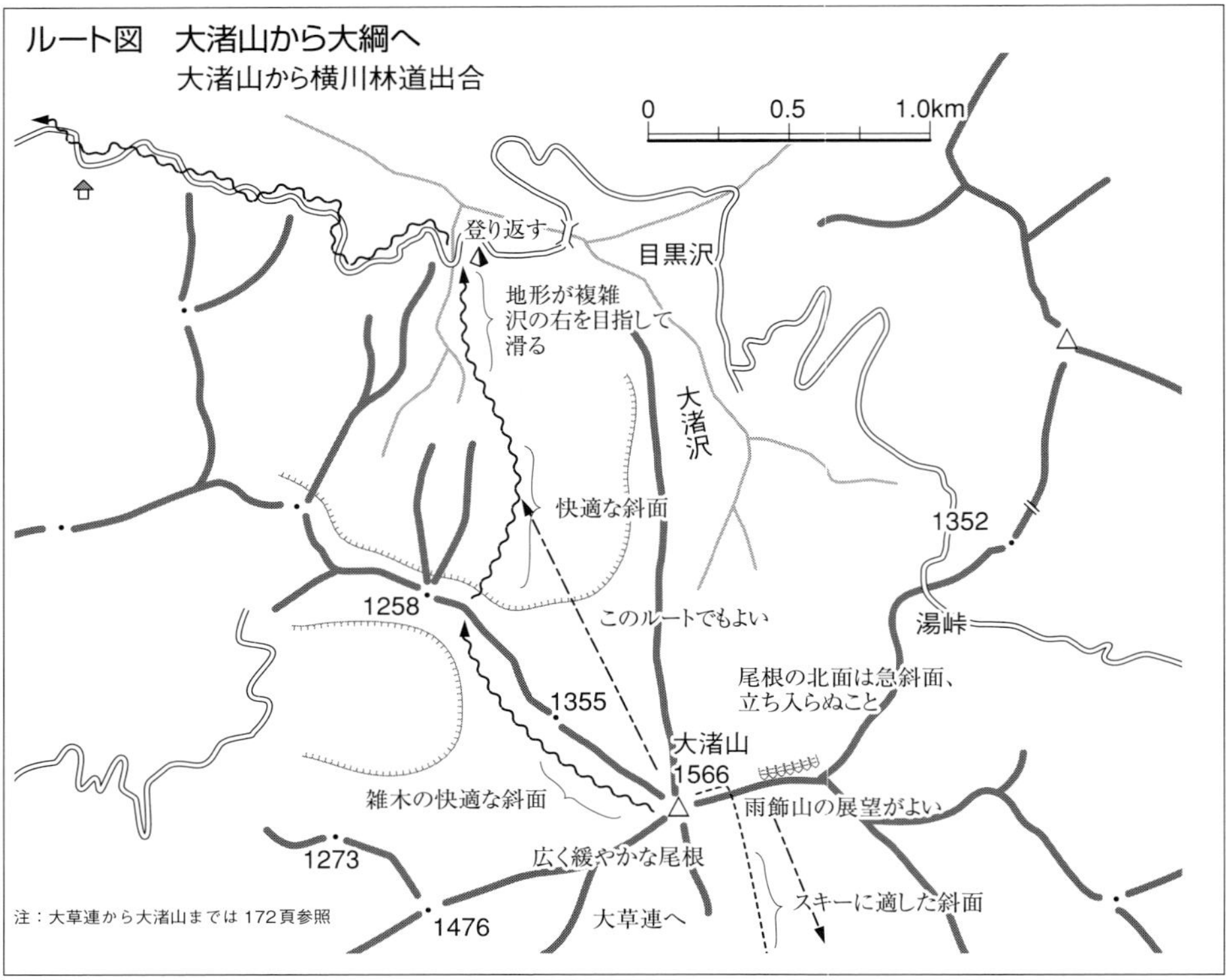

ルート図 大渚山から大綱へ
大渚山から横川林道出合
0
0.5
1.0km
登り返す
目黒沢
地形が複雑
沢の右を目指して
滑る
大渚沢
快適な斜面
1352
1258
このルートでもよい
湯峠
尾根の北面は急斜面、
立ち入らぬこと
1355
大渚山
1566
雑木の快適な斜面
雨飾山の展望がよい
1273
広く緩やかな尾根
スキーに適した斜面
注：大草連から大渚山までは 172頁参照
1476
大草連へ

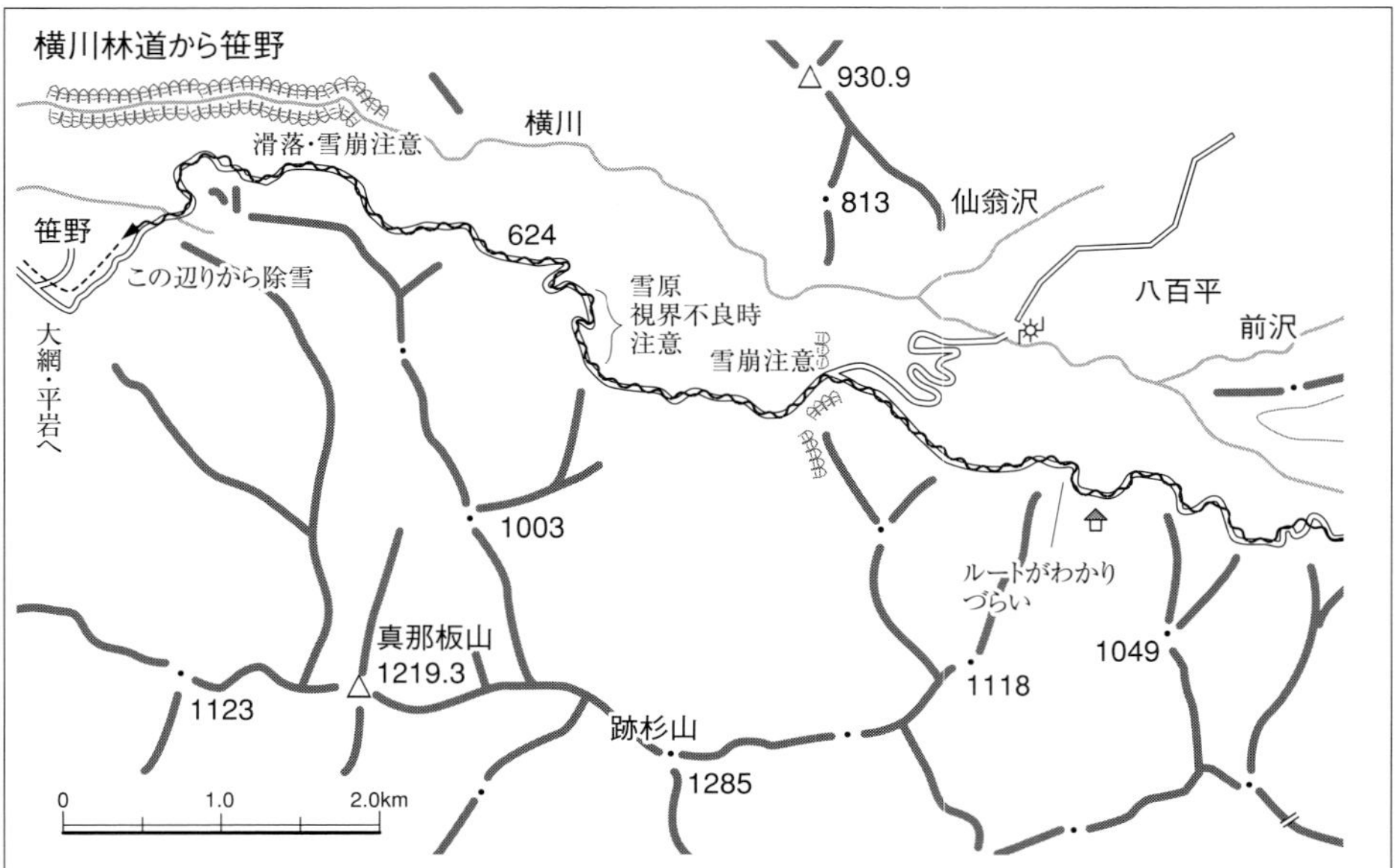

横川林道から笹野
930.9
横川
滑落・雪崩注意
813
仙翁沢
笹野
624
この辺りから除雪
雪原
視界不良時
注意
八百平
前沢
雪崩注意
大網・平岩へ
1003
ルートがわかり
づらい
真那板山
1219.3
1049
1123
1118
跡杉山
1285
0
1.0
2.0km

No.15

小谷温泉から大渚山

日帰り

概説

大渚山は昔から山スキーで知られた山であり、シーズンになると多くの人が訪れている。

このルートは大渚山を巡るものの中では最も賑わっているものであり、初心者でも比較的気楽に楽しむことができる。雨飾山の展望に優れていることも、このルートの特徴である。

行動概略

小谷温泉～大渚山（往復）

小谷温泉山田旅館の右脇から斜面に取り付く。斜面は広く快適な登高であるが、地形的特徴に乏しいことから帰路を考えて注意して登りたい。

これを登りきると平坦となり、鎌池西側の林道に出る。

しばらく林道をたどると湯峠に着く。ここから林道を離れ、尾根沿いに進む。標高一三六五mの小ピークを右からパスすると、北面に岩壁を擁した大渚山の三角形の大きな斜面の手前に出て、これを左に斜登高気味に登る。この斜面は特に危険なことはないが、登るに連れて傾斜が強くなる。この斜面を登りきって、しばらく尾根をたどったところが大渚山頂上である。頂上は雨飾山の展望に優れている。

帰りは往路を戻る。頂上肩からの滑降は斜滑降気味に滑ることから、斜面が広い割りには快適さに欠けるが、それなりの滑降が楽しめる。林道に出たら、しばらく傾斜のない林道をスキーを履いたまま歩き、途中から林道を外れて小谷温泉へ向かう。尾根が広く快適なスキーが楽しめるが、ルートファインディングが難しい。朝登ってきたトレースをなるべく忠実にたどりながら滑りたい。

雨飾山（辰尾山から）

山行データ

【同行者】　横田　進
【日時・天候等】
二〇〇五年四月一七日（晴）
【参考タイム】
小谷温泉・山田屋旅館（六時三〇分）頂上（九時四〇分／一〇時）小谷温泉（一一時三〇分）
【山行適期】　二月下旬～四月中旬
【グレード】
○総合　　初級
○山岳技術　初級
○滑降技術　初級
【装備】　基本装備
【アクセス】
車で糸魚川から国道一四八号線を経由し、中土手前から小谷温泉へ。山田温泉周辺の道路脇に駐車。
【滑降高度差等】
○滑降高度差　　七〇〇m
○滑降距離　　四・三km
○滑降斜面の最大傾斜　　二〇度
【二万五千分図】　越後大野、雨飾山
【留意事項】
○鎌池付近の林道から山田屋旅館にかけて目標物に乏しく、ルートファインディングが難しい。
○頂上直下の大斜面の滑降は斜滑降中心となり、滑降の面白みが減じられる。積雪が豊富なところなので、この斜面を真っ直ぐ滑り、湯峠を経由せずに直接下部の林道に出るのも面白いかもしれない。
○山田屋旅館、更に上流に雨飾山荘などの温泉があるので、下山後に立ち寄るとよい。

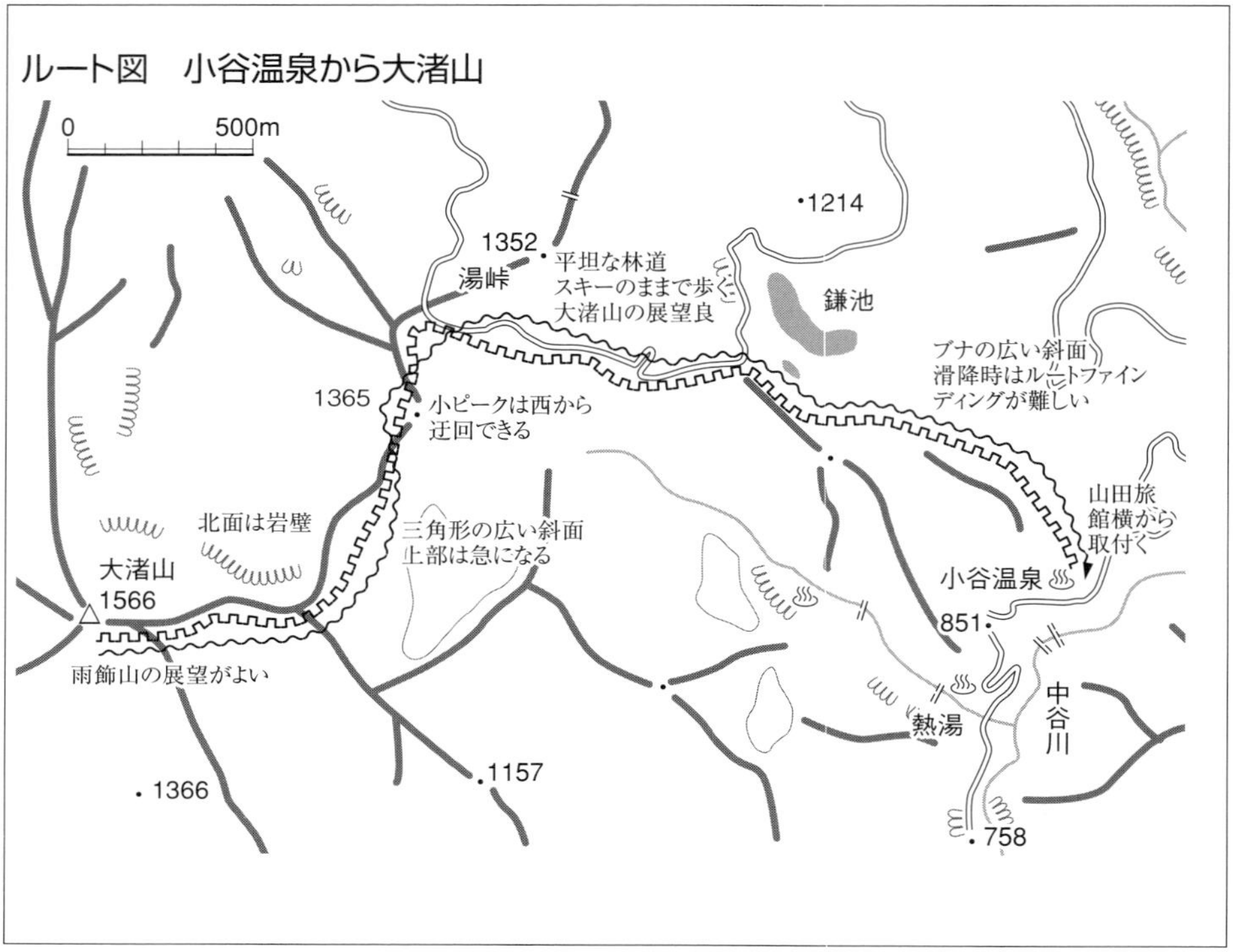
ルート図　小谷温泉から大渚山
0
500m
1214
1352
平坦な林道
スキーのままで歩く
大渚山の展望良
湯峠
鎌池
ブナの広い斜面
滑降時はルートファイン
ディングが難しい
1365
小ピークは西から
迂回できる
山田旅
館横から
取付く
北面は岩壁
三角形の広い斜面
上部は急になる
大渚山
1566
小谷温泉
851
雨飾山の展望がよい
中谷川
熱湯
1157
1366
758

青海黒姫山　993mピーク付近

No.16

青海黒姫山

絶妙なルート採りで山スキーの可能性を見直す好ルート

日帰り

概説

黒姫山は北信五岳の一つであるものが有名であるが、この他に新潟県において刈羽三山の一つと日本海に面した青海町にもあることはあまり知られていない。

このうち、青海町にあるものは、石灰岩質の山のため、その山麓にセメント工場があり、採石が進んでいるため、至るところに痛々しい山肌を晒しているものの、海抜〇mから一挙に一〇〇〇m以上のせり上がりを見せている山容は峻険で凄みさえ感じさせる。

このような山容からスキーなど全く不可能と一般的に考えられているのではないかと思われる。しかし、実際にはルートを巧みに採ることによって、この山の標高からは想像できないような快適な山スキーが可能である。このルートは、そういった意味で滑りの快適さ以上にルートの採り方の妙と山スキーの可能性を再認識させられる好ルートであろう。

行動概略

大沢～前山～黒姫山（往復）

国道八号線からセメント工場の看板に導かれ、青海川沿いに車を走らせる。やがて橋を渡り、セメント工場を右手に、青海川を左手に見るようになると、パイプラインの敷設されている橋（旭橋）の下をくぐる。車はこの橋を渡った先で止める。

ここから旭橋を渡り、これに続くセメント工場の専用道路を歩く。道は標高五〇〇m付近でY字路となっており、左に進むとすぐに道は雪で埋まっている。さらに雪の上を道なりに進むと、やがて採掘場の広い雪原となっている。この雪原を直進し、正面の支尾根に取り付く。少し薮が濃いが、それもすぐに終わり、正面に標高九九三mのピークに続く高度差五〇〇mの大斜面が望まれる。この斜面は、幾つかの登り方があると思うが、九九三mのピークに突き上げる雪の斜面途中から右に派生している雪の斜面を登る。この斜面は上部がかなり急なことから登りに体力を要するだけでなく、降雪直後等は雪崩の危険性も高くなることから、雪の状態が悪いときにはこの手前で退却せざるを得ないだろう。

青海黒姫山本峰を望む

九九三mのピークを右から巻くようにして登りきると積雪量も多くなり、一変して山の感じも女性的で伸びやかなものとなる。山頂は前衛の山に遮られて望めないものの、先ほどの緊張感漂う急な登りと異なり、広い尾根を妙高・海谷山塊を見ながらのんびり登る。標高一一〇〇mあたりから、小さなアップダウンを越えながら進むと、黒姫山の最後の登りとなる。ここは広い斜面となっている。稜線に出ると、コンクリート造りの社殿のある山頂まではすぐであるが、尾根が痩せていることからスキーは頂上直下にデポしたほうが良い。頂上からの展望は、北アルプス北部や妙高・海谷山塊の山々の眺めがよいだけでなく、頂上直下北面に広がるカルスト地形特有のドリーネ台地は一見の価値がある。

ここからは往路を戻るが、九九三mのピークまでは広い斜面を自由気ままに滑ることができる。稜線は途中、小さなアップダウンがあるが、シールを着脱する必要はなく、特に頂上直下と標高一一〇〇mから一〇〇〇mにかけては、斜面も広く楽しい滑降となるだろう。九九三mのピークからはこのピークを左に巻き気味に進み、下部斜面の滑降地点に出る。

この斜面の上部はかなり急でやや狭いため初心者には無理であるが、滑るほどに広くなり、日本海を眼下に見ての爽快な滑降が楽しめる。この斜面が終われば雪で埋まった広場を直進し、雪の状態にもよるが、さらにそのまま真っすぐに滑り降りれば先ほどのY字路に出る。

あとは除雪された林道を歩くだけである。振り返れば、先ほど滑った急斜面が望まれ、このルートの良さが分かると思う。

山行データ

【同行者】 工藤康行
【日時・天候】
一九九四年三月一九日（晴れ）
【参考タイム】
旭橋先（四時五〇分）九九三mのピーク（九時三〇分）黒姫山（一一時五〇分）Y字路（一四時）旭橋先（一四時四〇分）
【山行適期】 三月上旬～中旬
【グレード】
○総合　中級下
○山岳技術　中級下
○滑降技術　中級
【装備】 基本装備、かんじき、赤布
【アクセス】
車を利用する。糸魚川駅からJRの利用も考えられる。
【滑降高度差等】
○滑降高度差　七五〇m
○滑降距離　二・五km
○滑降斜面の最大傾斜　三八度
【二万五千図】 小滝、糸魚川
【留意事項】
○旭橋および取り付きの道路は、セメント工場の専用であるので、現地ではなるべく工場の許可を取って入山したい。
○滑降時は九九三mのピークを直進すると危険なので、この付近は登高時に丹念に赤布を付けるなど慎重を期したい。また、標高一一〇〇m辺りから九九三mのピークにかけては、ルート図にあるとおり、稜線左の沢を滑り降りた後、途中から登り返してもよい。

ルート図　青海黒姫山

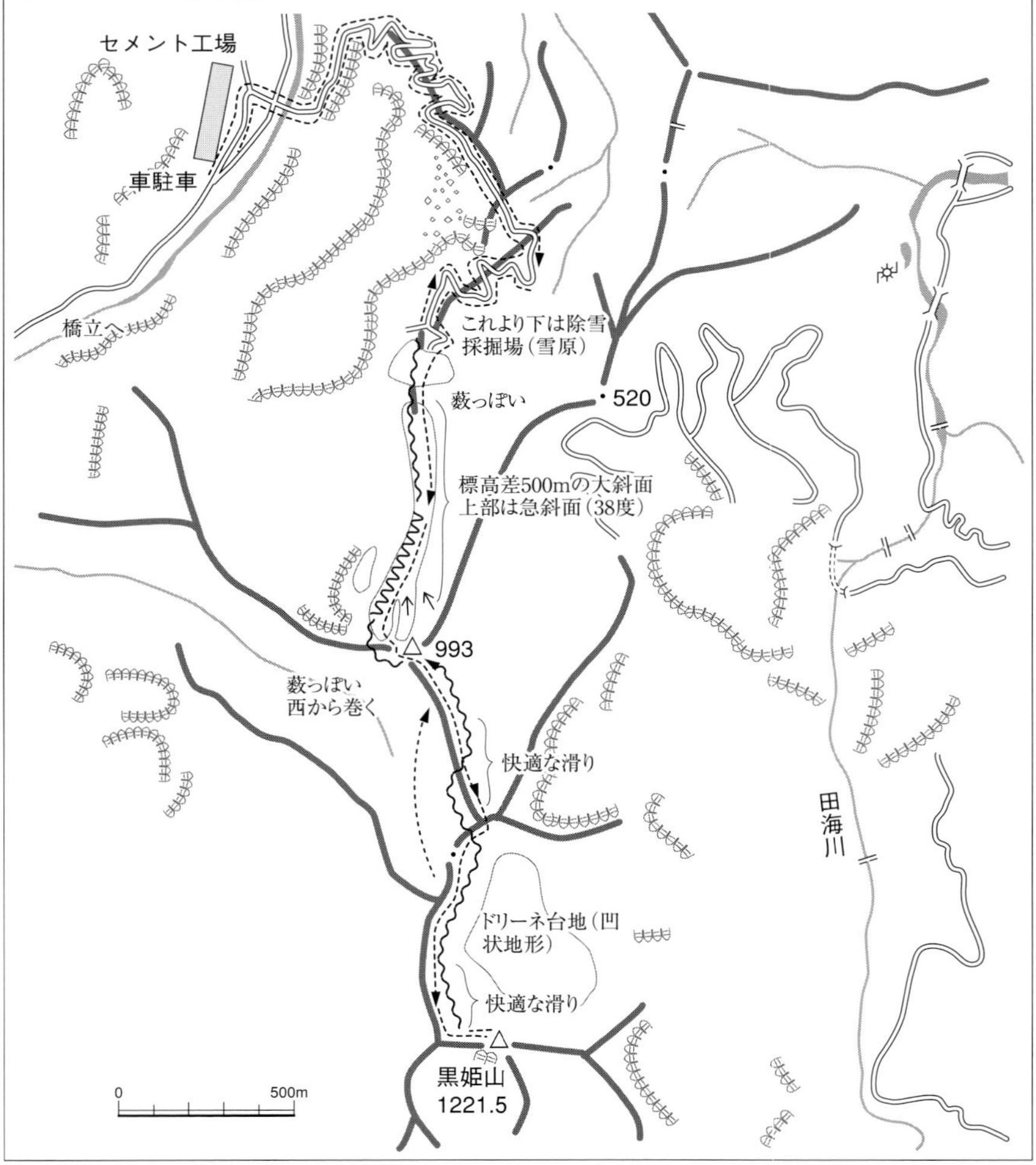

No.17

明星山

ロッククライミングで有名な山を滑る

日帰り
参考記録

概説

明星山はロッククライミングで全国的にも有名な山であり、その南壁が知られている。

確かに、この山の南の高浪池からみる明星山は峨々たる岩壁を屹立させ、日本の山とは思えないような山容は、このことを知るに余りあるだろう。反面、このことはかえってこの山をロッククライミングのみの対象としてしか考えない原因になっているように思える。

この山にハイキングコースがあることからも分かるように、素直にこの山を眺めてみると北面は滑降可能であり、積雪量の多いこの山域において、一般的な山スキールートを見出すことも十分可能と考えられる。

ここでは、初滑降と思われる東面からの記録を紹介する。このルートは雪崩の危険性が高く一般的ではないが、東面の岩壁基部手前までであれば、初心者でも十分に楽しめる入門ルートといえると思う。

行動概略

小滝～岡～頂上（往復）

ＪＲ小滝駅から岡まで、除雪された林道を歩く。この林道は狭いことと傾斜が比較的急なことから、車の場合は早めに駐車できるスペースを見つけて止めたほうが良いだろう。岡からシールで林道をたどる。やがて、林道は二つに分かれるので北側をたどる林道を行く方がよいが、雪の多いときにはその判別が難しい。標高五五〇ｍからいよいよ林道から離れて西にルートを採る。しばらくで植林地を抜け、広い斜面を気ままに登る。正面には明星山東壁を間近に望み気分のよいところだ。

東壁基部手前からこのルートの核心部を迎えるが、ここからはそのままままっすぐしばらく進んだ後、右へトラバース気味に斜上する。

ここは最初に東面をトラバースし、杉の木を境に引き続き北東斜面もトラバースする。最初のトラバースは特に雪崩の危険性が高く北東面は滑落にも注意したい。

このトラバースが終われば樹林帯に入るが、ここからしばらく四〇度をはるかに超す斜面を登れば、後は緩やかで広い斜面が続く。頂上からは往路を戻るが、上部の稜線は快適な滑りができる。東面及び北東面のトラバースは雪崩れたことを考えて一人ずつ滑りたい。標高八〇〇ｍから六〇〇ｍあたりまでは斜面が広く楽しい滑降となる。林道に出たら、後は忠実にこれをたどるだけである。

明星山東面

山行データ

【同行者】　鈴木鉄也
【日時・天候】
一九九五年三月二〇日（晴れ）
【参考タイム】
小滝駅（八時一五分）岡（八時五〇分）
頂上（一三時五〇分）岡（一五時二〇分）
小滝駅（一六時）
【山行適期】　三月上旬～四月上旬
【グレード】　参考記録
【装備】　基本装備、カンジキ、補助ロープ、ピッケル
【アクセス】　車利用。ＪＲを利用する場合は小滝駅から歩く。また、車を利用する場合は駐車スペースが限られるので注意したい。
【滑降高度差等】
○滑降高度差　九六〇ｍ
○滑降距離　四・二㎞
○滑降斜面の最大傾斜　三三度
【二万五千図】　小滝
【留意事項】
○明星山はこの他、北斜面から取り付けば技術的にも無難なルートが組めると考えられる。
　ただし、いずれにせよ斜面はそこそこの傾斜があるので、雪崩に注意したい。
○標高一〇〇〇ｍからは鈴木鉄也氏の記録である。

ルート図　明星山

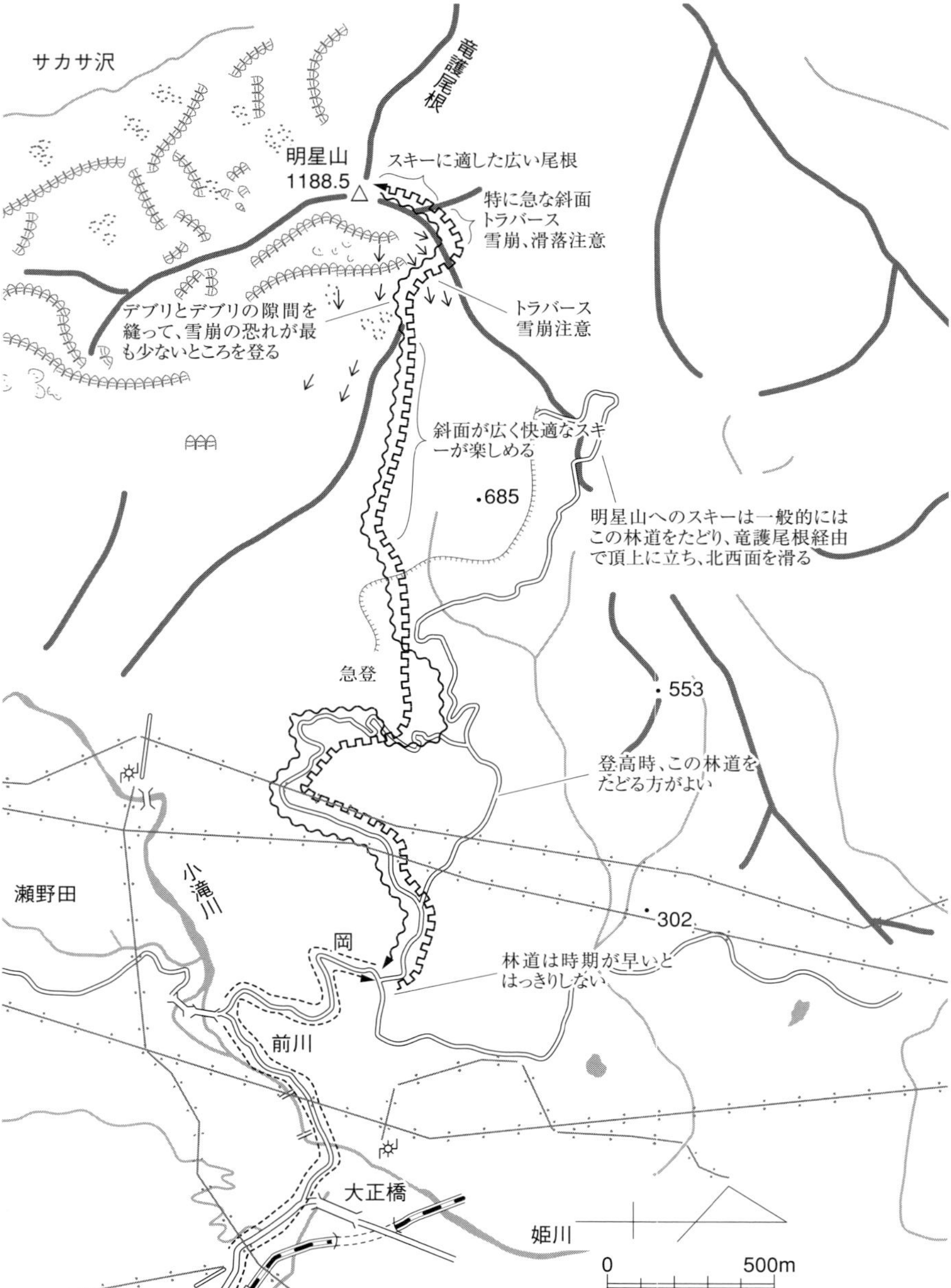
サカサ沢
竜護尾根
明星山
1188.5
スキーに適した広い尾根
特に急な斜面
トラバース
雪崩、滑落注意
デブリとデブリの隙間を
縫って、雪崩の恐れが最
も少ないところを登る
トラバース
雪崩注意
斜面が広く快適なスキ
ーが楽しめる
685
明星山へのスキーは一般的には
この林道をたどり、竜護尾根経由
で頂上に立ち、北西面を滑る
急登
553
登高時、この林道を
たどる方がよい
瀬野田
小滝川
302
岡
林道は時期が早いと
はっきりしない
前川
大正橋
姫川
0
500m
小滝駅

Column

正しいビーコンチェックとは

―あなたのチェックは大丈夫？―

「さぁ、スキーツーリングに出発！」皆さんはその時、何をしますか。準備体操？　地図での現在地の確認？　せっかく持っているビーコン（雪崩トランシーバー）は動作チェックしていますか？　チェックしていれば優等生と言いたいところですが、実は「ちょっと待った」なのです。長年、登山者に雪崩のことを教えていると、正しくチェックできる人は意外と少ないことが分かります。

ここで、典型的な例を見てみましょう。

　A、B、Cの３人のメンバーのうちAが一定程度先に行き、ビーコンをピンポイントの受信モードに切り替えます。次にBとCがビーコンを送信モードにして、それぞれ一人ずつAの脇を通過します。ビーコンが故障していなければ、Aさんのビーコンは B、Cが脇を通過したときにビービー鳴ります。すべてのメンバーが通り過ぎた後、Aさんは自分のビーコンを送信モードにして行動を開始します。

　さて、このような方法が当たり前になっている人はいないでしょうか。しかし、このチェックの手順には致命的なミスがあるのです。

（その１送受信のチェック）

　このチェックの方法では、Aのビーコンでは受信モードが、B及びCについては発信モードがチェックされています。しかし､その逆（Aの発信モードとB及びCの受信モード）はチェックされていません。ビーコンは発信モードが正常でも受信モードが正常に作動するとは限りません（その逆もあります)。つまり、両方のモードをチェックする必要があります。以下に、具体的なチェックの手順を述べます。

【ビーコンチェックの手順】

（１）　リーダーを中心に小さな円弧の隊形を作る。

（２）　各自が雪崩ビーコンの電源を入れて手に持つ。

（３）　リーダーが雪崩ビーコンを発信モードにする。

（４）　他のメンバーは受信モードにする（マニュアル機は最小レンジ)。

（５）　他メンバーは受信しているか否かを確認する（リーダーも一緒に目視で確認)。

（６）　他メンバーは発信モードに切り替えて収納する。

（7）リーダーは他メンバーから十分離れて受信モードにする。
（8）他メンバーは、一人ずつリーダーの直前を通過する（他のメンバーは混信を避けるため待機）。
（9）リーダーは通過メンバーの雪崩ビーコンが発信しているか否かを確認する（通過メンバーも通過時にリーダーの受信の可否を確認）。
（10）リーダーはメンバーの受信確認が終わったら、発信モードに切り替えて出発する。

（その2　液晶表示、ＬＥＤのチェック）

オルトボックスＦ１など発信音とＬＥＤの点滅で捜索する機種については、ＬＥＤすべてが点滅することを確認しましょう。また、液晶画面へのデジタル表示の機種については、一通りの数字が表示できるかどうか確認しておいたほうがよいでしょう。

さらに、ビーコンチェックとは直接関係ありませんが、デジタルビーコンで表示される距離は、電波の強さを距離に置き換えているだけで絶対的なものではなく、同じ機種でも個体差があることを認識し、所持しているビーコンの癖をよく把握しておく必要があります。また、購入する場合は、マーキング機能のあるトリプルアンテナの機種をお勧めします。

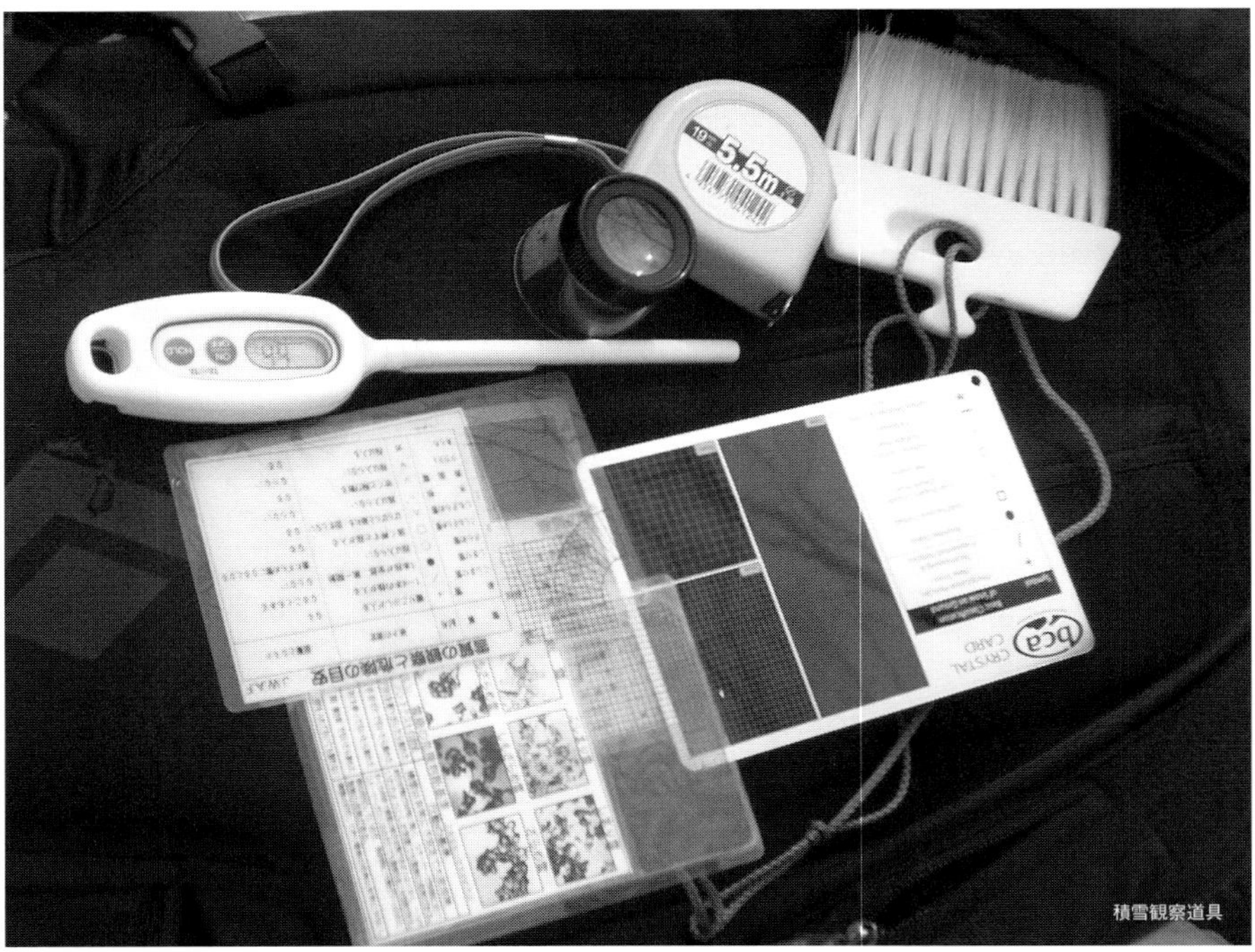

積雪観察道具

6 後立山連峰北部 山域概要

◆本邦屈指の山スキーエリア◆

自然条件など

白馬三山以北

本邦屈指の山スキーエリア

豊富な積雪量から全国でも知られたルートが多数存在している。アクセスも信州側に限れば非常によく、春期は白馬岳北方に位置する朝日岳や雪倉岳のベースとして蓮華温泉が営業していること、栂池スキー場のゴンドラを利用すれば効率よく実施できる初心者向きのルートも幾つかあることから、多くの人で賑わっている。

また、この山域は積雪量の多さ故に春浅い時期は谷筋にルートを採ることは難しいが、遅い時期になると多くの谷筋が滑降できる。翻って言えば、谷筋のルートを早い時期に実施するとすればかなり危険が伴う訳で、例えば、白馬大雪渓においても五月連休時には過去に何件もの雪崩遭難が発生している。

また、この山域で山行を実施するに当たり特に注意しなければならないのは、積雪量の多い年は二股から猿倉までの林道の開通が遅れ、アクセスに支障を来すことがあることである。このため、猿倉から取り付く場合は、あらかじめこのことについて必ず現地に確認をとりたい。

唐松岳から針ノ木岳

国道一四八号線の整備でアクセスが一段と楽に

これらの山域は、白馬周辺と比べ積雪量が少なくなること、急峻な地形の山が多いことなどから、五月連休以降、特に五月中旬の谷筋の滑降が主体となる。

山が浅いことや山麓のスキー場などの施設が充実していることからアクセスもよく、国道一四八号線の整備が整った現在、富山県方面からも十分実施可能な山域となった。

ルート概要

白馬三山以北

地形的特徴やアクセス事情などから、大きく三つのエリアに分けられる。

○栂池・蓮華温泉周辺

このエリアは栂池スキー場のゴンドラリフト等が利用できること、蓮華温泉が営業していること、比較的緩やかな地形となっていることから、初心者向きのルートが多数存在し、その多くは日帰りで実施できる。

具体的には、天狗原から西栂コース、栂池から天狗原或いは白馬乗鞍岳往復、栂池から山ノ神尾根、栂池から天狗原、白馬大池から蓮華温泉、天狗原から蓮華温泉を経て木地屋、風吹大池を経て木地屋、北小谷、北野、紙すき牧場などがある。

○雪倉岳・朝日岳周辺

このエリアは山深いだけに日帰りでの実施は困難であるが、それ故にスケールの大きな滑りが期待できる。

最も滑られているものとしては、蓮華温泉から朝日岳（白高地沢）往復や雪倉岳（滝ノ沢）往復があるが、その他にも朝日岳五輪尾根、雪倉岳北斜面を経て白高地沢があるほか、主稜線の縦走ルートとしては本邦でも屈指のスケールを持つ白馬岳から日本海へ抜けるものがある。なお、このルートは忠実に稜線をたどることが多かったが、近年は黒部川の柳又谷の源流の滑降を交えて実施されることが多くなった。

○猿倉周辺

このエリアは急峻な地形的特徴から、中・上級者向けの沢筋のルートが主体となっている。

このエリアで最も多くの山スキーヤーを迎えているのは大雪渓から白馬岳往復と考えられるが、その他にも、金山沢、白馬沢、杓子岳杓子沢から長走沢、白馬鑓ケ岳から白馬鑓温泉などがあるほか、前衛に位置する小日向山奥ノ滝ノ沢や熟達者向きのルートが存在している。

唐松岳から針ノ木岳

この山域もその急峻な地形的特徴から、谷筋を主体としたルートが数多く存在する。

具体的には、八方尾根からガラガラ沢（八方押出し）、無名沢、唐松岳往復、遠見尾根から五龍岳往復、針ノ木岳大雪渓などがよく滑られているが、この他にも唐松岳唐松沢、五龍岳白岳沢、爺ヶ岳西沢、扇沢、蓮華岳大沢などがある。

No.1

風吹から北野

快適なロングルート

日帰り

概説

白馬岳以北の栂池を起点とする山域は、秀でた日帰りのロングルートが幾つかあり、このルートもその一つである。しかし、他と違って下山後は駅まで数キロ歩く必要があるためか、意外と知られていず風吹天狗原から先は静かな山行が実施できる。

ルート前半は緩斜面ののんびりした滑降を、風吹天狗原先の後半は、大きな斜面の快適な滑降を楽しむことができる。滑降内容を考えると、もう少し知られてもよいルートである。

行動概略

栂池〜天狗原〜風吹天狗原〜北野

栂池スキー場のゴンドラリフトからロープウェーに乗り継ぐ。終点の自然園駅で降りたら、北に見える真っ白な斜面を登る。斜面の左側を登るが、見た目ほど楽ではないのでゆっくり登ることを勧める。この斜面を登ると天狗原で、一面が岩混じりの雪原となっている。視界不良時は苦労するところである。また、標高も二二〇〇m近くあり、普通なら風の強いところでもある。

天狗原を蓮華温泉側にいったん進み、ここから北北東に延びる緩斜面の尾根を途中二、三度登り返してフスブリ山を目指す。

フスブリ山手前のコルからフスブリ山山頂までは緩やかな登りであり、スキーを履いたまま登ることも可能である。フスブリ山山頂は、進行方向左側に雪倉岳から日本海に続く山々が連なり、格好の展望台になっている。

ここからも、引き続き風吹天狗原に向けて尾根を忠実に滑る。標高一八五〇m付近と風吹天狗原付近は広い雪原となっているので、視界不良時は注意したい。風吹天狗原に着くと、眼下に雪で埋まった風吹大池が望まれる。北野へは、風吹大池南の痩せた屋根をたどる。

標高一八〇〇m付近からは、急に斜面の傾斜が増すが、ここから標高一六〇〇mまで快適な滑降ができる。標高一六〇〇mからは標識にも助けられながら一六二七mの標高点南をたどると、広い滑降に適した斜面に出る。ここから一三三三m標高点手前までの滑降がこのルートの白眉であり、快適な滑降が楽しめる。一三三三mの標高点にも標識があるので、これをたよりに標高一一五〇m付近まで延びている林道を目指す。途中からは杉の植林地となるのでルートが分かりづらいが、標高一〇〇〇m付近まで滑った後、林道を忠実にたどる。

林道は思いの外長く時間がかかる。途中、林道が沢沿いをたどり、小さな池が見えてくるので、このあたりで現在地を確認したい。ここからもう一滑りすると、北野に出る。北野からはJR中土駅まで歩くこととなるが、少々長いのが難点である。

山行データ

【同行者】山下明子
【日時・天候】
二〇〇六年四月三〇日（曇り）
【参考タイム】
ロープウェー自然園駅（九時四五分）天狗原（一一時／一一時三〇分）フスブリ山（一二時）風吹天狗原（一二時）北野（一五時）
【山行適期】三月下旬〜五月上旬
【グレード】
○総合　中級下
○山岳技術　中級下
○滑降技術　初級
【装備】基本装備
【アクセス】
栂池スキー場のゴンドラ及びロープウェーを利用する。車が一台の場合は、帰りを考えるとJR白馬大池駅に駐車し、栂池までバスを利用した方がよいだろう。できれば車を二台使用し、一台を下山する北野に駐車したい。
【滑降高度差等】
○滑降高度差　一五七〇m
○滑降距離　一一・〇km
○滑降斜面の最大傾斜　二七度
【二万五千図】白馬岳、雨中
【留意事項】
○視界不良時はルートファインディングが難しいので、無理は禁物である。

ルート図　風吹から北野

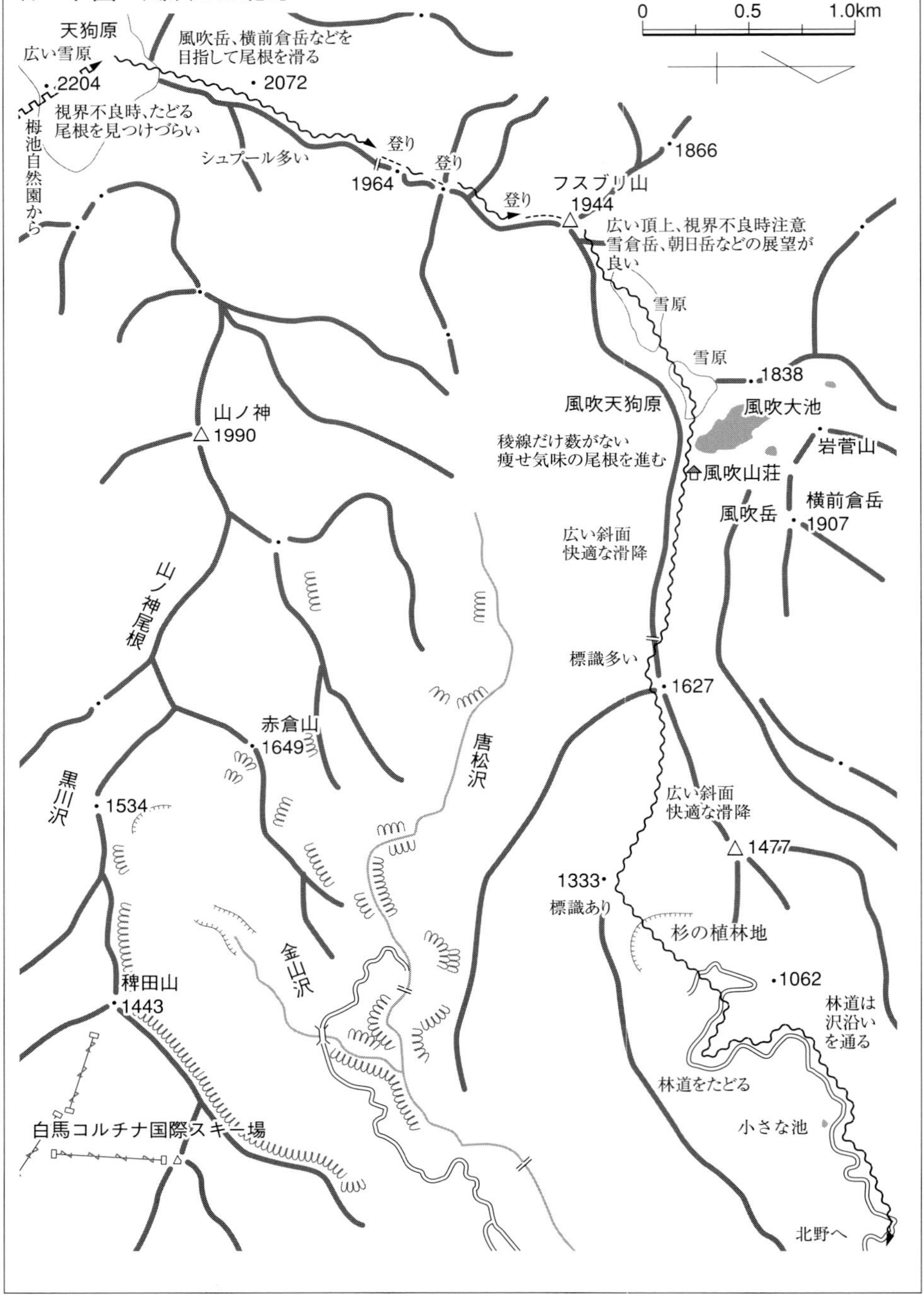
0
0.5
1.0km
天狗原
広い雪原
2204
風吹岳、横前倉岳などを
目指して尾根を滑る
2072
視界不良時、たどる
尾根を見つけづらい
梅池自然園から
シュプール多い
登り
登り
1964
登り
1866
フスブリ山
1944
広い頂上、視界不良時注意
雪倉岳、朝日岳などの展望が
良い
雪原
雪原
1838
風吹天狗原
風吹大池
山ノ神
1990
稜線だけ薮がない
痩せ気味の尾根を進む
岩菅山
風吹山荘
横前倉岳
風吹岳
1907
広い斜面
快適な滑降
山ノ神尾根
標識多い
1627
赤倉山
1649
唐松沢
黒川沢
1534
広い斜面
快適な滑降
1477
1333
標識あり
杉の植林地
金山沢
1062
稗田山
1443
林道は
沢沿い
を通る
林道をたどる
白馬コルチナ国際スキー場
小さな池
北野へ

No.2

栂池から横前倉山

大斜面を有する快適なロングルート

日帰り ★

概説

横前倉山は、北アルプス白馬連山の北東に位置する風吹大池の周囲に並ぶ、目立たない小ピークである。しかし、その東斜面は大糸線沿線からも目立つ魅力的な斜面を有し、この山域でも屈指の快適なロングルートとなっている。

行動概略

栂池～天狗原～フスブリ山～風吹天狗原～横前倉山～北小谷駅

（風吹天狗原までは「風吹から北野」参照）

風吹大池は雪で埋まっているので、風吹天狗原から大池めがけて滑り降り、大池を渡って小敷池に向かう。小敷池に出たら、これを北から回り込むようにして横前倉山と岩菅山のコルに出て、横前倉山に取り付く。針葉樹林のなかを進むので、周囲の展望が今ひとつであり、本当に大斜面があるのか不思議なくらいである。頂上も針葉樹林のなかなので、そのまま西へ進むと、ようやく目当ての斜面に出る。滑り出しはかなりの急斜面であり下部が確認できない。慎重に下の様子を確認しつつ滑りたい。少し滑ると、斜面の全容がつかめるだろう。素晴らしい斜面である。

ただし、斜面下部は地形が複雑でルート採りが難しい。標高一四七七・五mの三角点付近にある針葉樹の塊を目印にすると滑りやすい。標高一四〇〇m付近で、南俣沢を一旦眼下に見て、その左の緩斜面を滑る。滑りは快適だが、ルート採りは結構難しい。標高一一〇〇m付近でギザギザマークの付いたU字形の谷の横を滑り、標高一〇七〇mでスキーを履いたままこの谷を渡って、林道のある斜面に出る。

杉林を左から回り込むようにして暫く滑り、林道の通る痩せた尾根を抜けると、また尾根が広くなる。右斜面下には橋が見えるので、林道に沿って滑り降りる。橋を過ぎた少し先でシールを張り林道をたどる。標高九五〇m付近でシールを外し、快適に林道を滑って、風吹登山口の案内板のある標高六七〇mの林道除雪地点に着く。ここから、スキーを担いで北小谷の駅に向かうこととなる。

天狗原から風吹へ

雪に埋もれた風吹大池を進む

横前倉山の滑降

横前倉山頂上直下

山行データ

【同行者】　崎田律子

【日時・天候】　二〇〇八年四月五日（快晴）

【参考タイム】　栂池・自然園駅（九時一五分）天狗原（一〇時三〇分）小敷池（一一時四五分）横前倉山（一二時四五分）林道（標高九五〇m）（一四時五五分）風吹登山口案内板（一五時一〇分）北小谷駅（一六時一〇分）

【山行適期】　三月下旬～四月下旬

【グレード】

○総　合　中級下

○山岳技術　初級上

○滑降技術　中級

【装　備】　基本装備

【アクセス】

【滑降高度差等】

○滑降高度差　一八〇〇m

○滑降距離　一〇・〇km

○滑降斜面の最大傾斜　四二度

【二万五千図】　白馬岳、雨中

【留意事項】

○栂池スキー場のゴンドラ及びロープウェーを利用する。帰りの電車の便が限られるので、可能であれば車を二台利用して、一台を下山口にデポするとよい。

○視界不良時はルートファインディングが難しいので、無理は禁物である。

ルート図　栂池から横前倉山

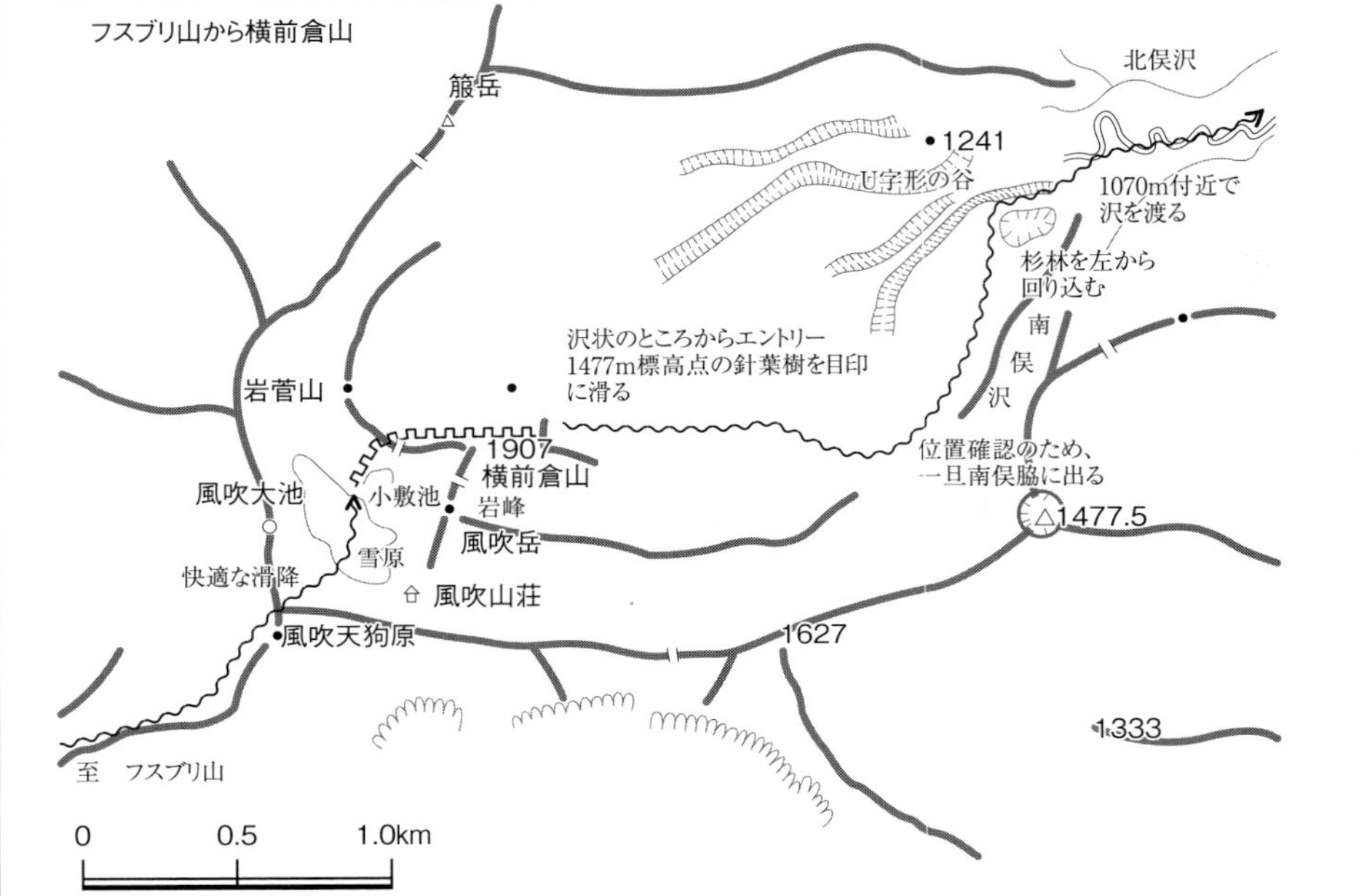
フスブリ山から横前倉山
北俣沢
箙岳
•1241
U字形の谷
1070m付近で
沢を渡る
杉林を左から
回り込む
南
俣
沢
沢状のところからエントリー
1477m標高点の針葉樹を目印
に滑る
岩菅山
1907
横前倉山
岩峰
位置確認のため、
一旦南俣脇に出る
風吹大池
小敷池
風吹岳
1477.5
雪原
快適な滑降
風吹山荘
風吹天狗原
1627
1333
至　フスブリ山
0
0.5
1.0km

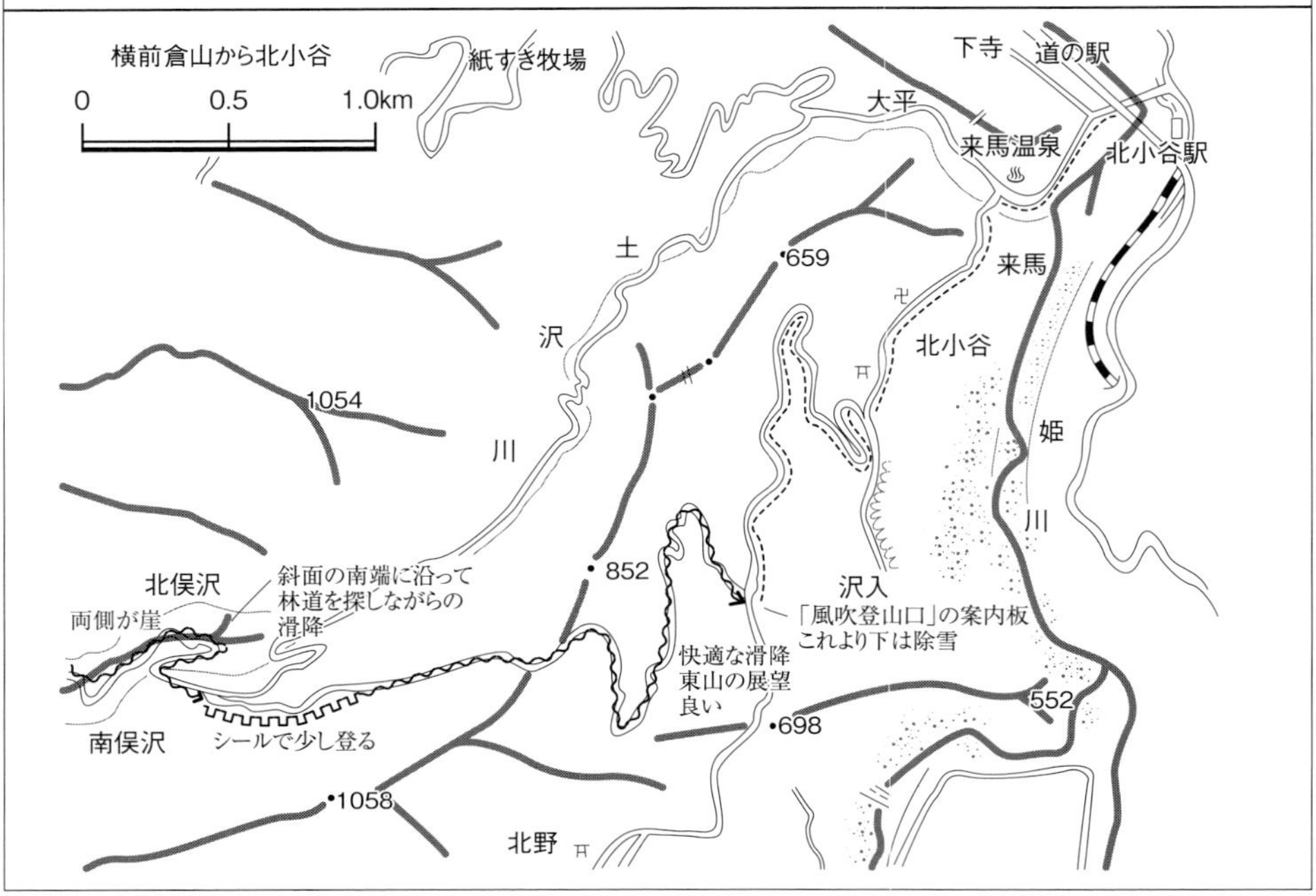
横前倉山から北小谷
紙すき牧場
下寺
道の駅
0
0.5
1.0km
大平
来馬温泉
北小谷駅
土
659
来馬
沢
北小谷
1054
姫
川
川
852
沢入
北俣沢
斜面の南端に沿って
林道を探しながらの
滑降
両側が崖
「風吹登山口」の案内板
これより下は除雪
快適な滑降
東山の展望
良い
552
南俣沢
シールで少し登る
698
1058
北野

No.3

風吹から木地屋

快適なロングルート

日帰り
★

概説

白馬岳以北の蓮華温泉、栂池を中心とした山域は、秀でたルートがたくさんある。

このルートもそうしたものの一つである。緩斜面の続く日帰りのロングルートであり、危険な箇所もあまりないので、的確なルートファインディングと天候に恵まれれば、初心者でもよきリーダーのもとに、一日思う存分滑ることができる快適なルートである。

行動概略

栂池～天狗原～風吹天狗原～木地屋

（風吹天狗原までは

「風吹から北野」参照）

眼下に雪で埋まった風吹大池を望む風吹天狗原からは標識に従い、尾根通しに科鉢池と思われる近くまで行き、ここからトラバース気味に滑り降りる。

このあたりから、本来であればルートファインディングに苦慮するところであるが、標識に助けられながら滑ると、蓮華温泉から木地屋へ向かうルートと合流する。少し滑るとワサビ沢に出て、沢にかかるスノーブリッジを渡るが、この箇所だけが唯一、少しいやらしいところである。

これを越えればトレースに従い、緩斜面の樹林帯を滑った後、白池を過ぎたあたりで林道に出合い、これを滑ることとなる。

ルート図　風吹から木地屋

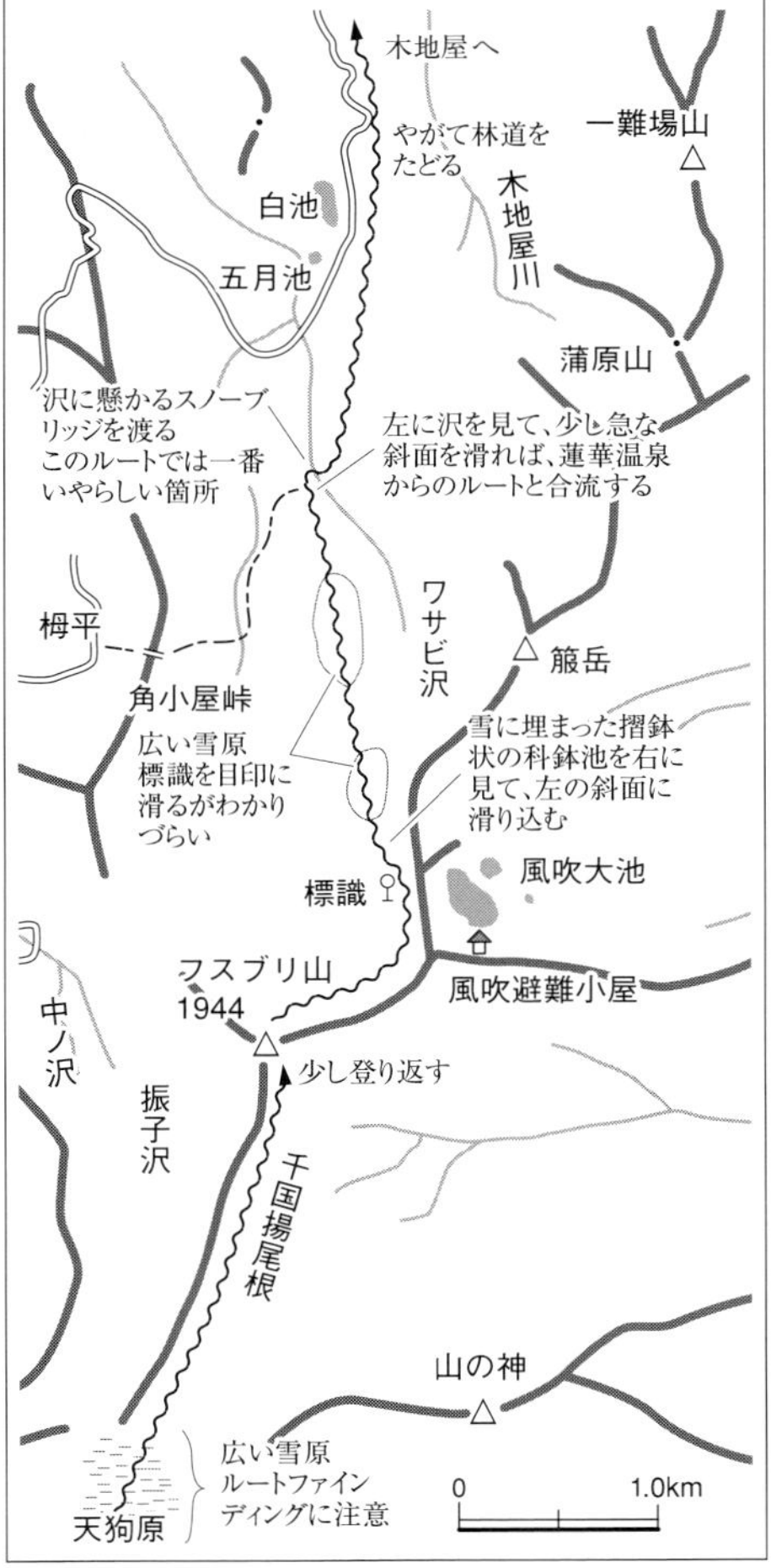

山行データ

【同行者】　飛田俊之、星野俊雄、北森正法

【日時・天候】　一九八六年四月一二日（晴れ）

【参考タイム】　ロープウェー自然園駅（成城大学小屋）（一〇時三〇分）天狗原（一一時三〇分）風吹天狗原（一四時）大所（一六時）

【山行適期】　三月下旬～五月上旬

【グレード】
○総合　中級下
○山岳技術　中級下
○滑降技術　初級

【装備】　基本装備

【アクセス】　栂池スキー場のゴンドラ、ロープウェーを利用する。帰りは、連休頃であれば乗合タクシーを利用する。

【滑降高度差等】
○滑降高度差　一六五〇m
○滑降距離　一四・〇km
○滑降斜面の最大傾斜　九度

【二万五千図】　白馬岳、越後平岩

【留意事項】　ウド川から木地屋まででルートの標識を見失った場合は、一旦林道に出るとよい。

No.4

蓮華温泉から朝日岳

温泉が楽しめるクラシックルート

2泊3日

概説

蓮華温泉を中心とする白馬北部の山域は、山スキーのエリアとして全国的に知られたところであり、本ルートをはじめとして滝ノ沢から雪倉岳往復などのルートが良く知られている。その内容は白高地沢源頭の大斜面をはじめとして快適で広い斜面が続き、本ルートの知名度に恥じないものである。また、蓮華温泉の露天風呂からはこれらの山々が一望でき、他の山行ではなかなか味わえない、贅沢なひと時を過ごすことができる。

行動概略

栂池～天狗原～蓮華温泉～朝日岳～蓮華温泉～角小屋峠～木地屋

第一日

天狗原～蓮華温泉

（栂池から天狗原までは「風吹から北野」を参照）

天狗原は祠の前を横切って直進し、振子沢を滑る。振子沢はその名のとおり出だしが振子状の斜面で快適な滑りが楽しめる。また、標識もあり安心して滑ることができる。やがて標高一六〇〇mあたりから中ノ沢へトラバース気味に滑り込み林道に出ると、蓮華温泉へは一投足である（蓮華温泉は三月下旬から営業し、夏場に駐車場となっているところが天場となっている）。

第二日

蓮華温泉～白高地沢～朝日岳（往復）

蓮華温泉から奥に延びる林道に沿って少し滑り、また少し登り返して小尾根をトラバースした後、シールを外す。平馬ノ平手前は林間の急斜面であるが、すぐに真平らな雪原となり、スキーで歩くことになる。ここが平馬ノ平である。ここからは、その一番低そうなところを目指せば、振子状の急斜面にでる。眼下には瀬戸川の渡渉点が見える。この渡渉点は、雪の多い年であればスノーブリッジを渡るが、これがなければ少し上流にある橋を渡る（標高一一七〇m）。瀬戸川を渡りきってからは、シール登高にちょうど良い斜面が続く。この先、ルートはヒョウタン池の左を通り白高地沢にでる。白高地沢も緩斜面であるので、シールで快適に登るが、五輪尾根側の左岸は切り立っており雪崩には注意したい。なおも白高地沢を登ると、広い台地上の地点に出て、朝日岳から雪倉岳の稜線が手に取るようにわかる（標高一六〇〇m）。

ここから白高地沢と別れ、左岸の広い斜面を登る。ここは少し急であるが、登り切ってしまえばなだらかになり、朝日岳山頂から派生している尾根を回りこむようにしてルートを採る。斜面の傾斜が次第に増して稜線に出る。稜線から頂上までは、頂上と間違えやすいピークもあり、思いの外長く感じられるだろう。

頂上からは往路を戻るが、特に標高二一五〇mから一九〇〇mの斜面は広大でスケールの大きな滑降が楽しめる。

第三日

蓮華温泉～角小屋峠～木地屋

蓮華温泉から林道に沿ってシールで進む。ヤッホー平を過ぎ、栂平の少し手前でシールを外す。ここから五〇〇mほどは林道は真っ直ぐな緩い下り坂となっている。

栂平は樹木も少なく、晴れていれば朝日岳から雪倉岳の美しいスカイラインが望めるところでもある。ここでザックにスキーを固定し角小屋峠に登る。角小屋峠の登り口は、栂平で林道が直角に左折しているところであり、よく見れば角小屋峠まで真っ直ぐに踏み跡が突き上げているのがわかるだろう。登り詰めた角小屋峠も展望がよく休むには良いところだ。ここからは、ウド川に向けて急斜面を滑る。あっという間であるが、楽しい斜面である。ここから更にウド川に沿ってその右岸を滑るが、標識が整備されていてほとんど迷うことはない（以下、「風吹から木地屋」を参照）。

山行データ

【同行者】 飛田俊之、西垣みとり
【日時・天候】
一九八四年五月三日（晴れ）、
四日（晴れ）、五日（晴れ）
【参考タイム】
第一日
ロープウェー自然園駅（成城大学小屋）（九時三〇分）天狗原（一一時）蓮華温泉（一三時二五分）
第二日
蓮華温泉（六時三〇分）瀬戸川（七時二〇分）朝日岳（一二時二〇分）蓮華温泉（一六時三〇分）
第三日
蓮華温泉（六時三〇分）角小屋峠（八時一〇分）木地屋（一〇時）＝平岩（一一時二〇分）
【山行適期】 四月中旬～五月中旬
【グレード】
○総合　中級上
○山岳技術　中級
○滑降技術　中級
【装備】 基本装備、ピッケル、アイゼン
【アクセス】
栂池スキー場のゴンドラ、ロープウェーを利用する。帰りは、連休頃であれば乗り合いタクシーを利用する。
【滑降高度差等】
○滑降高度差　三五〇〇m
○滑降距離　二二・〇km
○滑降斜面の最大傾斜　二三度
【二万五千図】 白馬岳、越後平岩、黒薙温泉
【留意事項】
○サブルートはこの他、滝ノ沢から雪倉岳往復、五輪尾根などがある

ルート図　蓮華温泉から朝日岳2-1

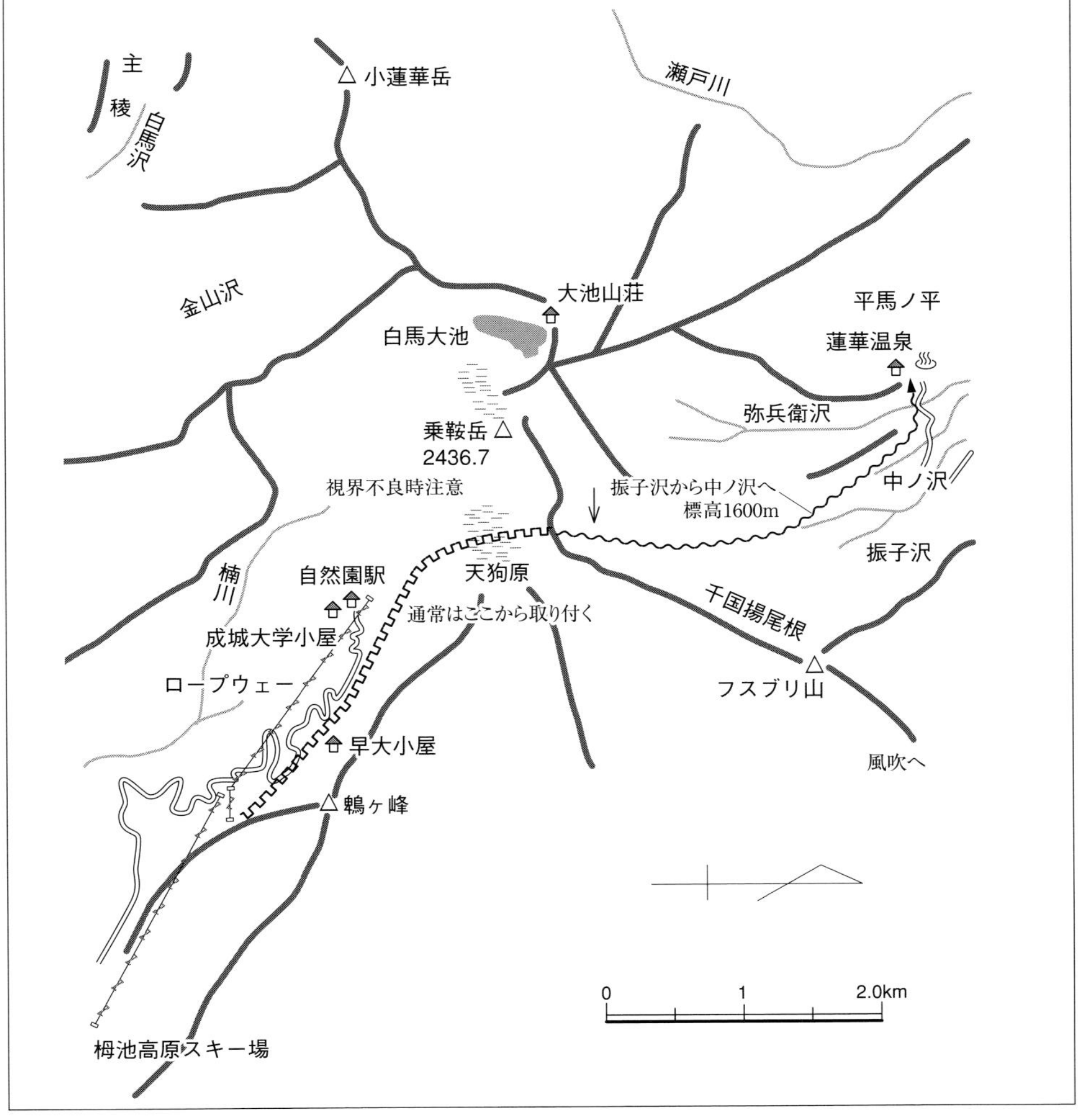

ルート図　蓮華温泉から朝日岳2-2

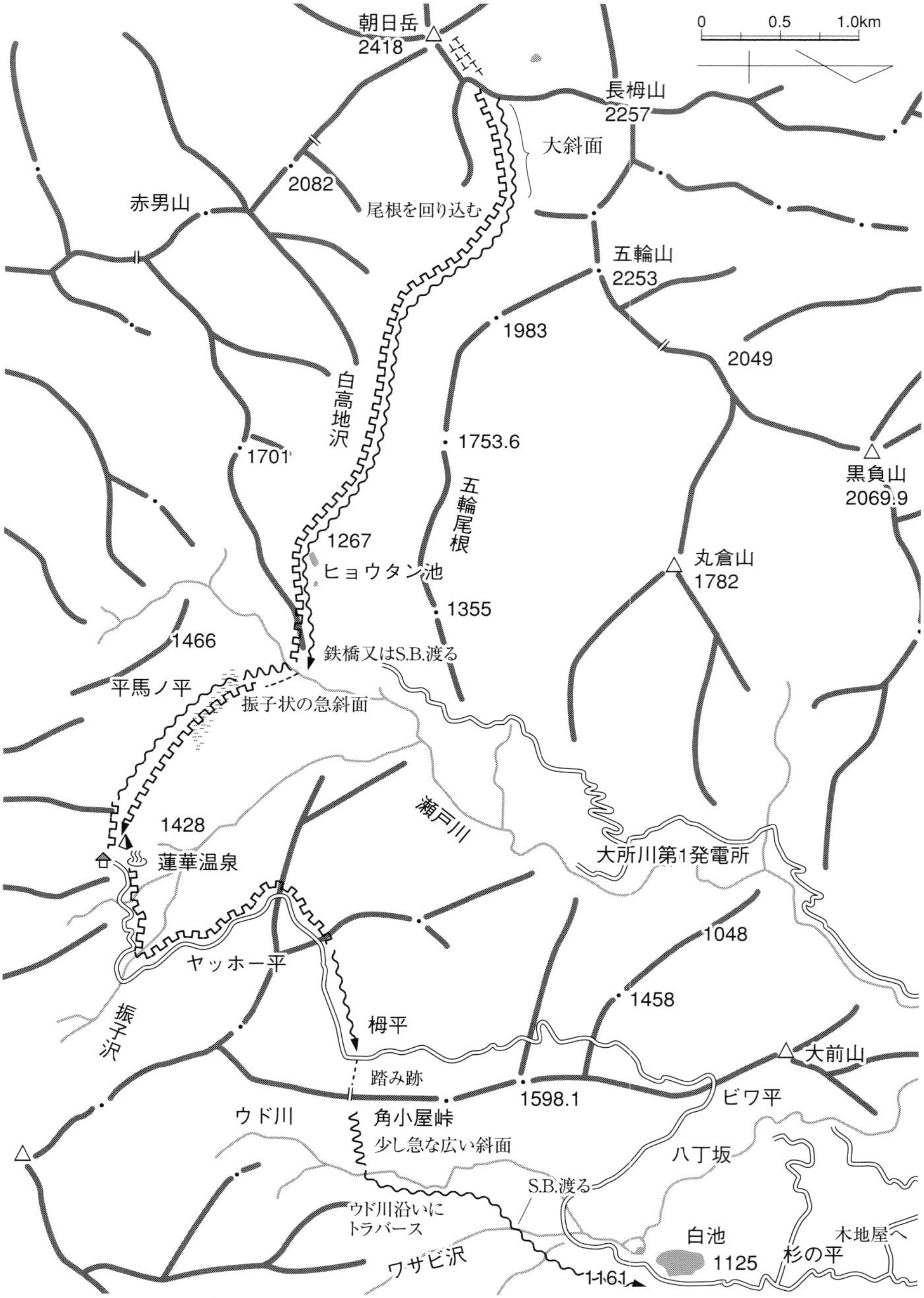

0
0.5
1.0km
朝日岳
2418
長栂山
2257
大斜面
2082
尾根を回り込む
赤男山
五輪山
2253
1983
2049
白高地沢
1701
1753.6
五輪尾根
黒負山
2069.9
1267
ヒョウタン池
丸倉山
1782
1355
1466
鉄橋又はS.B.渡る
平馬ノ平
振子状の急斜面
瀬戸川
1428
蓮華温泉
大所川第1発電所
1048
ヤッホー平
1458
振子沢
栂平
大前山
踏み跡
1598.1
ビワ平
ウド川
角小屋峠
少し急な広い斜面
八丁坂
S.B.渡る
ウド川沿いに
トラバース
木地屋へ
白池
1125
杉の平
ワサビ沢
1161

No.5

白馬北延主脈

総合力を試される
北アルプス屈指のルート

2泊3日

概説

白馬岳から北に延びる稜線は、雪倉岳北斜面や長栂山北斜面などの北アルプスを代表する広大な斜面を有し、スキー縦走の良さをたっぷり味わうことのできる北アルプス屈指のルートである。

　このルートを実施するに当たっては距離が長く、しかも特に後半において体力を要することから、滑降技術そのものよりも総合的技術を要求される。

行動概略

第一日

栂池～天狗原～白馬大池～三国境

（栂池から天狗原までは「風吹から北野」を参照）

天狗原からは明瞭なトレースをたどり白馬乗鞍岳の南東斜面を登る。きつい登りであるが、雪崩に注意することを除いて、それ程問題なく登ることができる。たどり着いた白馬乗鞍岳山頂は露岩混じりの広い雪原で、視界不良時はルートファインディングに苦慮するところである。白馬大池は雪で覆われているので湖面の南側寄りを進み、小蓮華岳に至る三角形の真っ白な斜面を登る（白馬大池山荘はこの時期に使用できない）。この斜面を登りきれば尾根が細くなり、小蓮華岳に着く。ここからは稜線の夏道が出ているので、これをたどり三国境に着く。

第二日

三国境～白馬岳（往復）～朝日岳～黒岩山～下駒ヶ岳手前

　三国境からアイゼンで白馬岳に向かう。途中二箇所ほど急な雪の斜面があるが、難なく頂上に立つことができる。頂上から往路を戻る。比較的短時間で三国境に戻ることができるだろう。下りも特に問題となるところはない。

　荷物をザックに詰めなおし、雪倉岳に延びる主稜線をたどる。最初から雪を拾いながらの登高であるが、鉢ケ岳を少し降りたところから、ほとんど夏道をたどる。特に雪倉岳避難小屋あたりは風が強いためか地肌が広い面積にわたって露出しており、避難小屋は十分利用できる状態である。避難小屋から雪倉岳頂上への登りは雪の斜面を登る。たどり着いた頂上からは、これから滑る高度差六〇〇mの大斜面が眼下に広がっている。

　この斜面は大きく二分されており、前半の斜面は眼下に目立つ岩を目指して滑る。傾斜も適度で斜面も広く、申し分のない滑りが楽しめる。後半の斜面は、赤男山と雪倉岳のコルに直接滑り込むルートと支尾根を経由して右から回り込んで滑るルートの二つがある。前者は傾斜があるので、自信がない時や雪質の悪い時は後者を滑る（ルート詳細図参照）。

　赤男山と雪倉岳のコルからは、赤男山の富山県側をトラバースした後、いったん、赤男山と朝日岳のコルに出て、朝日岳の登りにかかる。今日の行程では最後の大きな登りであることに加え、シラビソ混じりの急斜面で登りづらい。ようやくたどり着いた朝日岳の頂上は、越中アゲと呼ばれる風のため雪はほとんど飛ばされている。展望は言うまでもないが、とりわけこれから滑る白高地沢源頭の広大な斜面が気にかかるところである。もちろん、雪の状態が良ければ快適な滑降が楽しめる。

　やがて、白高地沢から蓮華温泉へ向かうルートと別れ、平坦で広い主稜線をシールで北へ向かう。池を右に見て進めば、直ぐ二二六七mの小ピークとなり、ここでシールを外す。あとは緩斜面をほとんど直滑降で滑り降り、長栂山を右にトラバースすれば、突然、眼下に素晴らしい長栂山北斜面が広がる。この斜面のスケールは、恐らく後立山連峰随一のものであり、初めて見る者を圧倒する。今までの縦走の苦労もいっぺんに吹き飛んでしまうに違いない。

　長栂山から四〇度ぐらいの急斜面を滑り降りた後、ルートを選べば途中登り返すこともなく、黒岩山まで一気に着いてしまう。

　なお、朝日岳から黒岩山までは斜面が広く複雑なので、視界不良時は行動できなくなるので注意したい。

また、長栂山からの滑り出しは上述のごとく急斜面であるので、二二四一mの小ピーク左にルートを採った方が楽しい滑りが期待できる。黒岩山からはシールでアップダウンの続く稜線をたどり下駒ヶ岳に向かう。

第三日

下駒ヶ岳〜犬ケ岳〜白鳥山〜上路

下駒ヶ岳から犬ケ岳に向かう。尾根は痩せているため、ほとんど夏道を歩くことになる。雪の状態によっては、いやらしい箇所になるかもしれない。このため、犬ケ岳頂上までは思いのほか時間がかかるだろう。なお、犬ケ岳頂上には栂海山荘があり、このシーズンでも十分使用できる。

犬ケ岳頂上からは雪を拾いながら歩くこととなるが、スキーが藪につかえることに加え、地図上では判別できないようなアップダウンが多く辛い行程となる。体力を試されるところである。

たどり着いた避難小屋のある白鳥山山頂はこのルートのファイナルピークであり、いままでたどってきた山々を振り返れば感無量であると思う。白鳥山頂からは、その年の雪の状態により異なるが、雪が多い年であれば坂田峠に向けて北アルプス主脈顔負けの素晴らしい滑降ができる。とりわけ、シキワリまでは快適の一言である。ただし、寡雪の年は白鳥山中腹から雪が消えてしまうことも考えられ、この場合はスキーが藪にとられ下山に大変な労力を要することになるだろう。坂田峠からは林道を忠実にたどり上路に向かう。

なお、私たちの山行では、途切れ途切れの雪を拾いながら、標高三〇〇mぐらいのところまで滑ることができた。

黒岩平の滑降。前方は犬ヶ岳

山行データ

【同行者】長谷川幹夫、飛田俊之、西村雅英

【日時・天候】一九八六年四月二七日（晴れのち雨）二八日（雨のち曇り）、二九日（晴れ）三〇日（晴れ）

【参考タイム】

第一日

ロープウェー自然園駅（成城大学小屋）（一〇時）天狗原（一一時二五分）白馬大池（一三時三五分）

第二日

白馬大池（一三時三〇分）小蓮華岳（一六時）三国境（一七時）

第三日

三国境（四時三〇分）白馬岳（五時二〇分）三国境（六時／七時）雪倉避難小屋（八時三〇分）雪倉岳（九時四五分）朝日岳（一四時四〇分）黒岩山（一六時三〇分）下駒ヶ岳手前（一七時一〇分）

第四日

下駒ヶ岳手前（五時四五分）犬ケ岳（八時五分）白鳥山（一三時一〇分）上路（一七時四五分）

【山行適期】四月中旬〜五月上旬

【グレード】

○総合　上級

○山岳技術　上級

○滑降技術　中級

【装備】基本装備、ピッケル、アイゼン

【アクセス】

入山は車を利用するか、白馬大池駅から栂池スキー場まで、バスまたはタクシーを利用する。

また、連休時は猿倉から大雪渓に取り付くのも一つの方法である。この場合は、白馬駅から猿倉までの道路状況をよく確認したい。下山は、前もって車をデポしない限り、上路から徒歩で市振駅まで歩く。所要三時間程度と考えられる。

【滑降高度差等】

○滑降高度差　二四五〇m

○滑降距離　一五・〇km

○滑降斜面の最大傾斜　三二度

【二万五千図】白馬岳、黒薙温泉、小川温泉、親不知

【留意事項】

○猿倉から取り付く場合、白馬岳頂上宿舎辺りから、一旦、柳又谷源頭へ滑り込んで登り返してから稜線に出る方法がある。最近では、尾根を忠実にたどるよりも滑降できることから、このルートの方が一般的になりつつある。

○サブルートとしては、犬ケ岳から初雪山北尾根を滑るものがある。白鳥山の雪が少ない場合は、雪の多い初雪山へルートを採ったほうが良いだろう。ただしこの場合林道歩きが少し長くなるだろう。

○山行を実施した当時と異なり、上路から坂田峠まで林道が延びている。坂田峠までたどり着けば、あとは雪が少なくても藪を漕ぐ必要はない。（「白鳥山北斜面」参照）

○朝日岳から黒岩平にかけては、視界不良時には行動不能となるだけでなく、風により予想もしないところに大きな段差ができることもあるので、視界があっても滑降時は注意したい

ルート図　白馬岳北延主脈3-1

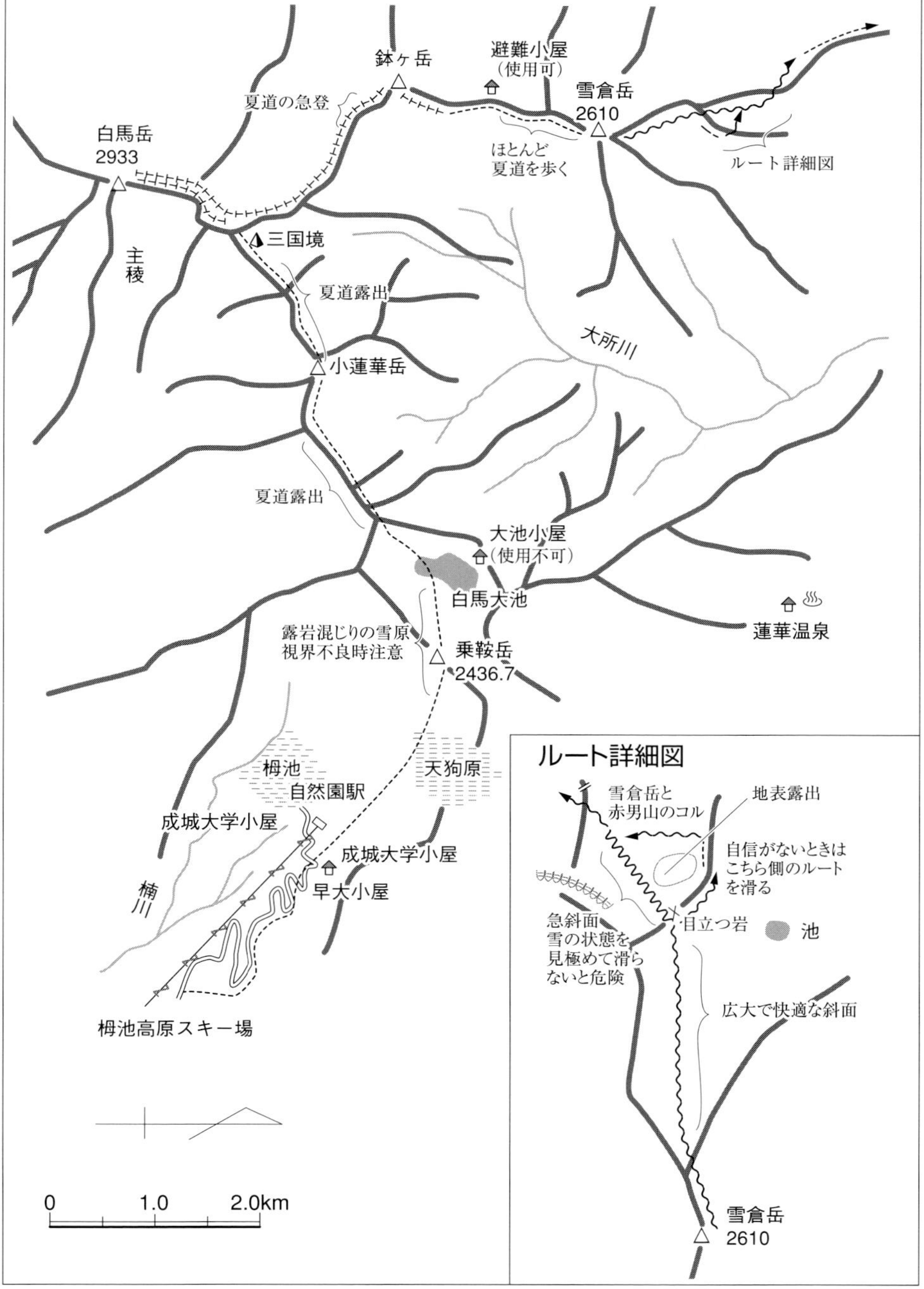

鉢ヶ岳
避難小屋
（使用可）
雪倉岳
2610
夏道の急登
白馬岳
2933
ほとんど
夏道を歩く
ルート詳細図
三国境
主稜
夏道露出
大所川
小蓮華岳
夏道露出
大池小屋
（使用不可）
白馬大池
蓮華温泉
露岩混じりの雪原
視界不良時注意
乗鞍岳
2436.7
梅池
自然園駅
天狗原
成城大学小屋
成城大学小屋
早大小屋
楠川
梅池高原スキー場
0
1.0
2.0km
ルート詳細図
雪倉岳と
赤男山のコル
地表露出
自信がないときは
こちら側のルート
を滑る
目立つ岩
池
急斜面
雪の状態を
見極めて滑ら
ないと危険
広大で快適な斜面
雪倉岳
2610

ルート図　白馬岳北延主脈3-2

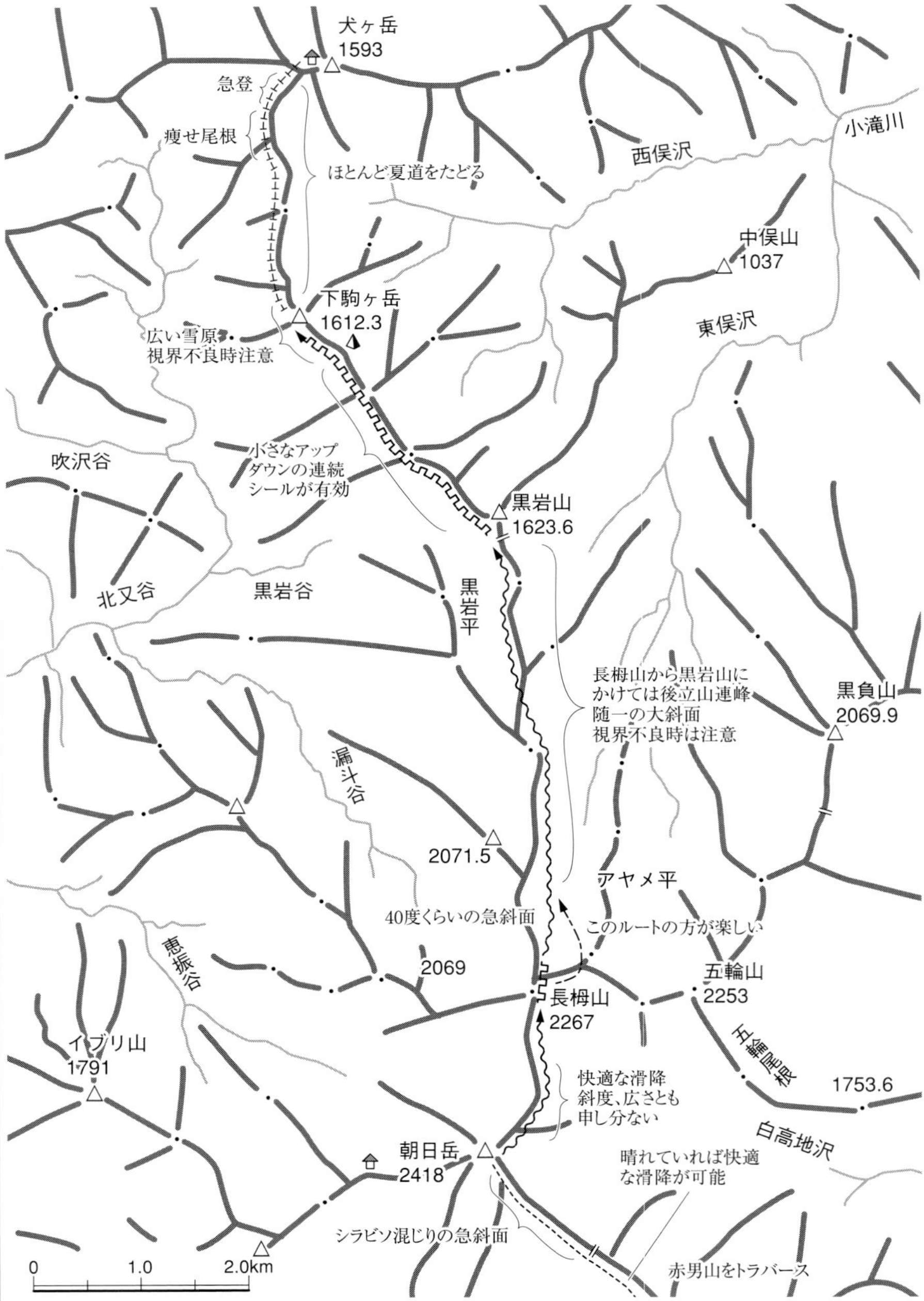
犬ヶ岳
1593
急登
痩せ尾根
ほとんど夏道をたどる
小滝川
西俣沢
中俣山
1037
下駒ヶ岳
1612.3
広い雪原
視界不良時注意
東俣沢
小さなアップダウンの連続
シールが有効
吹沢谷
黒岩山
1623.6
北又谷
黒岩谷
黒岩平
長栂山から黒岩山にかけては後立山連峰随一の大斜面
視界不良時は注意
黒負山
2069.9
漏斗谷
2071.5
アヤメ平
40度くらいの急斜面
このルートの方が楽しい
恵振谷
2069
五輪山
2253
長栂山
2267
五輪尾根
イブリ山
1791
快適な滑降
斜度、広さとも
申し分ない
1753.6
白高地沢
朝日岳
2418
晴れていれば快適な滑降が可能
シラビソ混じりの急斜面
赤男山をトラバース
0
1.0
2.0km

ルート図　白馬岳北延主脈3-3

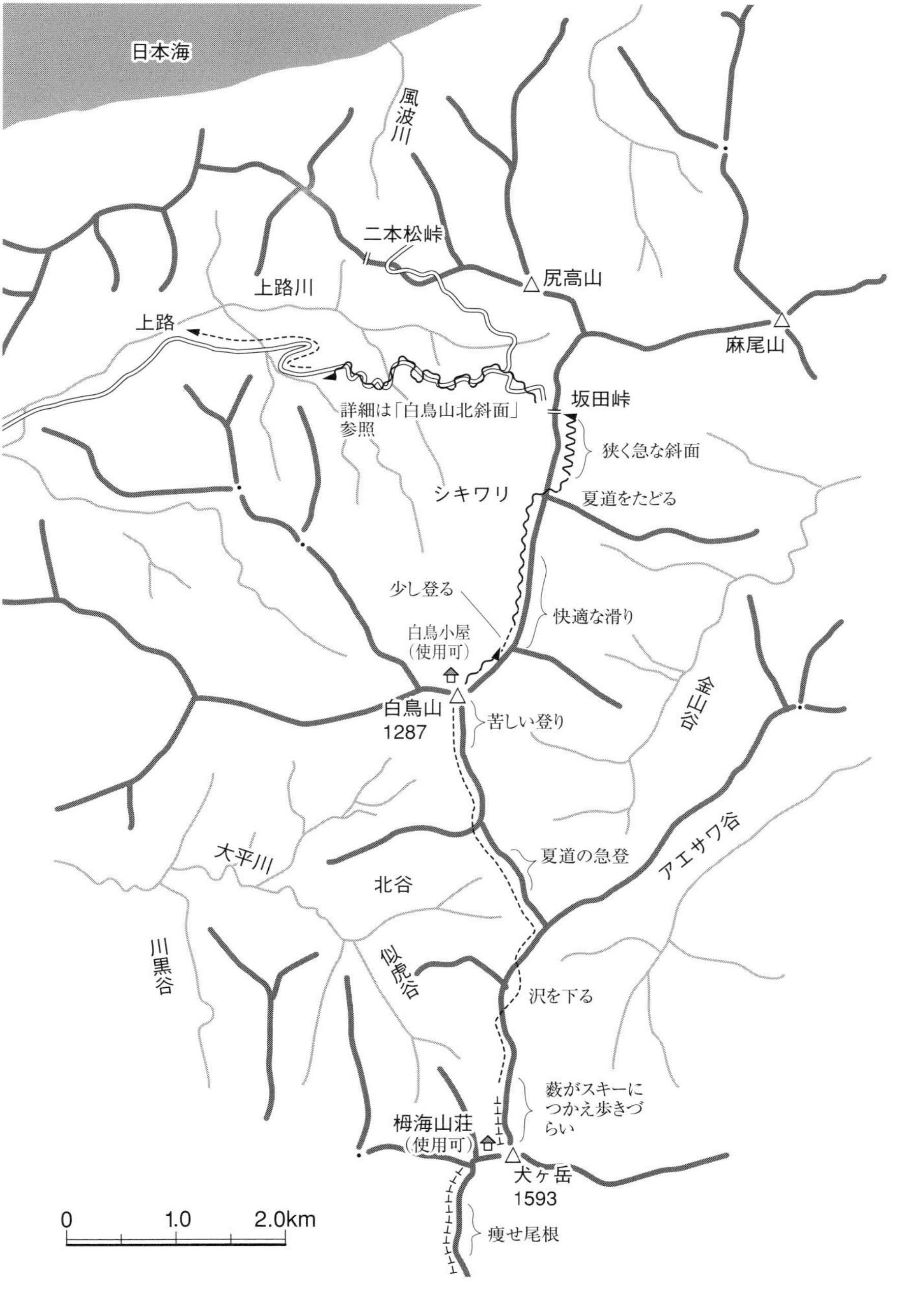
日本海
風波川
二本松峠
尻高山
麻尾山
上路川
上路
坂田峠
詳細は「白鳥山北斜面」参照
狭く急な斜面
シキワリ
夏道をたどる
少し登る
快適な滑り
白鳥小屋（使用可）
金山谷
白鳥山
1287
苦しい登り
夏道の急登
アエサワ谷
大平川
北谷
川黒谷
似虎谷
沢を下る
薮がスキーにつかえ歩きづらい
栂海山荘（使用可）
犬ヶ岳
1593
0
1.0
2.0km
痩せ尾根

No.6 金山沢

日帰りで実施できる快適ルート

日帰り

概説

金山沢はアクセスがよく、比較的短時間でかなりの高度差の滑降が可能なことから、近年、このルートを滑る人は多くなってきている。確かに、他の白馬周辺のルートと比べても内容は遜色ないものであり、技術的にそれ程難しいものではないことから、もっと滑られても不思議はないように思える。ただ、谷にルートを採るため、雪の状態に十分注意して山行に臨みたい。

行動概略

栂池～白馬大池～船頭の頭～金山沢～白馬尻～猿倉

（栂池から白馬大池までは「白馬岳北延主脈」参照）

大池南端からは船頭の頭に向けて真っ白な三角形の斜面を登る。金山沢の滑り出しは、船頭の頭を過ぎたあたりからと手前の楠木川源頭からの二通りあり、この山行では後者を滑った。この楠木川源頭から金山沢へは、まず、トラバース気味に標高二三〇一mの台地目掛けて滑ることとなる。この台地は滑り出し地点からは見えないが、南に見える標高二四〇〇m付近の藪の下部を目指す。

船頭の頭から直接滑り込むのは、雪崩が想定される場合もあるので、できれば船頭の頭からやや南西へ少し滑り降りてから標高二三〇一mの台地に向かえばよい。台地は、金山沢の沢筋に滑り込む地点であり、眼下には穏やかにくねっている金山沢の全容がわかる。沢筋に滑り込むと、やがて沢は狭くなり傾斜も増してくる。ここを滑り降りると、デブリのある広い斜面が右から入る。

ここまで滑れば後は緩斜面となるが、ここからはあちこちにデブリが見られ雪面の状態が良くないこと、積雪の状況によっては出合手前で水流がでることも想定されることから慎重に滑りたい。斜面が幾分広くなり、沢が右に屈曲すると出合いは目の前であり、後はほぼ林道をたどり猿倉に向かうこととなる。

山行データ

【同行者】 成田金行

【日時・天候】
一九九七年五月二五日（快晴）

【参考タイム】
栂池（九時一〇分）天狗原（一〇時三〇分）船頭の頭（一三時四〇分）金山沢出合（一四時四〇分）猿倉（一五時五分）

【山行適期】 五月中旬～下旬

【グレード】
○総合　中級
○山岳技術　中級
○滑降技術　中級

【装備】 基本装備、アイゼン

【アクセス】
山行前に栂池ロープウェーの運行日を確認したい。

【滑降高度差等】
○滑降高度差　一三〇〇m
○滑降距離　六・〇km
○滑降斜面の最大傾斜　三〇度

【二万五千図】 白馬岳、白馬町

【留意事項】
○二股に八方の露天風呂があるので、帰路に立ち寄ると良い。

金山沢　2301ｍの台地で

ルート図　金山沢

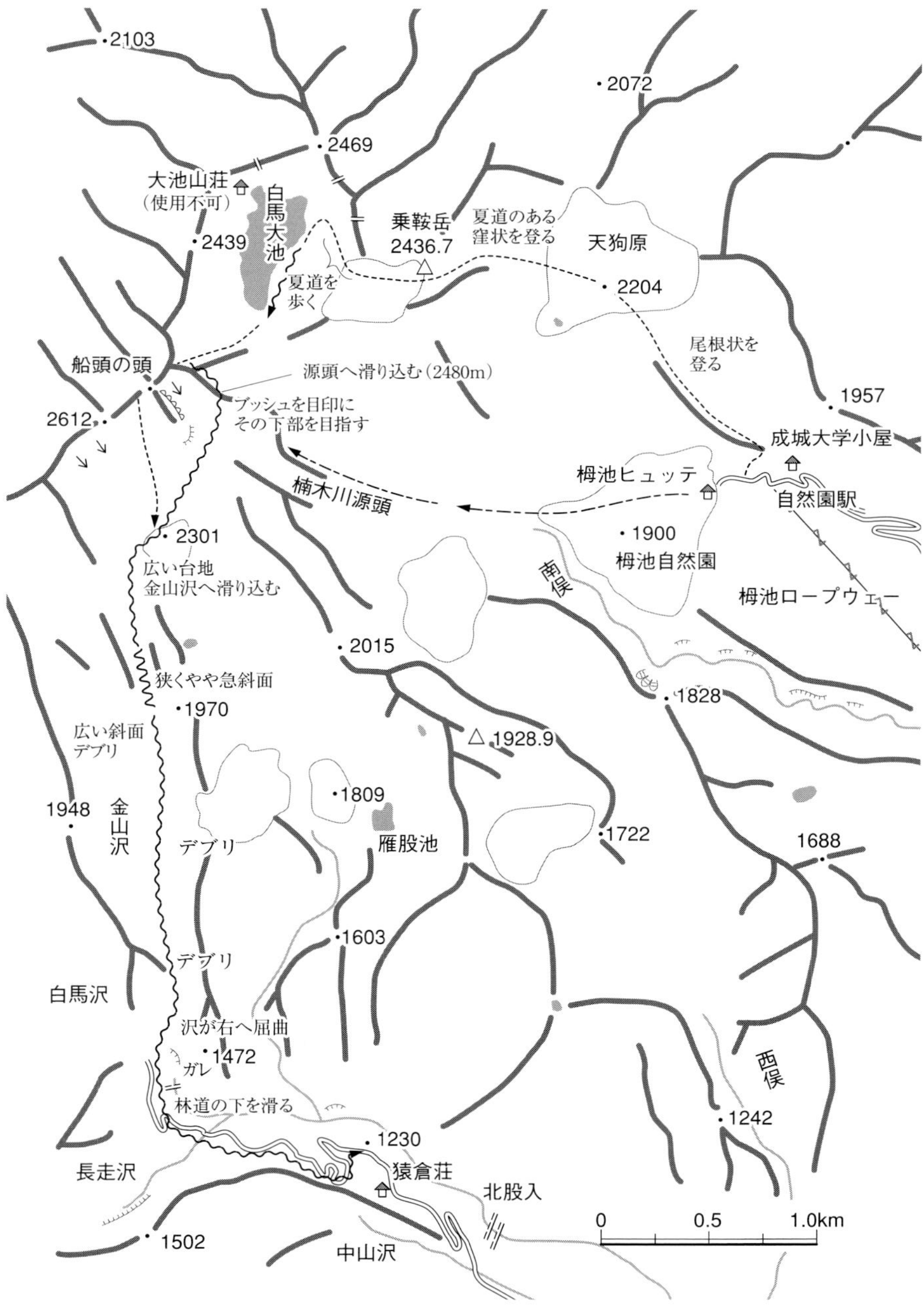

2103
2072
2469
大池山荘
(使用不可)
白馬大池
乗鞍岳
2436.7
夏道のある
窪状を登る
天狗原
2439
夏道を
歩く
2204
尾根状を
登る
船頭の頭
源頭へ滑り込む(2480m)
ブッシュを目印に
その下部を目指す
1957
2612
成城大学小屋
栂池ヒュッテ
楠木川源頭
自然園駅
2301
1900
広い台地
金山沢へ滑り込む
南俣
栂池自然園
栂池ロープウェー
2015
1828
狭くやや急斜面
1970
広い斜面
デブリ
1928.9
1809
1948
金山沢
デブリ
雁股池
1722
1688
1603
デブリ
白馬沢
沢が右へ屈曲
1472
ガレ
西俣
林道の下を滑る
1242
1230
猿倉荘
長走沢
北股入
0
0.5
1.0km
1502
中山沢

No.7 白馬岳大雪渓

シーズン最後の滑降に適するクラシックルート

日帰り

概説

このルートは車を使えば十分に日帰りでき、また六月中旬まで楽しめる。内容的にも優れ、アルペン的な雰囲気も十分に楽しめるので、シーズンを締めくくるに相応しい山行ができる。

行動概略

猿倉～白馬尻～白馬岳（往復）

猿倉に車を止め、ところどころ残雪の残る林道を歩く。やがて谷は狭まり堰堤を横に見るころ、林道が尽きて登山道となる。この道をたどれば、猿倉から一時間ほどで白馬尻に着く（白馬尻小屋は冬期間、撤去されている）。

白馬尻からは大雪渓が延々と続き稜線まで見渡せ、先行パーティが黙々と登っているのがわかるだろう。

大雪渓の登りは単調であり、一時間ほど歩くと傾斜が増してくるのでアイゼンをつけた方が楽であるが、ルート全体を通じてピッケルを使う箇所はない。ただし、杓子岳側から落石が時々あるので注意してほしい。思いのほか早く白馬岳山荘に着けるだろう。白馬岳山荘から上は雪が風に飛ばされているので、スキーだけが目的ならここまでとすればよい。

大雪渓の滑降は、標高二二〇〇mまでは背後に北アルプスの峰々を配しダイナミックに滑ることができ、滑降斜面の傾斜、広さとも申し分ない。これより下は、時期によっても異なるが、六月上旬だと雪渓上に石や木切れがたくさん転がっており、傾斜も緩くなることから先ほどの快適さはない。

やがて雪がスプーンカット状になり滑りづらくなったころに白馬尻に着く。

白馬岳大雪渓・葱平付近

山行データ

【同行者】　関口敏雄、北森正法

【日時・天候】
一九八六年六月一日（快晴）

【参考タイム】
猿倉（八時一〇分）白馬尻（九時五分）頂上小屋（一三時四〇分／一四時四五分）白馬山荘下（一五時）白馬尻（一五時四五分）猿倉（一六時四〇分）

【山行適期】　五月上旬～六月中旬

【グレード】
○総合　中級下
○山岳技術　中級下
○滑降技術　中級

【装備】　基本装備、アイゼン

【アクセス】　猿倉まで車あるいは白馬駅からタクシーを利用する。なお、その年の道路事情により、猿倉へ車で乗り入れられる期間が限られることもあるので、山行に当たっては事前に確認したい。

【滑降高度差等】
○滑降高度差　一二八〇m
○滑降距離　四・〇km
○滑降斜面の最大傾斜　三二度

【二万五千図】　白馬岳、白馬町

【留意事項】
○五月上旬に山行を実施する場合、積雪の状況により雪崩が発生する危険性があることから、このことを十分に踏まえて山行に臨みたい。

ルート図　白馬岳大雪渓、杓子岳杓子沢

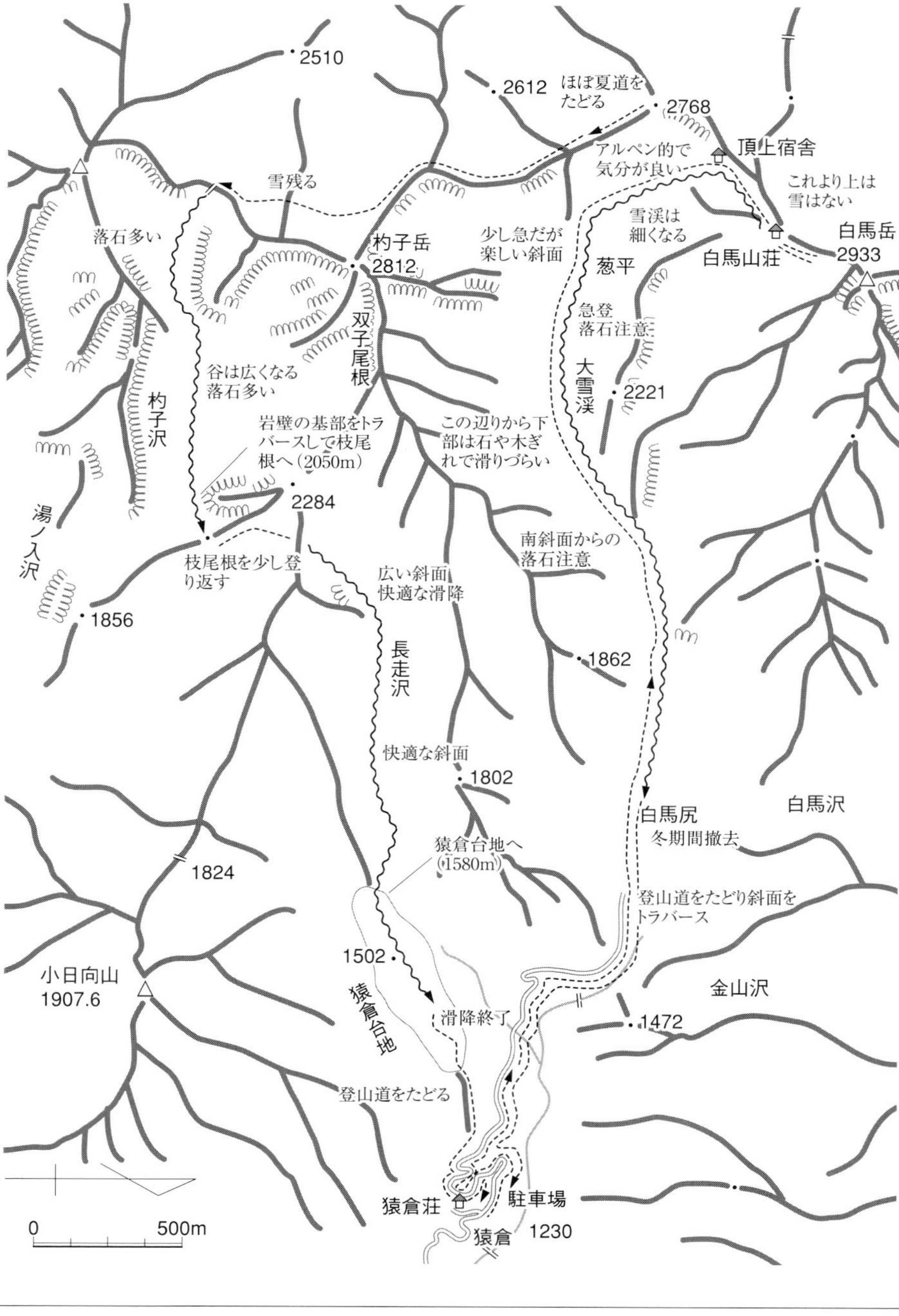
2510
2612
ほぼ夏道を
たどる
2768
アルペン的で
気分が良い
頂上宿舎
これより上は
雪はない
雪残る
落石多い
杓子岳
2812
少し急だが
楽しい斜面
雪渓は
細くなる
葱平
白馬山荘
白馬岳
2933
急登
落石注意
双子尾根
谷は広くなる
落石多い
大雪渓
2221
杓子沢
岩壁の基部をトラ
バースして枝尾
根へ（2050m）
この辺りから下
部は石や木ぎ
れで滑りづらい
2284
湯ノ入沢
枝尾根を少し登
り返す
南斜面からの
落石注意
広い斜面
快適な滑降
1856
1862
長走沢
快適な斜面
1802
白馬沢
白馬尻
冬期間撤去
猿倉台地へ
（1580m）
1824
登山道をたどり斜面を
トラバース
小日向山
1907.6
1502
金山沢
猿倉台地
滑降終了
1472
登山道をたどる
猿倉荘
駐車場
0
500m
猿倉
1230

No.8

杓子岳杓子沢

快適な長走沢へ継続

日帰り

概説

杓子沢は、白馬岳周辺のルートの中では比較的知られており、内容的にも危険な箇所も少なく、標準的なものと考えられる。

杓子沢そのものは広いものの石の多い谷であり快適な滑降はあまり期待できないが、その分、長走沢の滑降で取り戻すことになる。

行動概略

猿倉～大雪渓～白馬岳頂上手前～
杓子岳と白馬鑓ヶ岳のコル～
杓子沢～長走沢～猿倉

猿倉から林道をたどり白馬尻へ向かう。一時間ほどで着く。

ここからは大雪渓を忠実に登るが、杓子岳側と、雪渓上部の葱平付近からの落石に注意したい。葱平から頂上方面に向かう。残雪は白馬山荘あたりまであり、頂上に登る場合は、白馬山荘から先はすべてこの夏道をたどる。この山行ではレリーフのあるところで引き返したが、頂上まではあと一五分もあれば十分だろう。

白馬岳頂上からは縦走路をたどり杓子岳方面に向かう。縦走路は、杓子岳のトラバースを除いてほぼ夏道が出ており、簡単に杓子岳と白馬鑓ケ岳とのコルに着くことができる。

ここから見る杓子沢は側壁が切り立ち、なかなかの景観である。一見、谷は広く快適なスキーが楽しめると思えるが、雪面に散乱した石に悩まされる滑りとなるだろう。

谷は、標高二三〇〇mあたりから杓子岳東面をバックに一段と広くなるが、石の多さは相変わらずである。

杓子沢上部

標高二〇五〇m付近で斜面を左へトラバースし、双子尾根の岩壁の基部を通って左岸の枝尾根に出る。このトラバースは視界がないと苦労しそうであり、本コースのポイントである。ここからは、この枝尾根を少し登り返し、長走沢の滑降地点（標高二一一〇m付近）に着く。

滑降地点からは、この谷の下部は分らないが、少し滑るとこの谷の出合付近まではっきり見えてくる。デブリで荒れていない広い谷は、杓子沢の分まで取り戻せるのではと思うくらい、快適な滑降が楽しめる。

長走沢を標高一五五〇m付近まで滑ったら、右の台地に上がり、そのまま猿倉へ向かう。この台地も残雪があれば、猿倉付近まで快適に滑降できる（地図前頁）。

山行データ

【同行者】　鈴木　高

【日時・天候】
一九九九年五月二二日（晴れ）

【参考タイム】
猿倉（六時一五分）白馬尻（七時一〇分）頂上手前（一二時四〇分）杓子岳と鑓ヶ岳のコル（一四時二〇分）長走沢滑り出し（一五時二〇分）猿倉（一六時四〇分）

【山行適期】　四月下旬～五月下旬

【グレード】
○総合　中級
○山岳技術　中級
○滑降技術　中級

【装備】　基本装備、アイゼン

【アクセス】
五月下旬であれば通例、猿倉まで車が入る。駐車スペースも問題ない。
しかし、年により二股で通行止めのこともあるので、現地に確認を取りたい。

【滑降高度差等】
○滑降高度差　一三〇〇m
○滑降距離　四・五㎞
○滑降斜面の最大傾斜　三〇度

【二万五千図】　白馬岳、白馬町

【留意事項】
○白馬鑓ヶ岳から鑓温泉に向けて滑るルートもある。五月末頃であれば日帰りも可能である。
○スキーだけを考えれば、白馬岳を割愛し、余った時間で白馬鑓ヶ岳に登り、黒部側の北斜面を滑ってコルに戻り、杓子沢を滑るほうが良いかもしれない。

No.9

針ノ木岳大雪渓

シーズン最後の滑降に適するクラシックルート

日帰り

概説

針ノ木岳大雪渓は日本三大雪渓の一つであり、遅くまで雪が残ることで有名である。

もちろん、スキーに不向きである筈がなく、白馬岳大雪渓とともにシーズンを締めくくるに相応しい山行ができる。

行動概略

扇沢～大沢小屋～針ノ木峠～針ノ木岳～大沢小屋～扇沢

扇沢駅左に付けられた登山道を歩く。登山道はところどころ舗装道路を絡むが、やがて左手から林道が入る。この林道は、谷の右岸へ向かっており、これをたどり篭川本流に懸けられた砂防ダムを越える。ここで、この林道をたどらずに、そのまま登山道をたどると大変なので注意がいるところだ。

林道を忠実にたどると、やがて谷は雪で一面覆われるので、これをたどり大沢小屋付近に着く。ここからは、最奥の堰堤を右から越え、針ノ木岳大雪渓を一歩一歩坦々と登る。多くの人が登っているので、登りやすくなっている。

やがてマヤクボ沢出合につくと平坦となり、休むにはよいところだ。なお、視界不良時はマヤクボ沢に入りやすいので注意したい。ここから一ピッチで針ノ木峠に着く。

峠は北アルプスの展望に優れ、時間的にも余裕があると思うので十分休んでほしい。

休憩後、峠から尾根をほぼ忠実に登り、南峰をトラバースすれば本峰の肩に着く。滑り出しはこの肩であるので、ここから空身で本峰を往復するとよい。頂上までは一投足である。

いよいよ肩から滑降に移る。ここからマヤクボ沢出合までの斜面がこのルートの白眉である。この斜面は中間部の露岩帯で仕切られた二枚バーンであり、出だしはかなりの急斜面である。一気にこの二枚バーンの上部斜面を滑り切り、中間部の露岩帯で一息ついてからここを左から回り込み、さらに広い下部斜面を滑ればマヤクボ沢出合に着く。大変素晴らしい斜面である。

マヤクボ沢出合からは傾斜が緩くなるが、六月上旬であればここから下は木片や石が散乱しているので注意して滑ってほしい。大沢小屋を過ぎたあたりまで滑ることができるだろう。

なお、このルートは上述のごとく上部の斜面が急なので自信がないときや雪の状態が悪いときはマヤクボのコルあるいは針ノ木峠からの滑降に切り替えざるを得ないが、この場合は滑降の魅力は半減するので注意したい。

山行データ

【同行者】　杉沢尚之、清水洋一

【日時・天候】
一九八九年六月三日（快晴）

【参考タイム】
扇沢駅（六時）大沢小屋付近（六時四〇分）マヤクボ沢出合（八時一〇分）針ノ木峠（九時一五分／三五分）針ノ木岳（一〇時五〇分／一一時三〇分）扇沢駅（一三時一五分）

【山行適期】　五月上旬～六月中旬

【グレード】
○総合　中級
○山岳技術　中級
○滑降技術　中級上

【装備】　基本装備、ピッケル、アイゼン（ただし、針ノ木峠までの往復であればピッケルは不要である）

【アクセス】
扇沢までは車或いは大町駅からバスを利用する。
なお、連休時は混雑することが予想されるので、注意したい。

【滑降高度差等】
○滑降高度差　一一〇〇m
○滑降距離　三・五km
○滑降斜面の最大傾斜　三三度

【二万五千図】　黒部湖

【留意事項】
○四月下旬から五月上旬にかけては、雪崩の可能性が残るので注意したい。
○サブルートは、蓮華岳から大沢右俣がある。

ルート図　針ノ木岳大雪渓、蓮華岳大沢

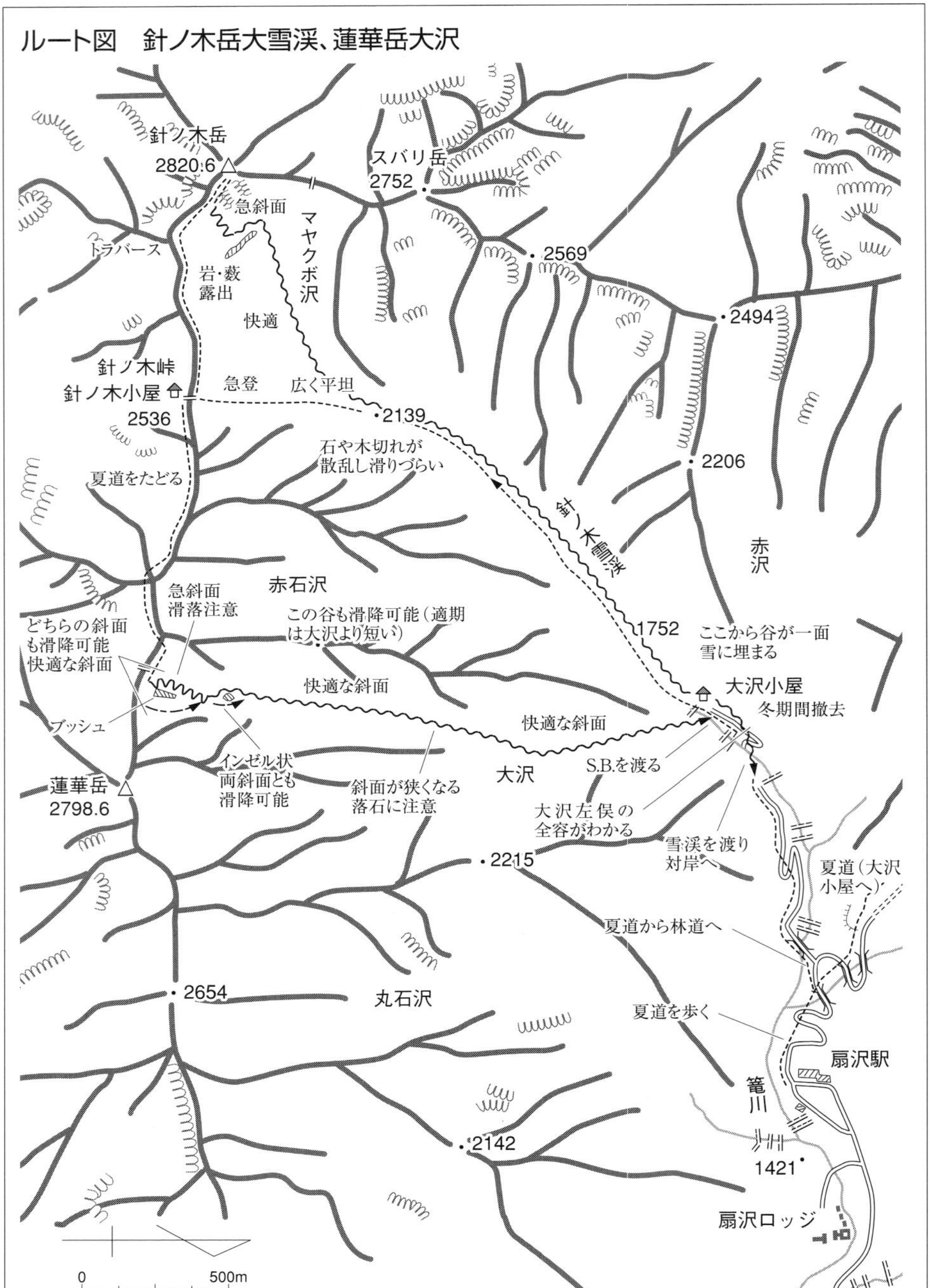

針ノ木岳
2820.6
スバリ岳
2752
急斜面
マヤクボ沢
トラバース
岩・薮露出
快適
2569
2494
針ノ木峠
針ノ木小屋
急登
広く平坦
2536
2139
石や木切れが散乱し滑りづらい
2206
夏道をたどる
針ノ木雪渓
赤沢
赤石沢
急斜面滑落注意
この谷も滑降可能（適期は大沢より短い）
どちらの斜面も滑降可能快適な斜面
1752
ここから谷が一面雪に埋まる
快適な斜面
大沢小屋
冬期間撤去
ブッシュ
快適な斜面
インゼル状両斜面とも滑降可能
S.B.を渡る
大沢
蓮華岳
2798.6
斜面が狭くなる落石に注意
大沢左俣の全容がわかる
雪渓を渡り対岸へ
2215
夏道（大沢小屋へ）
夏道から林道へ
2654
丸石沢
夏道を歩く
扇沢駅
篭川
2142
1421
扇沢ロッジ
0
500m

No.10

蓮華岳大沢

針ノ木岳の陰に隠れた快適ルート

日帰り
★

概説

五月末にもなると、滑降可能なルートは限られてくることや他の山々の残雪が少なくなることから、豊富な積雪量のある針ノ木岳は各地から多くのスキーヤーや登山者が集まり盛況を呈している。

これに対して、針ノ木雪渓と出合う大沢は殆ど人を見掛けないが、人が少ないだけに針ノ木雪渓のように雪面は荒れておらず、針ノ木雪渓以上に快適な滑降が楽しめる。

行動概略

扇沢駅～針ノ木大雪渓～針ノ木峠～蓮華岳手前～大沢～大沢小屋沢～扇沢駅

（扇沢から針ノ木峠までは「針ノ木岳大雪渓」参照）

針ノ木峠からは、ほぼ夏道をたどり大沢右俣の滑り出しに出てスキー滑降に移る。

滑り出しの斜面は、蓮華岳寄りから滑るものと、その手前から滑るものと二通りあり、その中間がブッシュで画されているが、手前の斜面を滑った方が広く快適な滑降を楽しめる。ただ、斜面が比較的急なことから滑落には気を付けたい。

広い斜面を滑降後、谷はインゼル状となっている。ここは、どちらの斜面を滑っても良いのだが、左は斜面が広いものの急であり、右は斜面が比較的狭いものの傾斜は緩くなっている。ここを過ぎても、相変わらず快適な斜面が連続する。

やがて、谷は中間部でいったん狭くなり、石もところどころ雪面に散乱しており、短い区間ではあるが慎重に滑る。

これを過ぎると谷はまた広くなり、針ノ木雪渓末端の出合まで快適な滑降が楽しめる。最後は、スノーブリッジを渡って林道に出て扇沢に戻る。

大変快適な滑降を楽しめるルートであり、シーズン最後の山行としておすすめである（地図前頁）。

蓮華岳大沢上部

山行データ

【同行者】　鈴木　高　他五名

【日時・天候】　一九九九年五月二三日（晴れ）

【参考タイム】　扇沢駅（七時二〇分）大沢小屋付近（八時二〇分）針ノ木峠（一一時四五分／一二時二〇分）蓮華岳手前（一三時一五分／一四時二〇分）大沢小屋付近（一五時三〇分／一六時）扇沢駅（一六時四〇分）

【山行適期】　五月上旬～下旬

【グレード】
○総合　中級
○山岳技術　中級
○滑降技術　中級上

【装備】　基本装備、アイゼン

【アクセス】
扇沢駐車場まで車を利用する。
大町からタクシーの利用も考えられる。

【滑降高度差等】
○滑降高度差　一一〇〇m
○滑降距離　二・五km
○滑降斜面の最大傾斜　三六度

【二万五千図】　黒部湖

【留意事項】
○大沢小屋手前からは大沢の全貌が分かるのでよく観察したい。特に、籠川（針ノ木雪渓の下流）との出合いにスノーブリッジが懸かっているかどうか、またその状況はどうか必ず確認したい。
この箇所にスノーブリッジがなかったり、不安定な場合は、山行を中止せざるを得ないので注意したい。

Column

災害と地名

―日本五大崩壊『崩壊地名』より―

胡桃（富山県氷見市）、来海沢（新潟県糸魚川市）、田麦平、小泊（新潟県能生町）、棚口（新潟県能生町）、名立（新潟県名立町）、鉾ケ岳（新潟県名立町）、稗田山（長野県小谷村）、上堀沢（長野県）、洞谷（岐阜県上宝村）

さて、これらに共通することは何か分かるでしょうか。

実は、これらの地名に共通するのは崩壊地名であるということです。わが国では日本五大崩壊と言われるところがあり、それは①磐梯山（1888年　崩壊土量15億 m^3）、②長崎県島原の眉山（1792年　4.8億 m^3）、③立山カルデラ　大鳶山（1858年　4.1億 m^3）、④長野県稗田山（1911年　1.5億 m^3）、⑤静岡県大谷崩（1530年・1702年　1.2億 m^3）です。

日本海側の東北・北陸に地すべり地帯が多いのは、いわゆるグリーンタフと呼ばれる第三紀の火山岩や火砕岩類で地盤が構成されているからです。富山県の胡桃地区は当時、戦後最大の地すべりと言われたのを始め、名立、小泊、洞谷などでも、過去に大きな地すべりが起き、大きな被害が出ています。

（『崩壊地名』小川豊著／山海堂より）

雪崩のデブリを越えて（後藤正弘）

7 飛騨北部 山域概要

◆厳冬期でも比較的安定した天候を利用し、パウダーを狙いたい◆

自然条件など

飛騨山地

奥地まで林道が延びる
初心者向きのエリア

積雪量は必ずしも多くはないが、標高が低く緩やかな地形の山々が連なっており、奥地まで林道が延びて伐採地も多い。これらのことから、スケールの大きな滑降は一般的には望めないものの、厳冬期でも初心者に適したルートは数多くあると考えられ、晴れていれば穂高を始めとする北アルプス南部の山々の展望を楽しめる良さがある。

また、アクセスの悪さ等から省みられることのない不遇の山域であったが、高速道路の開道や冬期には通行不能であった国道三六〇号線のトンネルの完成により、富山・岐阜県境付近の山々のアクセスが良くなった。

北アルプス南部周辺

厳冬期でも天候が比較的安定、
パウダースノーを楽しみたい

平湯トンネルの開通で信州側とのアクセスが良くなったこと、中ノ湯が旧道の一六〇〇m付近に移築されたことなどから、この付近の交通事情等は一昔前と大きく変化し、例えば厳冬期の上高地などへの入山者も増えている。

また、北の俣岳やその周辺（山之村周辺）の山域も山スキー向きの山々が多い。

これらの山々の冬期のアプローチは、神岡町から伊西トンネル経由の道路を利用することとなり、双六谷から山吹峠を越える大規模林道は、除雪されていないので注意したい。

ルート概要

飛騨山地

富山・岐阜県境の山々では、楢峠を経て金剛堂山を往復するもの、天生峠周辺の籾糠山や猿ケ馬場山などが滑られている。猿ケ馬場山については、庄川側からアクセスし、帰雲山などと継続して滑られるのが一般的である。

また、これらの山々より南に位置するものとしては、御前岳から栗ケ岳への尾根ルートが特筆される内容を持つと聞く。この他、位山、高山、猪臥山等もスキーに適している。

この山域は一般的には積雪量は必ずしも十分といえないものの、林道が奥地まで延び伐採地も進んでいることから、これらの伐採地に目を向ければ、初心者向けのルートが数多く存在するものと考えられる。

北アルプス南部周辺

神岡町周辺では北ノ俣岳西斜面がまず挙げられる。山行時期はアクセスの悪さから一般的には四月下旬頃からとなるが、ルート途中の寺地山避難小屋を過ぎたあたりには北ノ俣避難小屋があり、また、北アルプス屈指の広い斜面は快適な滑降が期待できる。この他には、山之村付近の桑崎山や天蓋山などがある他、アクセスに難はあるものの横岳などが滑られている。

笠ケ岳、槍・穂高周辺の岐阜県側の山域では、谷筋を中心に中・上級者向けのルートが多数存在する。

知られているルートとしては、笠ケ岳・穴毛谷本谷、大ノマ谷、槍ケ岳飛騨沢、西穂高岳西穂沢、焼岳下堀沢などがあるほか、乗鞍岳に近い金山岳や十石山（長野県側）、安房山、猫岳などの乗鞍岳の前衛峰、輝（てらし）山なども比較的滑られている。

飛騨北部概念図

焼岳南尾根2200m付近の登高。樹林帯を抜けて（三宅雄一）

No.1 焼岳南尾根

パウダースノーを狙いたい快適な南尾根

前夜発日帰り

概説

北アルプス南部に位置する焼岳は平湯トンネルが開通し、アクセスが良くなったことに加え、トンネルの開通に伴い中ノ湯が移転したことから、ここをベースにすれば厳冬期でも条件がよければ十分日帰りできるようになった。

快適な滑りを期待できる斜面を有していること、厳冬期でも短期間で実施できること、北アルプス南部にあることから天候が比較的安定していること等から、雪質のよい厳冬期に特に勧めたいルートの一つである。

行動概略

平湯トンネル出口～中ノ湯～焼岳（往復）

平湯トンネル出口付近から安房峠に至る旧道を中ノ湯へ向けて歩く。道路は標高一五五〇m地点の中ノ湯まで除雪されている。

中ノ湯から、九十九折りの道路を横切り、焼岳から延びる南尾根に取り付く。藪は少し濃いが、スキー登高に支障を来たすことはない。標高一七〇〇m付近からは樹林帯の藪も比較的疎となる。やがて尾根はなだらかになり、途中、小さなアップダウンを交えて徐々に高度を上げる。前方には噴煙をあげた焼岳が、右手には穂高連峰が間近に迫って見える。特に、焼岳頂上左から延びるカール状の真っ白な斜面は印象深い。

標高二一〇〇m付近に達すると、いよいよ頂上が近くなる。ここからも広い尾根を忠実にたどるが、眼前の比較的急な斜面を登れば、尾根の左側は針葉樹林帯に、右側は真っ白な斜面となって頂上に続いている。

標高二三〇〇mから火山特有の、地図から推測する以上に複雑な地形となっている。心持ち下って、頂上直下の斜面を登る。この斜面は、途中にブッシュが露出していることから、これを回り込むようにして登る。思いの外時間がかかるが、なんとかシールで頂上まで登高可能である。

頂上から直下の広い斜面を滑る。この斜面を滑り切り、心持ち登り返して、先程の標高二三〇〇mに戻る。ここまで来れば風でトレースが消えることもなく、また、これから先しばらくは樹林帯との境目を滑れば問題ないので、退路を確保でき安心できるだろう。

また、ここから標高二一〇〇m付近まではこのルートの白眉である斜面であることに加え、雪質も申し分なく快適な滑りを楽しめる。この先はアップダウンがあるが、シールで登り返すのは一九七二mの標高点への登りだけである。

ここからの針葉樹林帯も藪は比較的薄く、先程の斜面と違った落ち着いた雰囲気の中で快適な滑りができる。

山行データ

【同行者】横田　進、三宅雄一

【日時・天候】一九九九年二月二〇日（曇り後雪）
二月二一日（曇り時々雪）

【参考タイム】
第一日
平湯トンネル出口（一一時三〇分）中の湯（一二時三〇分／一三時三〇分）BC（標高一七〇〇m）（一四時）
第二日
BC（六時四五分）頂上（一一時四五分）中の湯（一四時五五分）平湯トンネル出口（一五時五分）

【山行適期】二月中旬～四月上旬

【グレード】
○総合　中級
○山岳技術　中級
○滑降技術　中級

【装備】基本装備、赤布

【アクセス】
○平湯トンネル出口付近は駐車禁止となっているが、無断駐車の車が多い。また、平湯からタクシーを利用する場合は、片道の利用であっても平湯トンネルの往復料金を加算される。

【滑降高度差等】
○滑降高度差　一一〇〇m
○滑降距離　五・五km
○滑降斜面の最大傾斜　二七度

【二万五千図】焼岳

【留意事項】
○中の湯は、冬期間は入湯者を車で送迎（平湯トンネル出口～中の湯）しているので、前夜に中の湯に入浴する等の方策を採るのが得策だろう。

ルート図　焼岳南尾根

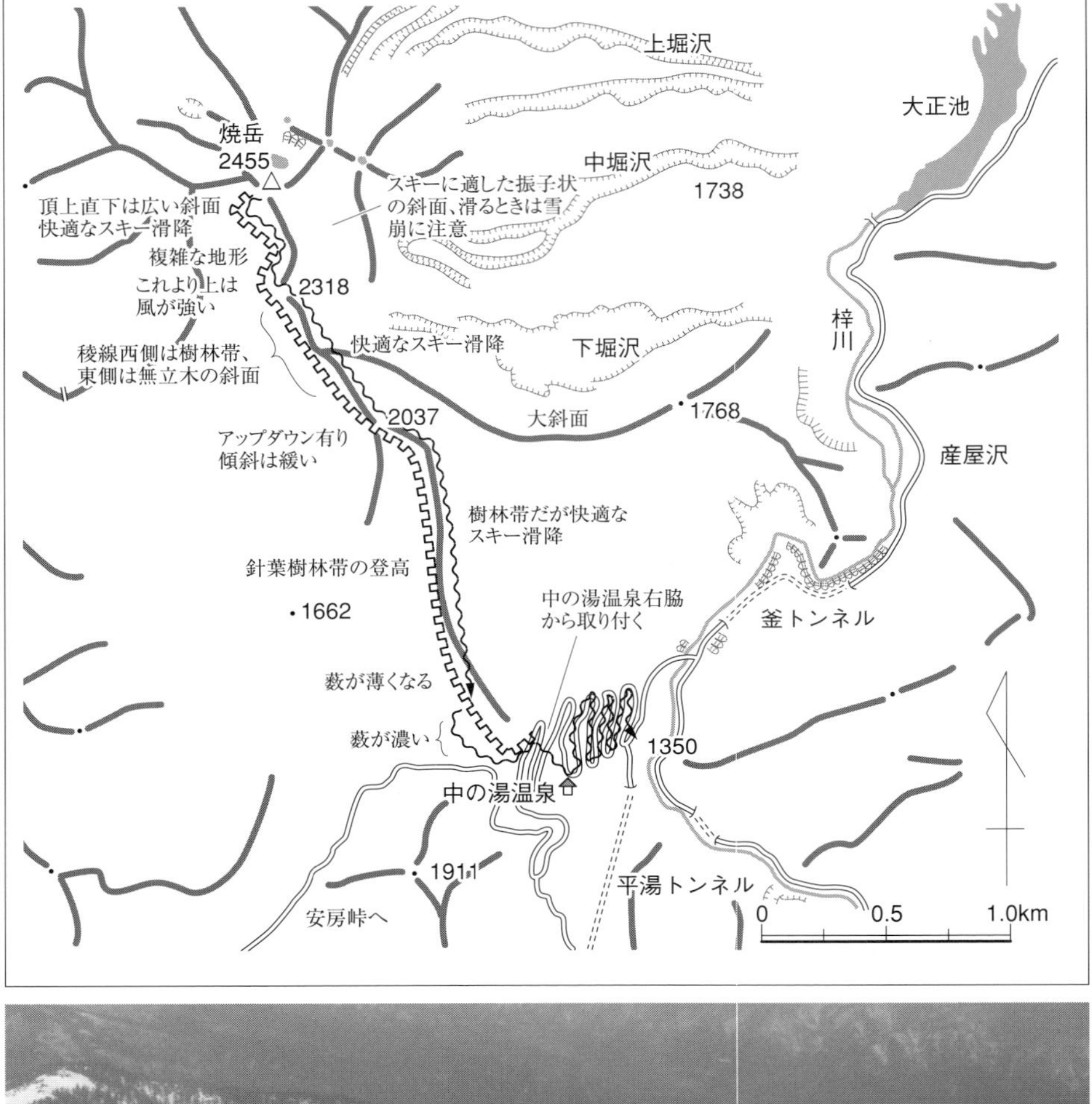
上堀沢
大正池
焼岳
2455
中堀沢
1738
スキーに適した振子状の斜面、滑るときは雪崩に注意
頂上直下は広い斜面快適なスキー滑降
複雑な地形
これより上は風が強い
2318
梓川
快適なスキー滑降
下堀沢
稜線西側は樹林帯、東側は無立木の斜面
2037
大斜面
1768
アップダウン有り傾斜は緩い
産屋沢
樹林帯だが快適なスキー滑降
針葉樹林帯の登高
中の湯温泉右脇から取り付く
1662
釜トンネル
薮が薄くなる
薮が濃い
1350
中の湯温泉
1911
平湯トンネル
安房峠へ
0
0.5
1.0km

北ノ俣岳西斜面

No.2

北ノ俣岳

快適な西斜面、
ルートファインディングに注意

1泊2日

概説

このルートは、上部が素晴らしい大斜面、中下半部が針葉樹林の広く緩やかな斜面となっており、滑降技術はそれほど必要としない反面、ルートファインディングの力量が問われる。

このため、山行に当たっては赤布等の目印を多めに持参するとともに、常に磁石と地図で現在地を確認しながら注意深く行動する必要がある。

行動概略

第一日

飛越トンネル手前～県界尾根～避難小屋～頂上～避難小屋

飛越トンネル手前から林道を歩き飛越トンネルの左の道標に導かれ稜線に出る。残雪の状況は年により異なるが、この山行では稜線に出てからもしばらくスキーを担ぎ、鉄塔のある送電線が交差するあたりからシールで登り始めた。

稜線は、当初はブナ混じりのアップダウンの多い広い尾根の登高だが、仙人坂手前あたりから徐々に針葉樹林が多くなり、やがて鬱蒼とした針葉樹林帯となる。このために視界が効きづらいことと、尾根が大変広いことからルートファインディングが大変難しい。ところどころ付けられた赤布や境界見出し標などを注意深く捜しながら慎重に登る。途中、二、三ヶ所、雪原となっているところもある。ようやく寺地山に着くと、正面に北ノ俣岳の大斜面が望まれるが、避難小屋は稜線を外したところにあるため確認できない。

寺地山からは、途中に細かいアップダウンがあるものの、シールを外して滑りコルに着く。ここからまたシールで登り返す。斜面はやがて広々とした雪原に変わるが、そこから少し登り、県境を岐阜県側に少し下った雪原の隅（標高二〇四〇ｍ）に避難小屋がある。

小屋に荷物をデポし頂上に向かう。ここから先、標高二四〇〇ｍあたりまでは特に広大な雪の斜面である。傾斜も緩くシールが有効な斜面でもある。やがて、標高二四五〇ｍあたりになると稜線上に這松が出てくるので、これを避けて登る。ここは左右どちらからでも構わないが、稜線直下はハイマツの左側を登り頂上に立つ。頂上から避難小屋までの広大な斜面の滑降は快適そのものである。

第2日

避難小屋～飛越トンネル

帰りは往路を辿るだけであるが、広く見通しの効かない尾根はルートファインディングが難しい。消えかけた昨日のトレースや赤布を頼りに滑る。特に、仙人坂を滑り降りてしばらく登り返した一六八六ｍの標高点やや北の稜線付近は注意が必要である。

山行データ

【同行者】横田　進

【日時・天候】
二〇〇〇年五月一三日（曇り）
一四日（曇りのち雨）

【参考タイム】
第一日
飛越トンネル一㎞手前（一〇時四〇分）避難小屋（一六時）頂上（一八時）避難小屋（一八時二五分）
第二日
避難小屋（一〇時四〇分）飛越トンネル一㎞手前（一四時三〇分）

【山行適期】四月上旬～五月上旬

【グレード】
○総合　中級上
○山岳技術　中級上
○滑降技術　初級上

【装備】基本装備、赤布

【アクセス】
車を利用する。神岡町から直接山之村を経由するものと、駒止橋から双六渓谷沿いに山吹峠を経由するものがあるが、後者の方が道幅が広く推奨できる。ただし、時期が早いと後者は除雪されていないので注意が必要である。

【滑降高度差等】
○滑降高度差　一二〇〇ｍ
○滑降距離　八・〇㎞
○滑降斜面の最大傾斜　二〇度

【二万五千図】
下之本、薬師岳、有峰湖

【留意事項】
○全体を通じてルートファインディングが難しい。特に、登り始めて暫くは、飛越トンネル付近の地形を確認しながら行動したい。
○赤い屋根の避難小屋は五、六人程度の宿泊が可能で、管理が行き届いている。

ルート図　北ノ俣岳

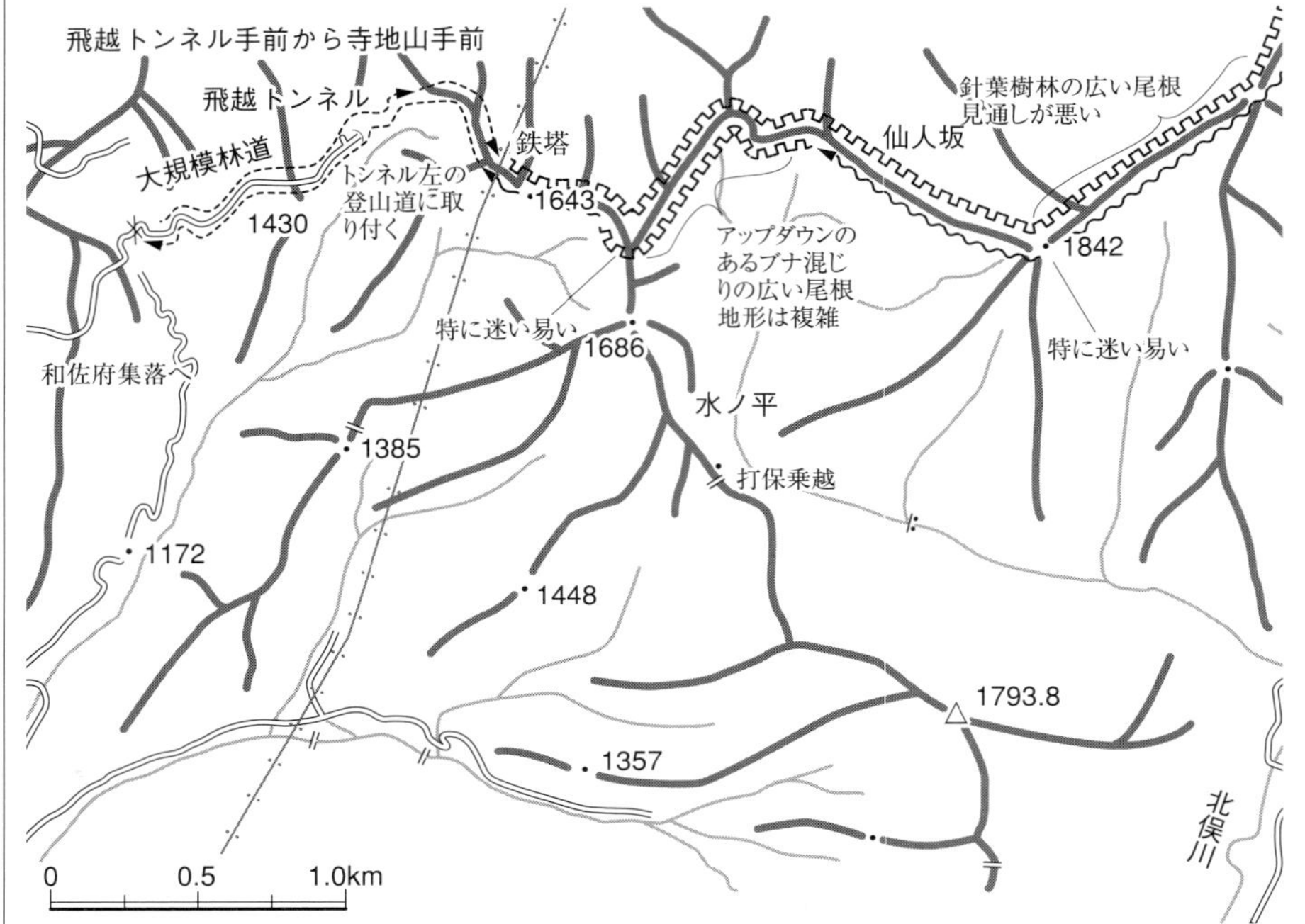
飛越トンネル手前から寺地山手前
飛越トンネル
大規模林道
トンネル左の
登山道に取
り付く
鉄塔
1643
1430
仙人坂
針葉樹林の広い尾根
見通しが悪い
アップダウンの
あるブナ混じ
りの広い尾根
地形は複雑
1842
特に迷い易い
1686
和佐府集落へ
特に迷い易い
水ノ平
1385
打保乗越
1172
1448
1793.8
1357
北俣川
0
0.5
1.0km

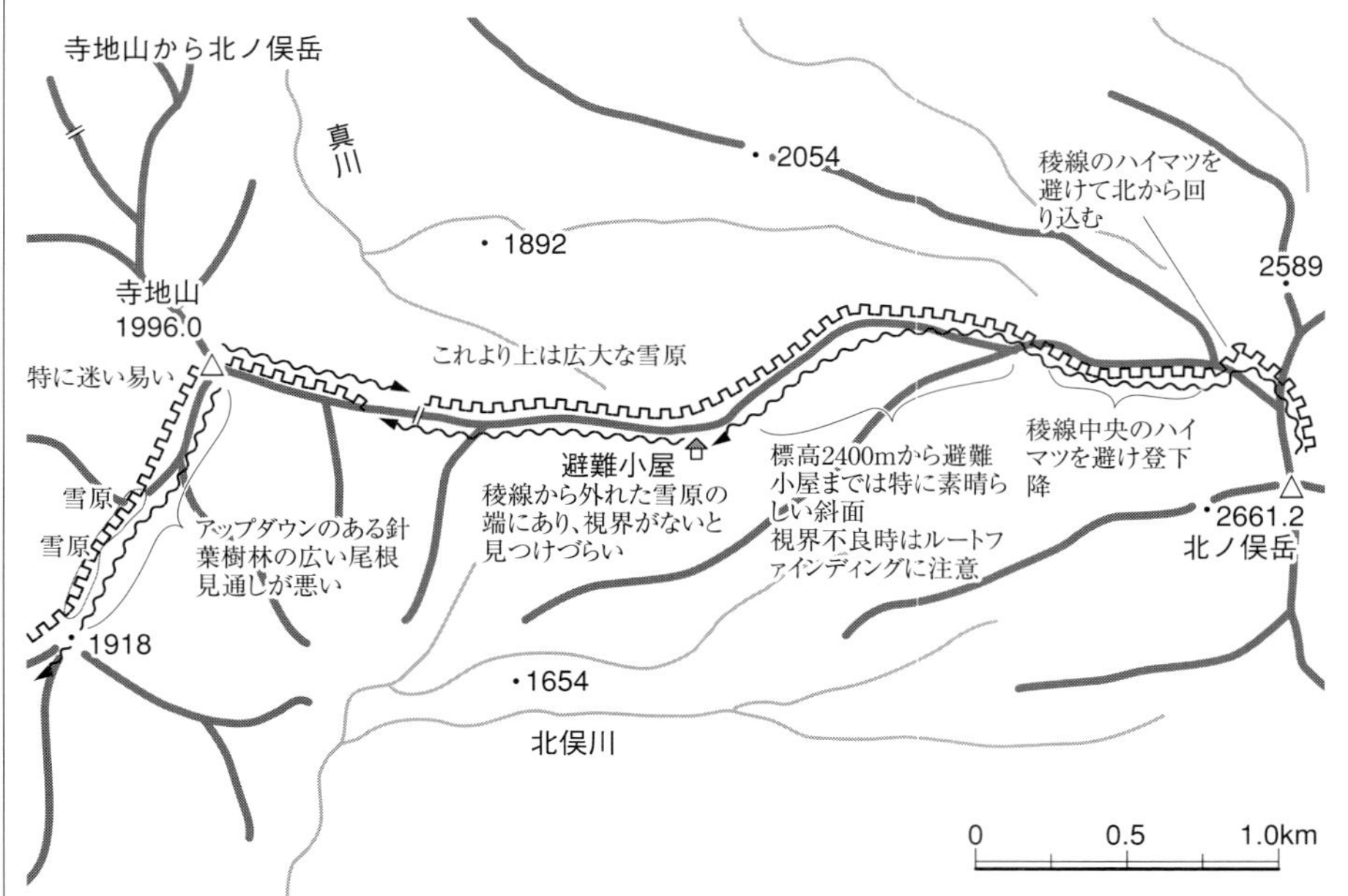
寺地山から北ノ俣岳
真川
2054
稜線のハイマツを
避けて北から回
り込む
1892
2589
寺地山
1996.0
これより上は広大な雪原
特に迷い易い
避難小屋
稜線から外れた雪原の
端にあり、視界がないと
見つけづらい
標高2400mから避難
小屋までは特に素晴ら
しい斜面
視界不良時はルートフ
ァインディングに注意
稜線中央のハイ
マツを避け登下
降
2661.2
北ノ俣岳
雪原
雪原
アップダウンのある針
葉樹林の広い尾根
見通しが悪い
1918
1654
北俣川
0
0.5
1.0km

No.3 高山

初心者に適するショートルート

日帰り

概説

高山（こうやま）は数河高原の西に位置する目立たない山である。高さもないことから、このルートは小粒であることは否めないが、スキーに適した斜面を有し、思いの外、満足できる滑降が楽しめる。

短時間で実施することができるので、初心者にも適したルートである。

行動概略

土砂採取場～高山～袖峠～土砂採取場

飛騨の数河高原の西端、下数河の集落から袖峠へ向かう小谷林道をたどる。この林道は袖峠まで除雪されていないので、除雪の終了点である家の前に車を止める。ここは、その手前にある土砂採取場の事務所の前であり、一言断って、ここに車を止めさせて貰うとよい。

高山は無残なほど縦横無尽に林道が走っているため、頂上に至るルートはいくつもあるが、小谷林道をたどり、「お助け清水」を過ぎて右の林道に入る。

林道は、途中で幾分下り気味になり沢を左に見る。この沢は傾斜が緩く完全に雪で埋まっているので、これをたどり林道をショートカットする。そのままこの谷をつめて稜線に出てもよいが、また林道をたどる。稜線近くなると、杉の植林地になり、左側にブナ林を見る。一二四七mの標高点から、稜線沿いに少し下り、頂上直下の登りとなる。ここは、尾根を挟んで左がブナ林、右が杉林となっている。一〇〇m程の登りであるが、これまで林道をたどってきただけに少しきつい登りと感じるだろう。

頂上は、ブナ林となっており雰囲気が良いが、北西の斜面は見事に伐採されている。

ここからの滑降ルートは、この伐採された北西の斜面を一気に滑るか、南西に向けてブナ林の谷を滑るかの二通りあり、好みに応じて選べばよい。この山行では後者を採る。

頂上からは、広いブナ林の緩斜面の尾根を少し滑った後、この谷に滑り込む。この谷を高度差にして一五〇m程快適に滑ると林道に出る。ここを左へ向かい、左の尾根に出ると隣の谷は杉の疎林の斜面となっている。雪の状態が良ければそのまま谷に滑り込む。ここで、雪崩の危険性が高いと想定されるような場合は、林道をたどりたい。この谷は、傾斜が緩くなる標高一〇〇〇mあたりまで快適に滑ることができる。

標高一〇〇〇mあたりからは、鬱蒼とした杉林となるので、林道をたどり袖峠を経て戻る。

高山山頂付近

山行データ

【同行者】酒井百合子、粟田和子

【日時・天候】一九九九年三月一〇日（晴れ）

【参考タイム】
土砂採取場（標高八六〇m）（九時一〇分）頂上（一〇時五〇分／一一時四〇分）土砂採取場（一二時三〇分）

【山行適期】二月下旬～三月下旬

【グレード】
○総合　初級
○山岳技術　初級
○滑降技術　初級

【装備】基本装備

【アクセス】
車を利用する。本文にあるとおり、土砂採取場の事務所脇のスペースに駐車することとなるので、必ず一言断っておきたい。無断駐車は慎みたい。

【滑降高度差等】
○滑降高度差　四八〇m
○滑降距離　三・五km
○滑降斜面の最大傾斜　二七度

【二万五千図】林

【留意事項】
○杉の植林地の谷状斜面は、直接滑れば技術的には初級上、林道を忠実にたどるのであれば初級である

ルート図　高山

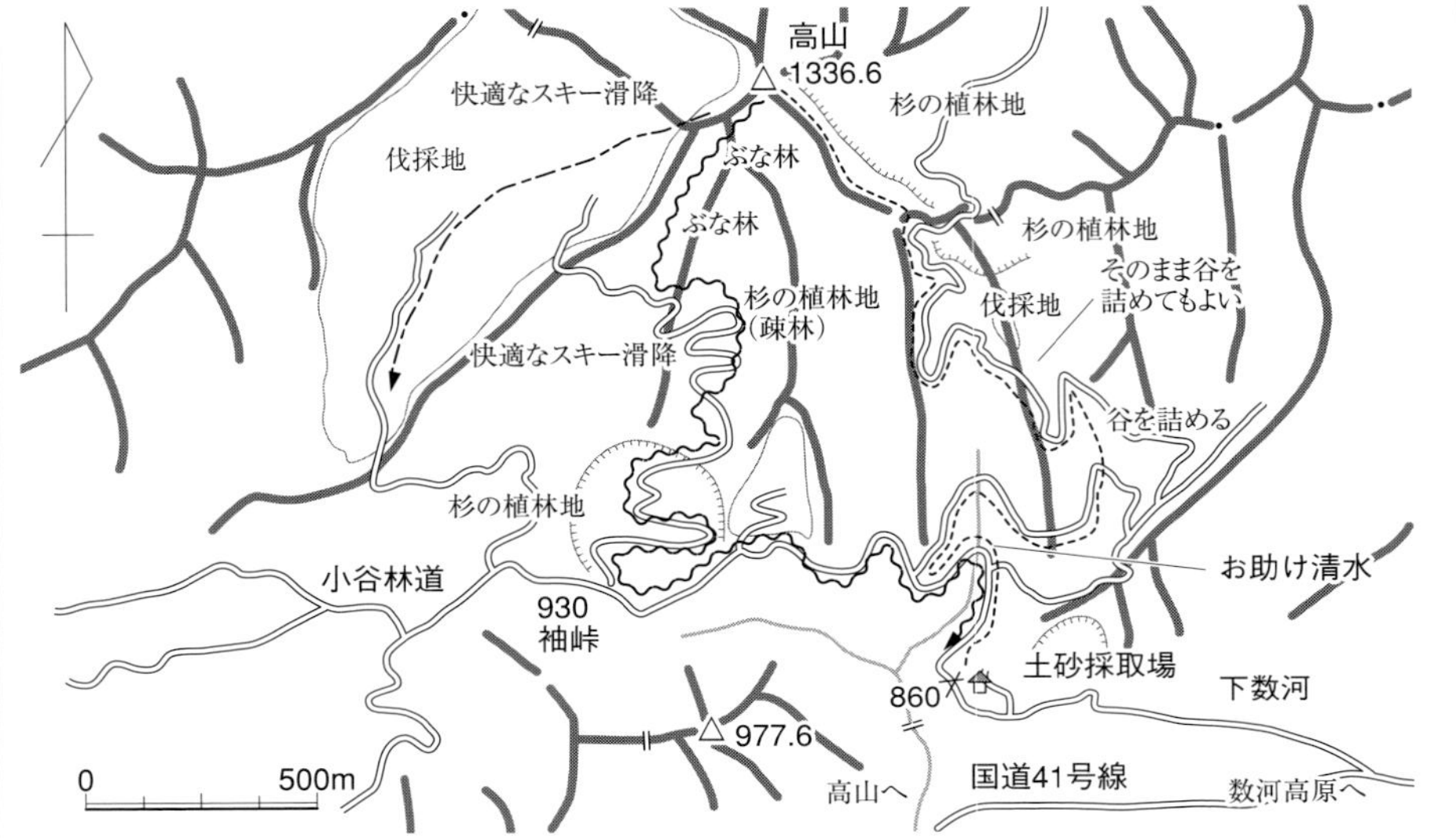
高山
1336.6
快適なスキー滑降
杉の植林地
伐採地
ぶな林
ぶな林
杉の植林地
杉の植林地
(疎林)
そのまま谷を
詰めてもよい
伐採地
快適なスキー滑降
谷を詰める
杉の植林地
お助け清水
小谷林道
930
袖峠
土砂採取場
下数河
860
977.6
0
500m
高山へ
国道41号線
数河高原へ

ルート図　猪臥山

0
0.5
1.0km
橋を渡る
1286
810
堰堤
小鳥峠
西面は開けている
1119
祠
1127
畦畑川
小鳥山牧場
1136
1252.3
展望良い
青い屋根の家屋
1060
広く平坦な
斜面
快適なスキー滑降
赤い屋根の家屋
1295
小鳥山
林道をたどる
唐松の植林の
一番奥まったと
ころを目指す
1228
快適な
スキー滑降
岩
スキー滑降に適した尾根
猪臥山
1519
展望良い
彦谷

No.4

猪臥山

初心者でも安心して滑降できる
飛騨の展望台

日帰り

概　説

猪臥山は西面が牧場と杉の植林地となっており、スキー向きの緩斜面が至るところに広がっている。頂上からの展望も素晴らしく、穂高岳や笠ヶ岳の展望を欲しいままに初心者でも無理のない快適なスキー滑降が楽しめる。

行動概略

畦畑～小鳥峠～猪臥山～
小鳥山牧場～畦畑

飛騨古川・高野から峠を越え、畦畑を経て畦畑川沿いに進むこと二kmばかりで畦畑川を渡る。小鳥峠を越えて清見村に向かうこの道の除雪はこのあたりで終わっている。

車を止め、この道に沿って歩き始める。畦畑川の本流を渡ると、つづら折りとなり、堰堤を左に見てまた川を渡る。道はそのまま沢の左岸を通り小鳥峠に続いている。

一時間強で祠のある小鳥峠に着く。峠西面は木々が伐採され、開放的な雰囲気がある。

ここからは、猪臥山頂上直下へ続く林道をほぼ忠実にたどる。林道は、特に危険な箇所はない。頂上直下の鳥居を抜け、神社右の頂上に着く。展望は抜群である。頂上の南側は彦谷の源頭を除き杉で覆われているが、西面は至るところが伐採され、開放的である。

頂上からのスキー滑降は、林道をほぼ忠実に滑るもの、頂上北方の緩斜面を滑り小鳥山へ至るもの、一四五六ｍの標高点を経て北西に延びる尾根を滑るものなど色々ルートが採れるが、一番快適と思われる一二二八ｍの標高点に向けて尾根を滑る。

まず、頂上から南西に延びる尾根の右を滑る。特別広くはないが、雑木も少なく快適であり、すぐに滑降予定の尾根の分岐に着いてしまう。

ここからのスキー滑降は、小鳥山牧場にある赤や青の屋根を目印にして滑る。広い尾根は大変快適であり、初心者でも無理のない斜面が続く。この尾根の下部は心持ち急になっているが、相変わらず斜面が広いので楽しい滑りが期待できる。

一二二八ｍの標高点あたりからは、傾斜も緩くなり、唐松の雑木林の一番奥まったところを目指し、なおも快適に滑る。唐松林に着くと林道が現れ、快適な滑降もこれでお終いのように思われるが、ここを過ぎるとまた広い緩斜面が続いており、ちょっぴり得したような気分になる。

小鳥山からは、小鳥山峠に向けて歩くこととなるが、それもわずかである。峠からは林道を滑り戻ることとなる。

頂上から、車を置いた地点まで実質一時間ほどなので、スキーの速さを実感できる楽しいルートである

（地図前頁）。

山行データ

【同行者】　酒井百合子
【日時・天候】
一九九九年三月四日（快晴）
【参考タイム】
畦畑奥（標高八二〇ｍ）（八時三〇分）小鳥峠（九時四五分）猪臥山（一一時四〇分／一二時一〇分）小鳥山（一三時二〇分）畦畑奥（標高八二〇ｍ）（一三時四〇分）
【山行適期】　二月下旬～三月下旬
【グレード】
○総合　初級
○山岳技術　初級
○滑降技術　初級
【装備】　基本装備
【アクセス】
車を利用する。恐らく、除雪の状況はその年々の残雪の状況によると考えられる。このため、駐車スペースは限られると考えたほうがよい。
【滑降高度差等】
○滑降高度差　七七〇ｍ
○滑降距離　五・五km
○滑降斜面の最大傾斜　二〇度
【二万五千図】　飛騨古川、猪臥山
【留意事項】
○緩斜面中心のルートなので、雪が締まっているときに実施したい。
○林道の取り付きは最後の建物のある傍の橋を渡ると、川の右岸に付けられている。除雪の具合によっては、分りづらいので注意したい。

No.5 猿ケ馬場山

緩斜面が続く白山の展望ルート

日帰り
★

概説

これまでほとんど知られることのなかったこの山は、ネットでよく紹介される山となった。このため、シーズンには多くの人たちがこの山を滑るようになった。

この山の特徴は、緩斜面主体ののんびりした滑降が楽しめることであろう。傾斜が緩いことから雪崩の心配もほとんどなく、白山の展望に優れている。特に、帰雲山周辺のブナの斜面は美しく、シーズン中は静かな山行は望めないものの、初心者にもおすすめのルートである。

行動概略

荻町八幡神社～帰雲山～頂上（往復）

取り付きは、荻町の八幡神社横である。

ここから、脇道を少し登り、杉林の中を登る。沢と堰堤を右手に見て、堰堤の左岸の斜面を登り切ると林道に出る。

林道は標高六〇〇m付近で小さな沢を渡った後、つづら折りとなって伸びている。標高六五〇m付近で林道を離れ尾根に沿った小道を登り、標高七五〇m付近で再び林道に出る。ここからはまた林道をたどる。すぐに浅い谷に出るので、この谷を登る。谷はそれほど広くはないが登下降には問題ない。ここを登り切ると標高一〇七〇m付近で平坦となり広い林道に出る。状況によっては、ここからいったん宮谷へ降りてこの谷を詰めても良いが、通常は尾根をたどる。ここからは、尾根の側面につけられた傾斜のない林道をしばらく進み、一一四〇m付近で宮谷から伸びる枝谷から左の尾根に取り付く。

尾根は広く登りやすい上にブナの樹林が美しい。やがて左に宮谷を眼下に見るようになると帰雲山は近い。

帰雲山は地図のとおり目立たない山頂である。これを越えて少し下ってコルにでると、いよいよ猿ケ馬場山の登りとなる。この登りの斜面はブナが疎らなことから、振り返ると白山連峰が美しい。しばらく進み標高一六五〇m付近まで登ると針葉樹林帯となる。

尾根は広く目標物が少ないことから視界不良時は無理をしないようにしたい。標高一八二七・四mの三角点付近は稜線を南に外して斜登高で登り、最後は平坦な斜面をのんびり歩いて頂上に立つ。頂上付近は積雪量にもよるが、ほとんど遮るものはない。先ほどの白山周辺の山々に加え、飛騨の山々越しに北アルプスの展望が開けている。

このルートの特徴の一つは白山連峰の展望に優れていることだが、北アルプスや飛騨の山々もそれに勝るとも劣らない。

頂上からは往路を戻る。ルート全体を通じて急斜面はない。また、標高六〇〇m付近の谷は渡らずにそのまま眼下に見える砂防ダムに向かって滑っても良い。

全体を通して、滑降の邪魔になるようなブッシュもなく、最後まで快適でのんびりした滑降が楽しめる点で優れたルートといえるだろう。

山行データ

【同行者】横田 進、川村正徳、崎田律子、吉田順一他
【日時・天候】二〇〇五年三月二一日（快晴）
【参考タイム】八幡神社（六時五〇分）上部の林道（八時三〇分）帰雲山（一一時二〇分）頂上（一二時四〇分／一三時三〇分）八幡神社（一五時三〇分）
【山行適期】三月上旬～下旬
【グレード】
○総合　初級上
○山岳技術　初級上
○滑降技術　初級
【装備】基本装備、赤布
【アクセス】
車を利用する。白川郷IC下車。八幡神社横に有料駐車場があるので、これを利用する。
【滑降高度差等】
○滑降高度差　一四〇〇m
○滑降距離　七・五km
○滑降斜面の最大傾斜　二〇度
【二万五千図】平瀬、鳩谷
【留意事項】
○広い尾根をたどることから、視界不良時は注意して行動したい。特に帰雲山から上部は注意したい。
○行動時間が長いので、時間がない場合は帰雲山までの往復としてもよい。

ルート図　猿ケ馬場山

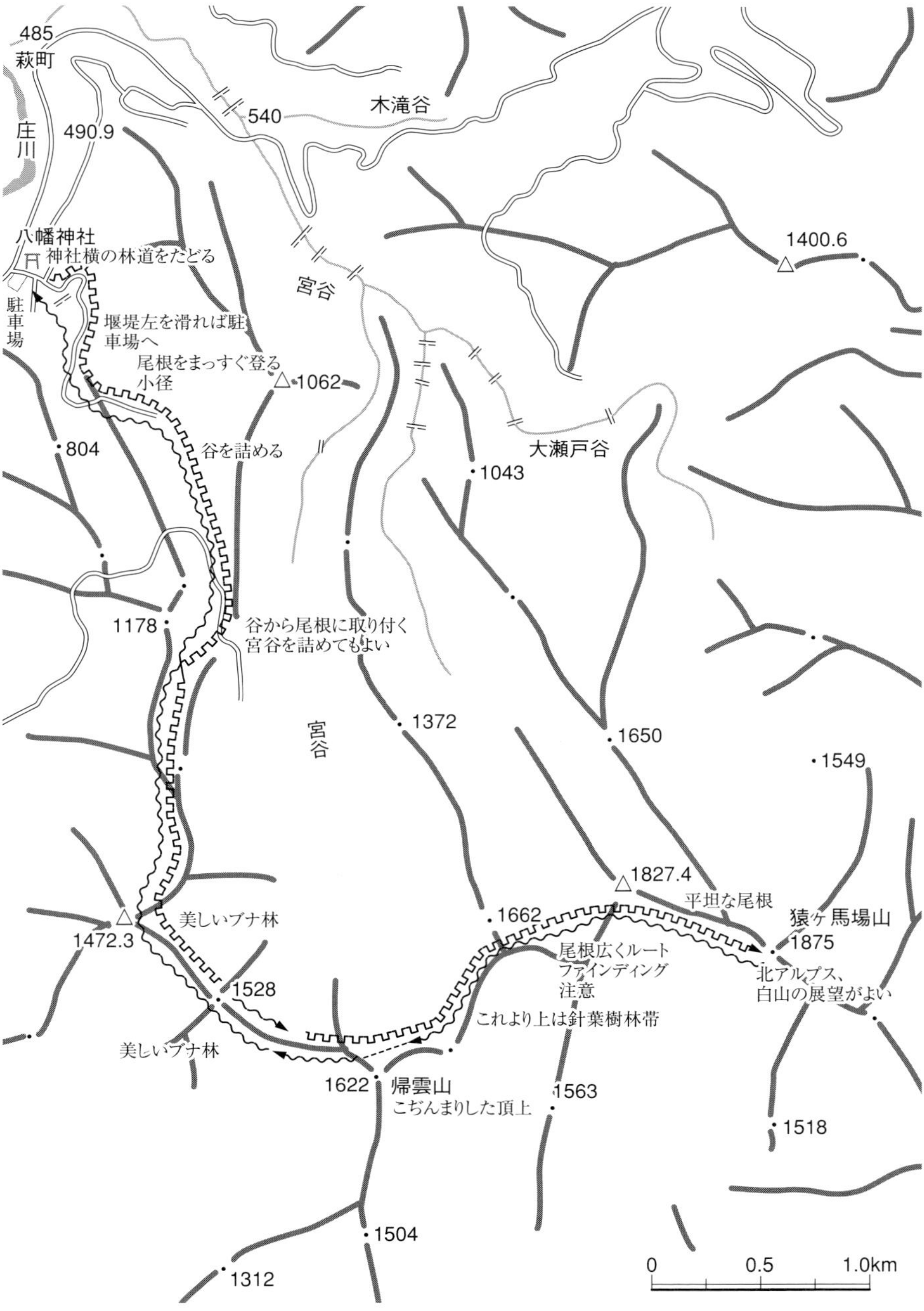
485
萩町
庄川
490.9
540
木滝谷
八幡神社
神社横の林道をたどる
駐車場
堰堤左を滑れば駐車場へ
宮谷
尾根をまっすぐ登る小径
1062
1400.6
804
谷を詰める
大瀬戸谷
1043
1178
谷から尾根に取り付く
宮谷を詰めてもよい
宮谷
1372
1650
1549
1827.4
平坦な尾根
猿ケ馬場山
1875
1662
1472.3
美しいブナ林
尾根広くルートファインディング注意
北アルプス、白山の展望がよい
1528
これより上は針葉樹林帯
美しいブナ林
1622
帰雲山
こぢんまりした頂上
1563
1518
1504
1312
0
0.5
1.0km

Column

山スキーを安全に楽しむには

—注意したい滑落、雪崩、天候—

鷹山鷹谷（青島靖）

山スキーでの事故は、雪崩、滑落、悪天候によるものがほとんどです。逆に言えば、これら三つに注意していれば、かなりの事故を防げます。雪崩は別途述べますが、滑落については、例えば春の早朝時は雪面がクラストしていることが往々ですから、アイゼン等による登りに専念し、雪が腐ってきてから滑降するような工夫が必要なのに加え、スキー滑降に移る前にはクラストの有無を確認し、転倒しても滑落しないかどうか、雪の状態をチェックすべきです。天候については、退路を常に確保しながらの行動が必要です。少なくとも、これらのことは行動中のみならず、山行計画立案時から十分に踏まえることが重要です。さらに、山行時はルートを見失わないよう、常に現在地を確認しながら行動することを習慣づける必要があります。

また、私の場合、あくまでも大雑把な目安ですが、これまでの経験から季節に即しておおむね次のような滑り方をしています（下表）。具体的には、シーズンの始めは装備のチェックを兼ねて林道主体の軽いツーリングから、終期は雪崩の危険性が高い谷筋のルートを中心に滑っています。このようにすれば比較的安全ですし、半年間は山スキーが楽しめます。

季節に即した滑り方の例

山　域　等	山行適期	最　適　期
富山県等の中級山岳	12月下旬～３月中旬	２月中旬～３月上旬
海谷等低山の豪雪地域	２月下旬～４月中旬	３月中旬～４月上旬
妙高山塊（尾根）	３月中旬～５月上旬	４月上旬～中旬
妙高山塊（谷）	４月中旬～下旬	４月中旬
北アルプス（尾根）	４月中旬～５月中旬	４月中旬～５月上旬
北アルプス（谷）	５月上旬～６月上旬	５月中旬～６月上旬

（それぞれのルートの状況、年々の積雪量の変動などで適期は変わるので、あくまでも目安です）

8 白山および白山北方主脈周辺 山域概要

◆開拓の余地を残す大きな可能性を秘めた山域◆

自然条件など

白山周辺

立山連峰などと比べると
雪解けの早い白山

白山は有名な山であるにもかかわらず、砂防新道から頂上を往復するもの以外のルートについてはあまり滑られていない。

これは、山スキーヤーを最も多く迎えるゴールデンウィーク時でも、表玄関の別当出合までの林道が車で通行できないことが往々であり、市ノ瀬から延々と歩かねばならないという事情からと考えられる。加えて、市ノ瀬までのアクセスについてもマイカーに頼らなければならないこと、岐阜県側の平瀬口など他の登山口はアプローチが極めて悪いことからほとんど利用されないということが、余計に山スキーヤーを遠ざけているものと考えられる。

また、雪解けも立山連峰の山々などと比べると早く、一部のルートを除けば適期は一般的には四月から五月上旬あたりまでであろう。これらのことから実施しにくい山域であると考えられがちであるが、それだけに静かな山行が楽しめる山域であり、また、多くの谷が快適な斜面を有することから、谷から谷へ継続すれば素晴らしい山行が可能である。

なお、この山域にある甚ノ助ヒュッテ、南龍山荘、チブリ尾根避難小屋、三ノ峰避難小屋、大倉尾根避難小屋などの無人小屋は解放されており、営業している頂上小屋と合わせゴールデンウィーク時には例年であれば利用可能であるので（甚ノ助ヒュッテ等は場合により完全に雪に埋まっていることも想定される）、山行に当たってはこの点を考慮に入れ、これらの施設を最大限に利用して実施したい。

白山北方主脈

南部の山域はアクセスが改善

大門山から白山スーパー林道までの山域は、一般に知られていないことやアクセスが悪いことなどから、快適なルートが多く存在すると考えられるにもかかわらず記録を見ることは稀である。

また、白山スーパー林道から三方崩山あたりまでの山域は、魅力ある山行内容に加え、高速道路が延びてアクセスが良くなったこと、国道一五六号線からのアプローチは短く、主要ルートの大半は日帰りで実施できることなどから、注目され始めた山域といえるだろう。

ただし、これらの山域は、標高が低いため雪解けも早く山行適期が比較的短いこと、滑降斜面は東面であることが多く地形も急峻であり、雪崩の危険性が高いことに留意する必要がある。

石川県の中級山岳

積雪量が充分でないことから
ルートは限られる

石川県の中級山岳は富山県と同様、積雪量や植生を勘案すると必ずしも条件的に恵まれている訳ではなくルートは限られる。

また、山行適期も一般的には三月上旬から下旬と短いと考えられる。

しかし、中には手軽で快適なものもあり、これらの山域に足を向ける価値のあるルートは存在する。

ルート概要

白山周辺

谷の継続滑降で充実した山行が
可能

頂上に最も短時間で立てるのは砂防新道からの往復であろう。このルートはシーズンにはトレースのあることが多く、滑落するような危険箇所もあまりないことから多くの人々に楽しまれている。

また、観光新道も砂防新道に比べて適期は短いものの、砂防新道以上に快適でスケールの大きな滑りが期待できると聞く。この他に比較的滑られているルートとしては、石川県側では、頂上から南龍ケ馬場を経て砂防新道、頂上経由白山釈迦岳丸岡谷、岐阜県側では、転法輪谷や遅い時期まで滑降可能な地獄谷（ゾロ谷、ヤケ谷）、真名古谷などがある。

しかし、これ以外にも多くの谷が滑降可能であり、登り返して他の谷と継続すれば、この山域の真価を堪能できるだろう。あまり知られてはいないが、その意味で白山釈迦岳と白山の間を流れる湯ノ谷が滑降可能であることは、谷から谷へと継続する山行を組む場合、重要な登下降路となるので見逃せない存在である。

白山北方主脈

本邦でも屈指の可能性を秘める

白山スーパー林道周辺以北の山域で特筆すべきは、険谷として有名な大畠谷に滑降記録があることである。このことからも分かるとおり、好条件を捉えて山行を実施すれば、一般向きではないものの、存在する多くの谷が滑降可能であることである。

また、白山スーパー林道周辺から三方崩山あたりまでの山域も谷筋には多くの充実したルートが存在する。その中で、よく知られたものとして三方崩山・弓ヶ洞谷右俣がある。この谷は斜面も広く快適な滑降が期待できると聞くが、この他にも三方崩山周辺には弓ヶ洞谷左俣、大ノマ谷、シッタカ谷など、国道一五六号線からのアプローチも短く、快適な滑降が期待できるルートが存在する。

また、白山スーパー林道周辺にも三方岩岳からスーパー林道沿いの尾根をはじめ、野谷荘司山・白谷、クルミ谷、妙法山小谷等、難しくはなるものの、素晴らしいルートが存在する。これらの山域は積雪量が多いことから、これら以外にも多くのルートが存在すると考えられ、富山県周辺でも最も魅力ある山域と考えられる。

石川県の中級山岳

昔から滑られている山としては、医王山、吉次山・高尾山、白抜山、鷲走ケ岳、砂御前山、大日山、ハライ谷、口三方岳等がある他、福井県境付近では取立山や赤兎山などがある。

白山及び白山北方主脈周辺概念図

No.1

大門山不動滝谷

快適な小矢部川源流滑降

日帰り
★

概説

白山北方稜線の一角を占める大門山から笈ケ岳に至る富山・石川県境の山域は、豊富な積雪量があるもののアプローチに難点があることから、山スキーの処女地と言っても過言ではない。

このうち加賀富士とも呼ばれ、石川県側の平野部からも秀麗な山容を望むことができる大門山は、富山県側からアクセスした場合でもかなりの長丁場となるが、赤摩木古山とともに日帰りでき、ブナオ峠を起点とすれば幾つかの内容あるルートを有している。

行動概略

西赤尾～ブナオ峠～大門山～不動滝谷～ブナオ峠～西赤尾

西赤尾の草谷出合に車を駐車し、ゲートの脇を抜けてブナオ峠に続く林道を忠実にたどる。林道は道幅が広く、通過に手間取るところは余りない。やがて大滝谷の橋を渡ると、右前方に鉄塔がある。林道はその横を抜け、九十九折りとなっている。

ここから少し進んだ標高五五〇m付近から、右の雑木の斜面に取り付き尾根を登ってもよいが、このまま林道を忠実に進む。やがて林道は徐々に傾斜を増し、九十九折りとなって左に大きく迂回しているので、適当にショートカットし、ブナオ峠に着く。草谷出合からここまで三時間半以上を要し、辛抱が必要である。

ブナオ峠からは、大門山東尾根を忠実にたどる。このブナ林の尾根は傾斜が適度で幅が広く、シール登高に向いている。尾根は上部になるにつれブナが疎らとなりすっき

大門山不動滝谷（鮎川正）

大門山を望む（鮎川正）

りと周囲が見渡せるようになる。特に右前方に聳える大門山本峰はなかなか立派である。

　尾根を上り詰めたところは、大門山と赤摩木古山の分岐であり、小広い雪原となっている。ここから、大門山から出ている小さい雪庇をスキーを履いたまま乗り越して頂上へ向かう。斜面は相変わらず広く、シール登高に向いている。分岐からわずかで頂上に着く。頂上は白山山系のみならず北アルプスの眺望にも優れている。

　ここからシールを外し滑降に移る。頂上の東側に雪庇が張り出していることなどから、谷の最も急な斜面を避け、北方へ少し尾根をたどってから谷に滑り込む。不動滝谷の源頭は無立木の大斜面であることから、雪崩には十分注意して滑りたい。この谷の滑り出しから高度差二〇〇m程は斜面は広く素晴らしい滑降が楽しめる。

　さらに、ここから先も谷は広く快適な滑降が楽しめる。やがて谷は徐々に狭くなり、右岸から小さなデブリが散見されるが、三月上旬・中旬頃であれば恐らく林道のほぼ手前まで完全に雪で埋まっており、殆ど林道付近まで滑ることができるだろう。林道手前で右岸斜面を少し登って林道に出る。

　ここからは雑木の斜面をブナオ峠に向かって登り返す。斜面は広く、どこが林道か分からないくらいである。

　ブナオ峠からは、ひと踏ん張りで一一〇三mの標高点に着く。ここは平坦で、これまで滑ってきた大門山や大笠山などの白山北方稜線や猿ヶ山の展望に優れている。ここからは草谷と大滝谷に挟まれた細長い尾根を滑るのではあるが、二カ所ほどアップダウンがあるのでシールをつけたまま滑り降りる。標高一〇三〇m付近からシールを外して滑る。

　この尾根は大門山から見ると見映えのしない尾根であるが、雪質さえ良ければ快適な滑降が楽しめる。やがて尾根がやや狭くなった標高六〇〇m付近で尾根をはずれ、その右斜面を滑ると林道に出る。林道からは忠実にこれをたどり西赤尾に着く。

山行データ

【同行者】　鮎川　正、崎田律子

【日時・天候】
二〇〇二年三月九日（快晴）

【参考タイム】
草谷出合（六時三〇分）ブナオ峠（一〇時四〇分）大門山（一三時一五分）ブナオ峠（一五時一五分）草谷出合（一七時四〇分）

【山行適期】　三月上旬〜中旬

【グレード】
○総合　中級
○山岳技術　中級
○滑降技術　中級

【装備】　基本装備

【アクセス】
車利用。庄川町方面から国道一五六号線を庄川に沿って南下。ブナオ峠に向かう林道の起点に駐車。
近年、高速道路が五箇山インター（上平村）まで延び、道路事情はかなり改善された。

【滑降高度差等】
○滑降高度差　一五〇〇m
○滑降距離　一〇・五km
○滑降斜面の最大傾斜　二八度

【二万五千図】　西赤尾

【留意事項】
○行動時間が長いので、天気の安定した時に実施したい。
○一定程度の降雪があった直後は、アプローチが長いことから山行を見合わせほうが良いだろう。
○大門山付近からの滑降は、本稿で紹介したものの他、数ルート考えられる。日程に余裕があれば、ブナオ峠をベースに滑ることをお勧めしたい。
○付近には上平村の赤尾館、平村の五箇山荘など温泉が数軒ある。

ルート図　大門山不動滝谷

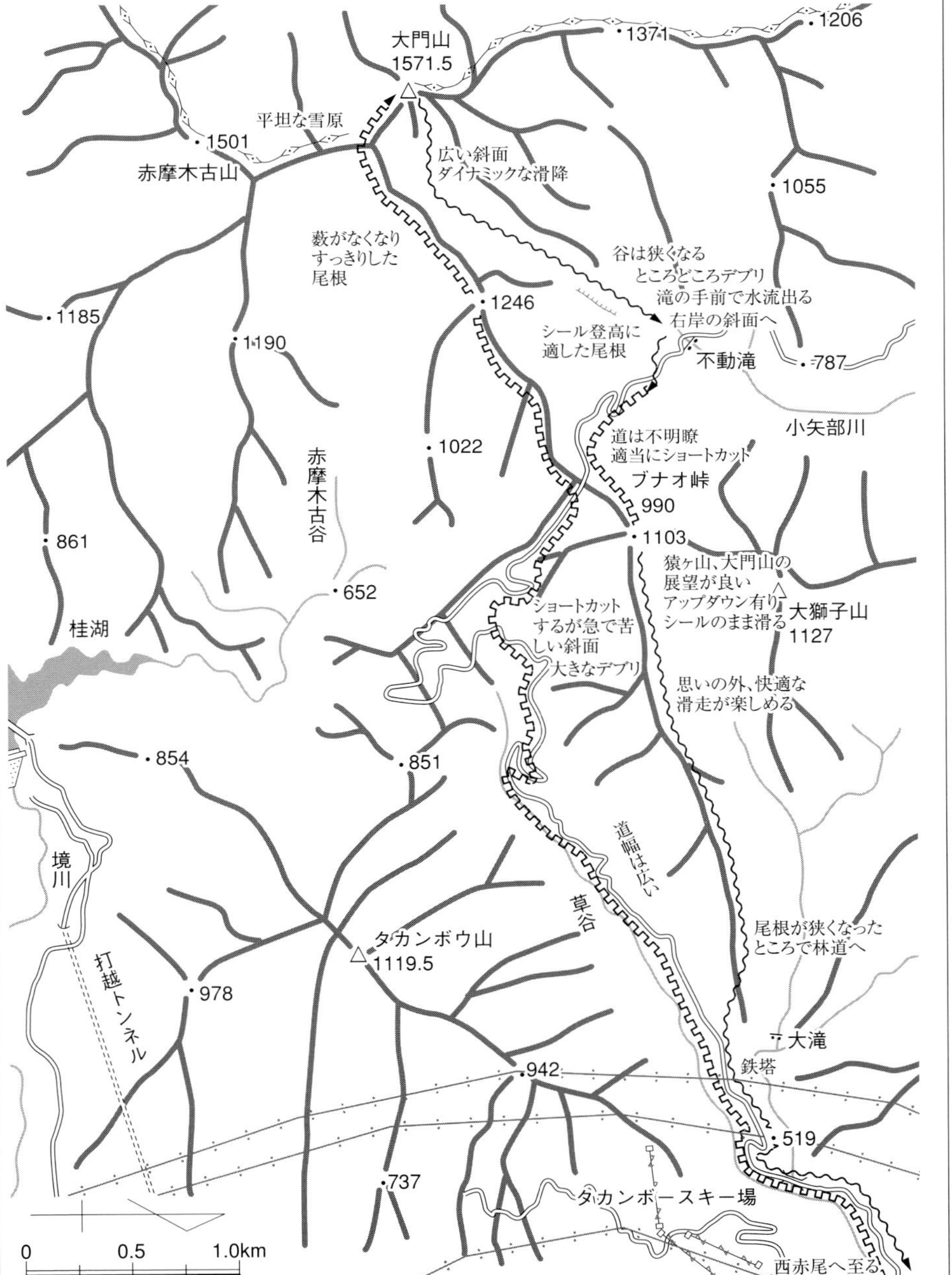

大門山
1571.5
1371
1206
平坦な雪原
1501
赤摩木古山
広い斜面
ダイナミックな滑降
1055
薮がなくなり
すっきりした
尾根
谷は狭くなる
ところどころデブリ
滝の手前で水流出る
右岸の斜面へ
1246
1185
シール登高に
適した尾根
1190
不動滝
787
小矢部川
1022
道は不明瞭
適当にショートカット
ブナオ峠
990
赤摩木古谷
1103
861
猿ヶ山、大門山の
展望が良い
アップダウン有り
シールのまま滑る
652
ショートカット
するが急で苦
しい斜面
大獅子山
1127
桂湖
大きなデブリ
思いの外、快適な
滑走が楽しめる
854
851
境川
道幅は広い
草谷
尾根が狭くなった
ところで林道へ
タカンボウ山
1119.5
打越トンネル
978
大滝
鉄塔
942
519
737
タカンボースキー場
0
0.5
1.0km
西赤尾へ至る

No.2

白谷右俣

三方岩岳を巡る半日ルート

日帰り

概説

白谷は麓の鳩谷あたりから見ると白さが際立つ谷であり、一般的には左俣が滑られている。

右俣はこの時の山行まで滑られたという話を聞いたことはなかったが、条件が良ければ快適な滑降が可能である。

なお、本山行では右俣と左俣の中間尾根を登ったが、スーパー林道のある三方岩岳西尾根から取付いた場合は、仮に雪の状態などが悪くこの谷の滑降ができなくとも、頂上まで往復することにより、より確実に楽しめるだろう。

行動概略

白山スーパー林道岐阜県側ゲート
～馬狩荘司山～三方岩岳～
白谷右俣～

白山スーパー林道岐阜県側ゲート

スーパー林道のゲートに車を置き、白谷左岸の林道をたどる。堰堤を左から巻いて白谷二俣に着く。ここから、広い谷となっている左俣をしばらく進み、中間尾根南斜面を登る。この尾根は最初はぶな林となっているが、標高一三〇〇m付近からはすっきりとした雪稜となって続いている。標高一五〇〇m付近で痩せたところが出てくるが、ピッケルを使うこともなく主稜線である馬狩荘司山に出る。

なお、この尾根の登高は雪の状態が悪ければピッケルが必要となるだろう。馬狩荘司山からは、白谷の滑り出しを偵察しながら広い尾根を三方岩岳へ向かう。

白谷右俣の滑り出しは、三方岩岳南のコル（標高一六七〇m）であり、頂上から少し戻って滑り出しに出る。

ここからの滑り出しは三方岩岳直下の岩壁を見ながら広大な斜面を滑る。途中、狭い斜面を滑るところもあるが、この後はまた広い斜面となる。両岸はすっきりした岩質ではないものの、岩峰が屹立し荒々しい谷となっている。標高一三〇〇m付近はデブリの通過に少し手間取るが、それもわずかであり標高一〇〇〇m付近まで快適な斜面が続く。

やがて標高一〇〇〇m付近で谷は狭まってくる。ここで水流が覗いていれば、右岸から小さく巻くことになる。谷はここを過ぎるとまた広くなり、夏は河原と考えられる平坦で小広い斜面を滑ると、朝方巻いて通過した二俣の堰堤に出る。

堰堤を右岸から越えて、そのまま右岸をたどると車を駐車した林道付近に直接出ることができる。

右俣下部。もうすぐ取付の堰堤（三宅雄一）

山行データ

【同行者】　三宅雄一

【日時・天候】
一九九九年四月一二日（曇り時々晴れ）

【参考タイム】
スーパー林道ゲート（六時四五分）稜線（一〇時一五分）頂上（一一時二〇分）滑降開始地点（一一時四〇分一二時五分）林道終点の堰堤（一三時）スーパー林道ゲート（一三時二〇分）

【山行適期】　三月下旬～四月中旬前半

【グレード】
○総合　中級
○山岳技術　中級
○滑降技術　中級

【装備】
基本装備、ピッケル、念のため補助ロープ

【アクセス】
ゲート手前まで車を利用する。駐車スペースは確保できる。

【滑降高度差等】
○滑降高度差　八〇〇m
○滑降距離　三・〇km
○滑降斜面の最大傾斜　三四度

【二万五千図】　中宮温泉

【留意事項】
○積雪が少ないと、谷の下部は徒渉せざるを得ない。また、谷の途中に滝がないとは言えないので、適期を的確に把握して実施したい。

ルート図　白谷右俣

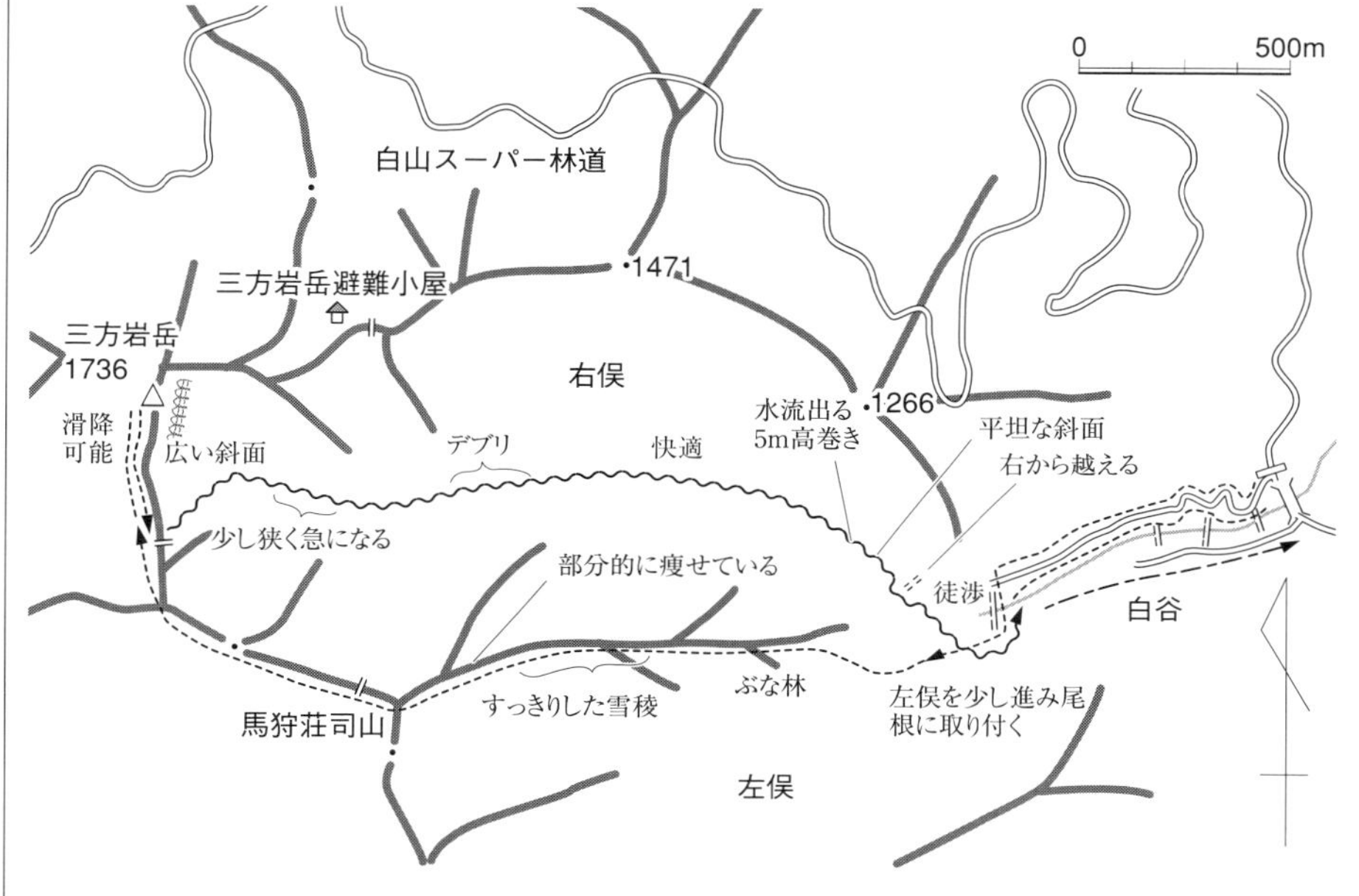

白谷右俣上部。背後は三方岩岳の岩壁(三宅雄一)

No.3

三方崩山大ノマ谷

三方崩山を巡る代表的ルート

日帰り

概説

大ノマ谷は、白山北方稜線の岐阜県側では弓ケ洞谷に次いで多くの人々に親しまれている谷と考えられ、谷の下部はその名のごとくデブリで覆われることが多いが、上部はスキーに適した広大な斜面を有している。

さらに、右岸の尾根は岩壁が発達し、アルペン的な雰囲気がある。その意味では、この山域周辺ではひと味違ったルートと言えるだろう。

行動概略

平瀬～大ノマ谷出合～頂上（往復）

大ノマ谷出合付近に車を止め、左に堰堤を見て、大ノマ谷に取り付く。最初は雪を拾って登るが、すぐに谷のほとんどがデブリで覆われた谷となる。下部は、滑れそうな所は少ないように思いながら、デブリの間を縫うように登る。

また、谷は頂上に向けてまっすぐ突き上げているので、かなり上部まで様子がわかるだろう。晴れていれば右岸の尾根に発達した美しい岩峰を見ながらの登高となる。やがて、谷の傾斜はきつくなるが、標高一六五〇m付近からはまた谷は少し緩くなり、一挙に稜線までの展望が開ける。

ここから稜線までは広大で素晴らしい斜面である。稜線直下は地形図から推測するような岩場はみられず、真っ白な斜面が稜線まで続いている。ここはほぼ中央を登り、最低鞍部やや左の小さな尾根状を登る。稜線に出れば頂上まで一投足である。

頂上を往復し、一番傾斜の緩い最低鞍部から滑り出す。少し急であるが、アルペン的な雰囲気の中で快適な滑降が楽しめる。

谷の中間部は、デブリを避けて谷の右岸側を滑り、途中から左岸側に移り引続き滑る。徐々にデブリが多くなり、慎重にルートを選んで滑るが、標高一二〇〇m付近になると谷全面に大きなデブリが出ており、スキーを脱ぐ箇所も出てくるかも知れない。辛抱のしどころだが、状況にもよるが、うまくすれば出合までほとんど滑ることができるだろう。

アクセスも良く、日帰りルートとしては秀でたものの一つだが、快適な滑降はデブリの出方次第といっても過言ではないだろう。

大ノマ谷（青島靖）

山行データ

【同行者】鮎川　正、横田　進、吉田順一

【日時・天候】一九九九年四月三日（曇りのち晴れ）

【参考タイム】大ノマ谷出合（七時一五分）稜線（八時）頂上（八時三〇分）稜線（滑り出し）（一〇時五五分／一一時二五分）大ノマ谷出合（一二時一〇分）

【山行適期】三月下旬～四月上旬

【グレード】
○総合　中級
○山岳技術　中級
○滑降技術　中級

【装備】基本装備、アイゼン

【アクセス】車を利用する。大ノマ谷出合付近まで車の利用が可能な時もあるが、場合により平瀬から歩かざるを得ない場合もあるので注意したい。

【滑降高度差等】
○滑降高度差　一三〇〇m
○滑降距離　五・五km
○滑降斜面の最大傾斜　二七度

【二万五千図】新岩間温泉、平瀬

【留意事項】
○谷筋をルートに採るため、雪崩には十分注意したい。
○上部で視界がなくなった場合、稜線に大きな雪庇が出ているので踏み外したりしないよう注意したい。
○近くには平瀬温泉がある。

ルート図　三方崩山大ノマ谷

四ノ又谷
支尾根を登る
1534
1956
広大な斜面
快適な滑走
三方崩山
2058.8
ブッシュ
1624
奥三方岳へ
1244
谷の左岸を滑る
スキーを脱ぐ
1.502
大ノマ谷
全面デブリ
取り付きは堰堤が目印
岩屋ヶ谷
1033.6
862
スキーを脱ぐ
平瀬へ
谷の右岸を滑る
0
0.5
1.0km
770
白水湖へ
大白川

ルート図　がおろピーク

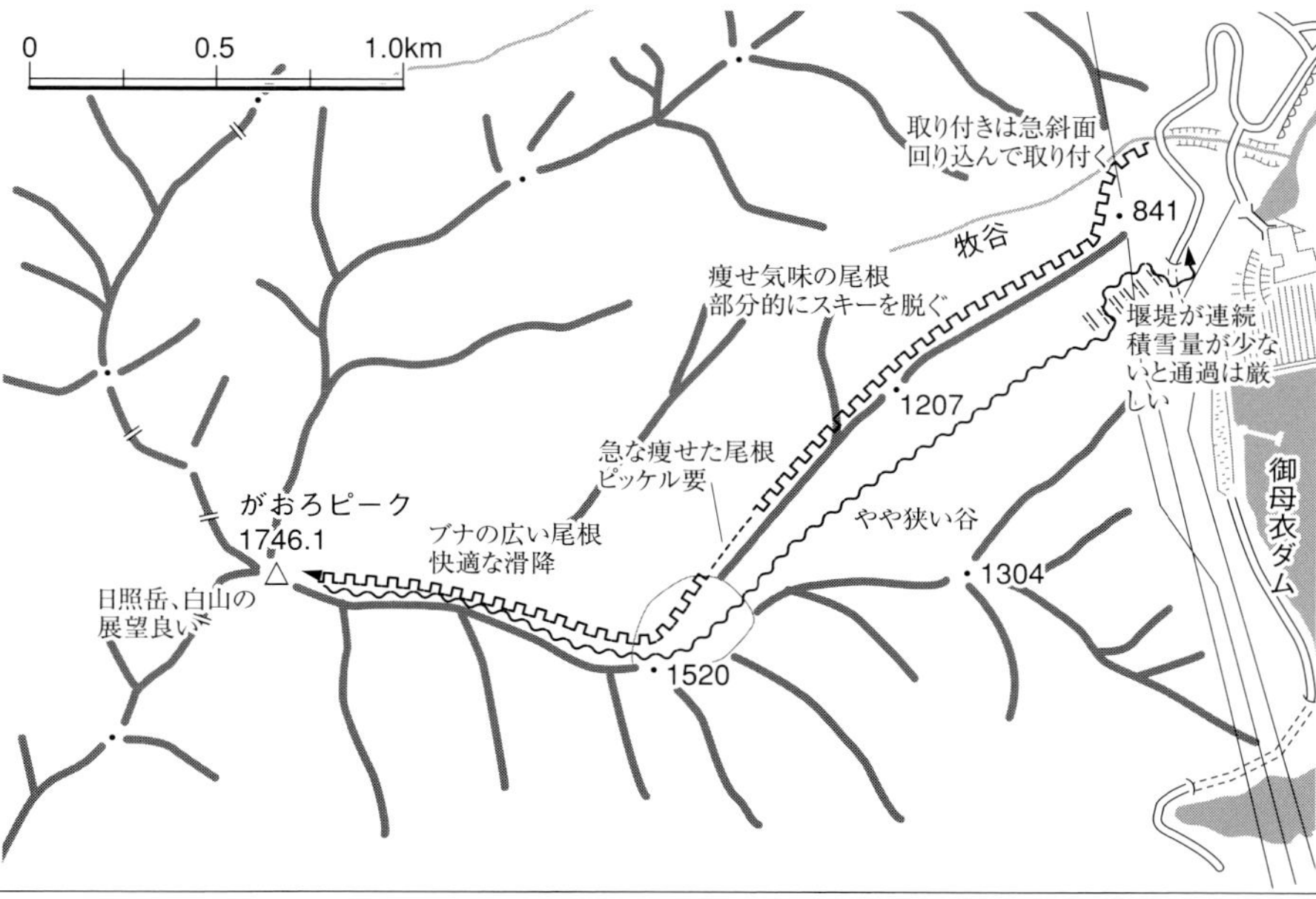
0
0.5
1.0km
取り付きは急斜面
回り込んで取り付く
841
牧谷
痩せ気味の尾根
部分的にスキーを脱ぐ
堰堤が連続
積雪量が少ないと通過は厳しい
1207
急な痩せた尾根
ピッケル要
がおろピーク
1746.1
ブナの広い尾根
快適な滑降
やや狭い谷
1304
御母衣ダム
日照岳、白山の
展望良い
1520

No.4

がおろピーク

パウダーを狙って滑りたい

日帰り

概説

御母衣ダム西の一七四六mのピークは通称「がおろピーク」と呼ばれている。特に目立った頂上ではないが、隣の日照岳より滑降内容が優れていることから、時々滑られる山である。ただ、ルートに採る沢はやや狭く、状態が悪いとデブリで快適な滑降は望めないだけでなく、下部で連続する堰堤の通過が難しくなる。

　雪質の良い二月頃に滑るのが適しているかもしれない。

行動概略

御母衣ダム下～頂上～
御母衣ダム下

　御母衣ダム下の発電所の施設に車を止め、しばらく国道をたどる。スノーシェードと牧谷を越えたところで南西から延びる尾根に取り付く。

　取り付きはやや急であり、牧谷側からやや右に回り込むようにして稜線末端の標高八四一mの標高点に出る。ここからは尾根を忠実にたどる。やや狭く急な尾根であることから、シールでは登りにくい箇所も出てくる。この尾根は標高一四〇〇mを過ぎたあたりで南の尾根と交わるが、この手前五〇mほどが特に急で痩せていることから、ピッケルが必要となる。これを通過すると大きなブナの広い尾根となる。ここから頂上までは視界不良時は下降の際にルートを見失いやすいので注意したい。特に、滑降する谷は登ってきた尾根とその南の尾根の間の谷なので、これらの尾根が交わる標高一四五〇mから一五〇〇m付近の地形は十分把握しておきたい。

　なお、登ってきたときに越えたピッケルが必要な痩せ尾根部分は周りのブナ林と異なり、針葉樹林が生えているのでよい目印になるだろう。

　たどりついた頂上は近くの日照岳はもちろん、白山の展望に優れている。頂上からの滑降は、標高一四五〇m付近までは快適な滑降が期待できる。一四五〇m付近からは、登ってきた尾根の南の谷に滑り込む。この谷は、上部はある程度の広さがあるが、すぐに狭くなる。直射日光が当たりにくい地形のため、デブリがないなど、条件が揃えば快適な滑降が期待できると思うが、私たちの山行では、湿雪とデブリで荒れた狭い谷の滑降に難渋させられた。

　また、標高一〇〇〇mを過ぎると堰堤が連続して出てくる。最初の二つは右岸から、残りを左岸からそれぞれ越えたが、積雪量が少ないと厳しい対応を迫られるだろう。

　最後は国道のスノーシェードを右から回り込んで、朝に取り付いた尾根の末端付近やや上流に出る（地図前頁）。

山行データ

【同行者】横田　進、川村正徳、
崎田律子
【日時・天候】
二〇〇五年三月二〇日（快晴）
【参考タイム】
御母衣ダム電力館（七時一五分）稜線八四一m（七時五〇分）頂上（一二時三〇分／一三時三〇分）御母衣ダム電力館（一五時）
【山行適期】二月下旬～三月中旬
【グレード】
○総合　中級
○山岳技術　中級
○滑降技術　中級
【装備】基本装備、ピッケル、初心者がいる場合は補助ロープ
【アクセス】
車利用。御母衣ダム下に駐車スペースがある。取り付きの国道脇にも駐車可能だが狭い。
【滑降高度差等】
○滑降高度差　一〇〇〇m
○滑降距離　三・二km
○滑降斜面の最大傾斜　三二度
【二万五千図】御母衣
【留意事項】
○尾根上部は広い尾根をたどることから、視界不良時は注意して行動したい。特に滑降する谷に滑り込む箇所は登高時によく観察したい。

No.5 オメナシ谷

一里野スキー場からの気軽なルート

日帰り

概説

一里野温泉スキー場の南東には、石川県の中級山岳ではもっともポピュラーなハライ谷のルートがある。このルートはハライ谷を取り巻く尾根を一里野温泉スキー場のゴンドラリフトを利用して一周するものである。

ここで紹介するものは、このハライ谷の変則的なルートで、視界不良でハライ谷のルートが実施できない時のサブルートとして知っておくと都合がよい。

サブルートといえども、しかり場分岐からだと滑降高度差は一〇〇〇mに達し、思いの外快適な滑降が楽しめる。

行動概略

一里野温泉スキー場～檜倉～しかり場分岐手前～檜倉～オメナシ～一里野温泉スキー場

一里野温泉スキー場のゴンドラリフト終点から、シールで登り始める。尾根は小さなアップダウンを交えながら徐々に高度を上げている。標高一一〇〇m付近で林道の送水管が尾根を越えて、行手前方左の送水管の上部あたりへ延びている。

さらに忠実に尾根を登ると、針葉樹林の生える檜倉に着く。このあたりは、尾根が特に広く、また尾根を右寄りにルートを採りつついったん少し下るため、視界不良時は迷いやすいところだ。

相変わらず広い尾根が続くが、特に標高一二五〇mから上部は一段と広くなるので、退路の確保をしておきたい。この山行では、天候が悪くなったため、しかり場分岐手前までとした。通例の山行であれば、しかり場分岐を経てハライ谷右岸の尾根を一周することとなる。

しかり場分岐から檜倉手前のコルまでは、快適な滑りが楽しめる。檜倉手前の平坦なピークからは、登りに観察しておいたオメナシに向かってルートを採る。

この滑り出しは、この平坦なピークの鞍部であり、小さな谷に滑り込むとすぐに林道に出る。一里野温泉スキー場から続くものであるが、林道をたどらず、そのまま杉林の浅い谷を滑る。少し滑ると、一角だけ樹木がなく平坦な場所に出る。

ここから、ほぼトラバース気味に右へ進路を採り、雪崩に注意して送水管の上部に出る。送水管上部からは、直接谷に向けて滑る。取り立てて大きな斜面ではないが、このルートでは最も快適な斜面である。

オメナシに降りたら、谷筋を滑ることから雪崩に注意して、できる限り迅速に滑り降りる。標高七五〇mあたりの堰堤を右岸から越すまでは雪崩に注意したい。

堰堤からは、そのまましばらく右岸を滑り、地図に記載された林道に出る。後はスキー場に向けて鬱蒼とした杉林の中を滑るだけである。

山行データ

【同行者】なし

【日時・天候】一九九九年三月七日（曇りのち雨）

【参考タイム】一里野温泉スキー場上（八時四〇分）しかり場分岐手前（標高一四五〇m）（一〇時二〇分）堰堤（一一時二〇分／一一時四〇分）一里野温泉スキー場（一一時五〇分）

【山行適期】三月上旬～中旬

【グレード】
○総合　初級
○山岳技術　初級
○滑降技術　初級上

【装備】基本装備、赤布

【アクセス】車を利用する。

【滑降高度差等】
○滑降高度差　九〇〇m
（しかり場分岐からだと一〇〇〇m）
○滑降距離　五・五km
○滑降斜面の最大傾斜　二七度

【二万五千図】市原、白峰

【留意事項】
○一里野温泉スキー場のゴンドラリフトが稼動するのは八時半からである。
○ハライ谷の通常ルートを滑る場合は、ルート下部の林道が雪壁になっている箇所があり滑落に注意したい。

ルート図　オメナシ谷

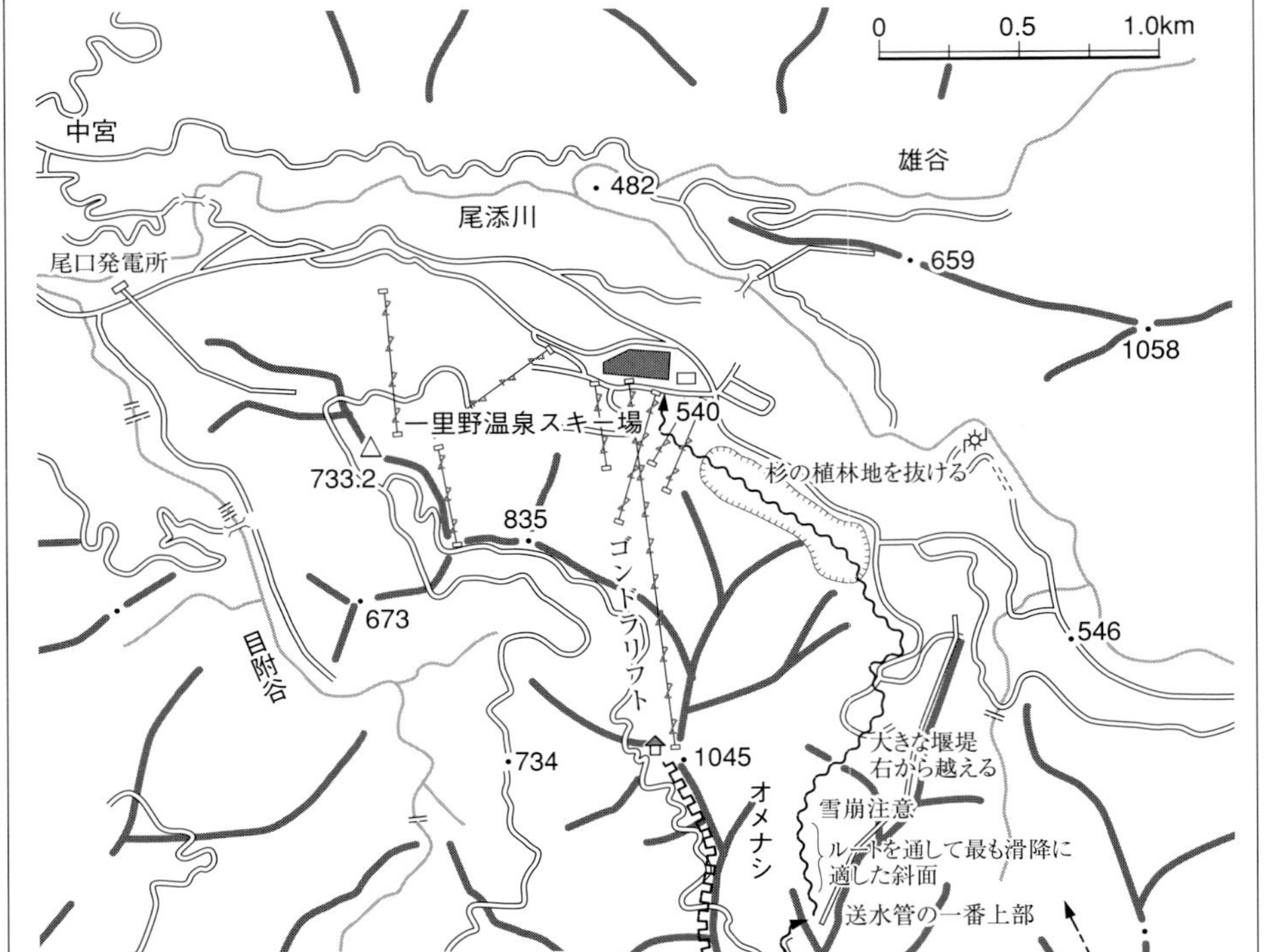
0
0.5
1.0km
中宮
雄谷
482
尾添川
659
尾口発電所
1058
一里野温泉スキー場
540
733.2
835
杉の植林地を抜ける
ゴンドラリフト
673
546
目附谷
1045
734
大きな堰堤
右から越える
オメナシ
雪崩注意
ルートを通して最も滑降に
適した斜面
送水管の一番上部
雪崩注意
ハライ谷
小広い平坦地
檜倉
1214
小さな谷を滑る
尾根広く迷い易い
1013
広い尾根
快適な
スキー滑降
檜新宮
1549
シカリ場分岐

檜倉付近の登り

No.6 白山砂防新道

白山を巡るクラシックルート

日帰り

概説

このルートは白山山系では最も滑られているルートであり、例年多くのスキーヤーを迎えている。滑降内容は、観光新道などと比べると劣るが、全体を通じて滑落などの危険性は少なく、総じて快適な滑降を楽しめる。

また、何よりもこのルートの利点は、最も短時間で頂上に達することができることである。

初めて白山を滑る人が白山のスキールートの概要をつかむ意味では適していると言えるだろう。

行動概略

加賀市ノ瀬駐車場～別当出合～白山頂上（往復）

加賀市ノ瀬駐車場先の橋の手前で遮断機が降りているので、その手前から歩き出す。道は別当出合まで舗装されており、距離は長く兼用靴では歩きづらい。

別当出合からは、いったん左の谷に架かる釣橋を渡り、砂防新道の夏道に出る。その年の積雪量により状況はかなり異なるが、この山行では取り付いて間もなく、尾根は完全に雪で埋まっていた。ルートは途中、林道を二カ所ほど横切る。そこから少し登ると、行く手前方の展望が開けてくる。

標高二〇〇〇mあたりにある甚之助ヒュッテは、本山行では屋根の先だけが出ており、かろうじて小屋の中に入り宿泊できる状態だった。連休時の使用の可否は年々の積雪量に左右されそうである。

ここから更に少し登って右へトラバースする。弥陀ヶ原に登る地点は、両側がハイマツに覆われた非常に浅い谷である。少し急だが、これを過ぎればなだらかな尾根になる。なお、視界不良時に備えて、尾根に出た地点はマーキングしておきたい。

この尾根を少したどると、弥陀ヶ原である。ここは真っ平らな雪原で、視界不良時はトレースがないとつらいところだ。斜面の傾斜が少しずつ増すと室堂は近い。

室堂には小屋があり、連休時は宿泊も可能である。私たちの山行では、途中で視界がなくなったことから頂上手前、標高二五〇〇mあたりで引き返した。寡雪の年はこのあたりは岩が出ており頂上からの滑降は不可能な時もあるが、一定程度の残雪があれば頂上からの滑降は可能であると聞く。

このルートの滑降は、頂上直下から弥陀ヶ原までは傾斜が緩いものの斜面が広いので快適である。これより下も総じて快適であるが、甚之助ヒュッテ上部の斜面がハイライトであろう。ここを過ぎると核心部は終了し、後は忠実に尾根をたどって滑るだけである。

滑降内容は、総じて快適ではあるが、山スキー慣れした人には少しあっけなく物足りないと感じるかもしれない。

山行データ

【同行者】崎田律子

【日時・天候】
二〇〇一年五月三日（晴れのち曇り）

【参考タイム】
市ノ瀬（六時）甚之助小屋（一〇時一〇分）頂上手前（一二時三〇分）別当出合（一四時）市ノ瀬（一五時三〇分）

【山行適期】四月中旬～五月中旬

【グレード】
○総合　中級
○山岳技術　中級
○滑降技術　中級

【装備】基本装備

【アクセス】
車利用。車は加賀市ノ瀬まではいる。駐車場は確保されている。

【滑降高度差等】
○滑降高度差　一〇〇〇m
○滑降距離　四・五km
○滑降斜面の最大傾斜　二〇度

【二万五千図】白山、加賀市ノ瀬

【留意事項】
○尾根上部は広い雪原をたどることから、視界不良時は注意して行動したい。特に、室堂下の雪原から甚之助小屋へ滑りこむ浅い谷の滑り口はわかりにくい。
○市ノ瀬から別当出合までのアプローチは、運動靴があると便利である。

ルート図　白山砂防新道

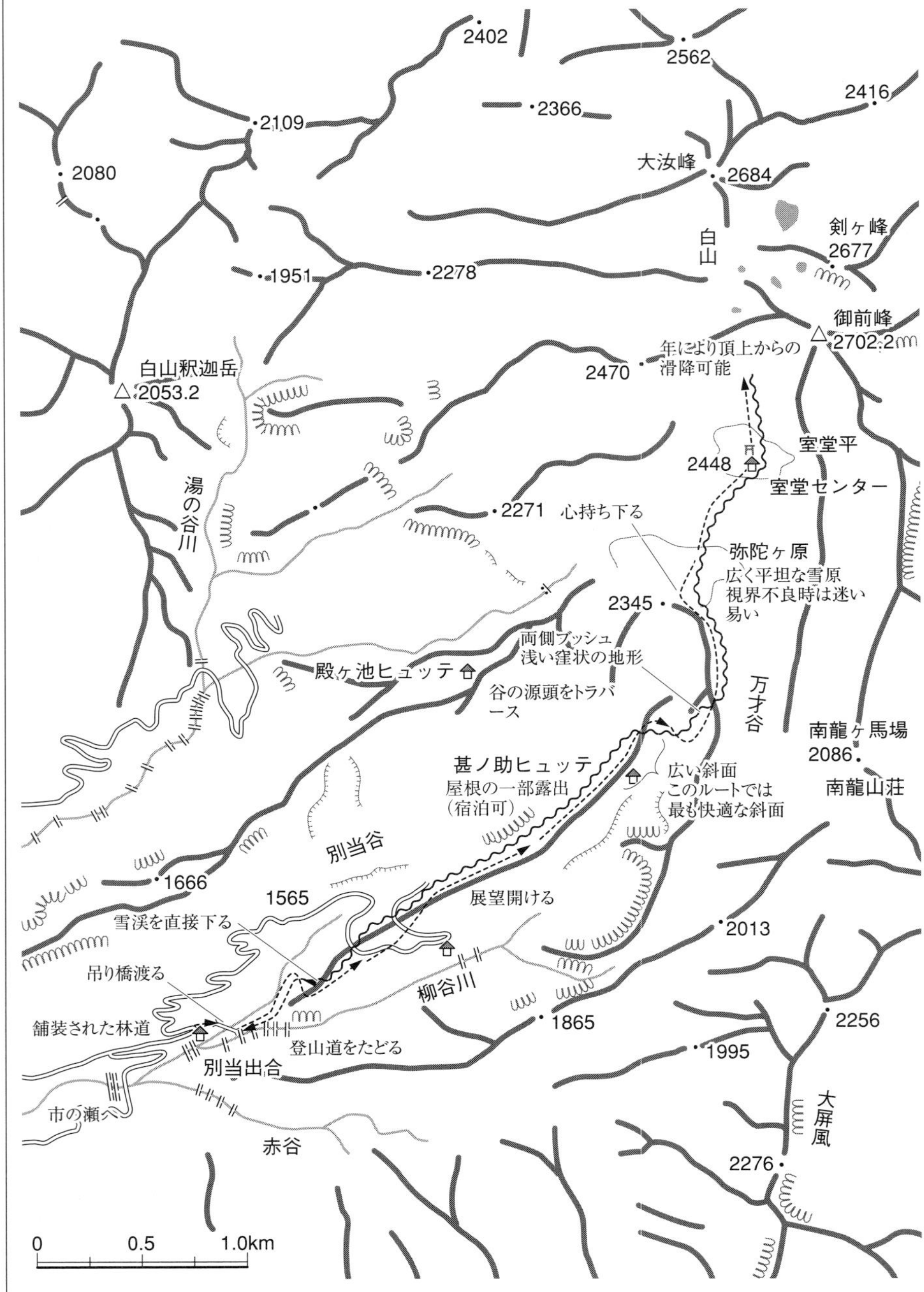
2402
2562
2416
2366
2109
2080
大汝峰
2684
白山
剣ヶ峰
2677
1951
2278
御前峰
2702.2
年により頂上からの
滑降可能
2470
白山釈迦岳
2053.2
室堂平
2448
室堂センター
湯の谷川
2271
心持ち下る
弥陀ヶ原
広く平坦な雪原
視界不良時は迷い
易い
2345
両側ブッシュ
浅い窪状の地形
殿ヶ池ヒュッテ
谷の源頭をトラバ
ース
万才谷
南龍ヶ馬場
2086
甚ノ助ヒュッテ
屋根の一部露出
（宿泊可）
広い斜面
このルートでは
最も快適な斜面
南龍山荘
別当谷
1666
1565
展望開ける
雪渓を直接下る
2013
吊り橋渡る
柳谷川
舗装された林道
1865
2256
登山道をたどる
1995
別当出合
市の瀬へ
大屏風
赤谷
2276
0
0.5
1.0km

No.7 赤谷右俣

雪の多い年は
滑り抜けることが可能

1泊2日

概説

赤谷は稀に滑降されたと聞く谷であり、残雪が多い時は別当出合まで抜けることができると聞いているが、条件が揃った残雪量の多い年に限られる。

私たちが実施した時も比較的快適なスキーができるものの、他の谷と同様、標高一五〇〇m付近で水流が出ており、登り返さざるを得なかった。

一般的には、チブリ尾根の避難小屋をベースに、別山谷などを滑る際に併せて実施するのが良いと考えられる。

行動概略

チブリ尾根標高二一〇〇m～赤谷右俣～赤谷標高一五〇〇m～チブリ尾根標高二一〇〇m～市ノ瀬

チブリ尾根標高二一〇〇m付近から赤谷右俣の滑降を開始する。この谷は地図から想像できないくらいに広く、快適なスキー滑降が楽しめるので、僅かな時間で赤谷右俣出合に着く。ここからの赤谷下部も斜面が広くデブリで荒れていない。

しばらく快適な滑降を続けると、やがて谷は傾斜を増してくる。標高一九〇〇m付近は主に右岸からの落石で斜面が荒れているかも知れないが、傾斜もきつくなく、特に問題となるところはないだろう。なお、この山行では標高一五〇〇mまで滑ることができた。

チブリ尾根標高二一〇〇m地点まで戻った後、標高一七〇〇m付近までチブリ尾根を滑る。それ程面白くはないが、登り返しが殆どないのでスキーの速さを実感できるだろう。

年々の積雪量にもよるが、これ以降、雪は少なくなるので、残雪の残る夏道をスキーを担いで市ノ瀬へ向かうこととなる。なお、チブリ尾根の下部は、ルートが分かりづらいので注意して行動したい（地図二三五頁）。

山行データ

【同行者】　青島　靖
【日時・天候】
一九九九年五月二日（曇り）
【参考タイム】
チブリ尾根二一〇〇m（一二時三五分）赤谷一五〇〇m（一三時一五分）チブリ尾根二一〇〇m（一六時一〇分）チブリ尾根一七〇〇m（一六時四〇分）市ノ瀬（一八時四五分）
【山行適期】　四月中旬～五月上旬
【グレード】
○総合　中級
○山岳技術　中級
○滑降技術　中級下
【装備】　基本装備、赤布
【アクセス】
車を利用する。連休時の石川県側からの白山山麓への車の乗り入れは加賀市ノ瀬までであり、駐車スペースは確保されている。
【滑降高度差等】
（チブリ尾根の滑降含む）
○滑降高度差　九七〇m
○滑降距離　二・三km
○滑降斜面の最大傾斜度　二〇度
【二万五千図】　白山、加賀市ノ瀬
【留意事項】
○高い滑降技術が要求されることから一般ルートではないが、チブリ尾根を更に登り、御舎利山から直接赤谷を滑降することも可能である。

赤谷右俣（青島靖）

No.8 別山大平壁

白山屈指の大斜面

1泊2日
参考記録

概説

別山は、その南斜面に大平壁を有しているが、この壁は比較的傾斜が緩く、無雪期はフリーで登攀可能であるとともに、積雪期はそのほぼ全面に雪が付く。

このため、白山周辺でも最もスケールの大きな斜面となっており、一般的ではないが素晴らしいスキー滑降が可能である。

行動概略

市ノ瀬～御舎利山～別山～尾上郷川標高一五〇〇m地点～三ノ峰避難小屋

早朝に市ノ瀬を出発し、チブリ尾根を登る。この尾根は全体的に広い尾根であり、坦々と登るだけである。

標高一九〇〇m辺りまで登ると、チブリ尾根避難小屋に出る。この辺りからは、樹林の背丈も低くなり、前方に御舎利山から別山に至るスカイラインを指呼のうちに望むことができる。

ここからも相変わらず広い尾根を登るが、標高二一〇〇m付近は特に広くなっており、その上部に三角形の岩峰がある。

夏道どおりこの岩峰を右から巻くと、やがて御舎利山に着く。ここからは、稜線東側をたどること僅かで別山に着く。

別山頂上でスキーを履き、いよいよ大平壁の滑降に移る。出だしは、頂上から一〇m程東へ滑り、そこから一直線に大平壁に滑り込む。滑降斜面としては極めて急であり転倒は許されない。左斜面に逃げれば滑降技術のグレードは下がるが、大平壁のライン採りではなくなってしまう。

私たちの山行では、途中二個所ばかり雪面にクレバスが走っていたが、上部のクレバスはその最も弱点と考えられるところを通過し、下部は右から回り込んでやり過ごした。

大平壁も標高二一〇〇m辺りまで滑ると傾斜は緩くなり一息つける。ここからは、どこを滑ってもよいが、左の浅い谷に滑り込む。谷は、右へ一旦曲がるが、その後ほぼ真っ直ぐ一六六二mの標高点に続いている。谷は広く、デブリで荒れていない斜面は快適なスキー滑降ができた。その後も快適な滑降が続いたが、標高一五〇〇m付近で滝が出ていたので、稜線へ登り返す。

登り返しに採った谷は、一六六二mの標高点から西に折れて稜線に達する谷であるが、この谷は稜線に大きな雪庇も出ておらず、体力的にはきついものの安全な登高ができた。

たどり着いたところは別山と三ノ峰の最低鞍部であり、三ノ峰避難小屋まで実質的には時間はかからない。翌日は別山経由でチブリ尾根を下った。

山行データ

【同行者】青島　靖

【日時・天候】
一九九九年五月一日（晴れ）

【参考タイム】
市ノ瀬（四時三〇分）チブリ尾根避難小屋（八時四〇分）別山（一一時五〇分／一二時一〇分）カラスノ谷一五〇〇m地点（一二時五〇分）三ノ峰と別山のコル（一五時一〇分）三ノ峰避難小屋（一六時二〇分）

【山行適期】四月下旬～五月上旬

【グレード】一般的でない

【装備】基本装備、アイゼン

【アクセス】
車を利用し、加賀市ノ瀬まで入る。駐車スペースは確保されている。

【滑降高度差等】
○滑降高度差　九〇〇m
○滑降距離　二・五km
○滑降斜面の最大傾斜　四三度

【二万五千図】
白山、二ノ峰、加賀市ノ瀬

【留意事項】
○この山行では、別山から直接滑降したが、一般的には三ノ峰避難小屋経由とし、大平壁の雪面の状況を十分に観察してから滑降すべきである。
○状態が悪いと、大平壁に大きなクレバスが出ると想定され、クラスト時やそのような状況で滑った場合、大平壁本来のライン採りができないばかりか、転倒などの危険性が極めて高くなる。
大平壁の核心部で転倒した場合、最悪のケースを覚悟するしかないので注意したい。

ルート図　赤谷右俣、別山大平壁、別山谷左俣

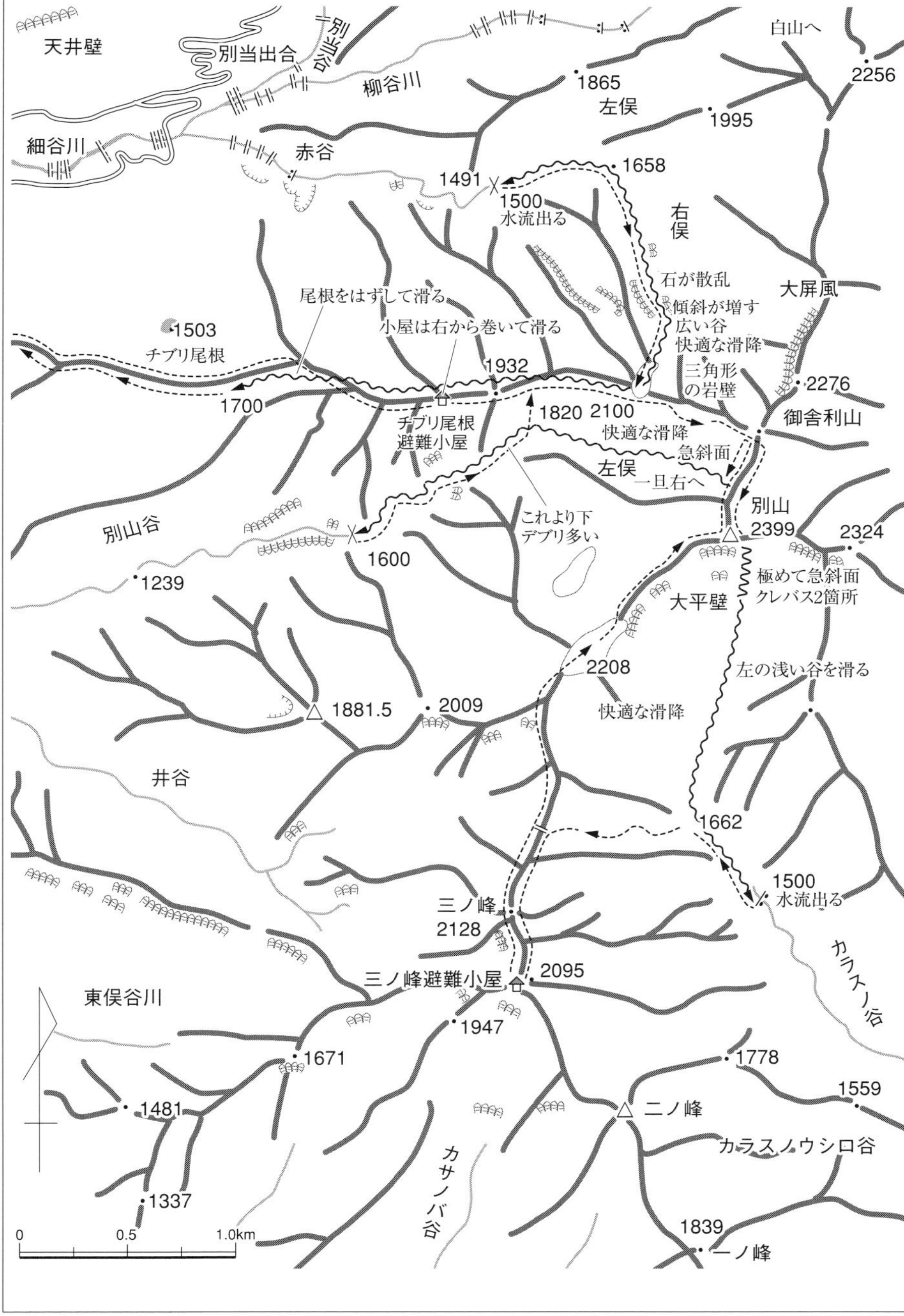
天井壁
別当出合
別当谷
柳谷川
細谷川
赤谷
白山へ
2256
1865
左俣
1995
1491
1658
1500
水流出る
右俣
石が散乱
傾斜が増す
広い谷
快適な滑降
大屏風
三角形
の岩壁
2276
御舎利山
尾根をはずして滑る
小屋は右から巻いて滑る
1503
チブリ尾根
1932
1700
1820
2100
快適な滑降
チブリ尾根
避難小屋
急斜面
左俣
一旦右へ
別山
2399
2324
別山谷
これより下
デブリ多い
1600
1239
極めて急斜面
クレバス2箇所
大平壁
2208
左の浅い谷を滑る
快適な滑降
1881.5
2009
井谷
1662
1500
水流出る
三ノ峰
2128
カラスノ谷
2095
三ノ峰避難小屋
東俣谷川
1947
1671
1778
1559
1481
二ノ峰
カラスノウシロ谷
カサノバ谷
1337
0
0.5
1.0km
1839
一ノ峰

大平壁（青島靖）

大平壁全容（青島靖）

No.9 別山谷左俣

別山からチブリ尾根への知られざるルート

日帰り

概説

この谷の上部は急なものの、デブリで荒れていず快適なスキー滑降が可能である。チブリ尾根を御舎利山から滑るよりも遥かに内容があることと、標高一八〇〇m辺りから簡単に避難小屋上部に登り返すことができるので、もっと一般的に滑られてもよいルートである。

チブリ尾根避難小屋をベースに、この谷をはじめとした別山周辺の幾つかのルートを滑るのも一興であろう。

行動概略

三ノ峰避難小屋～別山～別山谷左俣～チブリ尾根避難小屋～加賀市ノ瀬

三ノ峰避難小屋から広い尾根をたどり別山と御舎利山の中間部に着く。

ここからハイマツを分けてスキーを履き別山谷の滑降を開始するのであるが、滑降開始地点がハイマツで隠れていることから稜線からは確認しづらいかも知れない。

滑り出しの斜面は、思いの外急斜面であることから、慎重に滑る。雪面が堅いと少し緊張するだろう。ルートに採る斜面は、最初はいったん右へ曲がるような感じで滑るが、幅が広く斜面が荒れていないため快適な滑降ができる。標高一八五〇m辺りを過ぎると、主にチブリ尾根側からのデブリや落石で谷の状況は一変する。

これを過ぎると、例年であれば標高一五〇〇から一六〇〇m辺りで水流が出てこれより下部は滑降不能となるので、滑るだけ滑って標高一八二〇mまで登り返し、ここから北に延びる枝沢を辿ってチブリ尾根に出る。

下山は、そのままチブリ尾根を滑って市ノ瀬に出るか、三ノ峰方面に戻る場合は別山を登り返すこととなる（地図二三五頁）。

別山谷左俣遠望（青島靖）

山行データ

【同行者】青島　靖

【日時・天候】一九九九年五月二日（曇り）

【参考タイム】三ノ峰避難小屋（六時四〇分）御舎利山（九時／九時五〇分）別山谷滑降地点（一〇時一〇分）別山谷左俣一六〇〇m地点（一〇時四五分）チブリ尾根二一〇〇m（一二時三五分）

【山行適期】四月中旬～五月上旬

【グレード】
○総合　中級
○山岳技術　中級
○滑降技術　中級上

【装備】基本装備、アイゼン

【アクセス】車を利用する。連休時の石川県側からの白山山麓への車の乗り入れは加賀市ノ瀬までで、駐車スペースは確保されている。

【滑降高度差等】
○滑降高度差　七七〇m
○滑降距離　二・三km
○滑降斜面の最大傾斜　三六度

【二万五千図】白山、加賀市ノ瀬、二ノ峰

【留意事項】
○谷の上部、特に滑り出しは滑落に注意し、慎重に滑りたい。
○別山の滑り出し地点は分かりづらいので、チブリ尾根から登った場合は、避難小屋付近等からよく観察しておきたい。

Column

富山平野からの山岳展望

―立山と白山の両方を見ることができる―

富山県は東に北アルプス、南に飛騨山地、南西に両白山地が位置し、その中央にある富山平野は当然のことながらこれら山々の展望に優れています。

特に、氷見市から見る北アルプスは手前に日本海を配し、さながら「洋上アルプス」の感があります。

ここでは、いくつか見る場所を挙げて富山平野からの山岳展望を説明します。

（1）富山市の中心部から見た北アルプスを中心とした展望

富山市の中心部から見える主な山々は以下のとおりです。

ア　北アルプス

僧ケ岳、駒ケ岳、毛勝三山（毛勝山、釜谷山、猫又谷）、剱岳、剱御前、大日岳、立山、浄土山、龍王岳、鬼岳、獅子岳、鷲岳、越中沢岳、薬師岳、北ノ俣岳、白馬岳、朝日岳等

ここに挙げた山々のなかでは剱岳以北の立山連峰の標高が低いことから、白馬岳や朝日岳等の後立山連峰を望めることです。なお、奥大日岳も確認できますが、大日岳の陰に大部分が隠れています。また、立山は浄土山、剱御前、獅子岳等、周囲に似たような山容の山々があり、しかも大日岳が手前に聳えていることから、山に関心のある人でも正確に当てる人は案外と少ないです。

イ　北アルプス前衛の中級山岳

白鳥山、大倉山、大熊山、高峰山、大辻山、鍬崎山、鉢伏山、東笠山、西笠山、小佐波御前山等

ここに挙げた山々のなかでは、大倉山、大辻山、鍬崎山、鉢伏山等がその山容に特徴があり、比較的容易に同定することができます。

（2）小杉駅周辺からの展望

小杉駅は、富山市と高岡市のほぼ中間にあります。ここから望む北アルプスの展望は，富山市より10kmほど西に位置することから、北アルプスの山々がいくぶん小さくなって見える反面、富山市街から見た場合に前衛の山々に隠れて見えなかった山々も同定できることです。その代表格としては、飛騨の笠ヶ岳が挙げられます。

また、望む方角を東から南西に変えると、白山山系北部の秘峰、笈ケ岳と大笠山が見えます。なお、笈ケ岳は深田久弥が日本百名山の候補としても挙げた山です。

（3）高岡市郊外から見る北アルプス等の展望

富山市から20kmに西方の高岡市では，「富山市からは見られなかった笠ヶ岳が小杉駅では見える」と同様な現象がさらに進みます。

特筆する山としては、薬師岳の右隣りに水晶岳、遠く乗鞍岳，北アルプスの北端には新潟の青海黒姫山，南南西に目を転じれば加賀の白山が挙げられます。

このように、高岡市は富山市以上に（場所にもよりますが）日本の名山を数多く望むことができる楽しみがあります。なお、白山については大抵の人が見えない山と信じ込んでいるフシがあるように思えてならないのですが、実際は富山県西部においては比較的容易に望むことができます。

したがって、白山と立山が両方見える場所は珍しくないことも、このことから容易に推察できますが、白山を正確に同定できる人はほとんどいないことから、この事実を知る人もほとんどいないものと思います。

9 福井県北部の山岳
山域概要
—部子山・銀杏峰周辺に人気ルートが存在—

福井県の最高地点は白山山系三ノ峰南の標高二〇九五m地点であり、そのほとんどは二〇〇〇mに満たない山々である。しかし、北陸の他の山々と同様、積雪量に恵まれており、山行適期は概ね二月下旬から三月下旬と短いものの、快適なルートが多数存在する。

記録を見ると、石川・福井県境周辺では越前甲（横倉から往復）、取立山（「東山憩いの森」から往復）、赤兎山（西俣谷）、法恩寺山・経ヶ岳（亥向谷）、中心部の荒島岳周辺では、荒島岳（橋架谷）、小荒島岳（一のカラ谷）、部子山（へこさん）・銀杏峰（げなんぽ）周辺がよく滑られている。このうち、部子山・銀杏峰周辺には多くの快適な谷ルートが存在し、福井県では特に人気の高い山域である。

銀杏峰の滑降

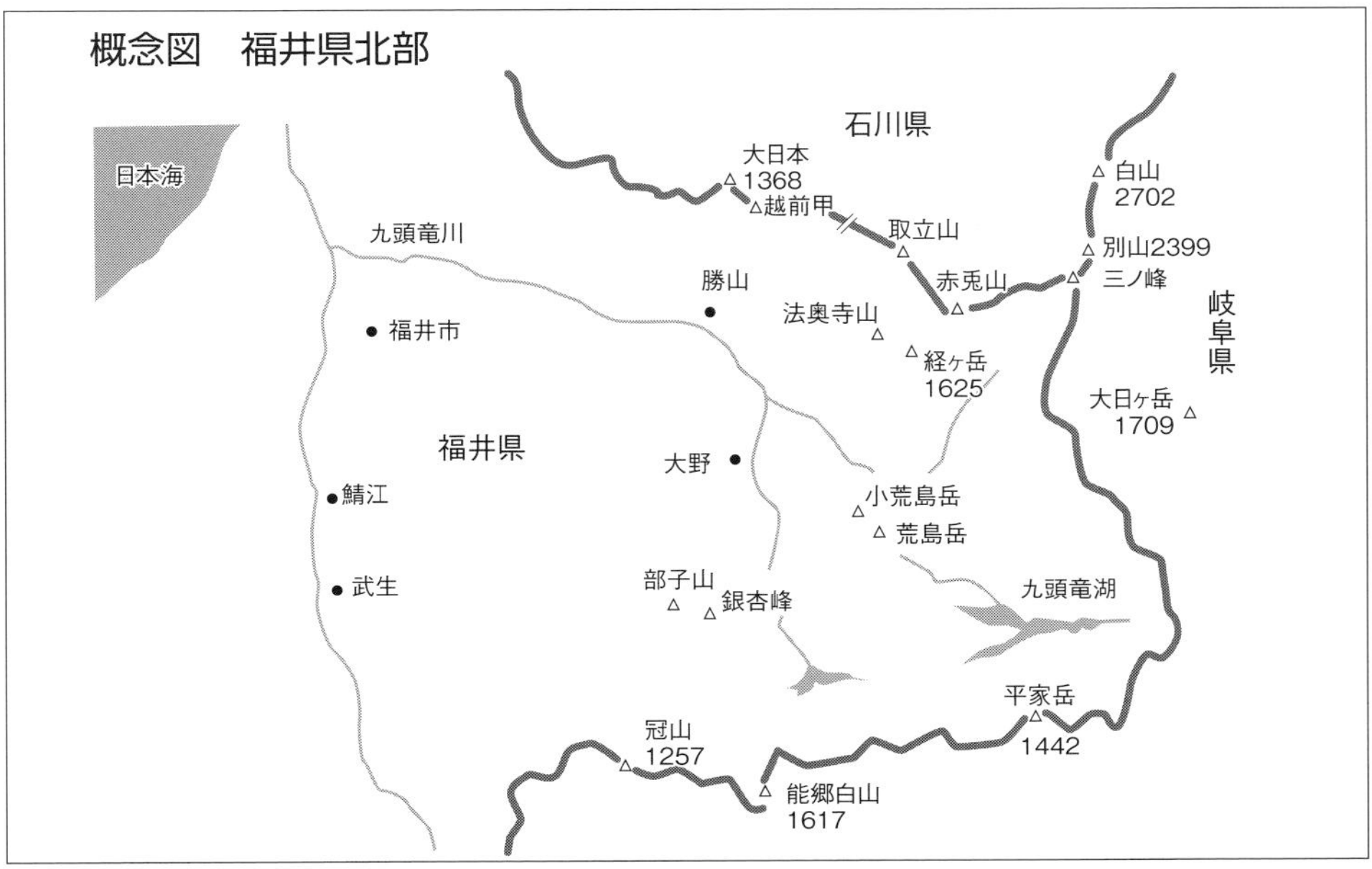

銀杏峰の滑降

概念図　部子山・銀杏峰周辺

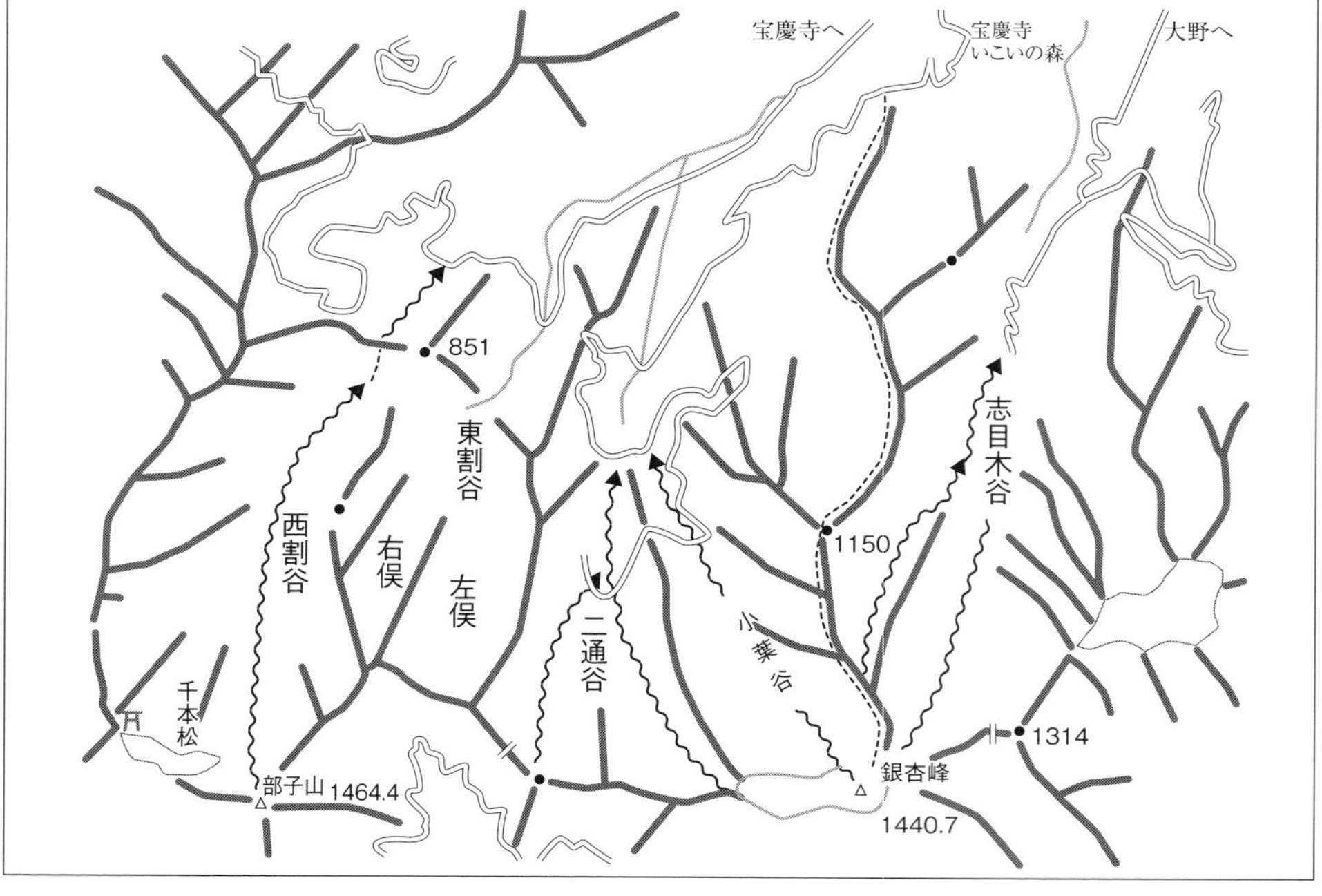

10 東京近郊の山々 山域概要

自然条件など

東京を中心とした関東地方は西から那須、日光・尾瀬、谷川岳周辺、上州武尊山、巻機山、苗場山、南アルプス北部、富士山等、さまざまな山域があり、積雪量等の自然条件もさまざまである。

このうち、尾瀬、谷川岳周辺、巻機山、苗場山等においては積雪量に恵まれ、さまざまな快適なルートが存在する。特に谷川岳周辺、巻機山、苗場山等では、谷筋にも優れたルートが存在する。

一方、太平洋側の那須、富士山山麓等においては、積雪量が少ないためルートは限られるが、自然条件は比較的穏やかなので入山しやすいこともあり、南岸低気圧が通過した後のパウダースノーを狙って滑るのも一興だろう。

このように、関東周辺はさまざまな山々が対象となることから、上手に滑れば一二月下旬から滑降可能であり、最後は富士山や北岳大樺沢等、六月上旬までの長い期間がシーズンとなる。

ルート概要

東京近郊はあまりにも多くのルートが存在するので、主なものだけを述べる。

那須

マウントジーンズスキー場から三本槍ヶ岳（中の大倉尾根往復）、三本槍ヶ岳から赤面山

日光・尾瀬

湯元から前白根山（白根沢）、奥白根山

尾瀬

鳩待峠から至仏山往復、至仏山（ムジナ沢、ワル沢）、御池から燧岳、長蔵小屋～燧岳往復

上州武尊山

前武尊から荒砥沢、西俣沢、上州武尊から宝台樹スキー場、玉原スキー場～鹿俣山～玉原湿原

谷川岳周辺

白毛門～白毛門沢、白毛～丸山～水上温泉、清水峠越え、蓬峠越え、大烏帽子山～雨ヶ立山～宝川温泉、谷川岳から芝倉沢、谷川岳西黒沢、万太郎沢、仙ノ倉山シッケイ沢、万太郎山から毛渡沢、平標山平標沢、平標山ヤカイ沢、平標山センノ沢

巻機山

巻機山井戸尾根、ヌクビ沢、米子沢、柄沢山柄沢

苗場山

神楽峰～苗場山～小赤沢、神楽峰～霧の塔～雁ヶ峰～かぐら・みつまたスキー場、かぐら・みつまたスキー場から神楽峰往復

南アルプス北部

仙丈ケ岳（藪沢、大仙丈沢、スキー沢）、北岳大樺沢

富士山

富士山（吉田大沢、砂走り、富士吉田口）、宝永山、二ツ塚

富士山

No.1

富士山・二ツ塚

東京からも近く手軽なルート

日帰り
★

概説

二ツ塚は、宝永山のやや左に位置し、富士山の裾野に小さな瘤を二つ並べた様は、恰も宝永山の弟分のようだ。

このルートは、東京周辺で厳冬期に手軽に楽しめるものの一つとして価値があるが、山行に当たっては、積雪が一定程度あることや雪質が良いことが条件となる。南岸低気圧の通過後の降雪直後を狙って入山したい。

行動概略

太郎坊から兄山往復

車で御殿場インターチェンジから富士山スカイラインを進む。車は標高一二八〇mの洞門を越えたすぐ右の駐車スペース又はその手前の標高一二五〇m付近の林道が接する空き地に止める。

取り付きはどちらでもよいが、洞門からであれば少し北に歩けば樹木がとぎれ、ルートが見渡せるようになる。本山行では、標高一二五〇mから林道に取り付いた。林道はやがて太郎坊に出て、広い道を進むようになる。標高一三九〇m付近から脇の林道に入ると僅かで前方の樹林が途切れ、頂上にいたる広大な斜面が目に飛び込んでくる。余りにも斜面のスケールが大き過ぎて感覚がつかめない。正面には富士山本峰が、やや左に宝永山が、そしてそのさらに左には可愛いコブが仲良く並んだ目指す二ツ塚が見えるが、とても三〇〇〇mを越える山という感覚にはならないだろう。

ここからは、概ね御殿場口登山道に沿ってシールを効かせて登る。登山道に沿って杭が立っているので、視界不良時はこれを目標にすればよい。標高一八〇〇m付近まで真っ平らな富士の雪原を登れば、左手に

標高1500m付近から望む富士山本峰。頂上まで無立木の大斜面である。視界不良時は写真右に見える杭が頼りである。

見えた沢は浅くなるので、登山道をはずれて二ツ塚山頂（兄山）向かう。二ツ塚の登りは、これまでと異なり傾斜を増すが、それほど急ではないのでシールで登るにはちょうどよい。たどり着いた二ツ塚の山頂は風が強いために居づらいことから、早々に滑降に移ることとなる。滑降ルートは概ね来たところを戻ることとなるが、標高一四〇〇m付近に見える長方形の駐車場やや左を目標に滑ればよい。

　眼下に広大な富士の雪原をみての滑降は他の山域では味あうことのできない雰囲気がある。二ツ塚直下を除けば傾斜は緩く初心者向きの斜面が続くが、無立木の斜面だけに雪質は風や日射の影響を受けやすく、快適かどうかは雪質と積雪量次第である。

二ツ塚頂上（兄山）から見る弟山

二ツ塚山頂付近から滑降斜面を望む

山行データ

【同行者】　恒川隆司
【日時・天候】二〇〇八年二月三日（晴れ）
【参考タイム】標高一二五〇m取付き（一〇時三〇分）二ツ塚（一三時）取り付き（一四時一五分）
【山行適期】　二月下旬～三月上旬
【グレード】総　合　初級
山岳技術　初級　滑降技術　初級
【装　備】　基本装備
【アクセス】　御殿場インターから富士スカイライン経由で取り付きまで行く。車の利用が前提である。
【滑降高度差等】
○滑降高度差　七〇〇m
○滑降距離　三・〇㎞
○滑降斜面の最大傾斜　二〇度
【二万五千図】　須走
【留意事項】
○このルートは積雪量が少ない山域であることや雪質を考えると、南岸低気圧が通過した直後のまとまった降雪があったときに実施したい。
○天候が安定し、時間があれば、宝永山まで足を伸ばしてもよいだろう。ただし、宝永山の滑降は雪質に注意したい。
○このルートの一番の難点は駐車スペースの確保であり、取り付きへの到着が遅くなると、駐車場探しに一苦労することとなる。
○洞門からであれば、少し北西に登れば雪原となる。

ルート図　富士山・二ツ塚

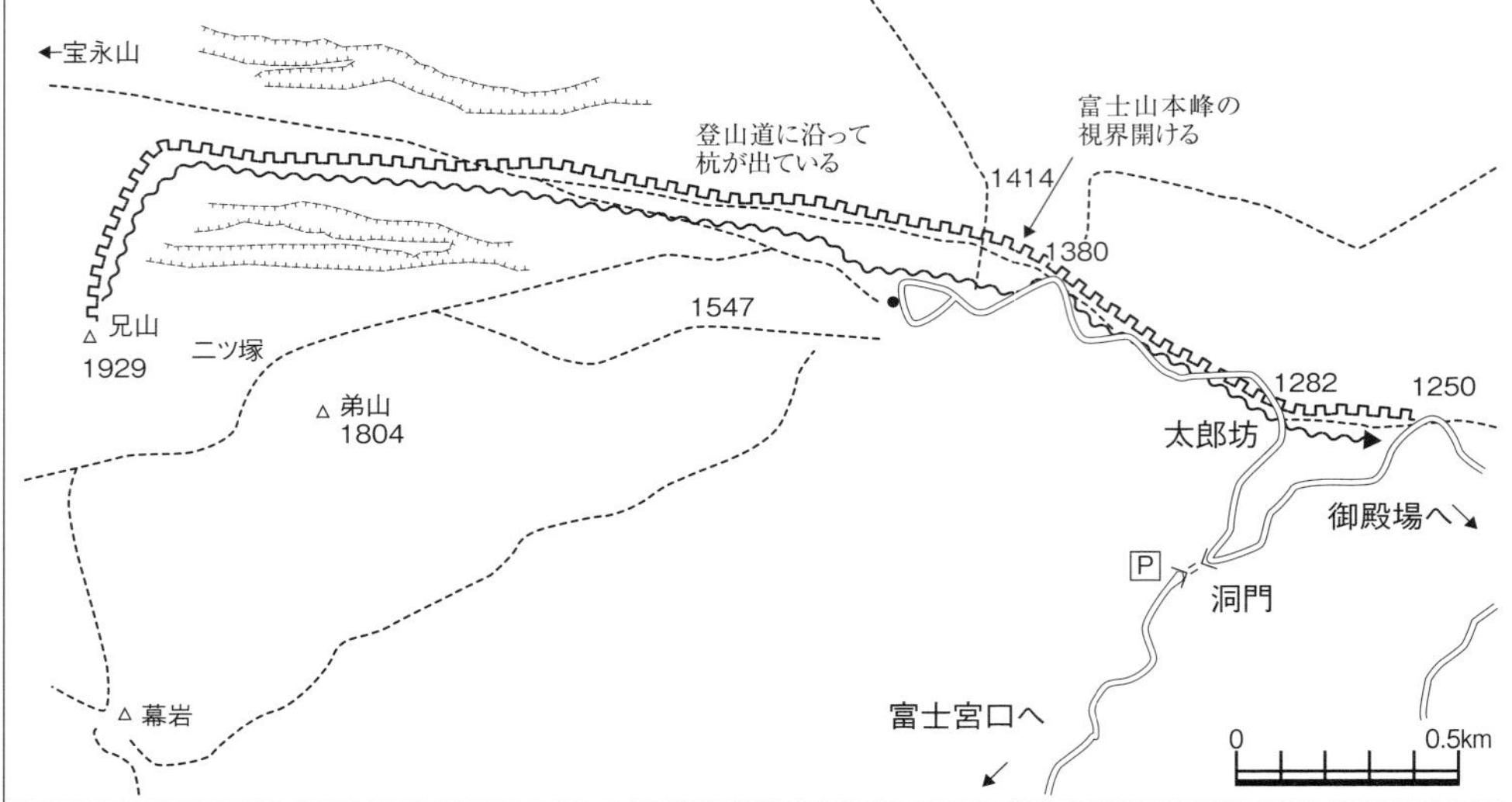
宝永山
登山道に沿って
杭が出ている
富士山本峰の
視界開ける
1414
1380
兄山
1929
二ツ塚
1547
弟山
1804
1282
1250
太郎坊
御殿場へ
P
洞門
幕岩
富士宮口へ
0
0.5km

(参考)概念図　富士山

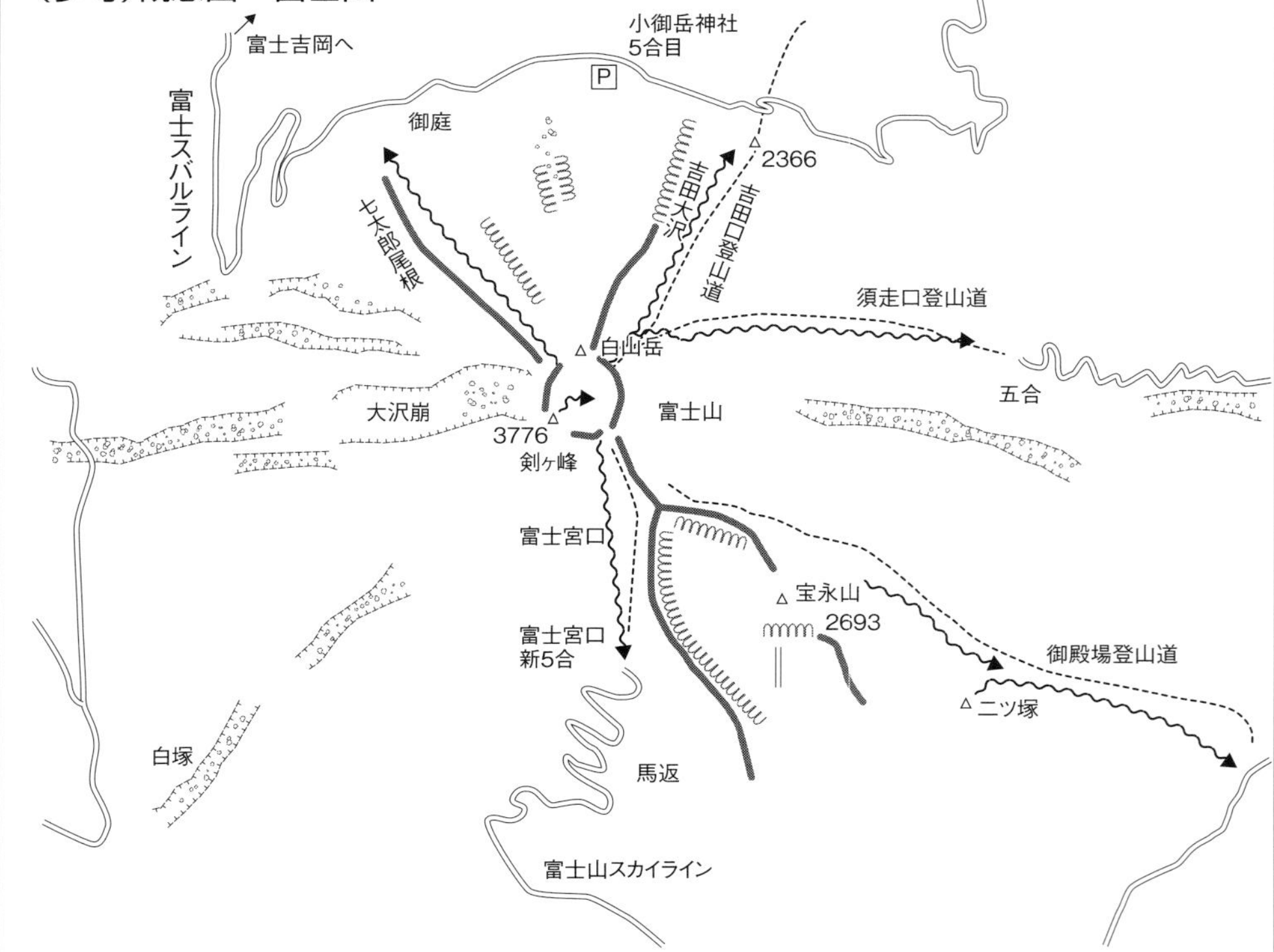
富士吉岡へ
小御岳神社
5合目
P
富士スバルライン
御庭
2366
吉田大沢
吉田口登山道
七太郎尾根
須走口登山道
白山岳
五合
大沢崩
富士山
3776
剣ヶ峰
富士宮口
宝永山
2693
富士宮口
新5合
御殿場登山道
二ツ塚
白塚
馬返
富士山スカイライン

No.2

浅間山東斜面

パウダーを狙いたい大斜面

日帰り
★

概説

浅間山はアルプス並みの標高を有する独立峰である。また、上部は火山特有の無立木の斜面となっており、見た目には至る所に快適そうな斜面が広がっている。しかし、独立峰ゆえの風の強さと積雪が少ないことと相俟って、雪面は日射や風の影響を受けやすいことから、滑降可能な斜面も限られ、雪面はクラストしていることが多い。従って富士山などと同じく、気象条件を上手く捉えて滑らないと快適な滑降は望めない。

浅間山は、この東斜面の他、北斜面や南斜面（弥陀ヶ城岩）も滑降記録はあるが、おそらくこのルートが、浅間山を巡るもののなかでは風や日射の影響を受けにくく、最も一般的なルートと考えられる。

行動概略

峰の茶屋～東前掛山～山頂手前～東前掛山下～東斜面～有料道路～峰の茶屋

峰の茶屋が取付きで、ここから国道と林道の間につけられた登山道をたどる。樹林が濃いので忠実にたどると小浅間山とのコルにつく。なおも、樹林の濃い登山道を忠実にたどると、小浅間山よりやや低い標高辺りから樹木はなくなり、雪が風に飛ばされた石混じりの稜線を登ることとなる。この辺りはところどころ雪が途切れ、シールでそのまま登るには躊躇するところで、通常なら風も強くなると思われる。正面右には、標高二四〇〇mの東前掛山から広がる広大な東斜面上部が望まれる。下から見ると、登山道はこの斜面上部を斜上しているが、ここはクラストしていると考えられるので、途中からこの登山道を左に折れ、忠実に尾根をたどる。下からは分かりづらいが、ここにも登山道がある。

なお、滑降はこの斜面なのでよく観察しておきたい。下部には樹林帯が広がっているので、どのようにこれを抜けるかが難しい。標高二三〇〇mまで登ると、ここから上の登山道（ブルドーザー或いは雪上車が登った跡のような径）には雪がないので、スキーをデポして頂上に向かう。東前掛山まで登ると、正面にずんぐりとした浅間山頂上を正面に見る。ここは一旦、右に折れて登山道に沿って回り込むようにして頂上に立つことになるが、登頂にはアイゼンが必要である。

頂上から標高二四〇〇～二三〇〇mまでの稜線は、雪が少なく滑降が不可能か、滑ったとしても面白くはないので、今回の山行のように適当なところで荷物をデポして頂上に向かうのが良い。

標高二三〇〇mからスキーを履いて、いよいよ東斜面の滑降を開始する。出だしは雪面がクラストしているので慎重にトラバースして、できるだけ東に寄ると雪質は良くなるだ

峰の茶屋の登山道取付き

ろう。このクラストした斜面は転倒が許されないだけに、確実を期すなら、アイゼンで雪質が良くなるところまで下降した方がよい。スキーでの滑降は神経を使うところだ。

ここからは、眼下に広がる広大なパウダーの斜面を一気に滑る。滑りに滑っても眼下の平坦な斜面に着かないのは、この斜面が無立木なだけに、見た目以上にスケールが大きいからだろう。下部斜面のルート採りはなかなか判断に迷うところではあるが、ポイントは小さな沢の右岸をたどることである。

右側の樹林帯やや左の、白く帯状になったところに滑りこみ、樹林帯に突入する手前、赤い筒のような人工物のすぐ先で左に折れて、林道と思われるやや狭い切り開きから樹林帯を抜けるのがベストだろう。抜けてしまえば、前方に見える建物目指して傾斜のない雪原を滑るだけである（次頁の写真）。ここから間もなくで大きな建物のある有料道路の脇に出る。

有料道路を五〇分弱歩いて峰の茶屋に戻る。

小浅間山を背に、東前掛山を目指して登る。雪は風に飛ばされて、稜線の積雪は極めて少ない。

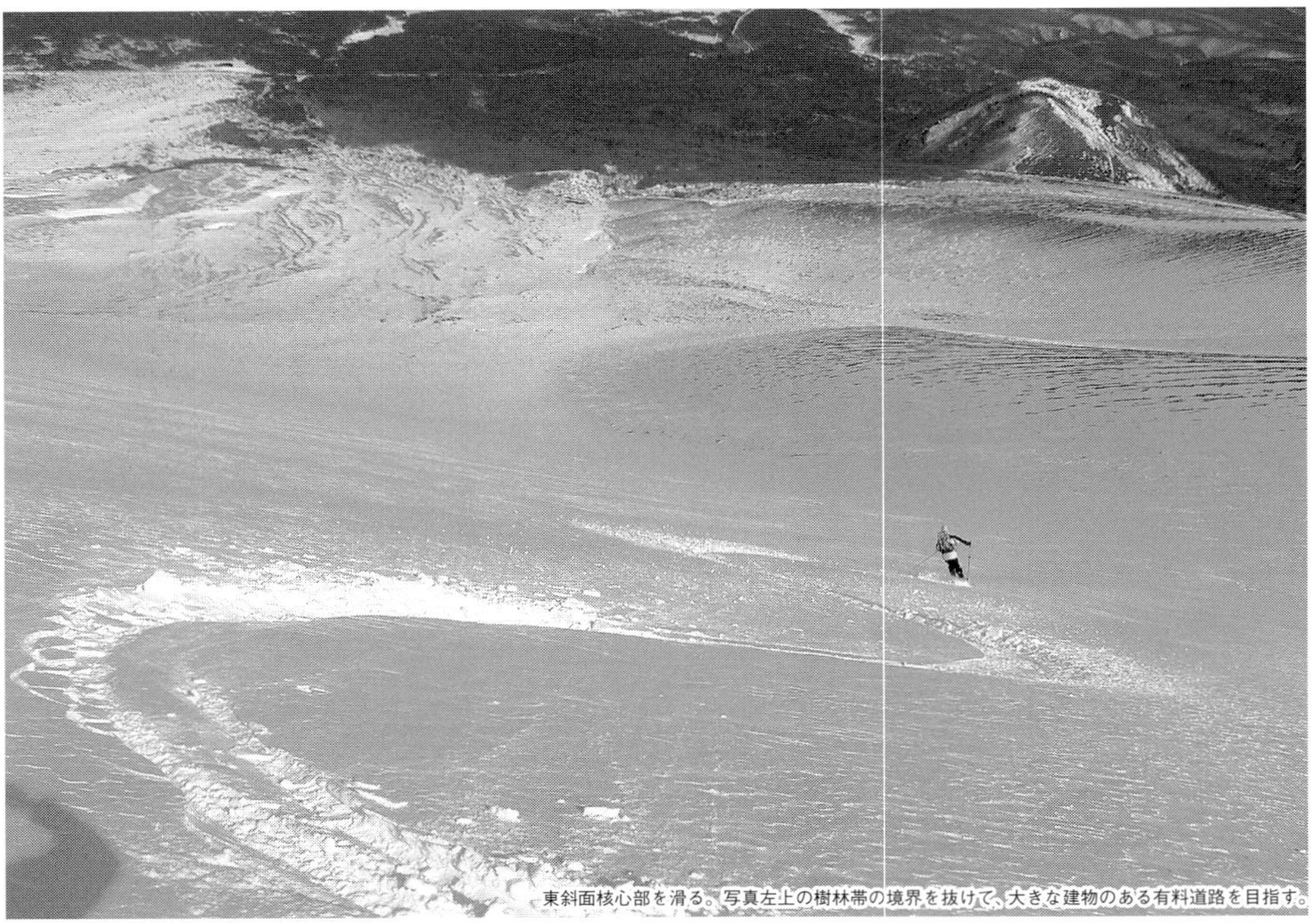

東斜面核心部を滑る。写真左上の樹林帯の境界を抜けて、大きな建物のある有料道路を目指す。

振り返り見る東斜面

斜面下部。帯状の斜面。ルートは写真やや右上から左へ樹林帯を抜ける。奥には目指す大きな建物が見える。

山行データ

【同行者】　恒川隆司
【日時・天候】　二〇〇八年三月二日（快晴）
【参考タイム】峰の茶屋（八時）標高二三〇〇mスキーデポ（一一時四五分）標高二五〇〇m（一二時三五分）標高二三〇〇m（一三時／一三時一五分）有料道路（一四時三〇分）峰の茶屋（一五時二〇分）
【山行適期】二月下旬～三月上旬
【グレード】
○総　合　中級下
○滑降技術　中級
○山岳技術　初級上
【装　備】アイゼン
【アクセス】
【滑降高度差等】
○滑降高度差　九〇〇m
○滑降距離　四・〇km
○滑降斜面の最大傾斜　三〇度
【二万五千図】浅間山、北軽井沢
【留意事項】
○浅間山は気象庁の噴火警戒レベルに応じて登山が制限されるので、山行前に確認が必要である。
○風が強く雪の状態が悪いと思われるときは山行を中止したい。
○　東斜面の滑り出しは、今回の滑り出しである標高二三〇〇m付近が一般的と考えられる。
また、滑り出しは通常、クラストした石混じりの斜面でありスキーでのトラバースは滑落のリスクが大きいので注意したい。
○峰の茶屋の駐車スペースは十分確保されている。

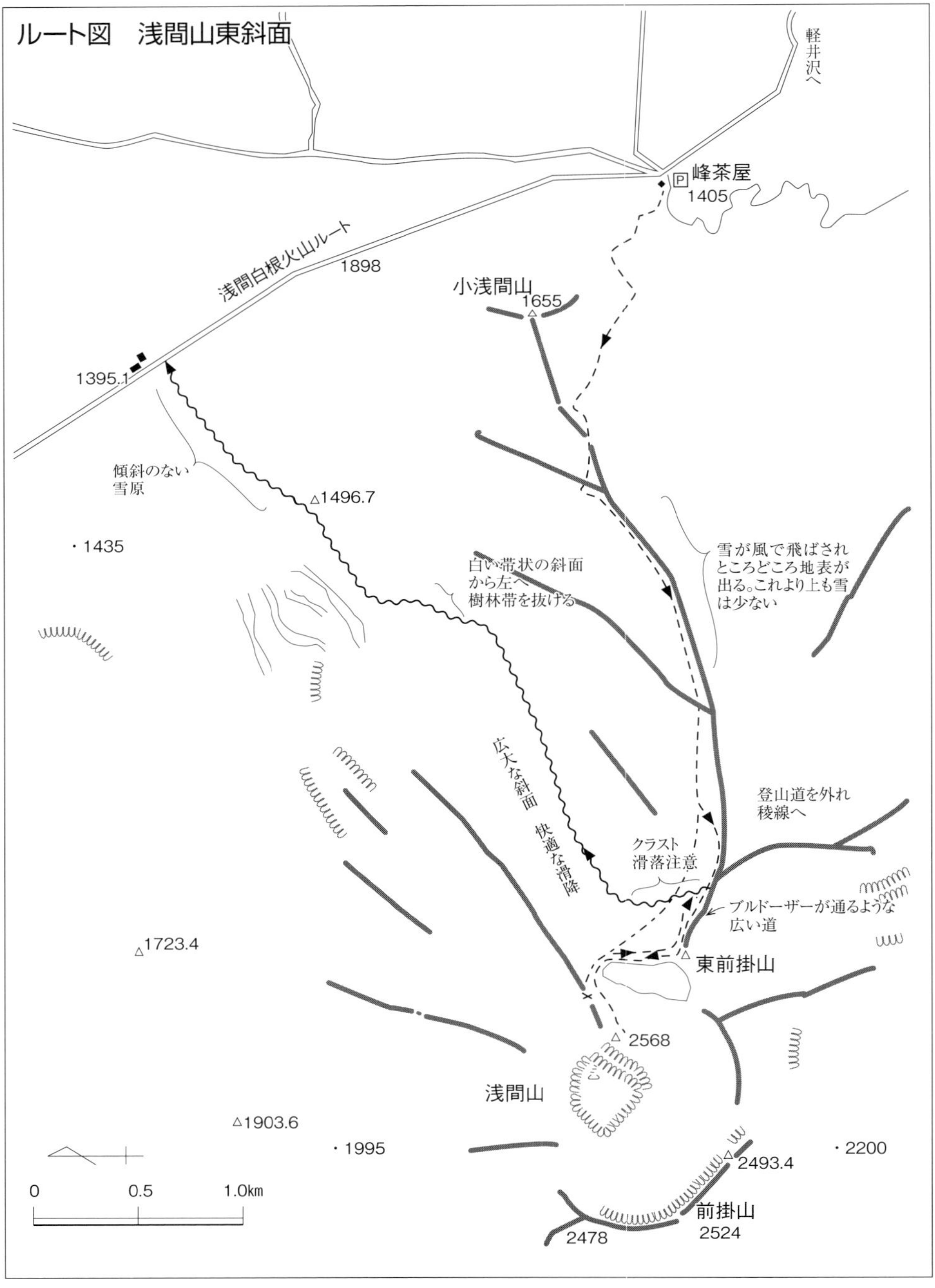
ルート図　浅間山東斜面
軽井沢へ
峰茶屋
1405
浅間白根火山ルート
1898
小浅間山
1655
1395.1
傾斜のない
雪原
1496.7
1435
白い帯状の斜面
から左へ
樹林帯を抜ける
雪が風で飛ばされ
ところどころ地表が
出る。これより上も雪
は少ない
広大な斜面　快適な滑降
登山道を外れ
稜線へ
クラスト
滑落注意
ブルドーザーが通るような
広い道
東前掛山
1723.4
2568
浅間山
1903.6
1995
2200
2493.4
前掛山
2524
2478
0
0.5
1.0km

No.3

平標山・西ゼン

素晴らしい源頭部と厳しい核心部

日帰り

概　説

平標山は昔から山スキーと沢登りで知られた山であり、山スキーにおいては昔から、平標山の家を経て頂上を往復するもの、頂上から平標沢などが滑られてきた。

近年では、ヤカイ沢に多くの山スキーヤーを迎えるようになったが、西ゼンも滑降記録が発表されてからは時々滑られるようになった。

厳しい核心部を有するだけに、誰にでも楽しめるという訳ではないが、山スキーに必要な一通りの要素は兼ね備えている。滑降技術に長けたメンバーで、平標山を巡る山スキーの最後を締めくくるものとして滑るのがよいのではと思う。

行動概略

隣に三国小学校のある火打峠の駐車スペースに車を止め、河内沢に沿った車道を歩く。周囲は別荘地となっており、その一番奥で除雪が終わっている。

ここから林道に沿って更に進むとヤカイ沢出合となり、すぐ先で橋を渡る。橋を渡った先、標高一〇五〇m或いは一〇七〇m付近で今までたどってきた林道をはずれ、ヤカイ沢左岸に登路をとる。ヤカイ沢は広く樹林も薄いので、適当に方向を決めて進む。標高一三〇〇m付近で右から支尾根が出合うので、この尾根を右から巻くように登る。斜面上部は適度の樹林があり、安心して登ることができる。

ルートはこの先、この尾根を離れ、ほぼ西に進んで稜線に出る。稜線は雪が少なく傾斜もあることから、坪足では登りづらい。しかし、この尾根も平標山の家から続く稜線と合すると傾斜は緩くなり、頂上まで緩斜面の広い尾根が続く。晴れていれば気分のよい登高となり、山頂へはここから思いの外短時間でたどり着くことができる。頂上は谷川連峰の西端に位置するだけに、とりわけ苗場山などの上信越の山々の展望に優れている。

西ゼンの滑降は、この山頂が滑り

平標山まであと一息

平標山直下、西ゼンへの斜面

出しであり、眼下に広大な斜面が広がっている。この斜面はルート中、最も快適な斜面であることから大事に滑りたいところである。なお、滑降ルートは頂上から右或いは左のいずれかであるが、左からの方が快適な滑降を楽しめるだろう。頂上から高度差二〇〇mはこのルートの白眉である。標高一七四〇mまで広い斜面を滑ると、ちょっとした小広い台地があり、ここから左にいよいよ谷状となった地形に滑り込む。斜面の傾斜はまだ緩いので、快適に標高一五五〇mまで滑降すると、谷が狭まり前方は五〇度以上の急斜面となる。ここは夏場、第2スラブの終了点となっているところである。今回の山行では斜面がデブリで荒れており、斜面下部の雪面が割れていたので、この部分の滑降は危険と判断せざるを得なかった。緊張するところであるが、幸いにも左に広い斜面が広がっていることから、目一杯左に斜滑降してこの箇所を抜ける。ここから東ゼン出合までは、条件が悪いと至るところ谷がデブリで覆われており通過に手間取るかもしれない。

東ゼン出合（標高一一五〇m）から仙ノ倉谷をどんどん滑る。ここからはデブリも少なく地形も穏やかになる。僅かで平標沢出合に到着する。ここからは平標沢の右岸を快適に滑る。

やがて、右岸から小さな谷の入る標高九〇〇m付近でスノーブリッジを伝って左岸に渡り、更に滑って群大ヒュッテの脇に出る。堰堤のある標高七三五mの橋を渡ると林道は明瞭になり安心して滑ることができるが、傾斜もなくなるのでところどころスキーを履いたまま歩くところも多くなる。積雪の多いときは、高速道路近くまでスキーを使えるだろう。

西ゼン核心部（第二スラブ上部）

山行データ

【同行者】　恒川　隆司

【日時・天候】
二〇〇八年三月一六日（快晴）

【参考タイム】　火打峠（平標登山口）（六時）平標山（一〇時／一〇時三〇分）東ゼン出合（一一時三〇分）平標沢出合（一一時五〇分）高速道路橋脚下（一三時）土樽駅（一三時四〇分）

【山行適期】　三月上～中旬

【グレード】　総合　上級
山岳技術　中級下　滑降技術　上級

【装　備】　アイゼン

【アクセス】　車の場合、火打峠まで車を回収することとなるが、この場合は、土樽駅から湯沢駅まではバス又は電車を利用する。湯沢駅からは東口から浅貝行きのバスを利用し、平標山登山口で下車する。

【滑降高度差等】
○滑降高度差　一四〇〇m
○滑降距離　一〇・〇km
○滑降斜面の最大傾斜　四二度
（第二スラブ上部高度差五〇mは五九度）

【二万五千図】三国峠、土樽

【留意事項】　部分的にかなりの急斜面を滑ることから、確実な滑降技術を有し雪質判断ができるパーティのみに許されるルートである。

ルート図　平標山·西ゼン

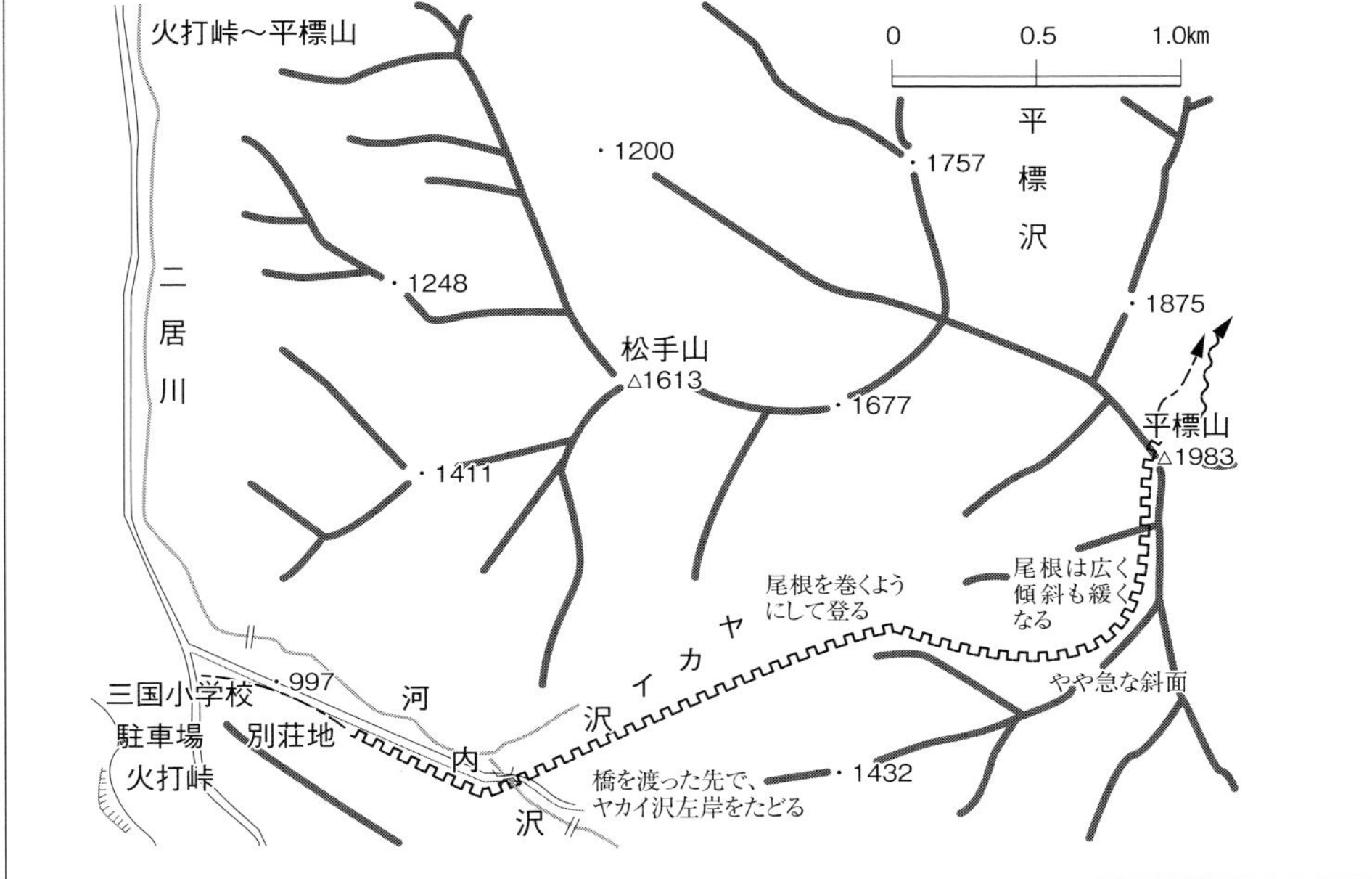
火打峠〜平標山
0
0.5
1.0km
平
標
沢
・1200
・1757
・1248
・1875
松手山
△1613
・1677
二
居
川
平標山
△1983
・1411
尾根は広く
傾斜も緩く
なる
尾根を巻くよう
にして登る
ヤ
カ
イ
沢
三国小学校
駐車場
火打峠
・997
河
別荘地
内
沢
やや急な斜面
・1432
橋を渡った先で、
ヤカイ沢左岸をたどる

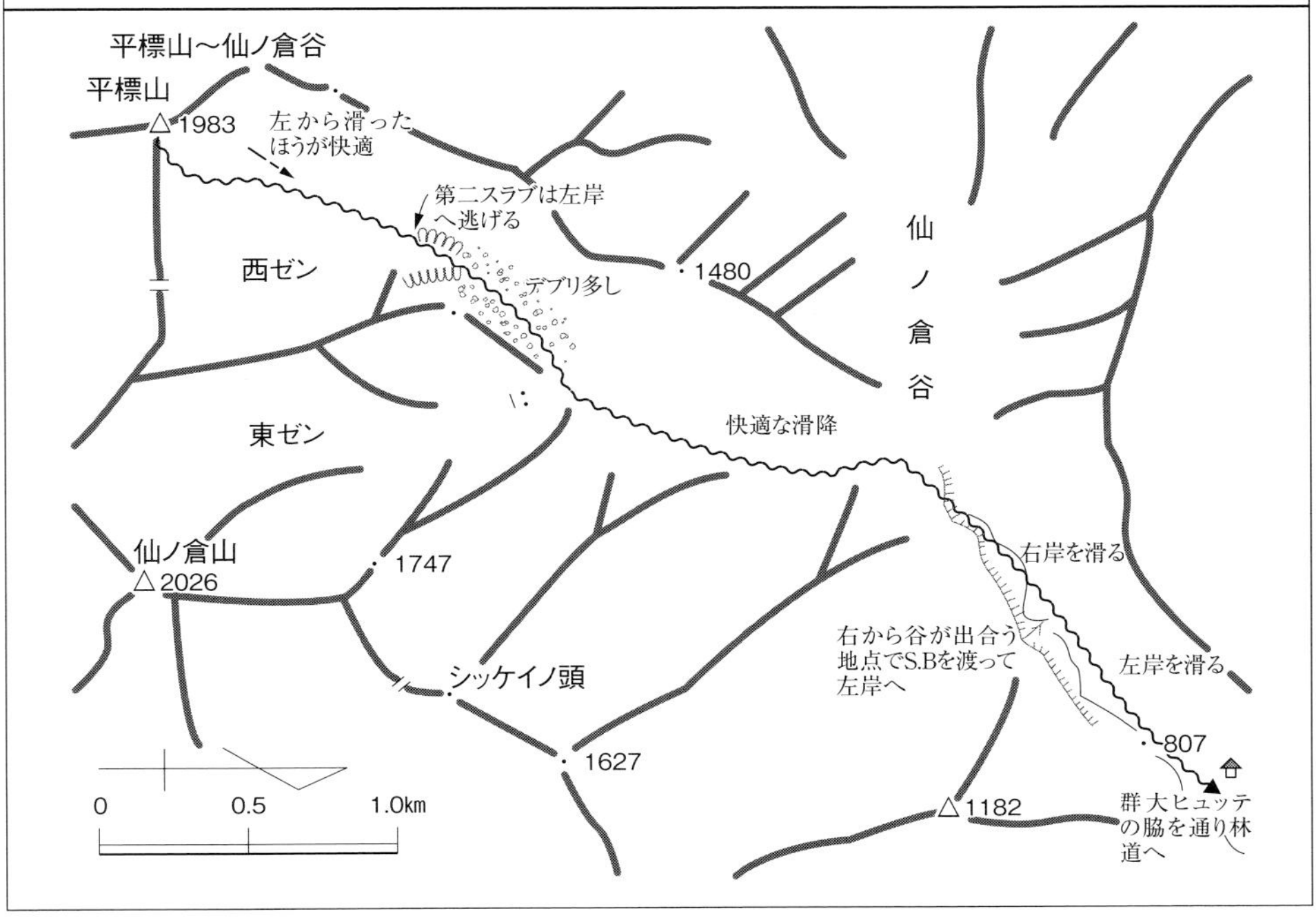
平標山〜仙ノ倉谷
平標山
△1983
左から滑った
ほうが快適
第二スラブは左岸
へ逃げる
西ゼン
・1480
デブリ多し
仙
ノ
倉
谷
東ゼン
快適な滑降
仙ノ倉山
△2026
・1747
右岸を滑る
右から谷が出合う
地点でS.Bを渡って
左岸へ
左岸を滑る
シッケイノ頭
・1627
・807
0
0.5
1.0km
△1182
群大ヒュッテ
の脇を通り林
道へ

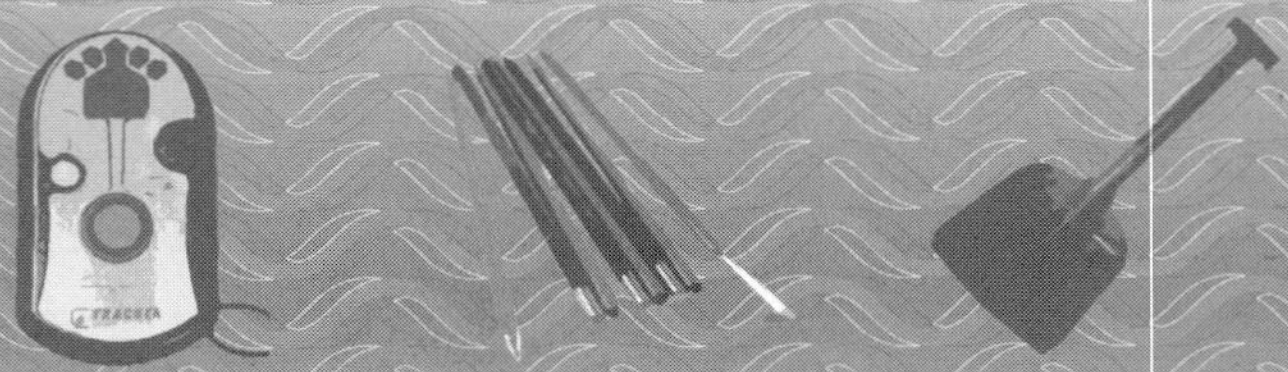

【登山者のための雪崩学 1】

―雪崩について学ぶ必要性とは―

山岳事故からの検証

警察庁が毎年まとめる「山岳遭難統計」（平成 22年）では、山岳事故（山菜採り、観光、狩猟等を含む）の原因の４割が道迷いであり、次いで滑落、転倒の順となっています。一方、雪崩は１パーセント以下で、この調査結果からでは、雪崩が重大な山岳事故の要因の一つとは考えられないと思います。

しかし、登山者の観点からみた場合は事情が違います。日本勤労者山岳連盟に寄せられた事故の報告データ（下表）によれば 2012年末現在で、過去 10年間の総事故者数 3078名に対して雪崩による事故者数は 27名で 0.8%となっていますが、雪崩による死亡・行方不明者数は 11名で、雪崩事故者に占める死亡・行方不明者の率は 40.7%、山岳事故全体の死亡・行方不明者の率でも 11.2%となっています。雪崩は積雪期の登山を志す者にとって、最も真摯に考えなければならないリスクの一つであること、いったん遭難すると極めて深刻な事態に陥る可能性が高いことが、このことから分かります。

山岳経験だけで雪崩のリスクマネジメントはできない

「雪崩そうな斜面は、これまでの経験で察しがつくから大丈夫」という発言を登山者から聞くことがあります。果たして、その発言は的を射ているでしょうか。

雪崩は、「斜面に積もった雪が、重力の作用により肉眼で識別し得る速さで位置エネルギーを変更する自然現象」と定義されますが、登山者自らが斜面へ刺激を与えることにより、それが引き金（トリガー） となって発生することがほとんどです。

また、雪崩の厄介な点は、その発生原因が積雪の内部構造をはじめ、いくつかの条件が重なって発生することから、これを総合的に判断しなければならないため、積雪斜面の外見だけで危険性を見極めることが不可能なことです。そのため、雪（雪崩）に関する知識を理論的に理解し、常に積雪（断面）の安定性、地形、植生、積雪斜面の力学的バランス、天候等を念頭に置きながら、その知識を実際の山行に役立てることが不可欠です。山岳経験は重要ですが、それだけに頼っていては不十分であることはこの点から明らかです。

表　日本勤労者山岳連盟に報告された事故データの集計結果

種別（単位）	総事故合計	雪崩事故	雪崩事故の割合
事故者数	3,078 （人）	27 （人）	0.8（%）
死亡・行方不明者数	98 （人）	11 （人）	11.2（%）
死亡・行方不明者数の割合	3.1 （%）	40.7（%）	

2003年１月１日から 2012年 12月 31日までの 10年間に発生した事故

【登山者のための雪崩学２】

―斜面の力学的バランスを考えよう―

斜面に積もった積雪は、雪崩なくても重力の作用により目に見えない速度で下方へ移動しています。その速さやエネルギーは斜面の傾斜、植生、地形、積雪量等に大きく左右されます。しかもそのエネルギーは、斜面に均等にかかる訳ではなく、これらの条件により大きな歪みを斜面に生じさせます。

また、雪崩を考える場合、風の作用も無視できません。仮に降雪がなくとも、風によって雪が吹き払われ、風下に吹き溜まりができます。雪庇も風によって形成されます。吹き溜まりは上載積雪が増すとともに、気温が非常に低い時は不安定な状態が長く続くこともあるので、雪崩発生の大きな要因になる場合もあります。

これらのことを考えると、私たちはこれから登る或いは滑る斜面の力学的なバランス、言い換えれば歪みがどこに生じているかを観察し、少なくとも一番不安定な斜面に極力侵入しない眼を養うことが必要です。

（写真　中央アルプス千畳敷）

【吹き払いと吹き溜まり】

正面に見える尾根の前面に、風による小規模な吹き溜まり（クロスローディング）が観察されます。この場合は顕著なものではありませんが、手前のピーク裏は風の抜け道であり、通例は雪庇が形成される場所です。

このような風により形成された吹き溜まりは、北海道などの寒冷地では、焼結しづらいことから明確な弱層が形成されなくても積雪層そのものが不安定な状態となることがあります。

【登山者のための雪崩学3】

―積雪についての分かりやすい考え方は―

雪崩のことを知るには、どうしても積雪について知らなければなりませんが、学ぼうとすると難解に感じられて挫折してしまうことが往々です。

しかし、積雪については構成している積雪粒子の形と大きさ、そして積雪粒子同士の接点の数に注目して雪粒子同士の結びつきの強さを考えれば、意外とシンプルなものに感じるのではないかと思います。

順を追って考えてみましょう。降ってきた雪（降雪）は地表に積もる（積雪）ことにより、時間の経過とともに変化します（これを「変態」といいます)。一般に、降ったばかりの結晶形を持った雪は変態により、丸みをもつ小さな氷粒になります。これらの氷粒子同士の結びつきが強くなる場合もあれば、弱くなる場合もあります。そして、この氷粒（雪粒）同士の結びつきが強くなれば安定し、弱くなれば不安定となり雪崩やすくなります。

では、どのような要因が雪の結晶同士の結びつきを規定しているのでしょうか。

まず第1に、積雪の乾湿です。乾いていれば焼結という作用により雪粒同士がくっついて結びつきが強くなっていきます。濡れている場合は、雪粒同士の結合部に水が介在するので弱くなっていきます。

第２に雪粒の形です。雪粒が結晶の面を持って形がきれいなもの、例えば積雪の表面や積雪中にできる霜（表面霜、しもざらめ雪など）は美しい形をしているだけに、結晶同士の接点の数が少なく雪崩を起こす原因となります。また、同じ新雪でも雲粒のつかない美しい結晶（例えば広幅六花（ひろはばりっか）の結晶）は雪崩の原因となりやすく、雲粒のついた凹凸の多い結晶は相対的に雪崩の原因になりにくいということが分かります。

第３に雪粒の大きさです。雪粒が大きければ単位体積当たりの接点が少ないため強度が小さく、雪が乾燥した状態での焼結による安定化は小さい結晶より期待できないことが分かると思います。あられが引き起こす雪崩はその典型です。

図示すると右のようになります。

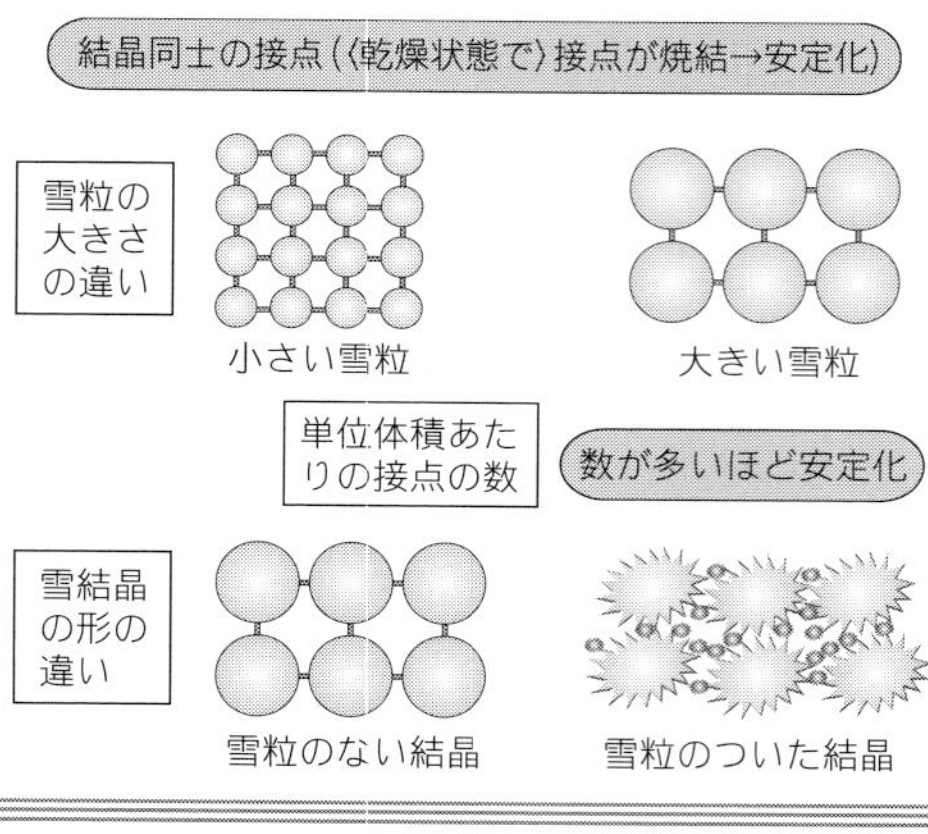

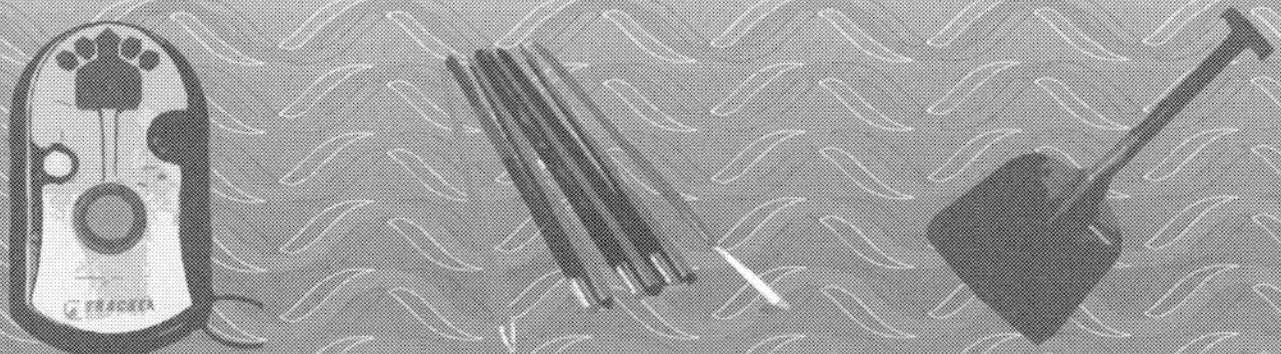

【登山者のための雪崩学４】

―実践しよう弱層テスト―

行動中に実践してほしいのが弱層テストです（写真及び下表）。雪崩易さは弱層テストの結果だけで判断するものではなく、植生、上載積雪の状況、斜面の傾斜、地形、気象なども総合的に参酌する必要があることから、あくまでも情報の一つという位置づけですが、欠くことのできない有力な情報です。少なくとも、雪崩易さは積雪の表面だけを見て判断できるものではありません。

なお、弱層テストをするときに留意したいことは、どの程度の深さまで弱層テストをおこなうかということです。一般に、登山者（坪足）が与える積雪への刺激はせいぜい深さ70㎝（新雪を除く）と言われていることから、概ね雪面に踏み込んだ底からさらに70㎝程度は弱層テストの深さの範囲と考えてください。

また、これらの情報と斜面の力学的バランスから、その場所の雪崩易さを判断する訳ですが、実際の行動では、これに時間的要素が加わります。つまり、仮に今の場所が安全であっても、数時間後に到達する場所は果たして安全かということを想定する必要があります。

【弱層テスト（シャベルコンプレッションテスト）の実施手順】

○ 30cm四方の四角柱を切り出し、山側はスノーソーで確実に切る。
○四角柱の片方の面は作業のしやすい幅にシャベルで掘り出し、もう一方の面はスノーソーで切り出す。
○シャベルを、切り出した四角柱のブロックの上面にあて、次の順で10回ずつシャベルの刃の部位を鉛直方向に叩く。叩きながら、四角柱の前面及び側面の状況を確認し、積雪層が潰れたり、ずれたりしないか観察する。
①手首を支点にして手のひらで10回叩く。②肘を支点にして拳で10回叩く。
③肩を支点にして拳で10回叩く。

結果	叩く回数（各10回）	（参考）積雪の状態と行動判断の目安
四角柱を切り出している最中に崩落	なし	非常に不安定　非常に危険・中止
手首を使い、手のひらで叩くと破断	1～10	不安定　行動変更・中止
肘から先を使い、拳で叩くと破断	11～20	吹き溜まりや急傾斜地は注意
腕全体を使い、拳で叩くと破断	21～30	概ね安定　注意して行動
上記手段で四角柱が崩れなかった	―	安定　行動・滑降可能

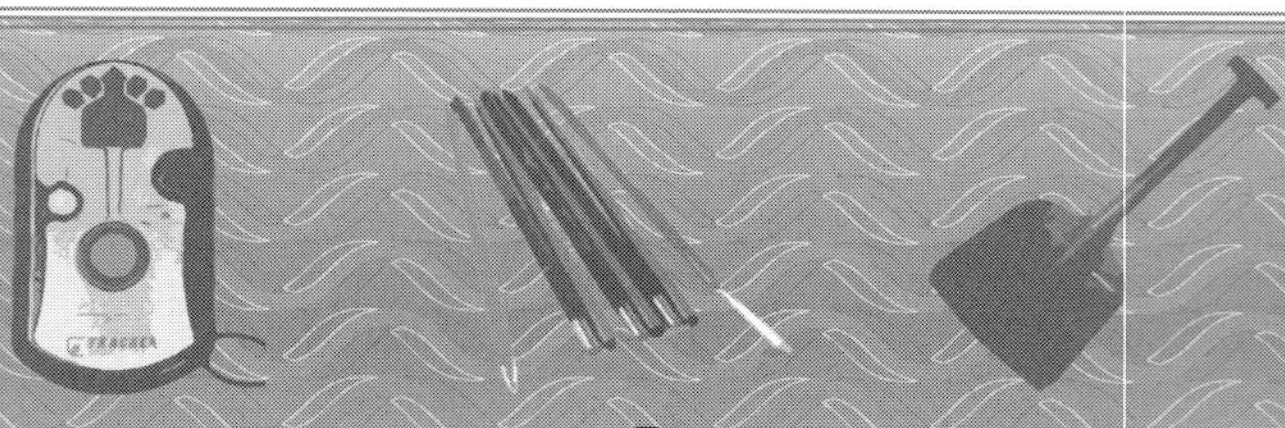

【登山者のための雪崩学5】

―コンパニオンレスキューのできる体制を作ろう―

雪崩から身を守るためには、①雪崩の危険をいかにして予測し避けるか、②雪崩に遭ったら、どのようにして仲間を助けるか、ということに尽きると思います。これまで雪崩の危険を予測することに重点を置いてお話ししましたが、ここでは雪崩に遭ったときの対応について述べます。

さて、あなたは知らないうちに雪崩の危険域に進入し、不幸にも自ら雪崩を起こす原因となり埋まることを想像してみましょう。登山者が一番注意しなければならない面発生乾雪表層雪崩では、たぶんあなたが進入した刺激が上部の斜面にあっという間に伝播し、一番不安定な雪面が破断して雪崩始めます。雪崩の速度は始めはゆっくりでも、瞬くうちにスピードが増し時速 100㎞を軽く超えるでしょう。そのような雪崩にあなたは巻き込まれ、恐ろしいスピードで流されます。途中に木や岩があり、生身でそこにぶつかったらどうなるでしょう。また、一つの雪崩が、二次雪崩を起こす原因となります。そして、雪崩が収まった頃にはあなたは埋没して全く息ができません。雪崩での死亡原因の主なものは窒息であり、埋没後 15分を過ぎると急速に生存率が低くなるのはこのためです（次頁）。このように考えると、雪崩に遭うと極めて絶望的な状態となるのが分かると思います。

では、そのような時はどうすればよいのでしょうか。その一つは、雪崩に流されている間、少なくとも口や鼻の周りを両手で囲って呼吸空間を作ることです。口や鼻の周りに空間があれば、多少の時間は生き延びることが可能かもしれません。また、埋まった場合、高い生存率を保つ 15分以内に遭難者を掘り出す必要があることから、シャベル、ビーコン（雪崩トランシーバー）、プローブ（250cm以上）は各自が持参し、コンパニオンレスキューのできる体制を整えておく必要があります。

最近、ビーコンを持つ登山者が増えつつありますが、操作が未熟であることが多く、心細く思うことがよくあります。日本は世界一多様な機種が出回っているので、メンバーが持参したビーコンのスイッチのオンオフの方法、捜索モードから送信モードへの自動復帰の有無等をメンバー全体で最低限、確認する必要があります。

さらに、埋没点を特定できるような知識を持ち合わせる必要があります。雪崩についてのこのような知識がないと埋まった人を見失った地点（「消失点」といいます。）に埋没したと考える人が多いようですが、実際にはまだその先に流されてしまいます。埋没する確率が一番高いのはデブリの末端ですので、その程度は覚えておく必要があります。また、雪そのものは固体ですが、雪崩の運動は流体として捉えるべきであり、雪崩の速度が急激に減じられるところに遭難者が埋没する確率が高いことに気づけば埋没位置の特定に関し応用できると思います。

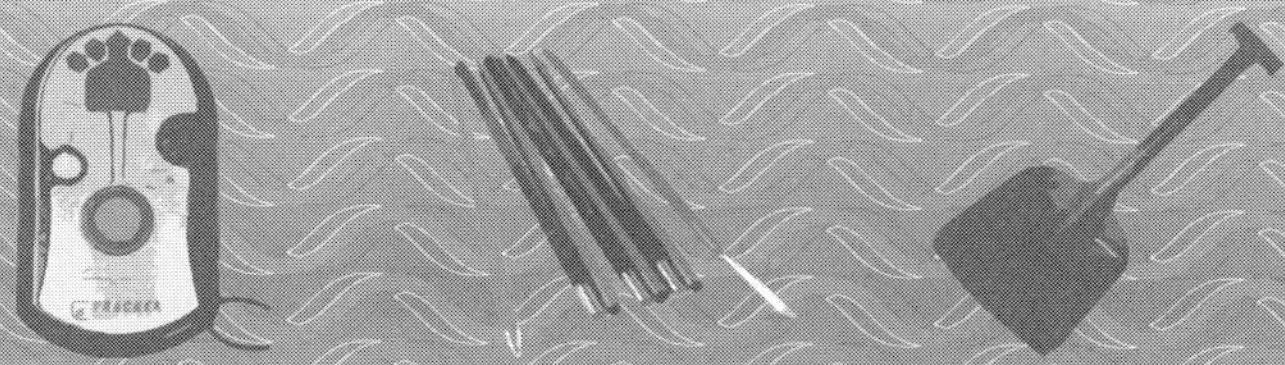

【登山者のための雪崩学６】

―避けたいレスキュー・デス―

面発生湿雪表層雪崩（後藤正弘）

雪崩に長時間埋まった人が幸運にも生きている状態で掘り出されたとしましょう。しかし、遭難者は意識がありません。その時、あなたはどうしますか？

例えば、テレビドラマのように体を揺すって遭難者の意識を戻そうとしますか。

実は、もしあなたが遭難者の体を揺すったとしたら、それが原因であなたは死ななくてもよい遭難者を、あなたの善意で殺してしまうかもしれません（これを「レスキュー・デス」といいます）。

不思議に思うかもしれませんが、遭難者は低体温症になっていることがあり、体を揺すったことにより体の外側の冷たい血液が心臓に流れ込みショック死の原因となるためです。

低体温症になった場合、体は体の中心部（コア）の体温を一定に保とうとする一方、その外側（シェル）は低下します。低体温症はコア体温が 35℃以下をいい、35℃になると体温を上げようとして震えが顕著になるとともに、周囲に対して無関心となります。さらに 34℃になると自力回復は困難に、32℃以下では体のエネルギーを使い果たして震えは止まり、極めて危険な状態になります。

体温を測ることは現実には困難なため、遭難現場では遭難者の震えと意識に留意し、低体温症が疑われる場合には体を丁寧に扱い、シュラフなどで包み、カイロ、お湯の入った水筒（プラティパス）などを利用し、ももの付け根、脇、首筋などに当て徐々に加温します。

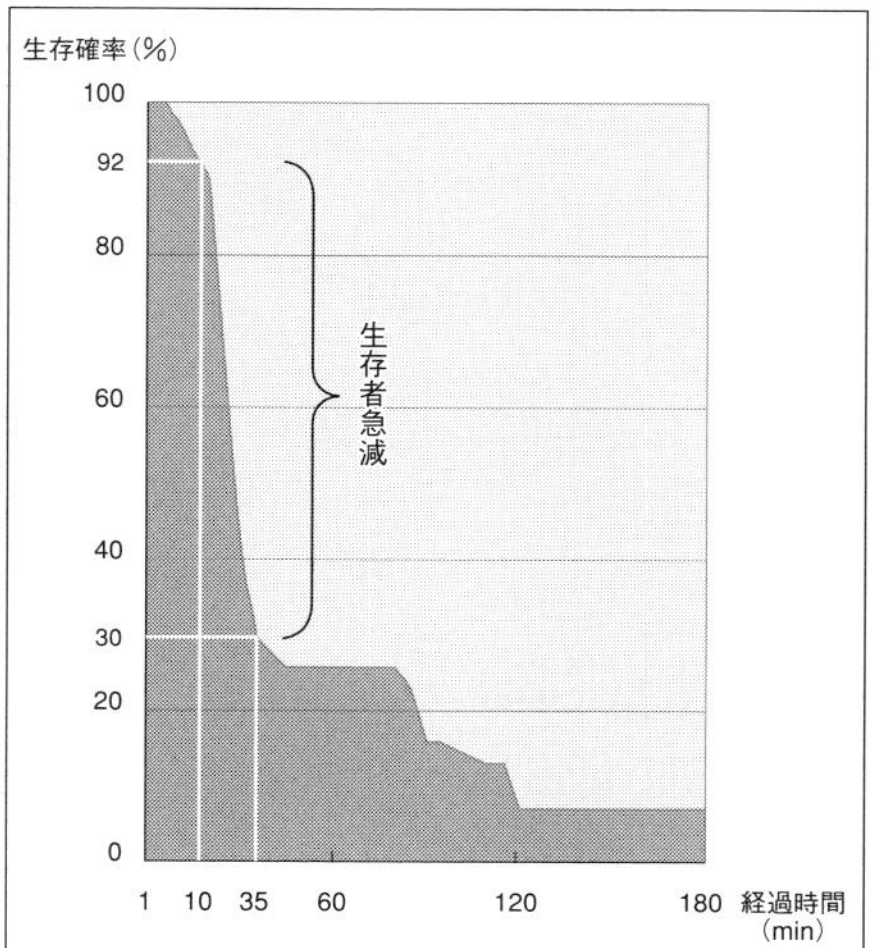

「Avalanche Survival Chances（Markus Falk, Hermann Brugger,Liselotte Adler-Kastner）」

面発生乾雪表層雪崩（仙丈ヶ岳スキー沢）

点発生乾雪表層雪崩（中央アルプス千畳敷）

おわりに

これまで私は、山スキーを通じて色々なことを経験し、多くの方々と出会うことができた。転勤族である私は、転勤するごとに新しい山岳会に入ったことも大きな一因となった。とりわけ、私にとって金沢への転勤は一年半と極めて短かったにもかかわらず、私の山スキーに対する知見を大きく広げてくれた。

それは、当時入会しためっこ山岳会が地元の北陸の山々をフィールドとし、特に、沢登りや山スキーに活発な活動を繰り広げていたからである。そこでは多くの山行が創造性に溢れていた。めっこ山岳会やチーム野良犬の青島靖氏が白山や北アルプスに多くの新しい記録を残しているのは、山に対してのこのような姿勢ゆえに、ある意味では当然のことであったと思う。

幸運にも私はその中で短い期間ながらも過ごすことができた。私がこれまで行ってきた主要な山行記録は、ほとんどこのメンバーと成し遂げたものであるのも当然のことといえるだろう。特に、阿弥陀山不動川本谷（海谷山塊）の滑降は山行計画の立案から一〇年ほどかけてようやく実現したものであり、私にとって究極の山行であった。

山スキーに限らず山登りは体力と技術だけでは本当に面白い山行はできない。山に対する創造的な思考があってこそ、初めて会心の山行ができると私は考えている。

もちろん、そうは言っても技術や体力がないという方もいらっしゃるだろう。しかし、私にしても山スキーを始めたころは技術が未熟で、滑降そのものが恐怖であった。加えて私は体力がなく、このようなことを考えると誰でも拙書に掲載した山行ぐらいはいずれできる可能性があると思う。

また一方、妙高で雪崩に遭って以来、私は雪崩の講師となり、多くの登山者に雪崩のことを教えてきた。私自身の雪崩遭難で家族や知人に多大な心配をかけたことや雪崩がどれほど恐ろしいか実際に体験した者として、教える義務があると考えたからである。しかし、何人かの私の山の知人を含め、毎年、登山者が雪崩に遭い多くの尊い命が犠牲となっていることは、大変残念なことである。痛ましい雪崩遭難がこれ以上起きないことを切に願うとともに、読者の皆様には「何も知らないベテラン」にならないよう、雪崩のことに限らず日ごろから知識と経験を蓄積し研鑽を積んでいただきたいと思う。

最後に、拙書を刊行するに当たり、専門的見地から適切なアドバイスを戴いた富山大学名誉教授・川田邦夫先生、快く写真を提供いただいた青島靖、後藤正弘、鮎川正、三宅雄一各氏、そして出版にご協力いただいた本の泉社・比留川代表取締役をはじめとした諸兄に感謝する次第である。

めっこ山岳会ＯＢ会員
酒　井　正　裕

二〇一三年一〇月

●著者略歴

酒井 正裕（さかい　まさひろ）

丸山山頂にて

1957年、富山県富山市に生まれ、16歳から登山を始める。

山スキーは1978年3月の高峰山（富山県）が最初。

海谷、妙高、北アルプス北部の山域を中心に山スキーの山行を重ねる。

主な山スキーの記録としては、阿弥陀山不動川本谷（海谷）、濁俣川左俣中間ルンゼ（妙高）、別山大平壁（白山）、立山カルデラ一周がある。

また、1996年3月に妙高で雪崩遭難を経験。それ以後、雪崩について学ぶ。

2001年、日本勤労者山岳連盟　雪崩講師資格取得。

2011年から日本勤労者山岳連盟「雪崩事故を防ぐための講習テキスト」編集に参画。

現在、中央登山学校雪崩講習会　講師
めっこ山岳会OB会員
東京都町田市在住

著書：『山スキールートガイド99』（本の泉社　2006/11）

【編集部から皆様へ】

本書は『山スキールートガイド99』の改訂版です。

タイトルを変更いたしましたのは、掲載ルート数を「99」から「105」としたためです。

また、旧版のルート図も若干の修正を加え、改訂いたしました。

山(やま)スキールートガイド105

2013年11月28日　初版　第1刷　発行
2017年6月30日　初版　第2刷　発行

著　者　酒井(さかい)　正裕(まさひろ)
発行者　比留川　洋
発行所　株式会社　本の泉社
〒113-0033　東京都文京区本郷2-25-6
電話 03-5800-8494　FAX 03-5800-5353　http://www.honnoizumi.co.jp/
印刷　音羽印刷株式会社
製本　音羽印刷株式会社

ISBN978-4-7807-1131-8　C0075